Hans Vollmer
Die Geschichte der deutschen Bibel im Mittelalter

SEVERUS

Vollmer, Hans: Die Geschichte der deutschen Bibel im Mittelalter
Hamburg, SEVERUS Verlag 2015

ISBN: 978-3-95801-037-6
Druck: SEVERUS Verlag, Hamburg, 2015
Nachdruck der Originalausgabe von 1938

Der SEVERUS Verlag ist ein Imprint der Diplomica Verlag GmbH.

Bibliografische Information der Deutschen Nationalbibliothek:
Die Deutsche Nationalbibliothek verzeichnet diese Publikation in der
Deutschen Nationalbibliografie; detaillierte bibliografische Daten sind im
Internet über http://dnb.d-nb.de abrufbar.

© SEVERUS Verlag
http://www.severus-verlag.de, Hamburg 2015
Printed in Germany
Alle Rechte vorbehalten.

Der SEVERUS Verlag übernimmt keine juristische Verantwortung oder
irgendeine Haftung für evtl. fehlerhafte Angaben und deren Folgen.

SEVERUS

Geschichte der deutschen Bibel im Mittelalter

Herausgegeben in Gemeinschaft mit
Otto Grüters und Erich Zimmermann

von

Hans Vollmer

Hamburg

Mit 4 Bildtafeln

Vorwort.

Es sind wiederum „nur" Vorarbeiten zur Geschichte der deutschen Bibel des Mittelalters, die wir im vorliegenden Bande darbieten. Und noch ist ein Abschluß dieser Materialsammlung nicht abzusehen, da fortwährend neue Textzeugen auftauchen, die ein Bild des Ganzen, wie es sich gestalten möchte, in wichtigen Zügen ändern können. So sind z. B. im vorigen Jahre wieder zwei bisher unbeachtet gebliebene und doch recht bedeutsame Evangelienhandschriften ans Licht gekommen, die ich an anderer Stelle[1] in die Literatur eingeführt habe.

Müssen wir daher unsere wesentliche Aufgabe zunächst immer noch darin sehen, Baustoff zusammenzutragen, so können wir uns nur freuen, wenn inzwischen andere mit dem durch uns erschlossenen Material nach Möglichkeit schon zu gestalten suchen. Das hat in umfassender Art und in engster Fühlung mit unserem Institut Erich Zimmermann getan in seiner diesem Bande eingefügten Arbeit, während Alfred Bergeler in seiner Berliner Dissertation[2] sich auf ein Teilgebiet beschränkt, dabei zwar auch, wie Simson sagen würde, mit unserem Kalbe pflügt, diesem Kalb dann aber zum Dank einige jugendliche Püffe versetzen zu müssen glaubt[3]. Das hindert uns indessen nicht, anzuerkennen, daß seine These, Heinrich von Mügeln habe nicht nur den Psalter mit der Erklärung des Nicolaus von Lyra verdeutscht, sondern ein umfassenderes Bibelwerk in deutscher Sprache geschaffen, gut begründet und sehr beachtenswert ist.

Die auf Erich Zimmermanns Beitrag folgende Übersicht über die deutsche Bibeldichtung des Mittelalters war schon BdK VI S. 230 von mir angekündigt worden; sie mußte damals zurückgestellt werden und ließ sich inzwischen in manchen Stücken ergänzen.

---

[1] Zeitschr. f. deutsche Geistesgeschichte 4. Jahrg. Heft 1/2 (1938). Es handelt sich um eine kürzlich aus dem Besitz der Firma Karl und Faber in den unserer Bibliothek der Hansestadt Hamburg übergegangene Hs. f. XIV/XV (noch ohne Signatur), die sich als willkommene Ergänzung des von Friedrich Maurer 1925 herausgegebenen Bensheimer Fragments erwies; ein Vergleich mit der Hs. Trier 810 ergab dann die Wahrscheinlichkeit engerer Verwandtschaft mit dem leider nur im Bruchstück überlieferten alten Evangelientext Berlin 706. — Die andere Hs. stammt aus der Bibliothek Graf Sprinzenstein und ist zur Zeit Eigentum des Heß-Antiquariats in Bern (f. XIV/XV). Sie ließ sich gleichfalls durch Vergleich mit unserem Material in Beziehung zu einem Text setzen, dessen Überlieferung bis ins 13. Jahrhundert hinaufreicht.

[2] Das deutsche Bibelwerk Heinrichs von Mügeln 1937.

[3] Vgl. dazu am Schluß dieses Bandes den Anhang 2.

Bei den „Berliner Studien" schulde ich meiner treuen Sekretärin, Frl. Hildegard Stegemann, für eifrige Hilfe beim Kopieren der Handschriften in der Preußischen Staatsbibliothek aufrichtigen Dank. An diese Studien schließt sich der Bericht über drei Wiener Handschriften und ein Düsseldorfer Psalmenfragment an, dessen Beschreibung und Kopie wir Herrn Professor Dr. Otto Grüters verdanken. Die Register fertigte Erich Zimmermann.

Die Bibliothek der Hansestadt Hamburg, insbesondere Herr Direktor Professor Dr. Gustav Wahl sowie die Bibliotheksräte Herr Professor Dr. Lic. Willy Lübtke und Frau Dr. Hildegard Bonde haben uns mit gewohnter Liebenswürdigkeit durch manchen literarischen Hinweis unterstützt.

Den Direktionen der Berliner und der Wiener Bibliothek sei für das bewiesene Entgegenkommen auch an dieser Stelle aufrichtig gedankt.

Hamburg, Mitte Februar 1938.

Hans Vollmer.

Inhalt.

	Seite
Vorwort	V

Die deutsche Bibel im religiösen Leben des Spätmittelalters

§ 1. Einleitung 1
      Bedeutung des Themas. — Schwierigkeiten. — Literatur. — Quellen.

I. Kap. Die Stellung der deutschen Bibel im Spätmittelalter.

§ 2. Das Spätmittelalter und die Bibel 5
      Konzilsbewegung. — Humanismus. — Mystik. — devotio moderna. — Laienwelt. — Häretiker.

§ 3. Kirche und Bibelübersetzung 11
      Innozenz III. — Erlaß Karls IV. — Berthold von Henneberg.

§ 4. Kämpfe um die deutsche Bibel 15
      Einzelne Auseinandersetzungen. — Die Bibel in Laienkreisen. — Ihre Verständlichkeit. — Anwendung der deutschen Sprache. — Die Bibel bei Klerikern.

II. Kap. Die Verdeutschungsarbeit.

§ 5. Die Bibelübersetzer 26
      Falsche Notizen. — Niederlande. — Böhmen. — Deutscher Orden.

§ 6. Absichten der Übersetzungen 33
      Für Laien. — Für Kleriker. — Gegen Müßiggang. — Veranlassung durch Freunde oder Gönner.

§ 7. Formen der Bibelverdeutschung 36
      Reimbibeln. — Historienbibeln. — Kritik an ihnen. — Typologische Werke. — Wörtliche Übersetzungen. — Plenarien.

§ 8. Die Bibelteile in der Verdeutschungsarbeit 47
      Evangelien. — Psalter. — Geschichtliche Bücher. — Weisheitsbücher. — Hoheslied. — Propheten. — Briefe. — Apokalypse.

III. Kap. Die Verbreitung der deutschen Bibel.

§ 9. Verbreitung im Klerus 57
      Augustinerchorherren. — Benediktiner. — Sonstige Mönchsorden. — Nonnenklöster in den Niederlanden. — Dominikanerinnen. — Sonstige Nonnenklöster. — Einzelne Nonnen. — Schenkungen. — Deutscher Orden. — Kirchen. — Weltgeistliche.

§ 10. Verbreitung bei den Laien 73
      Landesfürsten. — Adlige und Ritter. — Bürgertum. — Frauen. — Häretiker.

	Seite
§ 11. Der Bibeldruck	82

Anfänge in Oberdeutschland. — In Niederdeutschland. — Formen und Entwicklungstendenzen. — Auflagenhöhe.

Abschluß	89

Die deutsche Bibeldichtung des Mittelalters.

A. Das Bibelganze oder doch seinen größeren Teil umfassend

I. Im engeren Anschluß an den Bibelinhalt 92
 Gereimte Weltchroniken. — Reimbibeln. — Bibel-Auszüge in Reimen.

II. Freiere Bearbeitungen 95
 Zur christlichen Heilsgeschichte. — Kreuzholzdichtung. — Geistliche Spiele. — Versifizierte Inhaltsübersichten, teilweise mnemotechnischer Art. — Deutsche Reime zum Speculum und zu sonstigen biblischen Bildern. — Sibyllinisches.

B. Einzelne Bibelteile behandelnd

a) Pentateuch

 I. Im engeren Anschluß an den Bibelinhalt 101
  Altsächs. Genesis. — Millstädter Genesis und Exodus. — Adam-Dichtung. — Dekalog u. a.

 II. Freiere Bearbeitungen 103
  „Esau und Jakob". — Sündenfall. — Streit der Töchter Gottes. — Auszug aus Ägypten u. a.

b) Die anderen gesch. Bücher des ATs 104
 I. Lob Salomos. — Aus Davids Geschichte. — Esdras und Neemias. — Esther.
 II. Simson dramat.

c) Alttestamentliche Lehrbücher 105
 I. Hiob. — Psalmen.
 II. Aus den Proverbien, dem Prediger. — Das Hohelied.

d) Propheten 106
 I. Jesaia. — Daniel. — Jonas. — Bearbeitungen von Prophetenstellen durch Hans Sachs.
 II. Prophetenspiele.

e) Apokryphen des Alten Testaments 107
 I. Judith. — Tobias. — Maccabäerbücher. — Susanna.
 II. Susanna dramat. — II. Maccab. 7, figürlich behandelt. — „Tobiassegen".

f) Geschichtliche Bücher des Neuen Testaments 108
 I. Heliand. — Otfrids Evangelienbuch. — Christus und die Samariterin. — Johannes der Täufer. — Dichtung der Ava. — „Der wilde Mann". — Marienleben. — Passion. — Evangelium Nicodemi u. a. — Apostelgeschichte.
 II. Bearbeitungen des Vaterunser. — Jüngstes Gericht. — Gereimte Evangelienglosse. — „Von den zwein sanct Johansen." — Zum Leben und Wirken der Apostel u. a. — Vom Weltende u. a. — Verschiedene Spiele. — Rheinauer Paulus. — Zerstörung Jerusalems.

		Seite
g) Apokalypse		114

Gedicht vom himml. Jerusalem. — Heinrich Hesler. — Die nd. gereimte Apokalypse des XIII. Jahrh.

Berliner Studien. Mitteilungen aus 18 Handschriften der Preußischen Staatsbibliothek:

			Seite
Mf. Germ. Fol.	88		116
	90		118
	130		119
	750 (als verschollen geltendes Glossenfragment s. IX)		119
	1030		120
	1281		123
	1313		124
Quart	145		125
	557		125
	1135		127
	1481		128
	1534		130
	1739		130
	1742		135
	1985		137
	1986		138
Octav	2		139
	221		139

Drei Wiener Handschriften:

		Seite
Nationalbiblioth. Mf.	2697	140
Mf.	2714	147
Mf.	2789	148

Düsseldorfer Bruchstück eines mitteldeutschen Psalters ... 149
Anhang I: Der Bamberger Druck der „Vier Historien" von 1462 ... 156
Anhang II: Zu Heinrichs von Mügeln deutschem Bibelwerk ... 159
Register der Handschriften und Drucke ... 162
Verzeichnis der abgedruckten Perikopentexte ... 172
Namen- und Sachregister ... 173

Bild-Tafeln.

I Titelbild: Preußische Staatsbibliothek Berlin Mf. germ. fol. 88, Bl. 190ʳ: Johannes schreibt seine „Offenbarung".

II zw. S. 112/113: Preußische Staatsbibliothek Berlin Mf. germ. fol. 750, Bl. 23ʳ: Ahd. Glossen zu Esther, Tobias und Judith.

III zw. S. 128/129: Preußische Staatsbibliothek Berlin Mf. germ. fol. 88, Bl. 1ʳ: Symbolischer Weinstock: Christus und die Apostel.

IV zw. S. 144/145: Nationalbibliothek Wien Cod. 2789, Bl. 1ʳ: Epistel des 1. Sonnt. im Advent: Röm. 13, 11—14. — Im Initial F Paulus. Am Rande das bekannte Badmädchen.

IX

Tafel I.

Preußische Staatsbibliothek Berlin
Mf. germ. fol. 88, Bl. 190r

Die deutsche Bibel im religiösen Leben des Spätmittelalters.

Von

Erich Zimmermann.

§ 1.
Einleitung.

Das deutsche Glaubens- und Geistesleben im Spätmittelalter hat in den letzten Jahrzehnten die Forschung aus verschiedenen Gründen sehr lebhaft beschäftigt. Bemerkenswert ist aber, daß man in diesem Zusammenhang die Stellung der Bibel und besonders ihrer Verdeutschungen nur verhältnismäßig wenig berücksichtigt hat, obwohl gerade daraus wichtige Gesichtspunkte und Ergebnisse zu gewinnen waren. Erinnert sei nur an die Bedeutung, die Burdach der „nationalen Aneignung der Bibel" für die Frage nach dem Verhältnis des Humanismus zur devotio moderna und zur Reformation zuweist. Überhaupt kann man bei einer Beurteilung der Laienfrömmigkeit, des Geisteslebens in den Klöstern, der vorreformatorischen und haeretischen Bewegungen jener Zeit nicht an ihrer Stellung zur deutschen Bibel vorübergehen. In den Ansichten über die Bibelverdeutschungen, in der Art, wie man sich um sie bemühte, in den Formen und dem Umfang ihrer Verbreitung zeigt sich mit besonderer Deutlichkeit das Wesen spätmittelalterlicher Frömmigkeit in seinen verschiedenen Schattierungen; in ihnen kommt das damals besonders lebhafte Drängen des deutschen Volkes nach innerer Erfassung und Aneignung des christlichen Glaubens sehr lebendig zum Ausdruck. So ist eine Beschäftigung mit der Geschichte der deutschen Bibel vor Luther und ihren geistesgeschichtlichen Beziehungen nicht nur im Hinblick auf Luthers Werk oder aus sprachgeschichtlichen Gründen gerechtfertigt, sondern es handelt sich hier um ein wichtiges Kapitel aus der Geschichte deutschen Glaubens überhaupt.

Daß trotzdem die genannten Fragen vielfach noch ungeklärt sind, liegt an verschiedenen Hindernissen, die hier nicht weiter zu erörtern sind. Die Unübersichtlichkeit des Quellenmaterials, die allgemeine Vernachlässigung der mittelalterlichen deutschen Prosa, der überragende Einfluß der Lutherbibel und ähnliches werden die Hauptgründe hierfür sein. Die Frage nach der Verbreitung und Bedeutung der vorlutherischen deutschen Bibel ist außerdem dadurch belastet, daß sie, wie überhaupt das Spätmittelalter, vielfach in konfessionelle Auseinandersetzungen hineingezogen wurde. In der älteren protestantischen Forschung sah man in dieser Zeit nur den düsteren Hintergrund, von dem sich die Gestalt Luthers um so strahlender abhob. So hielt sich hier, unter Berufung auf Äußerungen des Reformators selbst, hartnäckig das Dogma, daß die Bibel im Mittelalter fast unbekannt und dem Volk verboten gewesen sei[1]; Luthers Übersetzung sei also absolut unabhängig entstanden. Vorher habe es deutsche Bibeln hauptsächlich nur bei Haeretikern, besonders bei den Waldensern gegeben. Die an sich berechtigte Bekämpfung dieser Thesen brachte auf katholischer Seite eine unsachliche, persönliche Schärfe in die Auseinandersetzung, sie führte zur Übertreibung der gegenteiligen Anschauungen und zu ergebnislosen Kontroversen[2]. Heute hat sich durchweg eine ruhigere Auffassung durchgesetzt, aber in der populären Literatur beider Parteien sind die alten Gegensätze immer noch nicht überwunden. Ihre einseitige Betonung hatte jedoch zur Folge, daß man das Gesamtproblem der Verbreitung und Stellung der deutschen Bibel vernachlässigte oder nur von den genannten Vorurteilen aus sah.

Diese verschiedenen Umstände haben dazu geführt, daß eine befriedigende, ausführliche Behandlung unseres Themas bisher noch ganz fehlt, wie es auch nur eine Arbeit gibt, die die Geschichte der mittelalterlichen Bibelverdeutschung in ihrer Gesamtheit darzustellen sucht: Wilhelm Walthers oft genanntes Werk[3]. Es bedeutet angesichts der früheren Unklarheit auf diesem Gebiet sicher einen außerordentlichen Fortschritt und ist als Gesamtleistung bisher unübertroffen; aber in sehr vielen Einzelheiten kann es doch als überholt gelten. Walther kannte bei weitem nicht alles vorhandene Material und hat außerdem die Plenarien und freieren Bibelbearbeitungen absichtlich nicht berücksichtigt, obwohl sie sachlich durchaus zu seinem Thema gehört hätten. Auch was er über Verbreitung und Stellung der Verdeutschungen sagt, ist in vielem veraltet, da es zu sehr in den protestantischen Vorurteilen stecken bleibt. So ist sein Werk wohl die Grundlage der Forschung geworden, es darf aber heute nicht mehr ohne Kritik hingenommen werden, wie das teilweise noch geschieht. Für unser Thema hat es eine wertvolle Ergänzung in der Untersuchung des Katholiken Franz Falk[4] gefunden, das zwar in die tieferen Zusammenhänge wenig einführt, aber als Materialsammlung und als Überwindung des alten protestantischen Standpunkts wichtig ist. Besonders wichtig ist Burdachs grundlegender Aufsatz über „Die nationale Aneignung der Bibel und die Anfänge der germanischen Philologie"[5], wenn er auch mehr skizzenhaft gehalten ist, so daß das dort gegebene Bild noch in vielem weiter ausgeführt werden kann. Aber Burdach hat doch als erster die geistesgeschichtliche Bedeutung der Bemühungen um die deutsche Bibel klar erkannt und herausgestellt. Daneben ist in jüngerer Zeit eine ganze Anzahl von Werken erschienen, die sich mit Teilgebieten oder sonstigen Einzelfragen aus der mittelalterlichen Bibelgeschichte befassen und oft auch für unser

---

[1] Vgl. hierzu Pietsch, Ewangely und Epistel Teutsch, S. 276 ff.
[2] Die betreffende Literatur verzeichnet bei Walther Sp. 8 f. u. in PRE. Art. „Bibelübersetzungen, deutsche" (v. E. Nestle). — NB. Erklärung der Abkürzungen vgl. am Schlusse dieses Beitrags.
[3] Wilh. Walther, Die deutsche Bibelübersetzung des Mittelalters. 3 Teile. Braunschweig 1889—1892.
[4] Die Bibel am Ausgang des Mittelalters, ihre Kenntnis und ihre Verbreitung. Köln 1905 (Vereinsgaben der Görresgesellsch., Jg. 1905, Nr. II).
[5] In: Festschrift für Eugen Mogk (Halle 1924), S. 231 ff. Auch als Sonderabdruck.

Thema Anregungen und neues Material bringen[1]. Sehr günstig ist die Lage bezüglich der niederländischen Übersetzungen, über die wir jetzt durch die Arbeiten von Ebbinge Wubben[2] und de Bruin[3] sehr ausführlich unterrichtet sind. Das ist besonders deshalb vorteilhaft, weil die niederländische Entwicklung auf diesem Gebiet im übrigen Deutschen Reich damals oft großen Einfluß ausgeübt hat; aber auch das Umgekehrte ist der Fall. Genannt seien ferner die bedeutungsvollen Arbeiten über die Historienbibeln von Vollmer[4] und über die gedruckten Plenarien von Pietsch[5], die beide mit wichtigen Gruppen der deutschen Bibelliteratur bekanntgemacht haben. Sehr viel wichtiges Material ist endlich durch die bisherigen Veröffentlichungen des Deutschen Bibel-Archivs neu bekannt geworden (1931—1937).

Die Absicht der folgenden Arbeit ist es nun, die Ergebnisse dieser Werke, soweit sie die Stellung und Verbreitung der Bibelverdeutschung vor Luther betreffen, zu einem umfassenden Gesamtbild zu vereinigen. Infolgedessen wird sie zwar manches wiederholen müssen, was dort schon gesagt ist, aber sie kann doch über alles Bisherige erheblich hinausführen. Denn eine solche Zusammenfassung, die alle Formen der deutschen Bibel gleichmäßig berücksichtigt und sich bemüht, alle bekannten Quellen heranzuziehen, ist in diesem Umfang bisher noch nicht versucht worden. Sicher werden an ihr später einzelne Verbesserungen und Ergänzungen nötig sein, wenn die Geschichte der deutschen Bibel allgemein besser bekannt ist; sie werden aber das Gesamtbild kaum verändern können.

Selbstverständlich hängt eine solche Darstellung hauptsächlich vom Zustand der Quellen ab. In Frage kommen hier zunächst die Verdeutschungsarbeiten selbst, und zwar darf man sich bei ihnen nicht, wie Walther, auf die Werke beschränken, die sich in Form und Wort genau an die Bibel anlehnen. Für die „nationale Aneignung" der Bibel haben freiere Auswahlen und Gestaltungen, wie Plenarien, Historien- und Armenbibeln, noch größere Bedeutung gehabt, nicht nur weil sie viel weiter verbreitet waren als die eigentlichen Übersetzungen, sondern vor allem, weil in ihnen das freie Schaffen mehr Spielraum hat. Sie zeigen, weshalb man sich mit der Bibel beschäftigt hat, was man von ihren Teilen für wichtig hielt und welchen literarischen Ausdruck das gefunden hat. Sonst sind allerdings die Übersetzungen selbst für unser Thema nicht sehr ergiebig, nur über die Persönlichkeit des Verfassers, seine Herkunft und Bildung sagen sie indirekt manches, ebenso über die Tendenz und den Zweck der einzelnen Arbeit. Doch muß man sich hier vor übertriebenen Kombinationen hüten. Wertvoller und sicherer sind darin die teilweise vorhandenen Vorreden und Glossen. Hier finden wir oft ausführliche Angaben über die Verfasser, ihre Absichten bei der Arbeit, ihre Stellung zur Kirche und zu den brennenden Fragen ihrer Zeit, über Kämpfe um die deutsche Bibel und Ähnliches. Ein Nachteil ist nur, daß solche ausführlichen Äußerungen verhältnismäßig selten sind. Sehr

---

[1] Besonders wichtig: Friedr. Maurer, Studien zur mitteldeutschen Bibelübersetzung. Heidelberg 1929.
[2] C. H. Ebbinge Wubben, Over middelnederlandsche vertalingen van het Oude Testament. s'Gravenhage 1903.
[3] C. C. de Bruin, Middelnederlandse vertalingen van het Nieuwe Testament. 2 Teile. Groningen 1934.
[4] Materialien zur Bibelgeschichte und religiösen Volkskunde des Mittelalters. Bd. I—IV, Berlin 1912—1929.
[5] „Ewangely und Epistel Teutsch." Die gedruckten hochdeutschen Perikopenbücher (Plenarien) 1473—1523. Göttingen 1927.

viel kann ferner aus den Vermerken der Handschriften über ihre Verfasser, Abschreiber oder Besitzer für das Interesse an der deutschen Bibel und ihre Verbreitung innerhalb einzelner sozialer Schichten entnommen werden. Weitere primäre Quellen sind die mittelalterlichen Bibliothekskataloge, von denen allerdings noch nicht viele veröffentlicht sind. An ihnen kann man unmittelbar die Verbreitung deutscher Bibeln verfolgen; auch haben sie zuweilen Notizen über Herkunft oder Benutzung der von ihnen genannten Werke. Bei allen diesen Quellen spielt freilich der Zufall der Erhaltung eine Rolle; daher ist es notwendig, die sonstigen literarischen Zeugnisse über die deutsche Bibel mit heranzuziehen, die sie entweder nur erwähnen oder in irgendeinem Sinne beurteilen. Besonders zur Frage, wie man sich grundsätzlich zu ihr stellte, erhalten wir hier manchen Beitrag. Dabei sind auch allgemeinere Äußerungen über deutsche geistliche Literatur oder über die Bibel mit zu benutzen.

I. Kapitel.

Die Stellung der deutschen Bibel im Spätmittelalter.

§ 2.
Das Spätmittelalter und die Bibel.

Wie gesagt hält die alte protestantische Auffassung, daß die Bibel vor Luthers Auftreten kaum bekannt gewesen sei, keiner ernsten Prüfung stand und ist heute im allgemeinen aufgegeben[1]. Wohl hat man im Mittelalter die Schrift vielfach anders verstanden und angesehen als zur Reformationszeit oder in der Gegenwart, aber es ist doch nicht zu bestreiten, daß sie im gesamten Leben jener Zeit eine führende Rolle gespielt hat. Für den christlichen Glauben und sein Weltbild war sie die wichtigste Quelle und höchste Autorität, auf die man sich nicht nur für alle Fragen der Religion und des kirchlichen Lebens berief, sondern die auch — um nur einiges herauszugreifen — den profanen Wissenschaften, der Staats- und Geschichtsauffassung, der Kunst maßgebende Anregungen gegeben hat. Das ist schon bei oberflächlicher Betrachtung klar und braucht hier nicht weiter ausgeführt zu werden.

Diese Stellung der Bibel hat sich im späten Mittelalter, etwa seit 1300, noch deutlich vertieft und ausgebreitet. Neue Kräfte und Faktoren fangen jetzt an, das geistige und religiöse Leben zu beherrschen, und verleihen ihm ein stark verändertes Gesicht. Bedeutsam ist vor allem, daß jetzt eine neue soziale Schicht, das Bürgertum, auf der Grundlage eines kräftigen wirtschaftlichen Aufschwungs die Führung des kulturellen Lebens übernimmt. In ihm erwacht ein immer stärkerer Drang nach Selbständigkeit; die Persönlichkeit, das Besondere findet auf den verschiedensten Gebieten steigende Beachtung und Geltung. Damit hängt es zusammen, daß jetzt zuerst — auch durch die politische Lage verursacht — in weiten Kreisen ein starkes Nationalbewußtsein erwacht; arteigene, volkstümliche Elemente durchdringen das allgemeine Denken und Fühlen wie auch das literarische Schaffen. Durch den Humanismus erhält diese Entwicklung weitere kräftige Antriebe. Selbstverständlich greifen diese Strömungen weithin auf das kirchlich-religiöse Leben über; sowohl im Klerus wie in der Laienwelt sucht man Inhalt und Form der Frömmigkeit vom Persönlichen aus zu erfassen und neu zu gestalten. So nehmen mystische wie hae-

---

[1] Vgl. hierzu Fr. Kropatscheck, Das Schriftprinzip der lutherischen Kirche, Bd. I. Die Vorgeschichte (Leipzig 1904). Aus diesem Werk sind manche der folgenden Quellenzitate in dem vorliegenden Paragraphen entnommen.

retische Bewegungen verschiedener Art gerade jetzt einen erheblichen Aufschwung. Aber auch dort, wo man sich nicht innerlich von der Kirche löst, empfindet man ihre damals wieder recht starken Mißstände besonders lebhaft und sucht sie unter Benutzung der neuen Strömungen zu beseitigen. Überall finden wir daher Reformversuche, die sich teils — auch unter nationalen Gesichtspunkten — gegen den Kurialismus richten, teils im Klerus, besonders im Mönchtum, eine Wiedererweckung lebendiger und fruchtbarer Frömmigkeit anstreben. Aber auch auf die religiösen Bedürfnisse der Laienwelt wird unter Anpassung an die völkische und ständische Eigenart in Literatur und Predigt mehr Rücksicht genommen. Alle diese Bewegungen laufen stark neben- und durcheinander und stehen bis zum Ende unserer Zeit noch im Kampf mit den alten Mächten, wodurch das Spätmittelalter seinen oft so unübersichtlichen und widerspruchsvollen Charakter erhält. Bemerkenswert ist jedoch, daß diese Strömungen, so verschieden ihre Herkunft und ihre Absichten waren, fast alle das Ansehen der Bibel gehoben und damit auch der Stellung der deutschen Bibel genützt haben.

Besonders klar ist diese Hervorhebung der Bibel bei der Konzilsbewegung. Wenn sie sich gegen die Machtstellung des Papsttums wandte, so konnte sie das nur, indem sie die eigenen Ansprüche auf eine höhere Autorität als die päpstliche gründete, und das konnte nur die Bibel sein. So hatten schon Robert Grosseteste[1] und Dante[2] ihre Kritik am Papsttum mit der Bibel gerechtfertigt; auch Marsilius von Padua hat sich ausführlich darüber ausgesprochen, daß nur sie Objekt des Glaubens sein könne, da alle anderen Schriften Menschenwerk und also nicht absolut zuverlässig seien[3]. Ähnlich vertritt auch Ockam die Ansicht, daß allein die Schrift irrtumsfrei sei, während der Papst irren könne[4]. Konrad von Gelnhausen wendet sich gegen die Unfehlbarkeitslehre, da die Schrift darüber nichts sage[5]. Auch Gerson sieht in ihr die unfehlbare und ausreichende Regel der Kirche[6], die kirchlichen Mißstände entspringen der Vernachlässigung der Bibel[7]. Hier mochte die nominalistische Anschauung von der Überlegenheit der irrationalen göttlichen Offenbarung, d. h. der Bibel, gegenüber dem rationalen Denken mitspielen[8]. Zunächst scheint es so, als ob eine derartige Betonung der Schrift nicht nur eine Entwertung der päpstlichen Autorität, sondern der kirchlichen Tradition und Lehre überhaupt bedeutete und so eine Vorstufe zur Ketzerei bildete. Das ist aber nicht der Fall, denn die Ansicht, daß die Bibel im Wert und als Autorität über den sonstigen kirchlichen Schriften stehe, ist theologisches

---

[1] Kropatscheck S. 359ff.
[2] Kropatscheck S. 294.
[3] ... nullam scripturam irrevocabiliter veram credere vel fateri tenemur de necessitate salutis aeternae, nisi eas, quae canonicae appellantur, vel eas, quae ad has ex necessitate sequuntur (Defensor pacis II, 19 bei Goldast, Monarchia S. Romani Imperii ... II (Frankfurt 1614) S. 254 Z. 13ff.) — Solam divinam seu canonicam scripturam ... veram esse, ad aeternam beatitudinem consequendam necesse credere ... (Defensor pacis III, 2 concl. 1 bei Goldast a. a. O. S. 309 Z. 47ff.).
[4] Firmiter est tenendum, quod scriptura sacra errare non potest ... Sed de papa firmiter catholici literati ... credere obligantur, quod potest errare. (Dialogus de potestate imperiali et papali III cap. 25 bei Goldast a. a. O. S. 843 Z. 46ff.).
[5] Kropatscheck S. 387.
[6] ... quoniam Scriptura nobis tradita est tamquam regula sufficiens et infallibilis pro regimine totius ecclesiastici corporis ... (De examinatione doctrin. II, 1 J. Gersonii Opera omnia ed. L. E. du Pin I, 12 D, Antwerpen 1706).
[7] Quid autem mali, quid periculi, quid confusionis attulerit contemptus sacrae scripturae (Rede vor dem Papst am Beschneidungstage 1403, Opera omn. II, 61 C).
[8] P. Mestwerdt, Die Anfänge des Erasmus (1914) S. 118.

Allgemeingut und wird auch von rein kirchlichen Theologen wie Thomas, Bonaventura, Duns Scotus und anderen vertreten[1]. Denn es ist andererseits gerade die Kirche, die den Kanon aufgestellt und ihm seine Autorität gegeben hat[2]. Ihre Lehre ist in kurzer und klarer Form dasselbe, was die Bibel verstreut und oft dunkel sagt. Von der Kirchenlehre aus muß also die Schrift ausgelegt werden, die Autorität der Kirche und der Bibel stützen sich gegenseitig[3]. So ist das, was der Konziliarismus bringt, nichts völlig Neues, aber die Stellung der Bibel wird doch durch ihn ganz besonders unterstrichen und kirchenpolitisch ausgenutzt. Es ist allerdings schwer abzuschätzen, welchen Einfluß diese Haltung gegenüber der heiligen Schrift auf die kirchliche Praxis gehabt hat, wieweit sie in die Allgemeinheit gedrungen ist und auf die Stellung der deutschen Bibel eingewirkt hat. Der Konzilsgedanke mag durch das Abhalten zweier großer Reformkonzilien auf deutschem Boden, sowie durch einzelne Flugschriften in weitere Kreise gedrungen sein, in seiner Bedeutung für unser Thema bleibt er sicher zurück hinter den verschiedenen Strömungen, die eine Reform des kirchlichen Lebens bei den Gliedern der Kirche, bei Klerus und Laien erstrebten.

Der Gedanke einer religiösen Erneuerung unter bewußtem Zurückgehen auf die Bibel, besonders unter Betonung der armen Nachfolge Christi, des apostolischen Lebens, gehört zwar schon dem Hochmittelalter an, er taucht mehrfach bei den mönchischen Reformbewegungen, bei Cluniazensern und Cisterziensern, auf und findet bekanntlich seinen Höhepunkt bei den Waldensern und in den Anfängen der Bettelorden, besonders der Franziskaner[4]. Bald erwuchsen jedoch hieraus kritische Bewegungen gegenüber der Kirche, sodaß diese Strömungen entweder zur Haeresie gestempelt wurden, wie die Waldenser und die Franziskaner-Spiritualen, oder durch kirchlichen Einfluß von der Betonung dieser Ideen abgebracht wurden. Ihre Gedanken selbst gingen allerdings nicht unter, sondern kehrten auch in den spätmittelalterlichen klösterlichen Reformversuchen wieder. Diese einflußreichen Bemühungen, die sich hauptsächlich auf Benediktiner, Augustiner und die weiblichen Zweige der Bettelorden erstreckten, erhielten jedoch ihre wichtigsten Antriebe durch andere Zeitströmungen, durch Humanismus und Mystik, deren Stellung zur Bibel ebenfalls bedeutsam und bezeichnend ist.

Wenn der Humanismus den Drang hatte, „sich aus den geistigen Kräften des Ursprungs zu erneuern[5]", wenn er in allen Gebieten auf die Quellen zurückgehen wollte, so mußte das auch zu eingehender Beschäftigung mit der Quelle des christlichen Glaubens führen, denn daß der Humanismus in seinen bedeutenden Vertretern durchweg nicht gleichgültig oder feindlich dem Christentum

---

[1] Kropatscheck S. 439 f. Thomas zitiert hierfür eine Augustinstelle: Solis eis scripturarum libris, qui iam canonici appellantur, didici hunc honoremque deferre, ut nullum eorum auctorem scribendo aliquid errasse firmissime credam (Ad Hieron. Epist. 82, 3, MSL. Bd. 33, Paris 1865, Sp. 277). Dasselbe Zitat hat auch Marsilius von Padua (Defensor pacis II, 19 bei Goldast a. a. O. S. 254 Z. 54 ff.).

[2] Auch hierfür gab es ein häufig benutztes Augustin-Zitat: Ego vero evangelio non crederem, nisi me catholicae ecclesiae commoveret auctoritas (Contra epist. fundamenti 5, Corp. Script. Eccl. Latin. XXV, 1, Wien 1891, S. 197).

[3] Neque sine scriptura habet ecclesia auctoritatem, neque sine ecclesia fidem habet scriptura, ut duarum fiat sententia una. Trithemius in: Responsio ad octo quaestiones Maxim. I. Caesaris (Kropatscheck S. 443 Anm. 1).

[4] Die erste Regel des Franziskus bestand fast nur aus Bibelzitaten, er wollte secundum litteras sine glossa leben (Kropatscheck S. 222), vgl. hierzu auch H. Grundmann, Religiöse Bewegungen im Mittelalter (1935).

[5] Burdach, Die nationale Aneignung der Bibel, S. 15 ff.

gegenüberstand, ist längst erkannt. Bei Petrarca, den Florentiner Platonikern und anderen läßt sich ein lebendiges Verhältnis zum christlichen Glauben und zur Bibel nachweisen[1]. Besonders tritt der Biblizismus bei Lorenzo Valla hervor, der eine Collatio Novi Testamenti, eine Berichtigung des Vulgatatextes nach dem Griechischen, verfaßte. Giannozzo Manetti versuchte auf Anregung Nikolaus' V. eine neue lateinische Übersetzung der Bibel, von der Psalter und Neues Testament vollendet sind. In Italien blieben diese christlichen Interessen des Humanismus aber ohne Wirkung auf weitere Kreise, während sie in Deutschland im gesamten kirchlichen Leben tiefe Spuren hinterließen[2]. In Böhmen, der Wiege des deutschen Humanismus, gehen von Anfang an biblizistische, humanistische und auch nationale Bestrebungen zusammen und haben von hier aus vielfach weitergewirkt. Sie haben dem Hussitentum den Boden bereitet, aber auch die religiösen Bewegungen in den Niederlanden beeinflußt, von wo aus die christlichen Interessen des deutschen Humanismus in der Reformationszeit vielfach ihren Ursprung nahmen; und es ist bekannt, daß diese sich häufig gerade auf die Bibel richteten.

Nicht ganz so eindeutig ist die Stellung der Mystik zur Bibel. Wohl spielen für die Formen und den Ausdruck des mystischen Erlebens einzelne biblische Bücher wie das Hohelied, die Johanneischen Schriften eine besondere Rolle, aber im ganzen neigt die Mystik doch dazu, die Bibel nicht höher zu stellen als andere literarische Werke. Wer selbst unmittelbar nach Vereinigung mit Gott strebt und sie in seinem „Seelengrund" verwirklicht sieht, für den wird die schriftliche Offenbarung wertlos. Ihn lehrt der heilige Geist selbst, ihm gibt die ganze Schöpfung Erkenntnis Gottes, denn: „ein ieglichiu creatûre ist vol gotes und ist ein buoch"[3]. Demgegenüber ist alle Belehrung durch äußere Worte nur unvollkommen. Derartige Gedanken beherrschen besonders die radikalen Laienkreise in der deutschen Mystik, die auf das Wirken des Geistes in sich hinzuweisen pflegten[4]. Die klassische Mystik des deutschen Mittelalters hat also den Biblizismus nicht gefördert; günstiger ist die Haltung ihrer späteren Ausläufer. Hier wurde mehr die praktische Mystik der imitatio Christi gepflegt, man bemühte sich darum, die mystischen Gedanken mit der kirchlichen Lehre in Einklang zu bringen, und betonte die persönliche Erbauung. Diese Ideen, die das Spätmittelalter immer stärker beherrschten, führten zur Beschäftigung mit der Bibel zurück. Indirekt hat schon die klassische Mystik ihre wesentlichen Verdienste um die Sache der deutschen Bibel, einmal in ihrer Pflege des religiösen Individualismus, vor allem aber durch ihre weitgehende Benutzung der deutschen Sprache, wodurch sie vielfach erst Begriffe und Ausdrucksmöglichkeiten für die religiöse Übersetzungsarbeit geschaffen hat.

Ein charakteristisches Beispiel für die Auswirkung dieses humanistischen und mystischen Interesses an der Bibel ist die von beiden stark beeinflußte devotio moderna. Sie ist in vielem eine Fortsetzung der späteren Mystik, ihr Begründer

---

[1] Vgl. hierzu besonders Mestwerdt, Die Anfänge des Erasmus.
[2] Vgl. Hermelink, Die religiösen Reformbestrebungen des deutschen Humanismus. Tübingen 1907.
[3] Meister Eckhart, Deutsche Werke, Bd. 1 (Predigten), hrsg. von Jos. Quint (Stuttgart 1936), S. 156, Z. 9.
[4] Der Mystiker Berthold von Rohrbach, ein „Bruder des freien Geistes", wird 1356 verurteilt, weil er angeblich u. a. gesagt hat, man müsse einem erleuchteten Laien mehr gehorchen als dem Evangelium und anderen Schriften (Kropatscheck S. 197 Anm. 3).

Geert Groote war bekanntlich Schüler und eifriger Anhänger Ruysbroecks[1]. Von hier hat sie die Betonung der Nachfolge Christi sowie die stärkere Heranziehung der Volkssprache in Schrift und Predigt übernommen. Daneben ist sie auch vom frühen deutschen Humanismus beeinflußt; Groote selbst hat in Prag, wo zur Zeit Karls IV. der Humanismus blühte, studiert und seinen Freund Johann Cele, den Leiter der berühmten Schule von Zwolle, dorthin entsandt. Auch sonst verbinden ihn und seine Bewegung literarische und wissenschaftliche Beziehungen mit Prag und seiner Universität[2]. Mit Recht führt deshalb Burdach das bewußte Zurückgehen der devotio moderna auf die Quellen des christlichen Glaubens, ihre textkritischen Bemühungen[3], überhaupt ihr starkes literarisches Interesse auf humanistische Einflüsse zurück. Wieweit die Betonung des Laienelementes im kirchlichen Leben bei Groote auf Anregungen beruht, die er in Böhmen erhalten haben mag, wird sich schwer entscheiden lassen. Was ihn jedoch von den dortigen humanistischen und biblizistischen Bestrebungen wie auch von der Mystik schied, war sein unbedingtes Festhalten an Papsttum und Kirche. Wohl hat er kirchliche Mißbräuche scharf angegriffen, und ebenso mögen seine Bemühungen um die religiöse Lage der Laien teilweise die strengkirchlichen Bahnen überschritten haben. Aber er hat nie daran gedacht, die Kirche und ihre Lehre in irgendeinem Punkt herabzusetzen, freiere Anschauungen der Mystik hat er, der malleus haereticorum, selbst bei seinem hochgeschätzten Lehrer Ruysbroeck getadelt[4]. Auf die besondere Bedeutung, die die Bibel — auch in der Volkssprache — bei der devotio moderna gehabt hat, ist schon oft hingewiesen worden[5]; es ist allerdings nicht so, daß die heilige Schrift hier eine alles andere zurückdrängende Rolle gespielt hat. Man beschäftigte sich auch mit sonstiger religiöser Literatur; die bedeutendsten Kirchenväter, Schriften von Suso und Ruysbroeck, selbst Seneca und Petrarca wurden gelesen, abgeschrieben und verbreitet. Aber es ist doch leicht nachzuweisen, daß Groote wie seine Anhänger und Nachfolger eine möglichst weitgehende Kenntnis und Verbreitung der wichtigsten und verständlichsten Bibelteile erstrebt haben, um dadurch eine lebendige Religiosität und das Streben nach der Nachfolge Christi zu erwecken und wach zu halten. Das wird im folgenden durch manche Zeugnisse und Einzelheiten bestätigt werden können. Diese Bestrebungen sind deshalb so wichtig, weil sie von den Niederlanden aus weit nach Deutschland hinein gewirkt haben, besonders durch die Fraterhäuser und die Klöster der Windesheimer Kongregation. Ebenso waren sie in den von Melk und Bursfelde ausgehenden Reformbewegungen

---

[1] S. Preger, Beiträge zur Gesch. d. relig. Bewegung in den Niederlanden in der 2. Hälfte d. 14. Jahrhunderts (Abh. der histor. Klasse der kgl. bayr. Akad. d. Wiss. XXI (1898) S. 1—64).

[2] Groote ließ sich dort den Matthäuskommentar des Chrysostomus abschreiben (Preger a. a. O. S. 8 Anm.). Unter den Graduierten von Prag befinden sich um 1400 etwa 180 Niederländer, darunter Florentius Radewijns und Johann v. Goch (H. Bonschott, Geistiges Leben im Augustinerorden am Ende des Mittelalters, 1915, S. 70).

[3] Bekannt sind die Versuche, die man in Windesheim unternahm, durch Vergleichung verschiedener Handschriften möglichst authentische Texte der Vulgata und der Kirchenväter zu gewinnen (Chronicon Windeshem. S. 311 ff. in der Ausg. v. Grube, Gesch.quellen d. Prov. Sachsen 19). Vgl. dazu: R. Greitemann, De Windesheimsche Vulgaatrevisie in de Vijftiende Eeuw. Hilversum 1937.

[4] Preger a. a. O. S. 30.

[5] Vgl. Preger a. a. O. S. 10 ff. u. Burdach, Die nationale Aneignung der Bibel, S. 35 ff. Gegen Preger wendet sich Kropatschek (S. 232), aber er muß doch zugeben, daß sich bei der devotio mod. „recht bedeutende Ansätze im Übersetzen und Lesen von Teilen der Bibel" (a. a. O. S. 158) zeigen lassen. Auch Mestwerdt (Die Anfänge des Erasmus, S. 118) sieht im Biblizismus „das entscheidende positive Charakteristikum der devoten Theologie".

des Benediktinerordens und in verwandten Richtungen anderer Orden lebendig, auch hier oft in engem Zusammenhang mit humanistischen Neigungen, wie sie etwa von der Universität Wien ausgingen[1]. Allerdings darf man bei der devotio moderna kein reformatorisches Bibelverständnis suchen, das in der Schrift die alleinige Norm des Glaubens sieht; das verhinderte sowohl ihr Festhalten an der kirchlichen Tradition wie ihre mystische Grundhaltung. Nur einzelne ihrer Schüler gingen auf diesem Wege weiter, wie Johann Ruchrat, der die Autorität der Bibel gegen Augustin ausspielte, oder die ihm nahestehenden Johann Pupper von Goch und Wessel Gansfort[2]; doch hatte das kaum Wirkung auf weitere Kreise. Wichtiger ist ihr Einfluß auf den deutschen Humanismus in seiner Blütezeit, dessen religiöse, biblische Interessen sie vielfach angeregt hat; bekanntlich waren Agricola, Mutianus Rufus, Erasmus ihre Schüler. Doch führt das zeitlich schon an die Grenzen unserer Betrachtung.

Es ist kennzeichnend für die geistige Lage des Spätmittelalters, daß diese religiösen Erneuerungsbestrebungen sich nicht nur an den Klerus richteten, sondern auch die Laienwelt zu erfassen suchten, entsprechend dem allgemein wachsenden Anteil des Laienelementes am kirchlichen Leben. Die Bettelorden hatten bald nach ihrer Gründung in der religiösen Betreuung der Stadtbevölkerung eine ihrer Hauptaufgaben gesehen, und gegen Ende des Mittelalters wuchsen die Bemühungen, den Laienkreisen die christlich-kirchlichen Gedanken verständlich nahezubringen. Das Predigtwesen wurde gepflegt, es entstand eine umfangreiche Erbauungsliteratur, die besonders durch das Aufkommen des Buchdrucks begünstigt wurde. Die geistlichen Spiele nahmen an Zahl und Umfang zu, die Werke der bildenden Kunst erfüllten Kirchen und Straßen und redeten eine allen verständliche Sprache. So wurden weite Kreise mit den biblischen Stoffen vertraut, und es wird daraus sicher oft bei ihnen das Verlangen entstanden sein, die Bibel selbst näher kennenzulernen, besonders dort, wo sie vom mystischen, persönlichen Gottsuchertum oder vom humanistischen Drang nach den Quellen berührt waren. In einer bürgerlichen Welt, die tätig im wirtschaftlichen und politischen Leben stand, hatte man keinen Sinn für die Konstruktionen und abgelegenen Streitfragen scholastischer Dogmatik, hier verlangte man nach einer einfachen, schlichten Lehre, die auch dem Laien in verständlicher Weise nahegebracht werden konnte. Auch dieses Verlangen führte auf die biblischen Urformen des Christentums zurück. Es ist eine merkwürdige Vorausnahme späterer Gedanken, wenn der Franziskaner Roger Bacon in seiner Epistola de laude sacrae scripturae an Clemens IV. (1265—1268) von einer allgemeinen Bibelkenntnis bei Klerus und Laien eine Besserung der kirchlichen Lage erhofft; der Papst solle dafür sorgen, daß alle Gläubigen die Bibel in den Grundsprachen lesen lernten, wofür er selbst leichtfaßliche sprachliche Hilfsmittel schaffen wolle[3]. Später erfuhren diese Ideen durch die Reformbewegungen kräftige Unterstützung. Ein Mann wie Groote hatte ursprünglich die Absicht, sich nur an die Laien zu wenden. Wie durch ihn, so sind auch durch viele andere biblizistische Gedanken in die bürgerliche Laienwelt eingedrungen, wo sie aus den genannten Gründen begierig aufgenommen wurden. Allerdings fehlte es hier nicht an Widerständen, und wir werden auf diese Auseinandersetzungen über die Frage der Bibelverbreitung bei

---

[1] Über ihre Beziehungen zur oberdeutschen Klosterreform vgl. Redlich, Tegernsee und die deutsche Geistesgeschichte im 15. Jahrhundert (Schriften zur bayr. Landesgesch. 9, München 1931), S. 8 ff.
[2] Über ihre Stellung zur Bibel s. Kropatscheck S. 407 ff.
[3] Kropatscheck S. 368 ff.

Laien noch zurückkommen müssen. Denn natürlich handelte es sich hierbei hauptsächlich um die Bibel in der Volkssprache, deren Verbreitung umkämpft wurde.

Es war nicht ganz unberechtigt, wenn streng kirchliche Kreise dieses allgemeine Interesse an der Bibel mit Mißtrauen ansahen, führte es doch allzu leicht in die Nähe der Ketzerei. Es ist bekannt, daß die Kreise um Wiklif und Huß, wie früher die Waldenser, die Bibel ganz besonders betont und zum Ausgangspunkt ihrer Kritik an Lehre und Organisation der Kirche gemacht haben. Die älteren waldensischen Ideen wurden jetzt mit den erwähnten konziliaren und humanistischen Gedanken verbunden und zu energischen Angriffen auf die Kirche benutzt. Zwar ist die Hervorhebung des Schriftprinzips, wie gesagt, auch bei rein kirchlichen Theologen zu finden. Aber in diesen Kreisen werden doch die Glaubenslehren stärker auf die Bibel aufgebaut, sie selbst wird unter den Anhängern in größerem Umfang verbreitet, und vor allem wird die kirchliche Auslegung der Bibel abgelehnt. So kamen auch diese haeretischen Strömungen der Stellung der Bibel und besonders ihrer volkssprachlichen Übersetzungen zugute, allerdings nur innerhalb bestimmter Kreise. Daneben gab es andere ketzerische Sekten, bei denen die Bibel wenig geachtet wurde. Wie schon erwähnt, wird ein Schwärmertum, das sich selbst für inspiriert hält, zu einer Entwertung der biblischen Offenbarung kommen, wie das etwa bei den „Brüdern des freien Geistes" festzustellen ist. Ebenso mußten Kreise, die das Christentum überhaupt ablehnten, sich auch gegen die Bibel wenden[1].

Es kann aber im ganzen kein Zweifel darüber bestehen, daß ein großer Teil der genannten Hauptströmungen des Spätmittelalters der Beschäftigung mit der Bibel durchaus günstig gegenüberstand, was sich natürlich, wie schon angedeutet, auch auf die Stellung der deutschen Bibel auswirkte; zeigen sich doch im Humanismus wie im Konziliarismus Ansätze zu einem lebendigen Nationalbewußtsein, das bis in die Kreise der reformfreudigen Geistlichkeit eindringt[2] und sicher oft zu einer höheren Einschätzung der deutschen Sprache geführt hat, worin es mit der Mystik zusammentraf. Daß in dieser das volkssprachliche Schrifttum eine Hauptrolle spielte, ist bekannt; und ebenso wurden alle Bestrebungen, die sich mit den religiösen Belangen der Laienwelt befaßten, zwangsläufig auf die Benutzung der deutschen Sprache hingeführt. Auf alle diese Richtungen wird noch einzugehen sein.

§ 3.
Kirche und Bibelübersetzung.

Für die Frage nach der tatsächlichen Verbreitung der deutschen Bibel ist natürlich die grundsätzliche Haltung der damaligen Zeit und besonders der Kirche zur Bibelübersetzung von wesentlicher Bedeutung. Dabei ist zu beachten, daß die Auseinandersetzung darüber, ob die heilige Schrift in Volkssprachen und speziell in die deutsche übertragen werden dürfe, meistens unter besonderen Gesichtspunkten erfolgt. Nur selten geht es um eine grundsätzliche Bewertung der Übersetzungsarbeit im allgemeinen, sondern durchweg nur darum, ob in Laienkreisen die Bibel übersetzt und verbreitet werden dürfe. Man wird

---

[1] Z. B. sollte der 1512 verbrannte Ketzer Herman van Rijswijk, der es ablehnte, Christ zu sein, gesagt haben: Item fides nostra fabulosa est, ut probat nostra fatua Scriptura et ficta Biblia et Euangelium delirum (Fredericq, Corpus documentorum inquisit. I, 494).
[2] Siehe Redlich a. a. O. S. 120f.

allerdings den Begriff laicus nicht zu eng faſſen dürfen; oft werden auch die Angehörigen freier, ordensähnlicher Vereinigungen, wie etwa die Beginen oder die Brüder vom gemeinſamen Leben, ſo bezeichnet, ebenſo auch die Laienbrüder in den Klöſtern. Ferner iſt zu berückſichtigen, daß das Mittelalter unter Ausdrücken wie sacrae scripturae oder ähnlich oft nicht nur die Bibel ſelbſt verſtand; legendenartige, apokryphe Bibelerweiterungen oder Schriften der angeſehenſten Kirchenväter werden vielfach dazu gerechnet. Selbſtverſtändlich müſſen aber ſolche allgemeineren Äußerungen mit in Betracht gezogen werden.

Es wurde ſchon erwähnt, daß die Frage nach der „offiziellen" Stellung der Kirche zur volksſprachlichen Bibel in der älteren Literatur ſchon häufig behandelt worden iſt und zu lebhaften Kontroverſen geführt hat. Es ſei deshalb hier nur kurz das Weſentliche behandelt. Die Unſicherheit auf dieſem Gebiet kommt hauptſächlich daher, daß die allgemeingültigen Äußerungen der Kirche hierüber ſpärlich und ſchwer zu deuten ſind. Die einzige kanoniſche, päpſtliche Entſcheidung aus dem Mittelalter ſtammt von Innozenz III.[1]; es iſt eine Äußerung über Waldenſer in der Metzer Diözeſe aus dem Jahr 1199[2]. Zur Erläuterung ſind ferner zwei päpſtliche Schreiben an den Biſchof von Metz und die Äbte von Citeaux, Morimond und Criſta heranzuziehen[3]. Die Auslegung dieſer Entſcheidung iſt ſehr verſchieden ausgefallen. Katholiſche Forſcher[4] wie auch Kropatſched[5] neigen dazu, ſie als ſehr günſtig für die Überſetzungsfrage anzuſehen; Joſtes meint ſogar, günſtiger als Innozenz an dieſer Stelle können man ſich gar nicht über die religiöſe Überſetzungsliteratur äußern. Dagegen entnahm Walther[6] hieraus als päpſtlichen Standpunkt, daß die Kirche ſelbſt dem Volke keine Überſetzungen geben dürfe, daß vorhandene Überſetzungen zu prüfen und bei kirchenfeindlicher Tendenz oder Benutzung zu vernichten ſeien. Es beſtehen hier alſo ziemlich große Widerſprüche. Zweifellos werden Herſtellung und Beſitz von Überſetzungen[7] von Innozenz nicht grundſätzlich abgelehnt, es heißt ſogar, der Wunſch, die Schrift zu verſtehen und nach ihr den frommen Eifer zu ſtärken, ſei nicht zu tadeln, ſondern zu loben[8]. Der Papſt wendet ſich unmittelbar nur gegen die eigenmächtige Benutzung und Auslegung der Schrift, nicht gegen das Überſetzen und Leſen überhaupt. Zugleich wird aber nachdrücklich betont, daß man die Geheimniſſe des Glaubens nicht jedermann erklären könne und dürfe, ſondern nur denen, die ſie im gläubigen Verſtehen erfaſſen könnten. Selbſt Kluge und Gelehrte könnten die Bibel nicht ganz verſtehen, erſt recht alſo nicht die ungebildeten Laien[9]. Damit werden zweifellos Überſetzungen, die von weniger Gebildeten ausgehen, abgelehnt, und ebenſo wird das ſelbſtändige Bibelleſen in Laienkreiſen ohne kirchliche Aufſicht mit Mißtrauen angeſehen. Gegen

---

[1] Decretal. V, tit. VII, cap. XII Cum ex iniuncto.
[2] Über die Angelegenheit vgl. Grundmann a. a. O. S. 97 ff.
[3] Im Auszug abgedruckt bei Reu, Luthers German Bible S. *90 f.
[4] Z. B. Fr. Joſtes, Die Schriften des Gerhard Zerbolt von Zütphen in: HJb. XI (1890) S. 12 u. Mar. Beſſon, Katholiſche Kirche und Bibel (Einſiedeln 1934) S. 50 f.
[5] S. 108 ff.
[6] Die deutſche Bibelüberſetzung des Mittelalters Sp. 740—741.
[7] Es handelte ſich hier um franzöſiſche Überſetzungen der Evangelien, der Pauliniſchen Briefe, des Pſalters, des Buches Hiob und anderer Bücher.
[8] Licet autem desiderium intelligendi divinas scripturas et secundum eas studium adhortandi reprehendendum non sit, sed potius commendandum ...
[9] Arcana vero fidei sacramenta non sunt passim omnibus exponenda, cum non passim ab omnibus possint intelligi, sed eis tantum, qui ea fideli possunt concipere intellectu ... Tanta est enim divinae scripturae profunditas, ut non solum simplices et illiterati sed etiam prudentes et docti non plene sufficiant ad ipsius intelligentiam indagandam.

Übersetzung und Verbreitung innerhalb der Kirche und unter ihrer Obhut hat Innozenz und nach ihm der Codex iuris canon. nichts einzuwenden; alle andere Übersetzungsarbeit wird aber indirekt verurteilt, auch wenn sie nicht unmittelbar mit kirchenfeindlichen Absichten verbunden ist. Damit ist nicht gesagt, wie Walther meint, daß die Kirche dem Volk die Bibel in seiner Sprache überhaupt nicht geben dürfe; aber ihrer Verbreitung in Laienkreisen sind doch enge Grenzen gezogen, und ein selbständiges Bemühen auf diesem Gebiet wird nicht gebilligt. Das kann man nur vom rein katholischen Standpunkt aus für ein sehr günstiges Urteil halten. Die abweichenden Auslegungen dieser Stelle werden auch dadurch begünstigt, daß das Urteil des Papstes sehr vorsichtig und daher etwas undeutlich formuliert ist. Innozenz war sich zunächst noch nicht darüber klar, wie aus den anderen Briefen an den Bischof und die Abte hervorgeht, ob es sich bei den Benutzern und Verfassern der Übersetzungen um bewußte Haeretiker handelte oder nur um Gutgläubige. Ein schroffes Vorgehen gegen Leute, die ohne kirchenfeindliche Tendenz nur zur Erbauung das Bibellesen pflegten, würde befremdet haben. Als man später den waldensischen Charakter der Metzer Vereinigung deutlicher erkannte, wurde sie ausgerottet und die Übersetzungen vernichtet[1], während zuerst dem Bischof nur genaue Untersuchung über Verfasser und Tendenz der Arbeiten befohlen worden war.

Das gleiche Verfahren wurde bald darauf in einem ähnlichen Fall angewandt. Im Jahre 1203 befahl der päpstliche Legat Guido von Praeneste bei einer Untersuchung über Haeretiker im Bistum Lüttich, daß alle volkssprachlichen Bücher über die heiligen Schriften — wozu man die Übersetzungen zählen muß — dem Bischof zur Prüfung übergeben werden sollten, dieser könne dann einwandfreie zurückgeben[2]. Es ist anzunehmen, daß dies Vorgehen von Innozenz beeinflußt ist, da es genau dem für den Metzer Fall befohlenen entspricht. Bemerkenswert ist, daß die genannte günstige Äußerung des Papstes über das Bemühen um die Schrift mehrfach zur Verteidigung des Bibelübersetzens und -lesens benutzt worden ist. So wird sie 1397 von dem Kanonisten Arnold von Dydeninghe (= Dikningen) in seinem Gutachten über die Brüder vom gemeinsamen Leben zitiert[3] und ist von hier aus in die verschiedenen lateinischen und deutschen Fassungen der vielleicht von Gerhard Zerbolt von Zütphen stammenden Schrift Super modo vivendi devotorum hominum übernommen[4]. Auch der Verfasser der mittelniederländischen Übersetzung des Profectus religiosorum (um 1400) rechtfertigt damit sein Werk[5], obwohl es ja keine Bibelübertragung enthält, übrigens ein Beweis für die schwankende Anwendung des Begriffs sacrae scripturae. Man sieht also, die Stellungnahme

---

[1] Kropatscheck S. 110.
[2] Omnes libri, Romane vel Teotonice scripti de Divinis scripturis, in manum episcopi tradantur, et ipse, quos viderit reddendos, reddat. Fredericq, Corpus document. inquisit. I S. 63 nach dem Liber cartarum Ecclesiae Leodiensis fol. 180. De Bruin S. 12.
[3] Jostes, HJb. XI, S. 710. Fredericq a. a. O. II S. 174.
[4] Eine niederländische Übersetzung (Wien Nat.-bibl., Mj. 13708) gibt sie z. B. wie folgt wieder, nachdem ihre Stelle im Cod. iur. can. angegeben ist: be begerte om te verstane be goblele scrifturen enbe na bie scrifturen be erenstesheit te verwedene of te gerabene of te vermanenne, bat en es niet te begripene, maer mere of bat te commenberene of te prisene. Enbe bat capitel sprect van lesen menschen (Nach der Ausg. v. C. G. N. be Booys in: NAKgNS. IV (Haag 1906) S. 118).
[5] Enbe hier af staet in vijfte boec van decretal. de hereticis, cum ex iniuncto: bat begherte bie hilighe scrift te verstaen enbe na ber hilligher scrift be vermanen niet en si te laten, mer meer te loven, vec ben lesen luben (Moll, Kerkgeschiebenis van Nederland II, S. 331 Anm.).

Innozenz' III. hat als einzige kanonische Äußerung über die volkssprachliche Bibel für deren Geschichte besondere Bedeutung, sie ließ sich allerdings in der Praxis sowohl für wie gegen die Übersetzungsarbeit ausnutzen.

Auffällig ist, daß in der Frage eines sog. kirchlichen Bibelverbots schon im Mittelalter selbst keine Einigkeit herrschte. Während Arnold von Dikningen und seine Nachfolger aus den Kirchenvätern und dem kanonischen Recht zu beweisen suchen, daß den Laien das Bibellesen erlaubt sei, hat zur gleichen Zeit doch die Meinung nicht gefehlt, daß nach Kirchenrecht alle volkssprachlichen Bücher über die heiligen Schriften den Laien verboten seien. Eine Urkunde Karls IV. vom 17. Juni 1369 aus Lucca an die deutschen Inquisitoren[1] befiehlt den deutschen Ständen tatkräftige Unterstützung der Inquisition bei der Suche nach deutschen Schriften, da durch sie viele, die sie nicht richtig verständen, zur Ketzerei verleitet worden seien. Dabei ist allerdings nicht speziell von Bibelübersetzungen die Rede, sondern allgemein von haeretischen Sermonen und Traktaten in der Volkssprache. Solche Schriften sollen besonders bei Laien gesucht werden, praesertim cum laycis utriusque sexus secundum canonicas sanctiones etiam libris vulgaribus quibuscumque de sacra scriptura uti non liceat. Nach Jostes ist eine derartige kanonische Entscheidung nicht bekannt[2], möglicherweise sind hier, wie Walther vermutet[3], die Beschlüsse der Synoden von Toulouse (1229) oder Beziers (1296) gemeint, die beide den Laien den Besitz biblischer Bücher verbieten. Da sie aber nur lokale Bedeutung hatten, werden sie hier kaum heranzuziehen sein. Jedenfalls ist es bemerkenswert, daß man schon im Mittelalter selbst der Ansicht war, religiöse Schriften in der Volkssprache seien den Laien verboten. In weitere Kreise wird diese Meinung nicht gedrungen sein, wie Arnold von Dikningens Urteil in dieser Frage zeigt; auch entsprach sie ja nicht den Tatsachen. Allerdings steht diese Äußerung immerhin in einer kaiserlichen Urkunde und ist auch nicht völlig vereinzelt. Gregor von Heimburg betont einmal, daß man früher Leute bestraft habe, „die die heiligen schrift auß lateinischer zung in tewtsch gewandelt hatten", damit „die geheim der schrift ... nit layisch gehandelt wurden"[4]. Also auch er glaubte zu wissen, daß ein Bibelverbot bestanden habe, mindestens für die kirchliche Praxis.

Der kaiserlichen Urkunde von 1369 entspricht ein Erlaß Gregors XI. vom 22. April 1376 ebenfalls an die Inquisitoren in Deutschland[5]. Auch hier werden Laien verurteilt, die libros sermonum in vulgari scriptorum, in quibus haereticales, prout dicitur, continentur errores, lesen und nach ihnen predigen. Sie verbreiten den Irrtum, dum legunt vel audiunt, quod non intelligunt. Hier wird ebenfalls kein Verbot der volkssprachlichen Bibel ausgesprochen, sondern nur allgemein die religiöse Lektüre ohne kirchliche Führung verurteilt. Auch diesen Erlaß zitiert Arnold von Dikningen, er folgert aus dem Verbot haeretischer Bücher, daß damit a contrario sensu einwandfreie volkssprachliche Schriften erlaubt und gebilligt würden[6].

Sehr häufig ist zu dieser Frage endlich ein Erlaß des Mainzer Erzbischofs Berthold von Henneberg vom 22. März 1485 herangezogen worden, der

---

[1] Böhmer-Huber 4761; abgedruckt bei Fredericq, Corpus docum. inquisit. I, S. 214 ff.
[2] HJb. XI, S. 12.
[3] Die deutsche Bibelübersetzung Sp. 742.
[4] Kropatscheck S. 404 Anm. 1.
[5] Abgedruckt bei Fredericq, Corpus docum. inquisit. I S. 236 f., beginnt mit „Ad Apostolatus".
[6] Jostes' Angabe (HJb. XI S. 20 Anm.), daß ein derartiges päpstliches Reskript mit dem Titel „Ad Apostolatus" nicht bekannt sei, ist also irrig.

zwar keine allgemeine kirchliche Geltung hatte, aber hier nicht übergangen werden darf, weil er für große Teile Deutschlands maßgebend war[1]. Hier werden Zensurkommissionen aus Mitgliedern der Universitäten Mainz und Erfurt eingesetzt, denen alle gedruckten deutschen Bücher, die Übersetzungen enthielten, vorzulegen seien. Ausführlich wird gegen die reichhaltige religiöse Übersetzungsliteratur polemisiert. Die deutsche Sprache biete nicht die Möglichkeit, schwierige theologische Spekulationen unverfälscht aus dem Lateinischen und Griechischen wiederzugeben. Die heiligen Schriften seien den Laien ohne nähere Erklärung nicht verständlich, ihre Verbreitung schade daher der Religion. Auch dies ist also kein ausgesprochenes Verbot, sondern nur eine Verhängung der Zensur; aber die Übersetzungsliteratur wird hier doch allgemein so scharf kritisiert, daß dies Edikt einem Verbot nahekommt. Wir werden auf diesen Erlaß, besonders wegen seiner Stellung zur deutschen Sprache, noch mehrfach zurückkommen müssen. Ihm zur Seite treten ferner die verschiedenen Zensuredikte einzelner Päpste und deutscher Bischöfe, die bald nach dem Aufkommen des deutschen Buchdrucks häufiger erlassen wurden und sich allgemein gegen die Verbreitung ketzerischer Schriften wenden[2]. Sie richten sich allerdings nicht speziell gegen die religiöse Übersetzungsliteratur.

Zusammenfassend läßt sich also über die kirchenrechtliche Stellung der deutschen Bibel im Mittelalter sagen, daß es ein ausgesprochenes, allgemeines Verbot nicht gegeben hat, wenn das auch schon damals behauptet worden ist. Es fehlte überhaupt eine grundsätzliche, klare Stellungnahme zur Frage der Übersetzungstätigkeit, die für die ganze Kirche Geltung hatte. Die Kirche wendet sich dagegen, daß weniger gebildete Laien ohne kirchliche Führung das Heil suchen und dabei die sacrae scripturae in der Volkssprache benutzen. Da hierbei die Gefahr der Ketzerei nahelag, fiel manchmal auf das Bibellesen und -übersetzen dieser Kreise ein gewisses Mißtrauen, das aber nicht zu bestimmten, allgemeingültigen Vorschriften geführt hat. Eingegriffen wurde nur da, wo die Haeresie offenkundig war; und in Gegenden, wo sie besonders hervorgetreten war, kam es auch zu allgemeinen Bibelverboten, wie in Südfrankreich und Nordspanien. Wie man aber sonst Bibelübersetzung und -besitz bei Klerikern und Laien, die zur Kirche hielten, beurteilte, das können nur die einzelnen Auseinandersetzungen hierüber und die Praxis beantworten.

§ 4.
Kämpfe um die deutsche Bibel.

Die zweideutige Haltung der Kirche in der Frage der Bibelübersetzung brachte es mit sich, daß über den Wert und die Berechtigung der Verdeutschungen mehrfach heftig gestritten wurde. Manche Anhänger der Kirche, besonders Geistliche, machten sich die genannten Bedenken gegen die Übersetzungsliteratur zu eigen und wandten sich gegen die Verdeutschungen überhaupt, und zwar schon im Hochmittelalter. Jakob von Maerlant, der Verfasser der niederländischen Reimbibel (um 1270), hatte bereits unter den Angriffen von seiten des Klerus

---

[1] Im Auszug abgedruckt bei Reu, Luthers German Bible S. *93f.
[2] Vgl. Kapp, Geschichte des deutschen Buchhandels I (1886) S. 526ff.

zu leiden¹ und soll wegen seiner Arbeit auch vom Papst zur Verantwortung gezogen, dann aber freigesprochen sein². Mit Kritik rechnete auch Heinrich von Hesler in seiner gereimten Übersetzung der Apokalypse (um 1300)³. Im späteren Mittelalter mehren sich mit der Zahl der Übersetzungen auch die Auseinandersetzungen über sie. So betont der Verfasser der niederländischen Historienbibel von 1360—1361 immer wieder, daß er wegen seiner Arbeit mit heftigen Angriffen von geistlicher Seite rechnet⁴. Obgleich er selbst Ordensmitglied ist, wendet er sich in scharfem Tone gegen den Klerus, der das Volk nicht bei der Lehre der Kirche hält, sondern es durch schlechte Beispiele nur verdirbt; so spricht er seinen Gegnern von vornherein das Recht ab, gegen ihn vorzugehen. Noch kräftiger äußert sich ein mitteldeutscher Übersetzer in einer Vorrede, die auch als selbständige Schrift verbreitet worden ist⁵. Er kennt bei seinen Angreifern nur eigennützige Motive und bezeichnet sie als Anhänger des Teufels⁶. Die Gegensätze prallen also scharf genug aufeinander, und die — selbst angriffslustige — Verteidigung der deutschen Bibel verbindet sich teilweise mit allgemeiner Kritik an den kirchlichen Mißständen.

Mehrfach werden die genannten Fragen in den Niederlanden beim Aufkommen der devotio moderna behandelt. Als gegen Ende des 14. Jahrhunderts die Brüder vom gemeinsamen Leben verschiedentlich angegriffen wurden, wandten sie sich an mehrere bedeutende Kanonisten von unparteiischer Gesinnung um Gutachten über ihre Lebensweise und ihre Tätigkeit. Dabei wurde auch die Frage aufgeworfen utrum sit licitum sacros libros in ydiomate vulgari editos seu de latino in vulgari translatos layos legere vel habere. Die Frage wurde zwar bejaht⁷, aber ihre Aufstellung zeigt, daß man den Besitz deutscher religiöser

---

¹ Spiegel Historiael, V. 80 ff.:
    Ende oec mede hebbic vaer,
    Dat des dat paepscap belgen soude,
    Of ic mi dies onderwinden woude.
    Ende anderswerven hebbic gewesen
    In haer begrip van desen,
    Want ic leeken weten bede
    Uter Biblen die heimlichede.
(Ebbinge Wubben, S. 128—129.)

² K. F. Proost, De Bijbel in de Nederlandsche Letterkunde als Spiegel der Cultuur I S. 62.

³ Ausg. v. Karl Helm (Deutsche Texte des Mittelalters VIII) V. 755 ff.:
    Gnugen luten misgezimet,
    Die wunder bar umme nimet
    Sint daz diz buch ist also swar,
    Daz ich michz underwinden tar
    In dutsch diz buch zu tichtene
    So starken sin zu richtene.

⁴ Nochtan weet ic wel, dat het (nämlich die Übersetzung) zal sijn zeere benijt onder die clergie . . . Want enighen clerken toornt datmen die heymelicheit der scrifturen den ghemeynen volke ontbinden soude. (Ebbinge Wubben S. 73 Z. 128 ff., ähnlich S. 78 Z. 48 ff., S. 84 Z. 16 ff. und S. 85 Z. 28 ff.)

⁵ Veröffentlicht zuerst im Auszug von Vollmer (Mat. I, 2 S. 54 ff.), dann vollständig von Jos. Klapper, Im Kampf um die deutsche Bibel. 2 Traktate des 14. Jahrh. Breslau 1922 (Näheres s. u. S. 30).

⁶ Z. B.: Do von, wer dy seint, dy durch neyt vnd durch hochfart vnd durch geitikeit dy sache (nämlich daß man die Bibel übersetzt) wyder reden, dy seint offenberlich an des tewfels teil [vgl. Sap. 2, 24] (Klapper a. a. O. S. 1 Z. 17 f. vgl. Mat. I, 2 S. 54—55).

⁷ Z. B. von Arnold von Dikningen in seinem oben (S. 13) genannten Gutachten, ebenso von Everhard Foec, Dekan v. St. Salvator in Utrecht (Jostes a. a. O. S. 709, Fredericq a. a. O. II S. 163 f.).

Schriften bei den Brüdern getadelt hatte. Ähnliches ist auch bei den Schwestern des gemeinsamen Lebens festzustellen[1]. Aus den Gutachten wurde bald darauf eine Schrift zugunsten der Brüder mit dem Titel Super modo vivendi devotorum hominum zusammengestellt, vielleicht von Gerhard Zerbolt von Zütphen, die, wie schon erwähnt, auch in niederländischer Übertragung Verbreitung fand. Besonders erregten offenbar ihre Äußerungen über die deutschen religiösen Schriften starke Aufmerksamkeit, da sie auch für sich in lateinischer wie in deutscher Fassung verbreitet wurden. Leider ist die Frage nach dem Verfasser[2] dieser bemerkenswerten Schrift und nach dem Verhältnis ihrer verschiedenen Bearbeitungen und Handschriften zueinander noch immer ziemlich dunkel und bedarf einer gesonderten Behandlung. In denselben Kreisen spielte sich ein Streit ab, den Johannes Busch, der bekannte niederländische Klosterreformer, mit einem Dominikaner in Zütphen hatte, als dieser predigte quod laici libros teutonicos habere non deberent[3]. Er wurde durch Busch zum Widerruf veranlaßt.

Es zeigt sich also deutlich, daß diese Fragen lebhaftes Interesse fanden und mehrfach leidenschaftlich umkämpft wurden, und zwar nicht nur zwischen der Kirche und Laien oder Ketzern, sondern auch innerhalb des Klerus selbst[4]. Bei der außerordentlichen Bedeutung, die diese Auseinandersetzungen für die Stellung der deutschen Bibel in Theorie und Praxis haben, dürfte es deshalb von Nutzen sein, daß man die verschiedenen Gründe, die im einzelnen für oder gegen sie angeführt wurden, systematisch zusammenstellt. Schon der genannte Auszug aus den Gutachten führt zwei Gründe an, die man gegen die volkssprachliche Bibel und ihre Verbreitung in Laienkreisen geltend machen könne[5], und tatsächlich lassen sich alle bekannten Einwände hiernach ordnen; es sind:

1. quia layci et illiterati sunt et quod talibus non convenit vel non licet sacram scripturam legere vel studere;

2. quia licet laycis non sit prohibitum sacram scripturam legere, est tamen illicitum vel malum divinam scripturam in vulgari ydiomate legi vel haberi.

Den ersten Grund haben wir schon häufig in den besprochenen offiziellen Äußerungen gefunden. Wenn auch die Bibel dort nicht verboten wird, so heißt

---

[1] Der Inquisitor Eylard Schonevelbt klagt im Jahre 1394 die Utrechter „Gerardinen" u. a. deswegen an, weil sie bei den Mahlzeiten in deutscher Sprache vorlesen lassen und beten, am Gründonnerstag haben sie bei der Fußwaschung deutsch die Abschiedsrede Jesu durch eine Schwester vorlesen lassen (Moll, Geert Grootes Dietsche Vertalingen in: Verhand. d. Kgl. Akad. van Wetenschappen Afd. Letterkunde XIII [1880] S. 36). Schonevelbts acta inquisitionis wurden bald danach von einem anonymen „Inquisitor Belgicus" gegen die genannten Gutachten angeführt, um damit die Häresie der Gerardinen nachzuweisen (Fredericq, a. a. O. I S. 251 f., II S. 180 ff.).

[2] Die These von Fr. Jostes (Die Schriften des Gerhard Zerbolt von Zütphen in: Hist. Jahrb. der Görresges. XI, 1890), daß Zerbolt nicht, wie vorher allgemein angenommen, der Verfasser sei, ist neuerdings von A. Hyma mit guten Gründen, wenn auch nicht völlig überzeugend, angegriffen worden. (Is Gerard Zerbolt of Z. the author of the „Super modo vivendi"? in RKg.NS. XVI S. 42 ff.) Vgl. dazu auch: Hyma, Alb.: The „De libris Teutonicalibus" by Gerard Zerbolt of Zutphen. RKg.NS. XVII S. 42 ff. und Jelloushek, C. L.: Ein mittelalterliches Gutachten über das Lesen der Bibel und sonstiger religiöser Bücher in der Volkssprache. (Aus der Geisteswelt des Mittelalters S. 1181—1199, Münster 1935.)

[3] Joh. Busch, Liber de reformat. monasteriorum (Ausg. v. Grube in: Geschichtsquellen der Prov. Sachsen 19, Halle 1886) S. 730 ff.

[4] Auch der Verfasser der ersten von Klapper veröffentlichten Vorrede betont ausdrücklich, daß „hoch gelarte pfaffen vnd selige laien" seinen Standpunkt teilen (Klapper a. a. O. S. 3 Z. 2).

[5] Jostes a. a. O. S. 14.

es doch mehrfach, Laien dürften die Bibel nicht lesen, weil sie sie von sich aus nicht verstehen könnten[1]. Diese Ansicht wird auch sonst oft vertreten; so hatte man es bei Maerlant wie bei dem Verfasser der niederländischen Historienbibel, wie gesagt, getadelt, daß sie die Geheimnisse der Schrift den Laien eröffnet hätten. Selbst Gregor von Heimburg, der Vorkämpfer des Konziliarismus und Nationalismus, wendet sich an der schon genannten Stelle dagegen, daß man „die geheim der schrifft" den Laien offenbare, es genüge für sie, „daß sie der zwelfboten glauben konnen verjehen"[2]. Sein älterer Gesinnungsgenosse Johann Schele, Bischof von Lübeck und Vertrauensmann des Kaisers Sigismund auf dem Baseler Konzil, forderte in einem für diese Versammlung bestimmten Reformvorschlag u. a. ein Verbot der Bibelübersetzung in die Volkssprachen, da hieraus Ketzerei entstehe und die Geistlichen in Unruhe gebracht würden, weil die Übersetzungen nur die Rinde der Worte, nicht die Wurzel des Inhalts zu kosten gäben[3]. Geiler von Kaisersberg bestritt zwar nicht die Berechtigung deutscher Übersetzungen[4], aber er wandte sich doch scharf dagegen, daß man sie jedem ungebildeten Laien in die Hand gebe. Wer nicht die Kunst der Auslegung ganz beherrsche, der könne auch mit schriftlichen Glossen und Auslegungen die Bibel nicht richtig verstehen, und ohne diese Kunst sei das Bibellesen nur schädlich; die Kenntnis der Schrift solle dem Volke durch die Predigt vermittelt werden[5]. Daß auch andere Kreise unter diesem Gesichtspunkt das Bibellesen verurteilten, bestätigt der Verfasser einer anonymen antilutherischen Flugschrift aus Straßburg von 1524[6]. Die Stimmen, die sich aus diesen Gründen gegen die Übersetzung wenden, sind also gar nicht selten. Man befürchtet, daß die Laien die Bibel falsch und in kirchenfeindlichem Sinne auslegen und dadurch zur Kritik an den Einrichtungen und Vertretern der Kirche veranlaßt werden, was nur zu leicht zur Ketzerei führen könne. Die Bibelauslegung sei allein Sache der Kirche.

Derartige Warnungen und Bedenken waren sicher nicht unberechtigt, denn häufig kann man beobachten, daß gerade aus der Beschäftigung mit der Schrift Abneigung gegen die Kirche und Ketzerei entstanden sind. Schon bei den Metzer Waldensern ist das zu bemerken; Innozenz III. lobt bei ihnen zwar das Bemühen um das Verständnis der Bibel, tadelt aber, daß sie sich das Predigtamt anmaßen und die weniger gebildeten Priester verspotten. Auch Arnold von Dikningen betont in seinem Gutachten — vielleicht im Anschluß an den Codex

---

[1] Vgl. o. S. 12 Anm. 9; auch der Erlaß Bertholds von Mainz fragt: Quis enim dabit idiotis atque indoctis hominibus et femineo sexui, in quorum manus codices sacrarum literarum inciderint, veros excerpere intellectus? (Reu a. a. O. S. *93).

[2] Vgl. oben S. 14.

[3] item provideatur, ne de cetero ewangeliorum psalterii biblie et scripture sacre vulgariter translacio fiat, quia heresis et confusio cleri inde oriuntur, solum cum corticem verborum et non radicem racionum gustare scribantur, et ut eorum usus sic vulgariter translatorum sub magna pena prohibeatur. Nach einer Sammlung von Baseler Reformvorschlägen aus dem Besitz des Nikolaus v. Cues (Cues, Hospitalbibl. cod. 168 fol.), abgedruckt bei: Hans Ammon, Johannes Schele, Bischof von Lübeck, auf dem Baseler Konzil (Veröffentlichungen zur Gesch. der Freien u. Hansestadt Lübeck Bd. 10, Lübeck 1931) S. 106 f. (II, 45).

[4] S. u. S. 24.

[5] L. Pfleger, Geiler von Kaisersberg und die Bibel in: Arch. für elsäss. Kirchengesch. I (1926) S. 123 ff.

[6] „Glos und Comment uff LXXX Artickeln und Ketzereyen der Luterischen": „Wol schon vor zwanzig Jahren hörte ich fromme und kundige leut klagen darüber, daß Bürger und Buren wollen die heilige Geschrift lesen und auslegen und gierig waren zu hören, was falsche Ußleger inen sagten gegen die Kirch und ihre Lehren." (Janssen, Gesch. des deutschen Volkes I [8. Aufl. Freiburg 1883], S. 610 Anm. 3).

iuris canon. — daß Laien, die deutsche Bücher läsen, nicht auf ungebildete Geistliche herabsehen dürften[1]. Besonders nahmen solche kritischen Strömungen gegen Ende des Mittelalters zu. Das selbstbewußt gewordene Laientum fühlte jetzt in sich den Drang und die Berufung, die Stellung der Kirche im öffentlichen Leben und besonders die offenbaren Schäden und Mißstände in der Hierarchie selbst kritisch zu prüfen, wobei man oft von der Quelle des christlichen Glaubens, der Bibel, ausging. Solche kritischen Stimmungen spiegelt etwa Ulrich Surgants weitverbreitetes Manuale curatorum wider, wenn es die Prediger darauf aufmerksam macht, daß die Laien die in der Predigt deutsch zitierten Bibelstellen mit den Übersetzungen vergleichen, die sie selbst besitzen; sie könnten es also dem Prediger zum Vorwurf machen, wenn sein Zitat von dem dort gefundenen Wortlaut abwiche[2]. Doch konnte diese Selbständigkeit auch dazu führen, daß man im Vertrauen auf die eigene Bibelkenntnis glaubte, auf die Lehren der Kirche und ihrer — manchmal unwürdigen — Vertreter überhaupt verzichten zu können. So sagten nach einer Predigt aus dem Jahre 1515 Laien: „Wir hant ietz die heilig Geschrift selbs in Handen und können selbs wissen und uslegen, was zur Seligkeit Not, und bedorffent nit dazu Kirche und Papst[3]." Auch eine Glosse in den Baseler Plenarien[4] weist darauf hin, daß manche Menschen sagen, man brauche nicht in die Predigt zu gehen, der Priester gebe nur Gebote, die er selbst nicht halte; man solle sich ein Buch kaufen und sich von diesem erbauen und unterweisen lassen. Dieser Standpunkt wird in den Plenarien abgelehnt; der Besuch des Gottesdienstes sei notwendig zum Heile der Seele, man dürfe ihn nicht versäumen, selbst wenn man geistliche Bücher wie die Evangelien und andere im Hause habe[5]. Eine so schroffe, selbständige Ablehnung, wie sie hier hervortritt, wird aber doch nicht häufig gewesen sein; schon die Sorge um das eigene Seelenheil hielt die meisten Kritiker von entscheidenden Schritten ab; wo man tabelte, wandte man sich durchweg nur gegen unwürdige Kleriker, nicht gegen das Lehrgebäude der Kirche. Aber auch hierin lag für das Ansehen der Kirche eine Gefahr, die durch die Verbreitung von Bibelverdeutschungen nur gesteigert werden konnte. Nicht nur konnten sie einzelne Laien mit Spott und Verachtung gegenüber solchen Priestern erfüllen, die der Laienwelt wie an Sittlichkeit und Bildung, so auch an Bibelkenntnis unterlegen waren, sondern man sah auch aus ihnen, wie weit die Kirche in manchem von den in der Schrift verankerten Grundsätzen christlichen Glaubens abgewichen war. Demgegenüber betonten dann die Verteidiger der Kirche immer wieder, daß die Laien von sich aus, ohne kirchliche Auslegung, die Schrift gar nicht verstehen könnten und besonders durch die Übersetzungen zu falschen Vorstellungen über ihren Inhalt und Sinn kämen; nur dadurch würden sie zur Kirchenfeindschaft veranlaßt. Auch hier richtet sich also die Polemik nicht gegen das Übersetzen im allgemeinen, sondern nur gegen die ungehinderte Verbreitung und Benutzung der deutschen Bibel in Laienkreisen.

Dem stehen aber auch Äußerungen gegenüber, die sich durchaus für das Lesen von Bibelverdeutschungen oder deutscher religiöser Schriften überhaupt einsetzen und doch bewußt auf kirchlichem Boden bleiben. Die genannte Zusammenstellung

---

[1] Neo debent eciam layci huiusmodi libros legentes sacerdotum simplicitati illudere (Jostes a. a. O. S. 710).
[2] E. Schröder in: Götting. gelehrte Anzeigen I, 7 (1888) S. 254, Kropatscheck S. 145.
[3] Kropatscheck S. 161.
[4] Gedruckt bei Adam Petri 1514—1522 (im ganzen 4 oder 5 Ausgaben). Pietsch, Evangely und Epistel Teutsch S. 45ff.
[5] Pietsch a. a. O. S. 233.

aus den Gutachten, die sich selbst den Einwand macht, daß die Laien die Bibel nicht verstehen könnten und sie ihnen daher verboten sei, bringt kaum eigene Gedanken dagegen. Es wird nur betont, daß die Laien doch gehalten seien, regelmäßig den Gottesdienst zu besuchen und dort Gottes Wort zu hören, also müßte es ihnen doch auch erlaubt sein, für sich die Schrift zu lesen. Im übrigen stützt sich dort die ausführliche Beweisführung auf kirchliche Autoritäten, besonders auf Zitate aus Augustin und Chrysostomus, in denen Laien und Ungebildeten das Bibellesen empfohlen wird, und das waren damals natürlich sehr beweiskräftige Argumente[1]. Schärfer nehmen die beiden von Vollmer und Klapper veröffentlichten Vorreden gegen die Ansicht Stellung, daß die Laien die Bibel nicht verstünden. In der ersten wird u. a. darauf hingewiesen, daß manche Laien besser die Schrift verstehen als die dazu Eingesetzten[2]; in der zweiten heißt es, daß Sirach, David und Salomo auch Laien waren und trotzdem Gottes Wunder und Gewalt den Laien offenbart hätten[3]. Diese beiden Schriften mögen allerdings teilweise unter böhmisch-häretischem Einfluß stehen, ihre scharfe Sprache und ihre Angriffslust auf ihre geistlichen Gegner[4] sind sonst selten. Entsprechend der geschilderten religiösen und geistigen Lage am Ausgang des Mittelalters häuften sich damals auch die Empfehlungen an die Laienwelt zu eifrigem Lesen, besonders in den hlg. Schriften. So heißt es im Baseler Plenar von 1514: „Es ist auch vast recht sich üben in andechtigen büchern, vnd solt kein mensch sein, er solt haben das heilig ewangelium bey in in seinem hausz, so er es lesen könde[5]." Ähnliche Ermahnungen sind in vielen Werken der damals so überaus reichhaltigen Erbauungsliteratur zu finden[6]. Sie sprechen allerdings nicht immer speziell von der deutschen Bibel; da sie sich aber an Laien richten und selbst in deutscher Sprache geschrieben sind, wird man sie mit Recht darauf beziehen können. Irgendeine kirchenfeindliche Tendenz haben sie durchaus nicht, sie betonen selbst den Wert der Predigt[7] oder geben zu, daß die kirchliche Auslegung zum Verständnis der Schrift notwendig sei[8]. Schon der Franziskaner Otto von Passau, der den Gottesfreunden nahestand, stellt in seiner oft zitierten Mahnung zum Lesen deutscher Bibeln neben sie „der heiligen Lehrer Lehr", die man wohl beachten

---

[1] Hierbei wird u. a. auch das Zitat aus dem Codex iuris canon. (die Entscheidung Innozenz' III., s. o. S. 13) angeführt.

[2] Wann etliche eynfeldige leyen sein, di bi heiligen ewangelij vnd ander heilige schrift vollkommenlicher vnd eigentlicher an allen örtern vorstên denn etliche, die des wenten, sie können daz, daz si noch nye gehorten (Klapper a. a. O. S. 10 Z. 11 ff.).

[3] Klapper a. a. O. S. 11 Z. 7 ff.

[4] Vgl. unten S. 31 f.

[5] Pietsch a. a. O. S. 234.

[6] Falk (Die Bibel am Ausgang des Mittelalters S. 22—23) bringt z. B. Zitate dieses Inhalts aus dem nd. Buch von der Liebe Gottes (Lübeck 1497), dem Lübecker Plenar von 1493, dem Seelentrost (Köln 1474 und später), dem nd. Spiegel der Laien (Lübeck 1496). Er verweist ferner auf Braun (Die katholische Predigt während der Jahre 1450 bis 1650 über Ehe und Familie, Erziehung, Unterricht und Berufswahl S. 36 ff.), der aus dem Spiegel des kranken und sterbenden Menschen (1494), aus dem „Beschlossen Garten der Rosenkranz Mariae" (1505), der „Himmelstür" (1513) und aus Brants Narrenschiff (1494) ähnliche Stellen bringt.

[7] So das Baseler Plenar (s. oben S. 19).

[8] Z. B. der Traktat „Weihegärtlein" (1509) Bl. 12: Du solst die heilge Schrift, insonderheit die Episteln und Evangelien an Sontagen und Fyertagen flyszlich lesen und betrachten. Aber du kanst es nit mit Nutzen tun, als wenn du zuvor den heilgen Geist umb recht Verstendnusz anruffest und bine Sunden berüwest glich als wolst du bichten geen. Bistu hoffartig, so wirt dir alle Lesung zu Schaden. Wastu in den heilgen Geschrifften nit versteest, das lasz und befiel es der Kirchen. Dy legt alles recht usz und hat alleyn die Macht der Uszlegunge (Janssen a. a. O. S. 53).

solle¹. Es ist übrigens bemerkswert, daß sich derartige Empfehlungen meistens nicht für verpflichtet halten, ihren Standpunkt besonders zu rechtfertigen oder zu verteidigen; also kann die Gegnerschaft gegen die deutsche Bibel doch nicht allgemein und weitverbreitet gewesen sein.

Selbstverständlich mußten sich besonders die Übersetzer mit den Einwänden gegen die Verbreitung der Verdeutschungen befassen und den Verdacht abwehren, daß ihr Werk die Ketzerei fördere. Der Verfasser der niederländischen Historienbibel betont trotz seiner Angriffe auf den Klerus seine kirchliche korrekte Haltung, er will nicht von der Kirchenlehre abweichen². Selbstbewußter ist der Standpunkt des Heinrich von Hesler. Wenn man ihm vorgeworfen hat, daß er die so unverständliche Johannes-Apokalypse ins Deutsche übertragen wolle, so betont er dagegen, daß er sich von Gott beauftragt fühle und nur sein Werkzeug sei³. Zwar sei die Apokalypse schwer zu verstehen, aber dadurch solle man zum Nachdenken über sie angeregt werden⁴. Den Einwand, daß manche Bibelstellen auch in der Übersetzung schwer verständlich blieben, suchen viele Übersetzer dadurch zu entkräften, daß sie aus kirchlich anerkannten Schriften Glossen einfügen. Der Verfasser einer mittelbeutschen Übertragung der Paulinischen Briefe⁵ ermahnt dagegen in seiner Vorrede diejenigen, die glauben, sie könnten Paulus nicht verstehen, sich dadurch nicht vom Lesen abhalten zu lassen; auch sie würden Stellen finden, die sie gut begreifen würden; der Apostel biete für jeden, den Weisen wie den Unweisen (Röm. 1, 14), etwas Passendes und Nützliches. Vielleicht klingen hier doch schon Töne einer freieren Richtung auf. Dem Sinne nach ähnlich äußert sich eine Erweiterung der Schrift Super modo vivendi devotorum hominum mit dem Titel de precibus vernaculis, die ebenfalls Gerhard Zerbold zugeschrieben wird. Hier werden die oft schwer verständlichen Psalmen in den Gebetbüchern verteidigt, es sei für den einfachen Menschen nicht notwendig, daß er sie sachlich ganz verstehe, sondern es genüge, wenn er in ihnen Erbauung und einen Ausdruck für sein religiöses Gefühl finde⁶. Mit derartigen Gedankengängen ließen sich aber die Einwände wegen der Verständlichkeit nicht beseitigen.

---

¹ In dem verbreiteten Traktat „Die 24 Alten" von 1386: Ich rath dir auch mit allem Fleiß, daß du die Geschrift der alten und der neuen Ee dick und vil mit Andacht und mit Ernst lesen solst, es sei in teutsch oder in latin, ob du latin verstandest, und der heiligen Lehrer Lehr solst du wohl behalten und sie inniglich zu Herzen legen und sie endlich und ernstlich wirken (Jak. a. a. O. S. 20).

² Zuerst sagt er nur: Dec en mein ic in bezen werke in ne ghenen punte jeghen die meyninghe der scrifturen to doene (Ebbinge Wubben S. 73 Z. 136ff.) und erweitert das später: Mar also ic vore gheseit hebbe, so en mene ic niet to doen hat jeghen Gode ofte jeghen die heilighe kerke zi (Ebbinge Wubben S. 78 Z. 51ff.) Ähnlich äußert er sich auch in seiner Übersetzung von Gregors Dialogus (ebd. S. 108f.).

³ Z. B. V. 761: Got ticht iz unde ich nuwet ...
  (V. 770:) Ich bin sin schriber ot daran
  Swaz er mich heizzet schriben
  daz laz ich nicht bliben (Ausg. v. K. Helm S. 12).

⁴ Ausg. v. K. Helm V. 775ff.

⁵ Hrsg. v. R. Newald in VbK. IV S. 128ff.

⁶ Non obstat, quod psalmi difficulter et cum labore intelliguntur. Non enim propter hoc (laici) legunt psalmos, ut plene eos intelligant ... sed ad hoc tantum ut aliquem sensum affectui suo congruentem inde trahant et devotionem accendant (Ebbinge Wubben S. 135). Auch Koelhoffs Kölner Chronik von 1499, die hierüber spricht, weiß, daß viele Leser der deutschen und lateinischen Bibel nicht alles verstünden, sie meint aber: „wolden sij beyde vlijs ankeren, so sullen beyde b'latinjsch ind b'buytsch groissen verstant ind suezlicheit kriegen, as ich dick ind vill vā geistlichen persone gehoirt have" (Bogeng, Gesch. der Buchdruckerkunst I [1930] S. 78).

Häufig wird daher die Meinung vertreten, daß dem Volke nur leicht verständliche biblische Bücher in seiner Sprache gegeben werden dürften. Man trennt die Bücher der Schrift in lac und esca im Anschluß an I. Kor. 3, 1—2[1]; die Stelle wird schon von Innocenz III. zitiert und ist auch von Arnold von Dikningen und seinen Nachfolgern übernommen worden. Dort wird die Anerkennung deutscher Schriften in vierfacher Weise eingeschränkt, wobei besonderes Gewicht darauf gelegt wird, daß diese über verständliche Dinge klar und offen handeln müßten[2]. Unter den Büchern, die zwar verständliche Dinge, aber nicht deutlich und für Laien nicht klar behandeln, werden ausdrücklich verschiedene alt- und neutestamentliche Schriften genannt[3]. Diese Anschauung war offenbar Allgemeingut der devotio moderna, sie war z. B. in der Regel des Fraterhauses in Münster niedergelegt[4] und wurde auch von Johannes Busch in dem genannten Streit mit dem Zütphener Dominikaner vertreten. Busch gibt zu, daß schwierige Bücher wie die Sentenzen oder der Meßkanon in deutscher Sprache den Laien und Klosterfrauen schädlich seien; aber durchaus nützlich seien ihnen Schriften de viciis et virtutibus, de incarnatione, vita et passione domini, de vita et sancta conversatione et de martirio apostolorum sowie Biographien und Predigten von Heiligen[5]. Auch der bedeutende westfälische Prediger Gottschalk Hollen hat die genannte Anschauung des Gutachtens vertreten, daß die heiligen Schriften mit gewissen Einschränkungen deutsch verbreitet werden dürften; er wird wie eine der Bearbeitungen gekannt haben[6]. Die gleiche Ansicht, daß gegen eine richtige Übersetzung erzählender und ermahnender Bibelteile nichts einzuwenden sei, vertrat übrigens auch Gerson[7], der sonst Gegner der Bibelübertragung war[8]. Die Frage der Verständlichkeit hat also in der Auseinandersetzung um die deutsche Bibel eine erhebliche Rolle gespielt und ist auch für die Gestaltung der einzelnen Verdeutschungsformen von Einfluß gewesen, wie sich noch zeigen wird.

Als zweites noch mögliches Argument gegen die Bibelverdeutschung führt das Gutachten an, daß den Laien zwar das Lesen der Schrift erlaubt sei, daß aber ihre

---

[1] „Tamquam parvulis in Christo lac vobis potum dedi, non escam."
[2] Si de plana materia aperte pertractent Jostes, HJb. XI, S. 14.
[3] ... multi libri Veteris Testamenti, libri prophetarum et alii, item aliqui libri Novi Testamenti, sicut Apocalypsis Johannis et similes (Jostes a. a. O. S. 21). Entsprechend eine nl. Bearbeitung: „Die leeke menschen en sullen negheene bietsche boeken hebben, die leeren of trafteeren van hoeghen materien", zu denen außer theologischen Untersuchungen, z. B. über die Sakramente, gehören: „in den hauben testamente die boeke der propheten, als Ysayas, Ezechiel, Jeremias ende bierghelife, ende in den nyeuwen testamente epistole Pauli et Apocalypsis ende bierghelife", sowie die schwerere patristische Literatur, z. B. Augustin (Jostes a. a. O. S. 714f.).
[4] „Caveant diligenter de libris Teutonicalibus, ne tales pro studio in domo vel extra ministrent, nisi de materia plana fuerint, intelligibiles, correcti et sufficienter examinati." Fl. Landmann, Predigtwesen in Westfalen (Münster 1900) S. 167 Anm. 1.
[5] Johann Busch, Liber de reform. monasteriorum (Ausg. von K. Grube, Halle 1886) S. 731.
[6] Vgl. E. Schröder a. a. O. S. 255 und Fl. Landmann a. a. O. S. 160 ff. Die Stelle findet sich in Hollens Sermones I n. 5. E.
[7] Prohibendam esse vulgarem translationem librorum sacrorum nostrae Bibliae, praesertim extra moralitates et historias (Contra vanam curiositatem IX, Opera I 105 D) s. Kropatsched S. 120.
[8] Quemadmodum de Biblia bene et vere in Gallicum translata bonum aliquod, si sobrie intelligatur, potest emanare, sic per oppositum innumeri errores et mala evenire possunt, si male fuerit traducta aut praesumptuose intellecta, refutando sensus et sanctorum Doctorum expositiones (X Considerationes V, Opera IV, 623 B—C).

Übersetzung in die Volkssprachen, also auch in die deutsche Sprache, verboten oder schädlich sei. Ein Verbot dieser Art gibt es nicht, wie auch das Gutachten betont, aber Äußerungen, die sich aus sprachlichen Gründen gegen das Übersetzen wenden, lassen sich auch sonst nachweisen, z. B. in der Kritik des Bischofs Johann Schele, wenn er gegen die Übertragungen einwendet, daß sie nur „die Rinde der Worte" zu kosten geben[1]. Solche Einwände treten besonders in der letzten Zeit des Mittelalters auf und entspringen wohl meistens einer berechtigten Kritik an den gedruckten Verdeutschungen. Gerade die ersten gedruckten Bibeln in hochdeutscher Sprache haben eine recht unbeholfene Übersetzung, die außerdem durch häufige Druckfehler noch mehr entstellt ist. Bei den späteren Ausgaben suchte man das durch einzelne Korrekturen zu bessern[2], aber ohne wirklichen Erfolg. So konnten Zweifel auftauchen, wie sie der Erlaß Bertholds von Mainz äußert[3], ob man überhaupt in deutscher Sprache schwierige theologische und wissenschaftliche Gedankengänge aus dem Griechischen und Lateinischen wiedergeben könne, ohne den Sinn zu entstellen. Hier wird das bestritten, man müsse dabei von sich aus neue Begriffe bilden; oder, wenn man die alten gebrauche, verändere man den Sinn, was besonders gefährlich sei[4]. Ähnlich äußert sich der niederländische Franziskaner Jan Elen über die niederländischen Bibeldrucke, die „onvolcomelic ende ooc valschelic sijn overgheset uten latine"[5]. Auch Geiler von Kaisersberg hat sich gerade gegen den Bibeldruck gewandt, allerdings hauptsächlich, weil durch ihn die ungehinderte Verbreitung der Schrift in Laienkreisen ermöglicht wird[6].

Durch ungenügende Übersetzungen kam man also dazu, die Möglichkeit guter und richtiger Verdeutschungen überhaupt zu bestreiten. Nun wird zwar auch von Verteidigern der Übersetzungstätigkeit der Vorrang der lateinischen Sprache vor der deutschen anerkannt[7], aber man hält sich doch durchaus für berechtigt, den lateinischen und griechischen Übertragungen deutsche an die Seite zu stellen. Gerade das Argument, daß die Kirche ja selbst nicht die Originaltexte benutze, sondern daß schon früh für Griechen und Römer die Bibel in ihre Sprache übertragen worden sei, um sie ihnen allgemein verständlich zu machen, wird immer wieder zur Rechtfertigung auch der deutschen Übersetzung angeführt. So betont der Auszug aus den genannten Gutachten, daß die einzelnen Teile der Bibel immer zuerst in der Sprache derer abgefaßt worden sind, für die sie bestimmt

---

[1] S. o. S. 18.

[2] Bes. in Zainers Augsburger Ausgabe v. 1475—1476, vgl. deren Ankündigung: Das buch der teutschen Bibel mit figuren mit größtem fleiß corrigiert vñ gerecht gemacht. Also dz alle frembde teutsch vnnd vnuerstentliche wort, so in den erstgedruckten klainen bybeln gewesen gantz ausgethan vñ nach dem latein gesetzt vnd gemacht sind (nach einer Bücheranzeige Zainers von 1476 bei Kurrelmeyer, Die erste deutsche Bibel, Einl. S. XIVf.).

[3] Dicant translatores tales, si verum colunt, bono etiam sive malo id faciant animo, an ne lingua germanica capax sit eorum, quae tum graeci tum et latini egregii scriptores de summis speculationibus religionis christianae et rerum scientia accuratissime argutissimeque scripserunt (Reu, Luther's German Bible S. *93).

[4] Fateri oportet idiomatis nostri inopiam minime sufficere, necesseque fore, eos ex suis cervicibus nomina fingere incognita, aut si veteribus quibusdam utantur, veritatis sensum corrumpere, quod propter magnitudinem periculi in literis sacris magis veremur (Reu a. a. O. S. *93).

[5] In „Der Ghemeenten Biechte" (2. Ausg. 1518) s. de Bruin, S. 26.

[6] Luc. Pfleger a. a. O. S. 124.

[7] Der Verfasser einer niederl. Übersetzung der Paulinischen Briefe sagt z. B. in seiner Vorrede, daß die Übersetzung teilweise schwierig sei, „want latijn is bequamer mede te preken dan duutsche" (de Bruin S. 478).

waren, also nicht lateinisch[1]. Waren sie hier jedermann zugänglich und nützlich, warum dann nicht in der deutschen Sprache?[2]. Außerdem bestünden viele Übersetzungen in andere Volkssprachen, also seien die Verdeutschungen gar nichts Besonderes. Hier nennt der Auszug neben der lateinischen Übersetzung chaldäische, syrische, arabische, gotische, ägyptische, russische, slawische, armenische Übertragungen. Geiler von Kaisersberg weist auf die hebräischen, ungarischen und böhmischen Bibeln zur Rechtfertigung der deutschen Bibel und Predigt hin[3]. Dieselben Gründe führte schon Wiklif an und betonte dann weiter, daß auch Christus und seine Apostel in der Volkssprache gepredigt hätten[4]. Dieser Gedanke wird mehrfach von anderen aufgenommen. Besonders nennt man hierbei gern die Pfingstgeschichte: daß die Apostel damals in allen Sprachen gesprochen hätten, ist nach dem Auszug aus den Gutachten ein Zeichen dafür, daß Christus in allen Ländern und Zungen verkündigt werden sollte. Auch der niederländische Übersetzer von 1360 wirft seinen Gegnern vor, daß sie nicht wissen wollten, „dat Christus' apostelen in allen tonghen ende spraken hare leringhe bescreven ende predicten den volke"[5]. Es zeigt sich hier ein gesunder Nationalstolz, wenn man den Ursprachen der heiligen Schrift und den vielen sonstigen Sprachen, in die die Bibel übersetzt ist, die eigene deutsche Sprache bewußt an die Seite stellt. Allerdings findet sich auch der entgegengesetzte Standpunkt.

Es wurde schon erwähnt, daß die Frage der Bibelverbreitung in geistlichen Kreisen nur selten ausdrücklich behandelt worden ist. Grundsätzlich ist die Lage hier aber doch nicht anders. Gerade die vielen geistlichen Vereinigungen waren Träger der verschiedenen Reformbewegungen; das Streben nach vertiefter, persönlicher Frömmigkeit, aber auch kritische Stimmungen gegenüber den kirchlichen Mißständen waren hier oft besonders rege. Vor allem gilt dies für die freieren religiösen Vereinigungen, die allerdings, wie gesagt, teilweise zu den Laien gerechnet wurden. Gerade bei ihnen waren die Bedenken gegen das Bibellesen nicht unberechtigt, denn es bestand bei ihnen durchaus die Gefahr der Ketzerei[6]. Daß aber auch bei den eigentlichen Orden selbst von der Beschäftigung mit der Bibel her scharfe, kritische Stimmungen erwachsen konnten, zeigen die Spiritualen im Franziskanerorden. Wo allerdings bei den anderen Orden in der Spätzeit des Mittelalters lebhafte literarische Interessen erwachten, gingen sie eng zusammen mit einem bewußten Anschluß an die kirchliche Lehre, selbst wenn sie von Mystik oder Humanismus beeinflußt waren. Hier ließ sich gegen eine Verbreitung der deutschen Bibel nichts einwenden. Schwieriger war die Frage sicher für die Frauenklöster, da sich bei ihnen oft unter dem Einfluß der Mystik ein freierer Geist zeigte. Auch war hier das Verlangen nach der deutschen Bibel stärker als bei den männlichen Klerikern, weil bei ihnen die Kenntnis der lateinischen Sprache nicht so verbreitet war. Andererseits war bei ihnen aber doch die Möglichkeit der Beaufsichtigung gegeben.

[1] Jostes a. a. O. S. 18; ähnlich auch ein deutsches Manifest der böhmischen Taboriten von 1431 an die Stadt Basel (Burdach, Vom Mittelalter zur Reformation III, 2 S. 159 Anm.).

[2] In der genannten Vorrede zu den Paulin. Briefen: Ende ist, dat dese epistelen den ghenen, die latijn verstaen ende den grieken ende den ebreuschen orbaerlic sijn ende nutte, so sijn si oec den buutschen goet (de Bruin S. 478).

[3] L. Pfleger a. a. O. S. 123.

[4] Burdach, Die nationale Aneignung der Bibel S. 38.

[5] Ebbinge Wubben S. 73 Z. 134 ff.

[6] Die Urkunde Karls IV. befiehlt ausdrücklich, daß die Untersuchung der Inquisitoren sich auch auf Ordensangehörige erstrecken solle — wobei besonders auf Beginen und Begharden hingewiesen wird — die gefährlichen deutschen Schriften seien inter personas laycas vel pene laycas verbreitet (Fredericq a. a. O. I S. 215).

Die Meinungen und Äußerungen zur Frage der Verbreitung deutscher Bibeln sind also sehr unterschiedlich. Auch innerhalb der Kirche selbst standen sich schon damals die Ansichten schroff gegenüber, ohne daß es zu einer Klärung der Widersprüche gekommen ist. Ein Versuch, sie alle auf einen Nenner zu bringen, scheitert an den Tatsachen; keine von ihnen hat eine offizielle Geltung oder ein absolutes Übergewicht erlangt. Man kann sie etwa in drei Gruppen einteilen:

Innerhalb der Kirche gibt es zwei voneinander abweichende Gruppen von Äußerungen. Es wird hier zwar allgemein anerkannt, daß die Bibel manche besonders für Laien schwerverständliche Stellen hat, aber die Folgerungen, die man daraus zieht, sind verschieden. Die eine Anschauung wendet sich aus diesem Grunde überhaupt gegen das Übersetzen und Verbreiten der deutschen Bibel. Durch sie würden die Laien zur Mißachtung der kirchlichen Lehren und Einrichtungen geführt, weil sie die Schrift nicht richtig verstehen und auslegen könnten und deshalb aus ihr falsche, kirchenfeindliche Lehren entnähmen. Auch wird hier bestritten, daß die deutsche Sprache für das Bibelübersetzen geeignet sei. Derartige Ansichten werden besonders von solchen Klerikern vertreten sein, die selbst stark in der Auseinandersetzung mit häretischen Strömungen standen und dadurch erfahren hatten, welche reiche Nahrung die ketzerischen Ideen aus der Beschäftigung mit der Schrift erhielten. Mit dem Anwachsen der Kritik an der Kirche beim Ausgang des Mittelalters mehrten sich auch die Warnungen vor den Bibelverdeutschungen, da sie jetzt durch die Druckkunst in viel höherem Maße verbreitet, aber auch gefährlicher werden konnten.

Auch die andere kirchliche Gruppe gibt zu, daß manche biblischen Bücher und Stellen für Laien nicht geeignet seien; aber sie sieht darin keinen Grund zu allgemeiner Gegnerschaft gegen das Bibelübersetzen. Das Lesen in der Schrift, allerdings unter kirchlicher Aufsicht und unter Berücksichtigung ihrer Lehre und Auslegung, erwecke und festige eine lebendige, persönliche Frömmigkeit; manche biblischen Bücher seien auch den Laien durchaus verständlich und nützlich. Sprachliche Einwände könnten nicht erhoben werden, da auch die von der Kirche benutzte Bibel ursprünglich eine Übersetzung in eine Volkssprache gewesen sei und es außerdem viele Übertragungen in andere Sprachen gebe. Diese Ansichten sind offenbar besonders verbreitet gewesen, vor allem in den Kreisen, die für eine Reformation der Frömmigkeit in den Klöstern und in der Laienwelt eintraten.

Die dritte Gruppe endlich umfaßt diejenigen häretischen oder doch innerlich von der Kirche gelösten Bewegungen, die noch ein positives Verhältnis zur Bibel haben. Hier wird der Anspruch der Kirche, daß nur sie die schwerverständliche heilige Schrift richtig verstehe und auslege, scharf bekämpft und damit für eine uneingeschränkte Verbreitung der deutschen Bibel, gerade auch in Laienkreisen, energisch eingetreten.

II. Kapitel.
Die Verdeutschungsarbeit.

§ 5.
Die Bibelübersetzer.

Sehr wichtige Fragen zu unserem Thema können die Übersetzungen selbst beantworten. Wer sind diejenigen, die sich veranlaßt sahen, die Schrift in ihre Muttersprache zu übertragen, welche Gründe haben sie dazu bewogen, für wen waren ihre Arbeiten bestimmt und in welche Formen haben sie sie gegossen? An diese Probleme muß man allerdings mit einer gewissen Vorsicht herangehen, schon weil die Angaben der Handschriften selbst über ihre Herkunft manchmal ungenau und irreführend sind. Erinnert sei nur an die ausführlichen Bemerkungen der Nürnberger Handschrift Solger 16 über den angeblichen Übersetzer Johannes Rellach von Resöm, in dem Jostes[1] daraufhin den Urheber der gedruckten deutschen Übersetzung gesehen hat. Die dortigen Angaben über ihn sind jedoch so konfus und unglaubwürdig, daß ihnen keinerlei Quellenwert beizumessen ist, ganz abgesehen davon, daß die Handschrift nur Abschrift der Mentelbibel ist[2]. Diese Zurückführung auf einen angeblich bedeutenden Autor wird aus dem Bestreben entstanden sein, ihr einen besonders hohen Wert zu geben. Etwas ähnliches liegt in der Notiz einer Wiener Psalterhandschrift vor, die einem Magister Heinrich von Hessen zugeschrieben wird[3]. Möglicherweise ist damit Heinrich von Langenstein gemeint, bei dem auch sonst Bemühungen um deutsches Schrifttum nachzuweisen sind. Doch leider sagt keine andere Handschrift dieses Zweiges etwas über diesen Verfasser, und auch die sonstigen Quellen wissen nichts von einer solchen Übersetzungsarbeit Langensteins[4]. Ebensowenig kann Sicheres über einen Propst Konrad von Nürnberg in Erfahrung gebracht werden, der in einer Heidelberger Handschrift der Propheten als Urheber genannt wird[5], vielleicht ist hier nur der Schreiber gemeint. Ähnlich verhält es sich mit dem Vermerk einer Hamburger Handschrift[6], einer Bearbeitung der Evangelien und

---

[1] Die „Waldenserbibeln" und Meister Johannes Rellach (HJb. XV S. 771 ff.) und Meister Johannes Rellach, ein Bibelübersetzer des 15. Jahrh. (HJb. XVIII S. 133 ff.).
[2] Vgl. W. Kurrelmeyer: Die erste deutsche Bibel Bd. 10 (Tübingen 1915) S. XVI ff.
[3] Nationalbibl. 2843 (Walther a. a. O. Sp. 618).
[4] Vgl. hierzu: H. Vollmer, Art.: „Heinrich von Hessen" in: Die deutsche Literatur des Mittelalters, Verfasserlexikon S. 282 ff.
[5] Cod. Pal. germ. 19—23, vgl. Walther a. a. O. Sp. 396.
[6] Staats- und Univ.-bibl. (jetzt: Bibl. d. Hansest. Hambg.) in scrin. 105, vgl. BdK V S. 3—35.

der Apostelgeschichte nach der gedruckten 9. Bibel, die einer „Juster" Gertrud von Buren zugeschrieben wird[1].

Trotz diesen Unsicherheiten lassen sich aber doch manche deutsche Bibelübersetzer namhaft machen oder in ihrer Persönlichkeit und Einstellung deutlicher umreißen. Vor allem aus dem niederländisch-niederrheinischen Gebiet können hier verschiedene genannt werden. De Bruin hat es wahrscheinlich gemacht, daß der Verfasser der niederländischen Bearbeitung des Lebens Jesu nach Tatians Diatessaron in Wilhelm von Affligem zu sehen ist[2]. Er wurde um 1210 in Mecheln geboren, studierte in Paris und war zuerst Abt des Klosters Affligem, seit 1277 dann Abt des bedeutenden Benediktinerklosters St. Truyen bei Lüttich. Er stand in Beziehungen zu der in jener Gegend weitverbreiteten Mystik, und es finden sich auch mystische Ausdrücke und Gedanken in der ihm zugeschriebenen Arbeit[3]. Sie gehört zu den besten Leistungen der spätmittelalterlichen Übersetzungsliteratur und verrät besondere sprachliche Gewandtheit. Später ist sie mehrfach unter Angleichung an die Vulgata überarbeitet und in dieser Form auch im übrigen deutschen Sprachgebiet verbreitet worden. Daß sie in Mystikerkreisen bekannt war, zeigen die Zitate, die Ruysbroeck aus ihr bringt[4].

Geistlicher wie Wilhelm von Affligem war auch der schon mehrfach zitierte Verfasser der niederländischen Historienbibel von 1360—1361, denn in der Vorrede zum Hohenlied spricht er von „onser ordenen"[5]. Wegen seiner scharfen Angriffe auf den Klerus hält ihn Ebbinge Wubben für einen Laienbruder, er kann aber doch Kleriker gewesen sein; denn Angriffe auf schlechte Geistliche wurden keineswegs nur von Laien erhoben[6]. Als Übersetzer ist er sehr fruchtbar gewesen; das Werk von 1360—1361 umfaßt die meisten historischen Bücher des Alten Testaments, vermehrt um Teile aus der Historia Scholastica und der Reimbibel des Jakob von Maerlant. Er selbst spricht davon, daß er schon vorher das Passional verdeutscht habe[7], ebenso ist ihm eine Übertragung von Gregors Dialogus aus dem Jahre 1388 zuzuschreiben[8]. Wahrscheinlich stammt von ihm ferner die 1384 entstandene Übersetzung von Jeremia und Ezechiel[9], deren Verfasser selbst sagt, daß er auch Jesaia übersetzt habe und Gregors Homilien über Ezechiel verdeutschen wolle[10]. Außerdem schreibt de Bruin ihm Übertragungen der neutestamentlichen Briefe, der Apostelgeschichte, des Malachias und eine Bearbeitung des genannten Lebens Jesu zu, er würde also fast die gesamte Bibel bearbeitet haben. Über sein Werk erfahren wir aus den Vorreden einiges. Er wollte ursprünglich nur die historischen Stücke übertragen, wurde dann aber durch seinen Freund Jan Tay veranlaßt, die salomonischen Bücher und anderes hinzuzufügen. Auch in der Prophetenübersetzung von 1384 wird von einem Freund aus Brüssel gesprochen, der die Arbeit veranlaßt habe. Ein Jan Tay aus dieser

---

[1] Vgl. hierzu die Bemerkungen von G. Bruchmann in BdK V S. 6 Anm.
[2] de Bruin S. 151 ff. Hrsg. von D. Plooij und C. A. Phillips in: Verhandelingen der Kgl. Akad. van Wetensch., Afd. Letterk. N. R. Deel XXXI (Amsterdam 1935).
[3] de Bruin S. 153.
[4] de Bruin S. 197 f.
[5] Ebbinge Wubben S. 88 Z. 20.
[6] S. de Bruin S. 240, vgl. Vollmer Mat. III S. LI f.
[7] Ebbinge Wubben S. 69 Z. 55 und S. 106 f. Es handelt sich hier wohl um die Übersetzung der Legenda aurea von 1357 (vgl. die Bruin S. 239).
[8] Ebbinge Wubben S. 108 f.
[9] Ebbinge Wubben S. 227 f.
[10] de Bruin S. 252 ff.

Zeit ist allerdings nicht bekannt[1]. Das Werk von 1360—1361 verrät engen Anschluß an die französische bible historiale von Guyart Desmoulins in der Anordnung und in einzelnen Sätzen der Vorrede[2]. Leider wissen wir über die Persönlichkeit des niederländischen Bibelübersetzers nur wenig, seine Heimat wird in Ostflandern, etwa in der Gegend von Gent, gesucht[3]. Er ist, wie gesagt, Kleriker, seine Rechtgläubigkeit bekräftigt er oft[4]; aber er scheut doch keineswegs vor heftiger Kritik an den Geistlichen zurück, die mit ihrem schlechten Beispiel das Volk nur verderben, so daß es die Feiertage in den Wirtshäusern verbringt, statt die Messe zu besuchen[5]. Mehrfach betont er, wie schwer ihm seine Arbeit wird[6]. Auch über die geistlichen Kreise, denen er angehört, läßt sich nichts Sicheres sagen, vielleicht steht auch er der Mystik nahe, die damals, zur Zeit Ruysbroecks, in den Klöstern jener Gegend sehr verbreitet war. Dafür würde seine lebendige Religiosität und seine Kritik an kirchlichen Mißbräuchen sprechen. Jedenfalls würde er dann nicht zu den Mystikern gehören, die sich auf sich selbst zurückziehen; er fühlt in sich, ähnlich wie sein Zeitgenosse Geert Groote, die Aufgabe, dem oft mißgeleiteten Volke durch seine Arbeit den rechten Weg zu zeigen.

Auch Groote selbst ist in ähnlicher Weise als Übersetzer hervorgetreten, allerdings nicht mit der Absicht, den Bibeltext als solchen zu geben. Es stammt von ihm ein niederländisches Getijdenboek, das eine größere Anzahl von Bibelstellen, vor allem Psalmen (54 vollständig, 6 teilweise) enthält[7]. Schwierigere Stellen erläutert er durch Glossen. Es wird überliefert, daß er die Übersetzungsarbeit begonnen habe, als seine Gegner es durchgesetzt hatten, daß der Bischof von Utrecht ihm das Predigen verbot. Man wird also in ihr die schriftliche Fortsetzung seiner volkstümlichen Predigtarbeit sehen können, die er ebenfalls meistens in der Volkssprache abhielt. Jedenfalls hat auch dieser Zweig seiner Tätigkeit großen Erfolg gehabt; sein Gebetbuch ist in zahlreichen Handschriften und Frühdrucken verbreitet[8].

Ergänzt wurde seine Arbeit durch einen seiner Schüler in Windesheim, Johannes Scutken. Von ihm berichtet Johannes Busch, daß er evangelia per annum et psalterium, singula cum suis glosis ex dictis sanctorum per ipsum collectis, et alia quedam similia ins Deutsche übersetzt habe[9]. Eine glossierte niederländische Übersetzung der Evangelienperikopen aus dieser Zeit besteht allerdings nicht, wohl aber eine vollständige Übertragung des Neuen Testaments mit alttestamentlichen Perikopen. Es ist aber sehr gut möglich, daß es sich hierbei um Scutkens Arbeit handelt[10], sei es, daß er selbst die ursprüngliche Perikopen-

---

[1] Ebbinge Wubben S. 100f.
[2] Vgl. de Bruin S. 191ff.
[3] de Bruin S. 239f.
[4] S. o. S. 21.
[5] „Mer lace, die bit waren sculdich den volke te leren ende bi exempele te wisen, die papen, die bartoe in der heiligher kerken gheset sijn ende tgoet van der heiligher kerken verteren also zinte Gregorius zeit, mit haren quaden exempelen so verderven sij tfolc ende leident in sine verdoemenisse." Ebbinge Wubben S. 72 Z. 108ff. (ähnliche Wendungen gebraucht er auch in der Übersetzung des Passionals und in einzelnen Glossen (vgl. Ebbinge Wubben S. 104ff.).
[6] „Dit werc ... en is negheen cleen dinc, mar hets een werc van groter pinen ende aerbeyde, dat mi menighe ruste ende nachtslaep benemen sal, eer ict volbrenghe." Ebbinge Wubben S. 72 Z. 125ff.
[7] Vgl. hierzu: Wilh. Moll, Geert Groote's dietsche Vertalingen in: Verhand. b. Kgl. Akad. van Wetensch. Afd. Letterk. XIII (Amsterdam 1880).
[8] Vgl. die Verzeichnisse bei Moll a. a. O. S. 46ff. und BbK II S. 6ff.
[9] Chron. Windeshemense (Ausg. v. K. Grube) S. 192.
[10] de Bruin S. 370ff.

sammlung zu einer vollständigen Übersetzung des Neuen Testaments erweitert hat oder daß Buschs Angaben ungenau sind. Ähnlich wie Grootes „Getijdenboek" ist auch Scuttens Werk weit verbreitet gewesen; nach de Bruin sind davon über 200 Handschriften und 40 Druckausgaben erhalten, vor allem sind Ausgaben der Perikopen in seiner Bearbeitung häufig[1]. Die von Busch genannte Psalmenübersetzung ist eine Vervollständigung von Grootes Arbeit. Beide Werke Scuttens haben die genannten Glossen, die sich meistens an Petrus Lombardus anschließen. Busch sagt, daß Scuttens Übersetzungen für die Laienbrüder bestimmt gewesen seien, für deren Unterweisung er auch sonst gesorgt habe. Er war Verwalter der deutschen Bibliothek in Windesheim und lieh die deutschen Bücher an lesekundige Laien aus. Jahrelang las er den Laienbrüdern bei den Mahlzeiten aus den heiligen Schriften vor — natürlich in deutscher Sprache — und erklärte ihnen schwierige Stellen[2].

Den Kreisen der Mystik scheint auch Heinrich (von) Dissen († 1484), Vikar des Karthäuserklosters St. Barbara in Köln[3], nahezustehen, von dem in einer Berliner Handschrift[4] eine verkürzte und unvollständige Übersetzung der Sprüche Salomonis im Autograph erhalten ist[5]. Die Handschrift enthält außerdem im kölnischen Dialekt Übersetzungen von Schriften des Ambrosius über das Leben der Jungfrauen und Witwen und richtet sich dementsprechend besonders an Jungfrauen in Klöstern und geistlichen Vereinigungen. Die mystische Verehrung der ewigen Weisheit, die mit Christus gleichgesetzt wurde, mag Dissen zur Übersetzung des biblischen Buches angeregt haben, in dem die Weisheit so oft gepriesen oder als Sprecherin angeführt wird[6]. Man wird annehmen können, daß diese Übersetzung der mystischen Erbauung in Frauenklöstern und -konventen dienen sollte. Bemerkenswert ist, daß die gedruckte Kölner Bibel, die zur gleichen Zeit und am gleichen Ort entstanden ist, sich an dieselben Kreise richtet wie Dissens Arbeit, an „de vngeleerden simpell mynschen beyde gheystelyck vnde wertlyck vnd besonder gheystelycke beslaten kinder"[7]. Doch sind literarische Beziehungen beider Arbeiten zueinander nicht festzustellen, ihre Übersetzungen weichen voneinander ab.

Ein weiterer Teil des Reiches, in dem Bemühungen um die deutsche Bibel in größerem Umfang nachzuweisen sind, ist Böhmen, das mit den Niederlanden in manchen literarischen und geistigen Beziehungen stand. Hier trifft man jedoch auf ganz andere Kreise als am Niederrhein, auf die höfisch-bürgerliche Welt der Zeit Karls IV. und Wenzels mit ihren lebhaften religiösen und humanistischen Interessen. Hier ist der bekannte Heinrich von Mügeln als Übersetzer zu nennen, von dem eine Übertragung des Psalmenkommentars von Nikolaus

---

[1] de Bruin S. 500ff.; vielleicht erklärt sich hieraus Buschs Angabe, daß Sc. nur die Perikopen übersetzt habe.
[2] Librarius enim hic erat librorum teutonicorum, quos laycis legere scientibus concessit ad legendum. Ipse vero per annos plus minus duodecim singulis pene diebus laycis in refectorio ad prandium et ad cenam legere consuevit, passus occurentes ad intelligendum difficiles sine libris exponens, quia bonus fuit catholicus sanctis scripturis plenus, spiritu sancto afflatus (Chron. Windesheim. S. 192).
[3] Über ihn s. „Die deutsche Literatur des Mittelalters, Verfasserlexikon", wo allerdings diese Arbeit nicht genannt wird.
[4] Mf. Germ. Fol. 1236 (vgl. Mitteil. aus der Kgl. Bibliothek Berlin II S. 66ff.).
[5] Im Auszug (Kap. 1—4) veröffentlicht in BdK VII S. 195ff., dort Näheres.
[6] So fügt er bei der Übersetzung von Prov. 1, 33 (Qui autem me audierit, absque terrore requiescet) hinzu: mer we mych horet, spricht Christus de ewige wysheit, de sal resten sonder forten (BdK VII S. 195).
[7] Nach dem Exemplar der Hamburger Staats- und Univ.-bibliothek.

von Lyra stammt[1]. Er gehört literarisch zu den Persönlichkeiten, die den Übergang vom Minnesang zum Meistergesang vermitteln. Außer Übersetzungen hat er verschiedene lateinische und deutsche Gedichte verfaßt; darunter ist das allegorische Lehrgedicht „Der Meide Kranz" zum Lobe Karls IV., an dessen Hof Mügeln lange lebte, das bedeutendste. Humanistische Neigungen zeigt seine Übersetzung des Valerius Maximus. Auch bei Lyra mag ihn dessen Verbindung von gelehrter und erbaulicher Exegese angezogen haben, denn er nennt es in seiner Vorrede einen besonderen Vorzug Lyras, daß er den Psalter sowohl „leiblich", d. h. wörtlich, wie geistlich erklärt habe, und rühmt seine hebräischen Kenntnisse. Aus diesen Gründen war Lyras Bibelkommentar überhaupt gegen Ende des Mittelalters der beliebteste und für weitere Verbreitung geeigneter als die rein scholastischen. Ebenso ist Mügelns Übertragung besonders verbreitet gewesen[2]. Sie hat auf die spätere Psalmenübersetzung bis zu Luther hin häufig Einfluß gehabt[3]. Von Mügelns biblischen Interessen zeugt übrigens auch eine gereimte Übersicht über den Inhalt der Bücher des Alten Testaments[4].

Eine vor kurzem erschienene Arbeit von Bergeler[5] hat nun Mügeln noch in einen weit größeren Zusammenhang eingereiht. Danach wäre er außerdem noch Verfasser verschiedener anderer Bibelverdeutschungen, nämlich einer kommentierten Evangelienharmonie[6] sowie verschiedener alttestamentlicher Stücke, die ebenfalls glossiert und verkürzt sind, so daß sie sich mehr den Historienbibeln nähern. Sie sind aber nur in einer unvollständigen Schlierbacher Handschrift erhalten, die Genesis, Exodus, Tobias und Daniel umfaßt[7]. Bergeler beruft sich vor allem darauf, daß diese Bibelteile nach Form und Inhalt dem Psalmenkommentar überraschend nahestehen, was sicher zutrifft. Dieselbe Tendenz, die diese Übersetzungen hauptsächlich in ihren Glossen vertreten, zeigen nun auch ihre Vorreden, die also von demselben Verfasser stammen werden. Das gilt besonders von der Schlierbacher Handschrift. Nun ist aber die Vorrede in mehreren Handschriften von Mügelns Psalmenkommentar[8] nur verkürzter Auszug aus den Schlierbacher Vorreden. Bergelers These, daß diese verschiedenen Übersetzungen wie der Psalmenkommentar einschließlich ihrer Vorreden Mügeln zum Verfasser haben, hat also sehr viel für sich. Sie sind vielleicht Reste einer geplanten vollständigen deutschen Bibel mit Glossen, von der wir gegenwärtig nicht sagen können, wie weit sie ausgeführt worden ist. Starkes Interesse haben offenbar die genannten Vorreden gefunden. Die des Psalters fehlt zwar in verschiedenen Handschriften — vielleicht wegen ihrer lebhaften Polemik — aber andererseits ist sie auch in verschiedenen Fassungen zur Einleitung anderer Psalmenübersetzungen benutzt worden[9]. Die Schlierbacher Vorreden sind dagegen identisch

---

[1] Die Bußpsalmen daraus sind in BdK II veröffentlicht. Eine vollständige Ausgabe hat A. Bergeler (s. folg. Anm.) in Aussicht gestellt.
[2] A. Bergeler, Das deutsche Bibelwerk Heinrichs von Mügeln (Berliner Diss. 1937) nennt i. g. 36 erhaltene Handschriften und 2 Drucke.
[3] S. BdK II S. 100.
[4] Teilweise veröffentlicht in BdK I S. 4 ff.
[5] S. Anm. 2. Vgl. hierzu auch das Vorwort dieses Bandes.
[6] Erhalten in den Handschriften: Klosterneuburg, Stiftsbibl. Cod. 4 und Cod. 51; Bruchstücke ferner in: Wien, Nationalbibl. 2776 und 2846.
[7] Schlierbach, Stiftsbibl. Mf. I, 16; s. Vollmer Mat. I S. 23, 54 ff., 86 ff. Hierzu gehört auch der Auszug aus Hiob in den Historienbibeln III a und b (Vollmer Mat. II, 2 S. 823).
[8] Ausgabe in BdK III S. 45 ff., vgl. auch Walther Sp. 594.
[9] S. BdK III S. 48.

mit den erwähnten Vorreden, die Klapper vollständig herausgegeben hat[1]. Er hat leider bei seiner Ausgabe diese und andere Handschriften[2] nicht berücksichtigt, so daß ihm die genannten Zusammenhänge entgangen sind. Auch von diesen Vorreden sind verschiedene Fassungen erhalten, sie sind teilweise als selbständige Traktate verbreitet worden.

Die letztgenannten Stücke zeigen am lebendigsten, aus welchem Geist heraus Mügeln — oder wer sonst ihr Verfasser ist — seine Bibelverdeutschung unternommen hat. Er tritt uns hier, besonders in der ersten Vorrede, durchaus selbstbewußt als Laie entgegen; er beruft sich darauf, daß „hoch gelarte pfaffen und selige leien"[3] seinen Standpunkt teilen, und betont, daß manche einfache Laien die Bibel besser verstehen als diejenigen, die das zu können behaupten. Auch wendet er sich gegen die hohen Schulen, an denen viele nur Fechten und Geldausgeben lernen. Er selbst hat sie nicht besucht, und das ist ihm auch vorgeworfen worden. Seine Gegner sind offenbar Geistliche, da er ihnen die Frage in den Mund legt, was sie bei allgemeiner Verbreitung der heiligen Schrift noch predigen sollten. Sie haben ihn vor „herren und gelarten lewten" verklagt, schriftlich haben sie ihn noch nicht angegriffen. Er erwartet aber eine unmittelbare mündliche Auseinandersetzung. Seine Verteidigung ist sehr selbstbewußt und energisch. Er geht weniger auf die grundsätzlichen Fragen der Verdeutschungsarbeit ein, sondern greift selbst seine Gegner scharf an und hebt ihre schlechten Beweggründe hervor; hinter ihrer Feindschaft sieht er nur Neid, Hochmut und Habsucht verborgen. Dem Volke Gottes Wort in deutscher Sprache zu verbieten, ist ihm eine Sünde wider den heiligen Geist[4]. Seine Polemik stützt sich fast ausschließlich auf die Bibel, wie er selbst betont; nur wenn seine Gegner ihn mit der Schrift überwinden können, will er ihnen weichen[5]. Er bezweifelt aber, ob ihnen das möglich sein wird. Auffallend viel Bibelzitate führt er aus den Salomonischen Büchern, besonders aus den Sprüchen und dem Prediger an, für deren sprichwortartige Ausdrucksweise er offenbar eine große Vorliebe hat[6]. Er hat kaum theologische Argumentationen, nur der allegorischen Auslegung der Glossa ordinaria folgt er mehrfach[7]. Trotz heftiger Kritik an seinen geistlichen Gegnern ist er durchaus kein bewußter Gegner der Kirche oder des Klerus überhaupt, er fühlt sich als Glied der Christenheit gegenüber Ketzern und Ungläubigen. Bemerkenswert sind seine mehrfachen Angriffe gegen den Reichtum. Aus der Vorrede allein läßt sich über den Umfang seiner Verdeutschungsarbeit nichts weiter entnehmen; er selbst spricht nur davon, daß er „dy heiligen ewangelij" ins Deutsche übertragen habe. Falls Evangelien hier im engeren Sinn verstanden[8] und nicht etwa allgemein als Bezeichnung für den Bibelinhalt gebraucht ist, könnte man darin einen Hinweis auf die genannte Evangelienharmonie sehen; doch lassen die vielen Zitate aus den Büchern Salomos auch auf eine lebhafte Beschäftigung mit diesen schließen.

---

[1] Im Kampf um die deutsche Bibel. Zwei Traktate des 14. Jahrh. hrsg. von J. Klapper (Breslau 1922).
[2] Nämlich: Nürnberg, Stadtbibl. Cent. VI, 44 (Jostes in: HJb. XV S. 776); Wien, Nationalbibl. Mf. 2845 (Walther Sp. 732 und Jostes a. a. O.); Wien, Nationalbibl. Mf. 3063 (Walther Sp. 734 und Jostes a. a. O.).
[3] Klapper a. a. O. S. 3 Z. 2f.
[4] Klapper a. a. O. S. 3 Z. 13.
[5] Klapper a. a. O. S. 9 Z. 6ff.
[6] Klapper zählt bei ihm 57 Bibelzitate, davon 29 aus Prov. und Ecclef. (a. a. O. S. 37).
[7] Z. B. Klapper a. a. O. S. 3 Z. 29ff., S. 4 Z. 4 und 16.
[8] Vgl. den Ausdruck: die heiligen evangelii vnd ander heilige schrift (s. o. S. 20 Anm. 2).

Die zweite Vorrede ist kürzer und bietet viel weniger. Auch bei ihr handelt es sich um Verteidigung der Übersetzungsarbeit. Der Verfasser, der Laie ist[1], weist zu seiner Rechtfertigung auf Sirach, David und Salomo hin[2]. Er hält sich für verpflichtet, mit seinem Pfunde zu wuchern, und will daher, da er nicht predigen könne, für sich und andere zur Erbauung die Schrift übersetzen. Seine Arbeit hieran ist durch Krankheit und Anfeindungen unterbrochen worden. Hier ist der Ton nicht so selbstbewußt und draufgängerisch wie in der ersten Schrift; der Übersetzer gibt zu, daß er nicht predigen und lehren könne und wenig „kunst und synne" habe.

Noch enger als die Beziehungen Böhmens zu den Niederlanden sind seine literarischen Verbindungen mit dem ostdeutschen Kolonisationsgebiet, besonders mit dem Ordensland im 14. Jahrhundert. Die Kolonisten in beiden Gebieten kamen größtenteils aus denselben Gegenden, aus Obersachsen, Thüringen und Schlesien. Die Prager Universität wurde gerade von Preußen aus viel besucht; auch sprachlich bildeten die Kolonialländer eine Einheit[3]. So mögen auch im Ordensland die Beziehungen zu Böhmen der Beschäftigung mit der Bibel neue Antriebe gegeben haben. Allerdings waren kräftige Ansätze hierzu schon vorher vorhanden, ähnlich wie in den Niederlanden durch die Mystik. Die Dichtung des Ordens war schon immer auf geschichtliche und geistliche Stoffe beschränkt gewesen, und unter den letzteren traten die biblischen immer mehr hervor, nachdem ursprünglich die Legenden überwogen hatten[4]. Es ist eine ganze Reihe poetischer Bearbeitungen von biblischen, besonders alttestamentlichen Büchern aus dem Ordensbereich erhalten, die alle in der ersten Hälfte des 14. Jahrhunderts entstanden sind[5]. Sie sind meistens sehr breit gehalten unter reichlicher Benutzung von Kommentaren, z. B. des Nikolaus von Lyra oder der Historia Scholastica. In heldenhaften Gestalten des Alten Testaments, wie den Makkabäern oder Esra und Nehemia, aber auch in heroischen Duldern wie Hiob sollen die Ritter ihre Vorbilder sehen. Nach den Ordensregeln sollte aus derartigen Werken bei den gemeinsamen Mahlzeiten der Ritter vorgelesen werden[6]. Ihre Verfasser treten meistens nicht weiter hervor; es mögen z. T. Geistliche gewesen sein, aber auch Ordensritter selbst, wie Heinrich von Hesler, der Verfasser der gereimten Bearbeitungen des Evangeliums Nicodemi und der Apokalypse. Er nennt als einziger unter ihnen seinen Namen.

Um die Mitte des 14. Jahrhunderts erscheinen dann einige Prosaübersetzungen ohne Glossierung, und gerade für diese Form mögen böhmische Anregungen mitgewirkt haben. Es sind die Prophetenübersetzung des Claus Cranc und eine Apostelgeschichte, die möglicherweise auch von ihm stammt. Cranc nennt sich selbst in einem Akrostichon der gereimten Vorrede zu den Propheten, er bezeichnet sich als Custos der Franziskaner in Preußen und gibt an, daß er die Übertragung auf Wunsch des Ordensmarschalls Siegfried von Dahenfeld (1347—1359) unternommen habe. Leider können wir über seine Persönlichkeit nichts weiter ermitteln.

---

[1] Vgl. Klapper a. a. O. S. 11 Z. 1—2: „wir vngelernten layen".
[2] S. o. S. 20.
[3] Vgl. hierzu: W. Ziesemer, Studien zur mittelalt. Bibelübersetzung (Schriften der Königsberger Gelehrten Gesellsch. V, 5, Halle 1928) S. 377—380.
[4] Siehe W. Ziesemer, Eine ostdeutsche Apostelgesch. des 14. Jahrh. (altdt. Textbibl. Nr. 24, Halle 1927) S. 3.
[5] Historien der alden e, Hiob, Esra und Nehemia, Judith, Esther, Makkabäer, Daniel.
[6] S. u. S. 71.

Selbstverständlich ist die Zahl der Bibelübersetzer, die wir namhaft machen oder doch als Persönlichkeit deutlicher erkennen können, sehr gering, verglichen mit der Gesamtzahl bestehender Übersetzungen. Es sind nur einzelne Repräsentanten; aber es ist doch bemerkenswert, wie verschiedener Herkunft sie sind. Wohl überwiegen natürlich die Kleriker — meistens Anhänger der Reformbewegungen —, aber zu ihnen tritt hier der gebildete bürgerliche Laie, der höfische Dichter und der Ordensritter. Neben unbedingter Anerkennung der Kirche zeigt sich scharfe Kritik an der Geistlichkeit und ein selbständiges Bemühen um die Glaubenswahrheiten. Man wird wohl annehmen können, daß die Herkunft der übrigen Arbeiten auf diesem Gebiete ebenso mannigfaltig ist.

§ 6.
Absichten der Übersetzungen.

Besonders beachtenswert sind unter den Äußerungen der Übersetzer und sonstiger Zeitgenossen solche, die angeben, für welche Kreise und in welcher Absicht die Verdeutschungen geschaffen worden sind. Schon aus den geschilderten Erörterungen über die Berechtigung der Übersetzungen ließ sich entnehmen, daß sie meistens für Laien bestimmt waren; sonst hätte die Frage, ob ihnen das Lesen der heiligen Schrift erlaubt sei, hierbei nicht so breiten Raum eingenommen. So richten sich auch viele Verdeutschungsarbeiten unmittelbar an die Laien, z. B. eine Nürnberger Handschrift der Salomonischen Bücher[1], Scuttens Übersetzung der Paulinischen Briefe[2], die Mügeln zugeschriebene Vorrede zu seinen Psalmen[3]. Meister Rellach hat nach dem genannten Bericht angeblich seine Übertragung unternommen, um die Laien im christlichen Glauben zu stärken[4]. Dasselbe berichten Grootes Biographen von seinen Arbeiten auf diesem Gebiet[5]. Auch die niederländische Historienbibel[6] ist für die vom Klerus nicht genügend Unterwiesenen bestimmt, ebenso wie sich der zweite niederdeutsche Psalmendruck an die Nichtgeistlichen richtet[7]. Doch wird das, entsprechend der Bedeutung des Begriffes laicus, auch z. T. ausdrücklich auf weniger gebildete Kleriker ausgedehnt. So richtet sich die Kölner Bibel wie Dissens Übersetzung besonders an die ungelehrten Klosterinsassen, für die Gelehrten sei die Vulgata[8]. Der geistliche Dichter eines mittelniederländischen Epos „Van den Levene ons Heren" (um 1270) bestimmt sein Werk für seine Mitgeistlichen und die Laien[9].

---

[1] Nürnberg, Stadtbibl. Solger 15: „Nu nit alle leyen latin verstand Darumb wil ich sie biz der latin zu dutsche schriben" (Walther Sp. 386).
[2] Sie sollen verbreitet werden „onder den ghemenen luden, die minne hebben tot christus leven" (de Bruin S. 478).
[3] „das die leyen domit zu andacht pracht werden" (BdK III S. 46 unten).
[4] Walther Sp. 149.
[5] Petrus Horn (Vita mag. Gerardi Magni): „,.. ut haberet sancta devocio laycorum, quibus se festivis diebus et aliis temporibus dum vellet exerceret." Thomas von Kempen (Chron. mont. S. Agnet.): „,.. ut simplices et indocti laici haberent in lingua materna, quibus se occuparent sacris diebus orando, quatenus dum fideles haec legerent aut ab aliis devotis audirent legere, facilius a multis vanitatibus et otiosis sermonibus abstinerent." (Moll, Geert Grootes dietsche Vertalingen S. 2 Anm. 2).
[6] „... ombat ic hope batter menich zalich mensche, die ongheleert is van clergien, zijn profijt in doen soude ende dat oec enighe liebe den tijt baerin corten souden, als si te anderen ydelheyden waert gaen souden" (Ebbinge Wubben, S. 70 Z. 81f.).
[7] Lübeck 1493; Walther Sp. 695.
[8] S. o. S. 29.
[9] K. F. Proost, De Bijbel in de Nederlandsche Letterkunde I, S. 33.

Auch Scutken hat nach Busch für die Laienbrüder des Windesheimer Klosters übersetzt[1]. Das Speculum humanae salvationis war für die wenig lateinkundigen Prediger bestimmt[2].

Selbstverständlich fehlen in kaum einer Vorrede allgemeine Hinweise auf die große Zahl derer, die kein Latein verstehen, oder auf den hohen Wert der Bibel überhaupt, doch sind andere, speziellere Begründungen sehr viel bezeichnender. Verschiedentlich wird betont, daß es viele weltliche deutsche Bücher gibt, die ihren Lesern keinen Nutzen bringen, da sie nur Fabeln oder Lügen enthalten und zum Schlechten verführen. Auf sie bezieht sich schon der Verfasser des eben genannten Lebens Jesu[3], ebenso wie Zerbolt in seiner Zusammenstellung[4]. Auch in Scutkens Vorrede[5] zu den Briefen wird auf die vielen sonstigen Bücher hingewiesen[6]. Weiter sollen die Verdeutschungen vom Müßiggang abhalten, besonders an kirchlichen Festtagen. Hierfür ist die niederländische Historienbibel ausdrücklich bestimmt, deren Verfasser sich energisch gegen die Mißachtung der kirchlichen Feste wendet[7]. Die Kölner Bibel hat ganz ähnliche Gedankengänge, ihr Herausgeber will offenbar vor allem die Untätigkeit in den Klöstern bekämpfen[8]. Auch Grootes Übersetzungen sollten hauptsächlich an den Feiertagen benutzt werden, und dasselbe sagt die oben genannte Glosse der Baseler Plenare allgemein von den deutschen geistlichen Büchern[9]. Auch die niederdeutschen Plenare wenden sich gegen die Untätigkeit und sind zur Erbauung für diejenigen bestimmt, die aus irgendwelchen Gründen den Gottesdienst nicht besuchen können[10]. Pseudo-Rellach führt daneben an, daß es durch die Bibel den Laien möglich werde, den Juden richtig zu antworten, wenn diese die christliche Religion angriffen[11].

Die Verdeutschungen sollten also der persönlichen Erbauung der nichtlateinkundigen Kleriker und Laien dienen und sie auch außerhalb des Gottesdienstes immer wieder auf Religion und Kirche hinlenken. Man sah, daß das Volk seinen

---

[1] S. o. S. 29.
[2] Pietsch a. a. O. S. 102.
[3]
  Meneghe rime soe es ghemaect
  Die ter zielen luttel smaect
  Van battalien ende van minnen
  Van meneghen, die wi niet kinnen
  (Proost a. a. O. S. 33).
[4] Et vere hodie sunt multi layci, qui continuo legunt in libris de Rolandino et de bello Trojano et sic de aliis ineptis et inutilibus fabulis, quibus utique salubrius foret, quum illum laborem suum divinis scripturis legendis adhiberent (Jostes a. a. O. S. 17). Die niederl. Übertragung führt das noch weiter aus (ebd. S. 713).
[5] de Bruin S. 478.
[6] Auch das Lübecker Plenar von 1488 wendet sich gegen Bücher „dar fabulen effte andere wertlyke hystorien ynne staen" (Pietsch a. a. O. S. 243).
[7] Vgl. Ebbinge Wubben S. 70.
[8] Sie richtet sich besonders an Ordensangehörige „enteghen ledycheyt de een wortell aller sunden ist", sie sollen „sik entegen de gheschuit vnde pyle des vyandes van der hellen dar mede wapenen des hyllyghen daeges. als se ledbych sint daer mede sick myt oetmoedycheyt ... to oeuen."
[9] „Die teutschen bücher seind dar zů gůt, das du an den gebannen tagen solt vnderwegen lassen vnnütz geschwetz vnd wort vnd nachreden. Das du dar inn lesest vnd deine kinder dar zů gewenest, das sy an den feyrtagen ir zeyt dar mit vertreyben vnd dar inn lesen (Pietsch a. a. O. S. 233).
[10] „Wente vele sint de de nicht alle können kamen to hören prediken dat hylge euangelium, disse möghen gheestliken ere zelen spysen vth dyssene boke. ... Ok wert mennighem de tyd lant van ledbich gaende, disse sint plichtig vele to beden, vele to lezen, wente van alle vnser tyd möchte wy gar scharpe rekenschop boen dem almechtighen gabe ..." (Pietsch a. a. O. S. 94 Z. 107ff.
[11] Walther Sp. 150.

immer lebhafter werdenden Bildungs- und Lesehunger teilweise an Stoffen zu befriedigen suchte, die ihm vom kirchlichen Standpunkt aus keinen Nutzen brachten. Ferner fürchtete man den Müßiggang, der wegen der wachsenden Zahl der kirchlichen Feste in den Klöstern wie in der Laienwelt immer mehr zunahm. So hat man es auch in kirchlich gesinnten Kreisen für richtig gehalten, Teile der Bibel in die Volkssprache zu übertragen und in dieser Form zu verbreiten.

Sehr häufig geben die Übersetzer an, daß sie durch Freunde oder hochgestellte Persönlichkeiten zu ihrer Arbeit angeregt oder dabei unterstützt worden seien. Der niederländische Übersetzer von 1360 redet mehrfach seinen Freund Jan Taŋ an, der ihn verschiedene Male veranlaßte, sein Werk durch weitere biblische Bücher zu ergänzen, zuerst um die Salomonischen Schriften, dann nochmals um Sirach und anderes, obgleich der Verfasser ursprünglich wenig Neigung dazu hatte[1]. Der Urheber der ersten von Klapper herausgegebenen Vorrede, dessen Arbeit hochgelehrte Kleriker und selige Laien loben und gutheißen[2], wird unterstützt durch „wol gelerter leüte hülfe vnd rat"[3]. Ebenso ist die der zweiten Vorrede ursprünglich folgende Übersetzung nach „guter cristen gepete vnd rat" unternommen[4]. An den in Preußen entstandenen Bibelverdeutschungen haben teilweise führende Persönlichkeiten des Ordens Anteil genommen. Der Hochmeister Luther von Braunschweig hat die poetische Bearbeitung des Buches Daniel veranlaßt[5], sein Wappen findet sich auch in der Stuttgarter Handschrift, die einen großen Teil der biblischen Ordensdichtung enthält[6]. Es wurde schon erwähnt, daß die Prophetenübersetzung des Claus Cranc durch den Ordensmarschall Siegfried von Dahenfeld, einen Kampfgefährten Winrichs von Kniprode, veranlaßt worden ist. Bemerkungen über Veranlassung oder Unterstützung durch Freunde oder Gelehrte haben wir auch sonst gelegentlich, so in der Vorrede einer niederländischen Evangelienharmonie[7] oder in der Kölner Bibel[8]. Sicherlich werden derartige Angaben z. T. nur allgemeine Redensarten ohne sachliche Bedeutung sein, mit denen die Übersetzer ihre geringe Eigenmächtigkeit und ihre Unvollkommenheit ausdrücken oder ihrem Werk mehr Berechtigung und Wert geben wollten. Teilweise werden sie aber doch auf Tatsachen beruhen, denn auch bei den Abschriften der Verdeutschungen werden sehr häufig bestimmte Persönlichkeiten genannt, für die sie hergestellt worden sind[9]. So hat man also sicher in weiteren Kreisen Interesse an der Bibelverdeutschung gehabt, geeignete Persönlichkeiten zur Übersetzung veranlaßt und sie dabei unterstützt, und zwar kommen solche Anregungen auch gerade aus Laienkreisen, von Freunden und Gönnern der Übersetzer.

---

[1] Vgl. Vorrede zu Sirach: „Want onse vrient, die ons die bibel bede beghinnen, hi en laet ons niet gherusten, en si hat wise hem leveren in ghelifer talen al uut" (Ebbinge Wubben S. 90 Z. 26f.).
[2] S. o. S. 31.
[3] Klapper a. a. O. S. 10 Z. 3.
[4] Klapper a. a. O. S. 10 Z. 32.
[5] A. Hübner, Die poet. Bearbeitung des Buches Daniel (Deutsche Texte des Mittelalters 19, Berlin 1911) V., 8304—8323.
[6] Stuttgart, Landesbibl. H. B. XIII. Poet. Germ. XI (Hübner a. a. O. S. Vf.).
[7] „Enstijts so hat mit een mijn lieve vrint, hat ic hwangelie trofke uten latine in bidscher talen ende ic uten texte van die vire ewangelisten makde ene schone historie van den wesene ende van leven ons heren Jhesu Christi..." Schönbach, Miscellen aus Grazer Handschriften (Mitt. b. hist. Vereins f. Steiermark 50, 1903) S. 62.
[8] Ihr Herausgeber ist „Bä summighen ynnyghen ghueden herten baer to beweget" und hat sie „myt hulpe vnde rade veler hoghe leerben" unternommen.
[9] S. u. S. 76ff.

§ 7.
Formen der Bibelverdeutschung.

Von vornherein ist es wahrscheinlich, daß die verschiedenen Absichten und Zwecke, die man mit der Bibelübersetzung verband, auf die Formen, in die sie gegossen wurde, nicht ohne Einfluß gewesen ist. Ebenso werden die geschilderten Anschauungen über den Wert und die Verständlichkeit der Bibelverdeutschung hierauf eingewirkt haben. Man hatte, wie gesagt, selbst in Kreisen, die der Verdeutschung nicht grundsätzlich feindlich gegenüberstanden, oft Bedenken gegen ihre unterschiedslose Verbreitung. Wollte man hier aber doch die deutsche Bibel als ein sicher recht wirkungsvolles Mittel für die religiöse Volkserziehung heranziehen, so konnte man das nur, indem man aus der gesamten Bibel einzelne wichtige Teile, die dafür geeignet waren, für sich in deutscher Sprache übersetzte und verbreitete. Aber auch der reine Bibeltext war nicht immer für die genannten Zwecke passend, da er, wie man befürchtete, leicht der falschen Auslegung unterliegen konnte. So kam man dazu, ihn häufig mit Glossen zu versehen oder in freierer Form wiederzugeben, wobei dann die kirchliche Deutung der Stellen genügend zum Ausdruck kommen könnte. Es fehlte allerdings auch nicht an Äußerungen, die gegenüber solchen freien Gestaltungen des Bibelinhalts kritisch und ablehnend eingestellt waren. Je nach dem Überwiegen einer dieser Tendenzen entstehen ganz verschiedene Formen der Bibelverdeutschung, von solchen, die sich in Wortwahl und Satzbau ängstlich an die Vulgata anschließen, bis zu solchen, in denen das Biblische von einer Fülle von legendärem und apokryphem Gut überwuchert wird. Unter ihnen verdienen die freien Bearbeitungen und Auswahlen besondere Beachtung, nicht nur, weil sie sehr stark verbreitet waren, sondern vor allem, weil bei ihnen die genannten Tendenzen besonders deutlich hindurchschimmern. Sie zeigen recht klar, was man an der Bibel als wesentlich ansah und unter welchen Gesichtspunkten man sich mit ihr beschäftigte. In ihnen hat das volkstümliche Bemühen um die deutsche Bibel seinen selbständigsten, eigensten Ausdruck gefunden. Allerdings gehen auch sie auf lateinische Vorlagen zurück. Hauptquelle für alle Werke dieser Art, unter denen die biblischen Weltchroniken und die Historienbibeln die wichtigsten und umfangreichsten sind, war die damals weitverbreitete Historia Scholastica des Petrus Comestor († nach 1178)[1]. Sie gibt in freier Form den Inhalt der erzählenden Bücher mit ausführlichen Erklärungen nach Kirchenvätern und Kommentarwerken wieder. Ferner hat sie zahlreiche Erweiterungen aus apokryphen Schriften und Josephus, sowie Hinweise auf gleichzeitige profangeschichtliche Ereignisse, die sog. „Incidentia", die meistens aus Eusebius entnommen sind. Weitere wichtige Quellen für die deutschen Bibelbearbeitungen sind neben Isidors Etymologien, des Honorius Augustobunensis De imagine mundi und das Pantheon Gottfrieds von Viterbo. Trotz der Anlehnung an diese Quellen kommt aber das volkstümliche, deutsche Element in den Bearbeitungen genügend zum Ausdruck, so daß sie für unsere Fragen unbedingt heranzuziehen sind.

Das erste größere deutsche Werk dieser Art, das vorbildlich für viele spätere wurde, ist die gereimte Weltchronik des Rudolf von Ems[2]. Sie schildert ausführlich im Anschluß an die Bibel und die genannten Quellen den Ablauf der Weltgeschichte von der Schöpfung bis zum Tode Salomos, wo sie unvollendet

---

[1] Vgl. Vollmer, Mat. II, 1 Einleitung.
[2] Ausg. v. G. Ehrismann in: Deutsche Texte d. Mittelalters XX (Berlin 1915).

abbricht. Ihre Entstehung (um 1250) liegt allerdings noch im Hochmittelalter, aber sie und ihre vielen Bearbeitungen waren bis zum Ende des Mittelalters für die populäre Kenntnis der biblischen und profanen Geschichte grundlegend, so daß sie hier nicht übergangen werden kann. Sie hat sicher oft die Bekanntschaft mit dem Bibelinhalt vermittelt und wird in Handschriften selbst als Bibel bezeichnet[1]. Nach Ehrismann[2] sind von keinem anderen mittelhochdeutschen Werk soviel Handschriften erhalten wie von Rudolfs Chronik. Auch die vielen Bearbeitungen und ihre häufige Benutzung in anderen Schriften beweisen, wie verbreitet und beliebt sie war.

Sehr nahe steht ihr die sog. „Christherre-Chronik", die sich aber mehr an den Wortlaut der Historia Scholastica und das Pantheon anschließt und nur bis zum Buch der Richter reicht. Eine Fortsetzung dieser Chronik bis auf neuere Zeit ist die Reimchronik Heinrichs von München[3]. Auch Jansen Enikels Chronik[4] gehört hierher. Daneben bestehen verschiedene Mischformen aller dieser Werke in den sog. „Schwellhandschriften", die die in einer Chronik fehlenden Stücke aus einer anderen ergänzen. Auch andere Weltchroniken und -beschreibungen trugen durch ausgiebige Benutzung der Bibel und des Comestor zur Verbreitung biblischer Stoffe bei, wie etwa die sächsische Weltchronik von Eike von Repgow, das Buch der Könige „alter und niuwer ê", das die Einleitung des Schwabenspiegels bildet, oder der Lucidarius. Das niederländische Gegenstück zu Rudolfs Werk ist die „Rijmbijbel" des Jakob von Maerlant (um 1270); sie ist gleichfalls eine kürzende gereimte Übersetzung der Historia Scholastica mit einem Anhang über die Zerstörung Jerusalems nach Josephus. Ähnliche Werke kleineren Umfangs sind die verschiedenen metrischen Darstellungen des Erlösungswerkes, des Marienlebens und des Lebens Jesu. In ihnen allen wird der biblische Stoff umrankt von einer Fülle von legendärem Beiwerk, für das neben dem Werk Comestors und den neutestamentlichen Teilen der Weltchroniken apokryphe Schriften benutzt werden, wie der Pseudomatthäus und das Evangelium Nicodemi. Daneben gibt es eine große Anzahl freier, meist metrischer Bearbeitungen, in denen die Bibel nebst apokryphen Zusätzen in ähnlicher Weise herangezogen wird[5]. Ihre Verfasser sind teils Geistliche, teils höfische Laiendichter. Alle diese Arbeiten stehen aber doch nur am Rande unseres Gebietes, da sie sich im Inhalt wie in der Form ziemlich von der Bibel selbst entfernen, und ihre Blütezeit schon im 13. Jahrhundert liegt. Auf ihre Verbreitung kann deshalb hier nicht weiter eingegangen werden.

Der eigentlichen Bibelübersetzung näher stehen die den Reimbibeln vielfach verwandten Historienbibeln. Sie sind aus dem Wunsch entstanden, den in der Historia Scholastica oder den Reimbibeln gegebenen Stoff inhaltlich und formal mehr der Bibel selbst anzugleichen. Deshalb treten in ihnen die profangeschichtlichen und erbaulichen Ergänzungen mehr zurück, ebenso werden

---

[1] Weimar, Landesbibl. Hs. fol. 416: „Ditz puch ist di wibel genant".
  Wien, Nat.-bibl. Ms. 2690:
  „Hie hebet sich di bibel an
  Die beste di man in beuschen landen vinden kan"
(Vilmar, Die zwei Rezensionen und die Handschriftenfamilien b. Rudolf v. Ems, Marburger Gymnas.-Progr. 1839 S. 41—42).
[2] Geschichte d. deutschen Literatur II, 2 S. 32.
[3] Paul Gichtel, Die Weltchronik Heinrichs von München in der Runkelsteiner Handschrift des Heinz Sendlinger (Schriftenreihe zur bayr. Landesgesch. Bd. 28) München 1937.
[4] Hrsg. v. Phil. Strauch in MG. Deutsche Chroniken III, 1 (1891).
[5] Eine Übersicht über alle diese Werke gibt H. Vollmer in dem vorliegenden Bande.

die Reime der Vorlagen in Prosa aufgelöst. Man teilt sie in elf verschiedene Gruppen ein[1]: 4 oberdeutsche, 3 mitteldeutsche, 2 niederdeutsche und 2 niederländische[2]. Sie schöpfen entweder unmittelbar aus der Vulgata oder der Historia Scholastica[3] oder benutzen daneben die Reimbibeln bzw. deren Schwellhandschriften[4]. Ihre inhaltliche Annäherung an die eigentliche Bibel zeigt sich weiter darin, daß sie sich oft nicht auf die erzählenden Stoffe ihrer Vorlagen beschränkten, sondern andere wichtige biblische Bücher hinzufügen[5]. In verschiedenen Handschriften finden sich Übersetzungen des Psalters[6], die Gruppe IIIb hat einen glossierten Auszug aus den Propheten, wobei allerdings wieder erzählende Stücke, z. B. aus Jona und Daniel, bevorzugt und apokryphe Erweiterungen hinzugefügt werden[7]. Auch eine Reimübersetzung des Hohenliedes[8] sowie ein Auszug aus Hiob treten mehrfach auf[9]. Die Entstehung eines derartigen, der Bibel sich nähernden Werkes können wir deutlich in den Vorreden der zweiten niederländischen Bibel verfolgen. Ihr Verfasser hatte, wie er selbst sagt, ursprünglich nur die Absicht, die geschichtlichen Stücke der Bibel zu übersetzen[10]; auf dringenden Wunsch seines Freundes Jan Tay nahm er dann noch die salomonischen Schriften und die Bücher Sirach und Hiob auf. Weiter hat er seinem Werk eine Evangelienharmonie, die sich an das schon erwähnte nl. Leben Jesu anschließt, sowie eine Apostelgeschichte angefügt[11], beide sind aber nicht in allen Handschriften vorhanden. Überhaupt überwiegt in den Historienbibeln das Alte Testament durchaus. Doch gibt es auch eine selbständige neutestamentliche Historienbibel, die sog. „Neue Ee"[12], die sich hauptsächlich auf die Chronik Heinrichs von München stützt[13]. Mehrfach ist eine Prosaauflösung von Philipps Marienleben als neutestamentlicher Teil aufgenommen[14]. Sachlich stehen diese Stücke den alttestamentlichen Erzählungen durchaus gleich, auch sie haben viele apokryphe Erweiterungen.

Trotz dieser Annäherung an die eigentliche Bibel fehlen in der Historienbibel nie ausführliche Teile, die völlig unbiblisch sind. Neben den Glossen und den vielen legendenhaften Erweiterungen zu einzelnen biblischen Ereignissen finden sich rein sagenhafte Erzählungen, wie die vom König Alexander[15], Berichte aus der jüdischen Geschichte nach Josephus[16] oder umfangreiche geographische Excurse[17]. Teilweise führen sie auch zeitlich weit über das Biblische hinaus[18]. Endlich

---

[1] Vgl. Vollmer, Mat. I und Ebbinge Wubben.
[2] Im folgenden abgekürzt: 1 nl. und 2 nl.
[3] Die Gruppen IIIa, V, VI und 2 nl.
[4] Die Gruppen I, II, IIIb, VII, 1 nl. (nach Maerlant); 2 nl. hat aus der „Rijmbijbel" die Zerstörung Jerusalems übernommen.
[5] Vgl. hierzu die Tabellen bei Vollmer, Mat. I, 2 und Ebbinge Wubben am Schluß.
[6] Besonders häufig bei den Gruppen I, II, 2 nl.
[7] Hrsg. von Vollmer, Mat. III.
[8] Gruppe I.
[9] Gruppe I, III—IV, 2 nl.
[10] Want mijns willen was, niet meer van der bibelen te buytsche te trecken, dan datter loepender historien toebehoerde. Ebbinge Wubben S. 84 Z. 3f.
[11] Siehe de Bruin S. 177 ff. und S. 266 ff.
[12] Hrsg. von Vollmer, Mat. IV.
[13] Vgl. Vollmer, Mat. IV S. XXIV ff.
[14] In Ib, IIa und IIc.
[15] In I, III, 1 nl. und 2 nl. (nach Maerlants Spiegel Historiael).
[16] Z. B. in IIIa (s. Vollmer, Mat. II, 2 S. 793 ff.) und 2 nl. (Zerstörung Jerusalems).
[17] In Ib.
[18] IIIb hat eine Fortsetzung bis zu den byzantinischen Kaisern (nach der Kaiserchronik).

gibt es verschiedene Einzelhandschriften, die in der Auswahl und Wiedergabe der biblischen und apokryphen Geschichte ganz ihre eigenen Wege gehen[1].

Hier erhebt sich natürlich die Frage, wie Bearbeiter und Leser derartig bunt zusammengesetzte Werke angesehen haben, ob man das Ganze ehrfürchtig als heilige Schrift hingenommen hat, oder ob man wußte, daß der Inhalt nur zum Teil der eigentlichen Bibel entsprach und daß die Erweiterungen nicht die gleiche Autorität beanspruchen konnten. Es ist schon mehrfach erwähnt worden, daß das Mittelalter biblische Schriften und Gedanken von verwandten nichtbiblischen oft nicht scharf trennt, daß Begriffe wie sacrae scripturae oder ähnlich verschieden angewendet werden. So werden auch die Historienbibeln, wie die Chroniken, einfach als Bibel, Biblia bzw. Bibel der alten Ee bezeichnet[2]. Doch kommen daneben häufig auch Benennungen vor, die darauf hinweisen, daß es sich hier nur um eine Auswahl aus der Bibel handelt[3]. Eine Unterscheidung bahnt sich an, wenn in einigen Handschriften der Gruppe I, nachdem erst einleitend von Luzifers Sturz und den Engelchören berichtet ist, gesagt wird: „Hie hebet sich an die Bibel"[4]. Auch sonst läßt sich das Bewußtsein von der apokryphen Herkunft mancher Teile der Historienbibel nachweisen[5], und in diesen selbst bemüht man sich ebenfalls manchmal um eine deutliche Kennzeichnung der nichtbiblischen Stücke, so in der Gruppe VI. In ihr sind schon an sich die Teile aus der Historia Scholastica seltener und kürzer als in den anderen und werden meistens als solche hervorgehoben durch Bemerkungen wie „die meister sprechent" oder „das spricht nicht die Biblie"[6]. Auch hierfür ist die 2. niederländische Historienbibel besonders charakteristisch. Ihr Bearbeiter sagt ausdrücklich, daß er zur Erklärung mancher dunkler Bibelstellen Ergänzungen aus der Historia Scholastica hinzufügen wolle, Anfang und Ende dieser Stücke sollten aber besonders gekennzeichnet werden. Jeder, der das Werk abschreibe, solle sich hiernach richten und diese Kennzeichnung mit übernehmen, sonst würde er das Werk sehr schädigen[7]. Dasselbe wird dann noch einmal wiederholt[8]; dem Verfasser ist es darum wohl sehr ernst gewesen. Tatsächlich wird das in manchen Handschriften auch einge-

---

[1] Vgl. Vollmer, Mat. I, 2 S. 9ff. (Gruppe X).

[2] In Gruppe I steht häufig der Schlußvers:
„Hier hat die wiblin ain end
Gott uns sin gnad send" oder ähnlich
so in den Historienbibeln Nr. 8, 9, 10 (J), 14 (Y), 16 (K), 18 (O), vgl. die Beschreibungen bei Merzdorf I und Vollmer, Mat. I, 1 sowie die Zusammenstellung von Bezeichnungen bei Vollmer, Mat. I, 2 S. 176.

[3] „Ein Auszug b' wibel" (Nr. 13 (X), Merzdorf I S. 37); weitere gleichlautende Titel s. in der Zusammenstellung bei Vollmer, Mat. I, 2 S. 176.

[4] Merzdorf I, S. 110.

[5] Vgl. etwa die Bemerkung in einer „Alten Ee": „Wer mêr von Rôboam wnd von andern kunegen welle wizzen, die an dieseme buoche sint, der lese die bibelen, wande man mac an diseme buoche nicht gar ir aller leben geschriben ... (Merzdorf I, S. 5 nach Maßmann, Kaiserchronik III, S. 67). — In einer Reimchronik heißt es bei der Ankündigung des Verfassers, daß er das Leben Adams und Evas schildern wolle, ausdrücklich:
„doch sprich ich von der wibel nicht,
do man baz anegeng an sicht."
Er wolle sich nach dem Adambuch des hlg. Methobius richten (s. Vollmer, Adambuch, S. 2).

[6] Vollmer, Mat. I, 1 S. 37.

[7] „Echter so sal men weten ende verstaen, ombat die bybele in menigher stat is so bonker van verstandenissen, so sel ic tot allen steden baert profijt ende orbaer wesen sel, nemen uut historia scolastica ende setten by den texte. Mar dat sal ic wel tot allen steden onberscheiden, waert beghint ende eynde neemt, mit roben yncte." Ebbinge Wubben S. 74 Z. 160ff.

[8] Ebbinge Wubben S. 78 Z. 27ff.

halten, und die erste gedruckte niederländische Bibel (erschienen in Delft 1477) ist nur Abdruck dieser Historienbibel unter Weglassung der unbiblischen Erweiterungen[1]. Auch die Kölner Bibel kennzeichnet die Stellen, die sie zur Erklärung aus der Historia Scholastica übernommen hat, und zeigt das im Vorwort besonders an. Völlige Einheitlichkeit der Anschauungen ist hier also nicht vorhanden gewesen.

Über die Entstehungszeit der einzelnen Bearbeitungen der Historienbibeln ist nur wenig Sicheres zu ermitteln. Sie dürfte bei den meisten in der 2. Hälfte des 14. Jahrhunderts liegen, da ihre deutschen Vorlagen dem 13. Jahrhundert oder dem 1. Teil des 14. Jahrhunderts entstammen. Die erhaltenen Handschriften gehören durchweg dem 15. Jahrhundert an, und zwar hauptsächlich den Jahren von 1440—1475[2]. Gegen Ende des 15. Jahrhunderts geht offenbar das Interesse an der Historienbibel stark zurück. Es ist keine vollständige Ausgabe im Druck erschienen, nur von der selbständigen „Neuen Ee" werden sechs Augsburger Drucke aus der Zeit von 1476 bis 1503 genannt, sowie zwei niederdeutsche Ausgaben (Lübeck 1478 und 1482)[3]. Außerdem besteht noch ein älterer Bamberger Teildruck aus einer alttestamentlichen Historienbibel[4].

Zweifellos haben die Historienbibeln für die Verbreitung des Bibelinhalts in deutscher Sprache während des 14. und 15. Jahrhunderts eine große Bedeutung gehabt. Von ihrer Beliebtheit zeugt die große Anzahl erhaltener Handschriften[5], die der eigentlichen Bibelübersetzung durchaus nicht nachsteht, wenn man berücksichtigt, daß die Handschriften der Historienbibeln meistens umfangreiche Partien aus der gesamten Bibel enthalten, während die wörtlichen Übersetzungen sich oft nur auf einzelne Bücher der Bibel beschränken. Auch die Verschiedenheit der Formen der Historienbibeln zeigt, daß man ihnen großes Interesse entgegenbrachte und sich immer wieder um sie bemühte. Es ist oft zu beobachten, daß freie, anekdotenhafte Erzählungen, die sich an hervorragende Ereignisse oder Persönlichkeiten knüpfen, vom Volk immer begierig aufgenommen und weiter ausgesponnen werden. Sie beschäftigen seine lebhafte Phantasie und bringen ihm durch charakteristische, lebendige Einzelheiten das große Geschehen und die daran Teilnehmenden besonders nahe. Derartiges boten die Historienbibeln. Sie sind, ähnlich wie die Werke der bildenden Kunst, sehr aufschlußreich für die Art, wie der biblische Stoff sich im Empfinden des Volkes widerspiegelt, wie es sich die dort geschilderten Ereignisse in ihren Einzelheiten vorstellt und ausmalt. Sie zeigen, mit welchen Teilen der Bibel man sich vorzugsweise beschäftigt, und welche Gründe dafür maßgebend sind. Wenn sie auch oft auf fremde Quellen zurückgehen mögen, so zeigen sie doch in Auswahl und Gestaltung ihres Stoffes so viele eigene Wesenszüge, daß sie in der Frage nach der „nationalen Aneignung" der Bibel bestimmt gehört werden müssen.

Doch hindert das natürlich nicht, daß schon in vorreformatorischer Zeit an solchen freien Gestaltungen der heiligen Schrift Kritik geübt wurde, weil sie den Inhalt der Bibel nicht so gaben, wie er wirklich war. Besonders gegen die Reimübersetzungen richteten sich derartige Vorwürfe. Der Bearbeiter der Wenzelbibel sagt in seiner gereimten Vorrede, daß er den Bibeltext selbst nicht in Vers-

---

[1] v. Druten, S. 121 ff.
[2] Vgl. z. B. Vollmer, Mat. I, 2 S. 169.
[3] Siehe Vollmer, Mat. I, 1 S. 173 ff. und IV S. XVIII ff.
[4] Näheres über ihn in diesem Bande im Anhang.
[5] Vollmer nennt in Mat. I, 1 und 2 rund 100 deutsche Handschriften, zu denen noch über 30 der niederländischen Ausgaben treten.

form wiedergeben wolle, weil man dabei manches hinzufügen oder auslassen müsse[1]. Genau dasselbe äußert ein niederländischer Bearbeiter der Tondalus= vision[2]. Ein Landsmann von ihm, der allerdings gleichfalls ein Gedicht „Die Passie ons liefs Heren" verfaßt hat, wendet sich darin gegen den Dichter des gereimten Werkes „Van den Levene ons Heren", der um des Reimes willen allerlei Erweiterungen der biblischen Gedanken hinzugefügt habe[3]. Der Verfasser einer Verdeutschung der Paulinischen Briefe betont, daß es unnötig sei, die Worte des Apostels gereimt wiederzugeben, sie brauchten nicht weiter ausgeschmückt zu werden[4]. Es ist also vor allem die Form, gegen die man sich hier wendet; und die vielen Prosaübertragungen der Reimwerke zeigen, daß man auch sonst so empfunden hat. Die ausführlichen gereimten Bearbeitungen, wie etwa die Hiob=Paraphrase aus dem Deutschen Orden mit ihren 15568 Zeilen oder die umfangreichen Reimbibeln, sind tatsächlich durch ihren eintönigen Rhythmus und ihre Weitschweifigkeit wenig befriedigend, so daß die Kritik an ihnen wohl berechtigt war. Doch geht es hier nicht nur um die Form, sondern auch um den Inhalt. Der Einwand gegen die Reimbibeln, daß die Schrift nicht durch Erweiterungen oder Auslassungen verfälscht werden dürfe, richtet sich ebenso auch gegen die Prosabearbeitungen. Wir sahen schon, wie sich einzelne Verfasser der Historienbibeln gegen derartige Vorwürfe zu sichern suchten, indem sie das Unbiblische besonders kennzeichneten, aber das gilt doch nur für einige von ihnen. Die Kritik in Beheims Evangelienbuch an Übersetzungen, die „das feine Gold mit unreinem überziehen" wollen und dabei von dem wirklichen Sinn des Textes abgehen, wird man wohl auf die Reim= oder Historienbibeln beziehen können[5]. Doch scheint es so, daß erst das Aufkommen des Humanismus und seine quellenkritische Haltung ihr Ansehen stärker beeinträchtigt hat. Die Kritik an ihnen äußert sich vor allem in ihrem bereits erwähnten Zurücktreten etwa seit 1480. Bezeichnend ist, daß ein Mann wie Geiler von Kaisersberg, der doch wirklich für das Volkstümliche volles Verständnis hatte, die apokryphen Stoffe der Historienbibeln — er nennt die Kreuzholzlegende und die Kindheitsgeschichten — in recht energischer Weise ablehnt[6]. Nur das sollten die Gläubigen für wahr halten, was in der Bibel steht. Alles Übrige sei unwahr, von Ketzern erdacht, um den eigentlichen Bibelinhalt herabzusetzen, und werde von der Kirche nicht gebilligt. Auch Wimpfeling tadelt, daß manche Kleriker

---

[1] „Nicht zu reime sam ich aldo
Gee in diesem prologo
Wenne wer es also wolde sagen
Der muste czu vnd abe tragen
Vnd die scrift gar vorkeren
Also wil ich nichte leren
Sunder gleich als uns schreibet da
Der heiligen Schrift hystoria."
(Walther, Sp. 295.)

[2] „men sal weten, dat ic desen bouc niet en begheere te rimene, om dat icker no af no toe doen ne wille van den ghenen, die ic vand in lattine. Ende ooc so en es men gheen helighe scriftuere sculdich te rimene, want in den rijm een es gheen ander voordeel dan dat den hooren geeft soeten luut. Ende metten rimene so wert alle helige scriftuere gheconfondeert." de Bruin, S. 21.

[3] Proost a. a. O. S. 46f.

[4] „Das aber die wort in dissem puech nicht geslozzen noch gereimet sint swem das missevalt der wizze, das die minne Paulus solcher spaecheit (= Zierlichkeit, Kunstfertigkeit) nicht pedarff." (BdK IV, S. 129).

[5] Siehe Walther Sp. 504.

[6] L. Pfleger, Geiler von Kaisersberg und die Bibel, S. 128f.

Apokryphes an die Stelle der Bibel setzen[1]. Von Luther sind gleichfalls abfällige Äußerungen über die Kindheitsgeschichten berichtet[2].

Reim- und Historienbibeln haben an der heiligen Schrift vor allem historiographisches Interesse; neben ihnen waren andere deutsche Bibelbearbeitungen sehr verbreitet, die sie vom Standpunkt der Typologie aus betrachten, wie die Biblia pauperum oder das Speculum humanae salvationis. In der Form entfernen sich diese Werke erheblich von der eigentlichen Bibel. Trotzdem müssen sie kurz genannt werden, weil sie eine besonders charakteristische und verbreitete Art der Bibelauffassung vertreten, die nicht nur für geistliche, theologische Kreise bestimmt war, sondern gerade auch für Laien, vor allem wegen ihrer Betonung des Anschaulichen, Bildhaften. Darauf weist der Titel Biblia pauperum hin. Auch die Bilder des Speculums sind ausdrücklich für Laien bestimmt, wie überhaupt im Mittelalter die Meinung oft vertreten ist, daß die Bilder die Bibel der Laien seien[3]. Allerdings ist nicht anzunehmen, daß die genannten Werke in größerem Umfang den Laien in die Hände gekommen seien. Schon der reiche Bilderschmuck machte eine weitere Verbreitung unmöglich; auch waren sie ja nur dem Lesekundigen voll verständlich. Aber ihre Art der Bibelauslegung, die Typologie, sollte auch den Ungebildeten nahegebracht werden; die Geistlichen fanden hier Anregungen für die Predigt, die Künstler Vorbilder für die Kirchenausstattung. Tatsächlich ist sie bei beiden häufig vertreten und so sicher weit ins Volk eingedrungen. Bekanntlich sieht die Typologie in den Geschehnissen des Alten Testaments Vorbilder, die gleichnishaft auf Ereignisse des Lebens Jesu — auch das Marienleben wird oft einbezogen — hinweisen. Das Alte Testament hat, für sich betrachtet, keinen Sinn, es ist nur vom Neuen aus verständlich; jedes einzelne Geschehen in ihm enthält einen geheimen Hinweis auf ein ähnliches Ereignis im Neuen Testament. Das ist überhaupt erst seine eigentliche Bedeutung; es ist eine fortgesetzte Prophezeiung für das Erlösungswerk Christi, das dadurch zugleich bestätigt und in seinen Einzelheiten gedeutet wird. Beide Teile der Bibel kommen so in einen neuen sinnvollen Zusammenhang, das gesamte in ihnen geschilderte Weltgeschehen bildet eine Einheit, in deren Mittelpunkt die Erlösungstat Christi steht. Auf sie bezieht sich alles, von ihr aus ist alles zu erklären. In der Geschichte ist nichts willkürlich; jedes noch so belanglose Ereignis hat seinen tieferen Sinn, in allem ist das Wirken Gottes zu spüren.

Schriften, die dieses Weltbild, das so ganz aus dem Symbolismus des mittelalterlichen Denkens geboren war, vertraten und ausführten, mußten natürlich sehr beliebt sein, besonders wenn sie solche theologischen Spekulationen in verständlicher, eindrucksvoller Form darstellten, wie etwa in den Bildkompositionen der Biblia pauperum. Überhaupt tritt das Bibelwort in diesen Werken einigermaßen zurück, wenn auch der Inhalt der Bibel Hauptgegenstand der Betrachtung ist. Es überwiegt durchweg die bildliche Darstellung oder die freie Deutung der Ereignisse; doch kommen auch Bibelzitate vor. Die bildliche Darstellung ist besonders in der Biblia pauperum der Mittelpunkt des Ganzen, der erklärende Text wird in sie hineingenommen oder um sie gruppiert. Zentrum des Bildes ist immer das neutestamentliche Ereignis; ihm sind zwei alttestamentliche, typo-

---

[1] Pfleger a. a. O. S. 129 Anm. 3.
[2] Siehe Vollmer, Mat. IV, S. XI.
[3] Im Anschluß an eine Äußerung Gregors d. Gr. (Epist. XI, 13): Quod legentibus Scriptura hoc idiotis praestat pictura, vgl. Lutz-Perdrizet, Speculum hum. salvat. (Leipzig 1907—1909) S.180, dort weitere Belege. Noch Sebastian Brant sagt: Imperitis pro lectione pictura est (Schairer, Das religiöse Volksleben am Ausgang des MA.'s [1914], S. 63).

logische Vorbilder beigegeben, sowie vier Propheten, jeder mit einem seiner Sprüche, der auf das Hauptbild zu beziehen ist. Auch hier ist die Urform im Texte lateinisch. Deutsche Bearbeitungen bestehen in zwei Formen, von denen eine sich eng an die lateinische Quelle anschließt. Die andere erweitert den deutschen Text stark; das alttestamentliche Vorbild mit seiner Bedeutung wird hier ausführlich geschildert, in einer Weise, die an die Historienbibeln erinnert. Das Biblische tritt hier etwas mehr hervor, die Berichte über die Ereignisse schließen sich an den Wortlaut der Schrift an, auch die Prophetenzitate sind reine Bibelübersetzung. Die Biblia pauperum war allerdings nicht sehr verbreitet, Cornell[1] kennt nur 21 Handschriften der beiden deutschen Bearbeitungen, zu denen noch einige wenige Drucke treten. Diese sind in den Jahren 1460—1480 teils in xylographischen, teils in typographischen Ausgaben erschienen; die Biblia pauperum gehörte somit zu den ersten Schriften, die im Druck verbreitet worden sind. Später ist sie jedoch nicht mehr aufgelegt worden. Die bekanntere typologische Schrift war das Speculum humanae salvationis, dessen lateinische Urform vielleicht von Ludolf von Sachsen stammt[2]. Es bestehen hier neben englischen, französischen und böhmischen Übersetzungen auch verschiedene deutsche Übertragungen, in Versen wie in Prosa, von denen im ganzen rund 60 Handschriften erhalten sind[3]. Da alle Bearbeitungen aber in Anordnung und Wiedergabe sich ziemlich weit vom Bibeltext entfernen, können sie hier nicht weiter behandelt werden; erwähnt sei nur, daß die meisten gedruckten deutschen Ausgaben des Speculums in ihre Darstellung der Perikopen des Kirchenjahres einfügen, in denen ja ebenfalls die Hauptereignisse der Erlösungsgeschichte geschildert werden[4]. Auch hier ist man also mit freien Wiedergaben nicht mehr zufrieden und strebt dem eigentlichen Bibeltext zu.

Als Bibelauszüge im weiteren Sinne können auch die verschiedenen metrischen Inhaltsübersichten über die ganze Bibel oder über einzelne Bücher und Kapitel der Schrift angesehen werden[5]; sie mögen hauptsächlich der gedächtnismäßigen Einprägung gedient haben. Eine derartige Arbeit ist z. B. von Heinrich von Mügeln überliefert, die sogar mit Noten ausgestattet ist[6]. Auch Bibelauszüge unter genealogischen Gesichtspunkten sind vorhanden. Doch sind alle diese Werke in lateinischer Sprache viel weiter verbreitet gewesen als in deutscher und haben für die Verbreitung und Kenntnis der deutschen Bibel keine größere Bedeutung gehabt, wenn sie auch literarhistorisch interessant sind.

Auch die typologischen Bibelauszüge verlieren gegen Ende des Mittelalters stark an Ansehen. Auf die Dauer wurde das erwachende Wahrheitsstreben aus humanistischem Geiste durch derartige Werke nicht mehr befriedigt, die ganz von mittelalterlicher Theologie und Weltanschauung getragen werden. Wohl sind keine direkten kritischen Äußerungen über sie bekannt — man kann vielleicht manche Kritik an den Reim= und Historienbibeln auch auf sie beziehen — aber es wird doch ohne weiteres klar, daß das Interesse geschwunden war, besonders dort, wo sich ein tieferes literarisches und religiöses Bedürfnis zeigte.

---

[1] Biblia pauperum, Stockholm 1925. Vgl. dazu den Art. Biblia pauperum in: Die deutsche Literatur des Mittelalters, Verfasserlexikon, auch BbK I S. 16 Anm. 5.
[2] Lutz-Perdrizet, Speculum humanae salvationis. Kritische Ausgabe 2 Bde, Leipzig 1907—1909.
[3] Verzeichnisse bei Lutz-Perdrizet a. a. O. und bei Breitenbach, Speculum humanae salvationis. Diss. Hamburg 1929.
[4] Siehe Pietsch, Ewangely und Epistel Teutsch S. 101 ff.
[5] Näheres s. BbK I, Einleitung.
[6] S. o. S. 30.

Deutlich strebt also die gesamte Entwicklung zur wörtlichen Übersetzung hin, die dann auch gegen Ende des Spätmittelalters durchaus überwiegt. Auch bei ihr treten manche Unterschiede in der Haltung zum Bibeltext und in der Form und Auswahl der einzelnen biblischen Bücher auf. Neben Arbeiten, die sich im Anschluß an die alten Interlinearversionen sogar in Wortstellung und Satzbau genau nach der Vulgata richten, stehen sehr freie Übertragungen, aber auch solche, die den richtigen Mittelweg einschlagen[1]. Im ganzen hält man sich möglichst an die lateinische Vorlage — andere Urtexte werden nicht benutzt —, die als offizieller kirchlicher Text natürlich besondere Autorität genoß. Trotzdem hat man manchmal erkannt, daß es die Hauptaufgabe des Übersetzers sei, bei aller Ehrfurcht vor dem Wortlaut der Vorlage vor allem ihren Sinn richtig wiederzugeben. Geert Groote betont das ausdrücklich in seiner Vorrede zu „Onser Vrouwen ghetiden"[2]. Auch der Verfasser der 2. niederländischen Historienbibel weiß, daß man nicht immer wörtlich übersetzen dürfe, er will das jedoch möglichst versuchen und Stellen, an denen die wörtliche Übersetzung keinen Sinn gibt, besonders erklären[3]. Herzog Eberhard von Württemberg hat eine Übersetzung der Weisheit und des Predigers Salomo veranlaßt, die sich nicht nach dem Buchstaben, sondern nach dem Sinne richten solle, so daß sie ohne Kommentar verständlich sei; Erklärungen sind in den biblischen Text eingeflochten[4]. Über das Verdeutschen äußert sich auch Ulrich Surgant ausführlich in seinem oben genannten „Manuale curatorum", wobei er im ganzen 15 Regeln hierfür aufstellt[5]. Wo man sich gegenüber der Vulgata größere Freiheiten erlaubt, ist oft anzunehmen, daß der Übersetzer den lateinischen Text nicht richtig verstand und sich durch ungefähre Wiedergabe des Sinnes darüber hinweg helfen wollte, wobei natürlich Fehler vorkommen mußten. Überhaupt wird man unter den Übersetzern des Spätmittelalters eine so einmalige sprachschöpferische Persönlichkeit wie Luther nicht suchen dürfen, aber mancher von ihnen hat doch durchaus Brauchbares und Wertvolles geleistet. Zu nennen wären hier etwa — um nur einiges anzuführen — die Prophetenübersetzung des Claus Cranc, einzelne Stücke in Cgm. 341[6], der Prophetenauszug der Historienbibeln, der verbesserte Auszug aus der Kobergerbibel[7], vor allem aber die Plenarien, auf die wir im folgenden noch näher eingehen müssen. Alle diese Arbeiten stehen Luther an sprachlicher Gewandtheit gar nicht so fern.

Auch bei den wortgetreuen Übersetzungen werden überwiegend nur einzelne Teile der Schrift gegeben, selten umfassen die Arbeiten die gesamte

---

[1] Walther, Sp. 747 ff.
[2] „Dese ghetide onser vrouwen sijn in duutsche gheset van woerde toe woerden, als hi naest consste diese oversette, beholden heelheit ende verstandelheit ende waerheit des sinnes. Want die woerde sijn ende dienen omme die sinne, ende die sinne niet omme die woerde. Daer omme hevet hi in sulken steden, daer die slechte duytsche woerde niet proper en stonden nae dem sinne, of den sin verdonckerden, gheset die naeste duytsche woerde, die den rechsten ende den apensten sin gheven" (Moll, G. Groote's dietsche Vertalingen S. 53 Anm. 2).
[3] Er will übersetzen: „die lettere houdende van woorde te woorde ofte van zinne te zinne of van beyden onderminghet... Wer veel woorde, die hier sijn zellen, die men niet volmaectelic ghedietschen en mach, die sal ic dietschen so ic naest mach, mer die meninghe van sulken woorden sal ic te enighere stat daerneven uutsetten mit eenre paragrafen" (Ebbinge Wubben S. 73 Z. 140 ff.).
[4] Walther Sp. 545 f.
[5] E. Schröder in: Götting. Gel. Anz. I (1888) S. 245, 275, 278.
[6] Siehe Walther Sp. 350 ff.
[7] Hamburg, in scrin. 105.

Bibel[1]. Das hat verschiedene Gründe. Das Übersetzen und Abschreiben der Vollbibel wurde schon durch ihren Umfang sehr erschwert; auch war natürlich das Interesse an den einzelnen Bibelteilen je nach ihrer Bedeutung für Glauben und Weltbild verschieden groß. Vor allem müssen die früher genannten Bedenken wegen der Verständlichkeit der Verdeutschungen in erster Linie auf die wörtlichen Übersetzungen bezogen werden, da die freien Bearbeitungen durchweg die leichteren Bibelteile behandeln und im einzelnen der näheren Erklärung Raum geben. Auch für die angeführten Zwecke der Verdeutschung, daß sie hauptsächlich den weniger Gebildeten für die persönliche Erbauung und zur Vertiefung des im Gottesdienst Gehörten dienen sollten, waren Auswahlen von wörtlichen Übertragungen aus den biblischen Büchern besser geeignet als vollständige Bibeln. Dort fand jeder unter kirchlicher Anleitung leicht das, was er suchte und auch verstehen konnte, und die Kirche brauchte nicht zu fürchten, daß die Laien im Drang nach der Bibel auf Stellen stießen, die sie nicht im kirchlichen Sinne verstanden und auslegten.

Diese Gründe waren besonders solchen Schriften günstig, die die in der Messe verlesenen Bibelstücke, allein oder mit Glossen, enthielten, denn diese Abschnitte wurden ja in der Predigt selbst den Gläubigen meistens übersetzt und erklärt, ihre Verbreitung konnte also kaum verdächtig oder schädlich sein. Die Werke dieser Art, die sog. Plenarien, boten aber noch andere Vorteile. An ihnen konnte der religiös interessierte Laie sich immer wieder die gehörten Bibelstellen — oft mit ihrer Auslegung — vergegenwärtigen und einprägen. Zugleich waren sie dem Geistlichen als Hilfsmittel für das richtige Verständnis des lateinischen Textes und als Stoffsammlung für die Predigt sicher oft willkommen. In den Klöstern konnten sie für die täglichen Schriftlesungen während der Mahlzeiten dienen. Die vielen Verzeichnisse der kirchlichen Lektionen für die einzelnen Tage in Bibelhandschriften und -drucken zeigen, daß man an diesen, den Perikopen, überhaupt besonderes Interesse hatte; sie wurden von den Plenarien vollständig und geordnet dargeboten. Dabei waren diese längst nicht so umfangreich wie die vollständigen Bibeln — was ebenfalls ihre Verbreitung erleichterte — und enthielten doch alles, was die Kirche daraus als wichtig ansah. Sie haben vor allem Stücke aus dem Neuen Testament, besonders aus den Evangelien; das Alte Testament tritt etwas zurück. Glossen finden sich erst in den späteren Ausgaben, besonders in den gedruckten, sie beschränken sich aber auf die Sonn- und Festtagsperikopen. Sie sind meistens in Predigtform abgefaßt, in den handschriftlichen Plenarien sind Mystikerpredigten benutzt[2]. Daraus geht deutlich hervor, daß sie der Erbauung dienen wollten. Bemerkenswert sind die Glossen der niederdeutschen Plenarien, die auch in die Baseler hochdeutschen Ausgaben übernommen sind[3]. Sie zeigen eine durchaus weltoffene, bürgerliche Gesinnung, jedenfalls weisen die ausführlichen Auseinandersetzungen über den Kaufmannsstand, sowie die Lobsprüche über den Ehestand und die Buchdruckerkunst kaum in klerikale Kreise. Ihr Verfasser hat vielleicht in Beziehungen zu dem Lübecker Bürgertum gestanden, da dort das erste niederdeutsche Plenar gedruckt ist. Die Glossen der übrigen hochdeutschen Plenarien sind dagegen durchaus kirchlich-hierarchisch eingestellt. An Perikopenglossen in Handschriften seien

---

[1] Walther (Sp. 709) nennt unter seinen 202 Handschriften nur 16, die die ganze Bibel enthalten oder früher enthalten haben, sie sind außerdem teilweise Abschriften der gedruckten Bibel.
[2] Maurer, Studien S. 22.
[3] Abgedruckt bei Pietsch, a. a. O. S. 229ff.

ferner die gereimten Glossen in zwei Berliner und Hamburger Handschriften erwähnt, die aber noch dem 13. Jahrhundert entstammen[1].

Über die Verbreitung der handschriftlichen Plenarien läßt sich leider noch nichts Sicheres sagen, da sie in ihrer Gesamtheit noch nirgends ausführlicher behandelt worden sind. Sicherlich sind sie aber aus den angeführten Gründen mehr als alle sonstigen Bibelausgaben in Gebrauch gewesen[2]. Das ergibt sich schon aus der Zahl der erhaltenen Handschriften. Allein in München befinden sich rund 30 vollständige oder unvollständige Perikopenbücher[3], auch Wien besitzt nach Stejskal etwa 20 Handschriften[4]. Doch erlaubt auch die hohe Zahl der Drucke Rückschlüsse auf die handschriftliche Verbreitung. Pietsch nennt im ganzen 57 hochdeutsche Ausgaben, ohne daß er damit alle vorhandenen erfaßt hat[4]; hinzu kommen 21 niederdeutsche[5] und 32 niederländische Drucke[6]. Daß sie guten Absatz fanden, geht aus einer Notiz im Leipziger Liber Indicii von 1511 hervor, wonach von dem Mainzer Plenardruck von 1510[7] 73 Exemplare auf die Leipziger Ostermesse dieses Jahres geschickt worden sind; von ihnen wurden bis zur Michaelismesse 1511 72 Exemplare verkauft[8]. Keins der sonst in dieser Abrechnung genannten Bücher ist in so vielen Exemplaren auf den Markt gebracht worden und hat so guten Absatz gefunden wie dieses Plenar. Auch die Tatsache, daß von 1473—1523 fast in jedem Jahr neue Ausgaben von Plenarien erschienen sind, beweist genug für ihre Beliebtheit. Zweifellos haben sie für die Verbreitung des Bibelwortes im deutschen Volke eine ganz besondere Bedeutung gehabt, was vielfach noch nicht recht erkannt ist. Man darf sich bei einer Beurteilung der vorlutherischen Bibelverdeutschung und ihrer Verbreitung nicht auf die wenigen handschriftlichen und gedruckten Vollbibeln beschränken, sondern muß die Plenarien unbedingt mit heranziehen. Wohl sind sie keine genaue und vollständige Wiedergabe der heiligen Schrift, aber an der Verbreitung ihres wesentlichen Inhalts haben sie bestimmt größeren Anteil, weil sie in Handschriften wie in Drucken weit zahlreicher verbreitet waren als die Vollbibeln. Hinzu kommt, daß ihre Übersetzung wesentlich geschickter ist als etwa die der gedruckten Bibeln und Luthers Arbeit am nächsten steht. Ihr Wortlaut muß durch Predigt und Privatlektüre weithin bekannt und geläufig gewesen sein und hat sicher Luther oft im Ohr gelegen, als er an seine Übersetzung ging. Anders lassen sich manche überraschenden Übereinstimmungen beider Arbeiten, besonders in der Wortwahl, nicht erklären[9], wenn man nicht direkte Benutzung annehmen will. Luther hat hier sicher bewußt an eine gewisse Übersetzungstradition angeknüpft, die eben hauptsächlich durch die Plenarien vermittelt wurde.

Die Absicht, wichtige Teile der Bibel in übersichtlicher Anordnung wiederzugeben, wird auch für die Abfassung der Evangelienharmonien maßgebend gewesen sein, deren Quelle Tatians Diatessaron in der lateinischen Be-

---

[1] Berlin, Mf. germ. fol. 706 und Hamburg in scrinio 99, vgl. BdK IV S. 229, teilw. Abdruck in BdK VI S. 1ff.
[2] Vgl. oben S. 20 Anm. 8 (Zitat aus dem „Weihegärtlein") und E. Schröder a. a. O. S. 254.
[3] Vgl. die Verzeichnisse in BdK IV S. 4 und V S. 38.
[4] Maurer, Studien S. 11.
[5] Borchling-Claussen, Niederdt. Bibliographie (Neumünster 1931ff.).
[6] In Scuttens Übersetzung, de Bruin S. 508f.
[7] Gedruckt bei Joh. Schäffer (Pietsch R).
[8] Vgl. Archiv f. Geschichte des deutschen Buchhandels X (1886) S. 24f. und Falk a. a. O. S. 32f.
[9] Vgl. hierzu die Bemerkungen zu den Tabellen in BdK IV und V.

arbeitung des Viktor von Capua war. Die deutschen Bearbeitungen gehen häufig auf das schon öfters berührte niederländische Werk zurück[1]. Sie sind aber offenbar nicht sehr verbreitet gewesen[2], häufiger kommen nur Harmonien der Passionsgeschichte vor[3].

Neben diesen Auswahlen bestehen natürlich viele Übersetzungen einzelner biblischer Bücher, die aber weniger für die Form als für die Stellung des betreffenden Buches der Schrift innerhalb der Verdeutschungsarbeit von Bedeutung sind; daher seien sie erst im folgenden näher behandelt.

§ 8.
Die Bibelteile in der Verdeutschungsarbeit.

Aus den mannigfaltigen Formen der mittelalterlichen Bibelverdeutschung, die in der Auswahl des biblischen Stoffes sehr verschiedene Wege gehen, wie aus manchen bereits genannten Äußerungen geht deutlich hervor, daß die Stellung und das Ansehen der einzelnen biblischen Bücher schon im Mittelalter durchaus verschieden beurteilt wurde, wobei besonders die Frage ihrer Verständlichkeit eine Hauptrolle spielte.

Natürlich stehen die Evangelien hier unter allen Teilen der Schrift an erster Stelle, denn gerade sie mußten als Berichte über die Taten und Worte Christi am meisten beachtet werden. Hierzu kam, daß sie zu den nützlichsten und verständlichsten Büchern gerechnet wurden. Zwar der scharfe Zensurerlaß Bertholds von Henneberg ist hier anderer Meinung[4], aber er steht damit doch allein. Unter den für Laien schädlichen Büchern werden sie sonst nicht genannt[5]. Besonders mußte die Betonung der Evangelien in solchen Kreisen zu finden sein, deren Frömmigkeitsideal die Nachfolge des Lebens Jesu war, wie z. B. bei der devotio moderna. Groote selbst hat ihnen eine führende Stellung unter den Büchern gegeben, mit denen der Fromme sich beschäftigen müsse[6]. Auch Johannes Busch hielt, wie gesagt, Schriften de incarnatione, vita et passione domini für besonders geeignet zur religiösen Erbauung[7]. Das niederdeutsche Plenar von 1488 betont ebenfalls ihre Sonderstellung innerhalb der Bibel[8]. Allerdings ist eine Verbreitung der Evangelien allein in besonderen Handschriften kaum erfolgt[9]. Hierzu dienten neben den vollständigeren Bibelhandschriften und den Evangelienharmonien vor allem die Plenarien, die den größten Teil der Evangelien enthielten. Auch sonst wurden sie von allen Bibelteilen dem Volke am meisten nahe-

---

[1] de Bruin S. 526ff.
[2] München besitzt nur 1 Handschrift dieser Art (Cgm. 532), Berlin 4 (Ms. germ. quart. 167, 503, 987, 1091) (DBA).
[3] München wie Berlin besitzen beide mehr als 5 Handschriften dieser Art.
[4] Videatur sacri evangelii aut epistolarum Pauli textus, nemo sane prudens negabit multa suppletione et subauditione aliarum scripturarum opus esse. Reu, Luther's German Bible S. *93.
[5] Vgl. oben S. 22 Anm. 3.
[6] Radix studii tui et speculum vitae tui sint primo evangelium Christi, quia ibi est vita Christi (Conclusa et proposita, Preger, Beiträge S. 10). Vgl. die weite Verbreitung von Scutkens Übersetzung, o. S. 29.
[7] S. o. S. 22.
[8] Wol bat vele profeten vnde vele anderen hylgen hebben ghescreuen de hylghen schrifft, de götliken waerheit ... so is doch de macht vnde de waerheit des hylgen euangelii bauen alle hylge schrifft. Pietsch, a. a. O. S. 92 Z. 52ff.
[9] Berlin hat nur 2 Hff. dieser Art (Ms. germ. fol. 90 und qu. 167), München nur eine (Cgm. 348) (DBA). Häufiger sind kleinere Bruchstücke, einzelne Kapitel u. ä.

gebracht; im Gottesdienst wurden sie regelmäßig verlesen und in der Predigt behandelt und oft genug zitiert¹. Auch waren sie am häufigsten Gegenstand freier Bearbeitungen, so in den vielen metrischen oder prosaischen Darstellungen des Lebens oder Leidens Jesu, wie sie besonders auch im niederländischen Sprachgebiet verbreitet waren, wohl durch den Einfluß der Bettelorden und der devotio moderna². Ebenso war das Leben Jesu Hauptgegenstand der geistlichen Spiele, die vor allem Geburt, Passion und Auferstehung schilderten. Auch die Typologie zeigt diese hervorgehobene Stellung der Evangelien. Man wird also annehmen können, daß ihr Inhalt in weiten Kreisen des Klerus und des Volkes bekannt gewesen ist. Auch einige Kenntnis des Wortlauts vieler Stellen aus ihnen, die häufig zitiert wurden und sich leicht einprägten, wird nicht selten gewesen sein in einer Zeit, in der das gedächtnismäßige Lernen eine solche Rolle spielte. So mögen sich manche auffallende Übereinstimmungen der Übersetzungen, besonders an bekannten Bibelstellen erklären, die es erlauben, von einer gewissen Übersetzungstradition zu sprechen³. Der deutsche Wortlaut solcher Stellen hatte sich dem Gedächtnis weithin eingeprägt, so daß neue Übersetzer nicht gerne wieder von ihm abwichen.

Die Apostelgeschichte, wie die Evangelien meist historischen Inhalts, hat z. T. eine ähnliche Stellung. Als Bericht von den Anfängen der Kirche und den ersten Martyrien mußte sie gleichfalls sehr beliebt sein. Bedenken gegen ihre Verbreitung konnten kaum bestehen. Ausdrücklich genannt wird sie allerdings nur von Johannes Busch, der ihre Lektüre billigt⁴, man wird aber die allgemeinen Empfehlungen historischer Bibelteile auch auf sie beziehen können. Wie die Evangelien ist sie kaum für sich verbreitet worden, in den Handschriften erscheint sie meistens zusammen mit Plenarien⁵, Darstellungen des Lebens Jesu⁶ oder mit einzelnen neutestamentlichen Briefen⁷. Die Prosaübersetzung der Apostelgeschichte aus dem Gebiet des Deutschen Ordens, die Claus Cranc zugeschrieben wird, wurde bereits erwähnt⁸. Eine niederländische Bearbeitung mit kurzen Erklärungen aus der Historia Scholastica findet sich in einzelnen Handschriften der 2. niederländischen Historienbibel⁹. In den übrigen Historienbibeln ist bei den Erzählungen, die sie über den Tod Jesu hinaus bringen, kaum Anschluß an die Apostelgeschichte selbst festzustellen. Sie verlieren sich dabei oft ganz ins Legendenhafte und schließen sich mehr an die Marienleben an¹⁰. Auch der Inhalt der Apostelgeschichte wird also meistens durch Plenarien und Predigt verbreitet worden sein. Dabei liegt allerdings das Hauptgewicht auf ihrem ersten Teil, d. h. auf den Berichten, in denen die junge Gemeinde der späteren Kirche nahesteht, wo von wunderbaren Heilungen und Bekehrungen, von Martyrien die Rede ist, wo Petrus als Leiter der Gemeinde auftritt¹¹. Demgegenüber wurde

---

¹ Vgl. die Zitate bei Schmeck, Die Bibelzitate in den altdeutschen Predigten (Greifswalder Diss.) 1907 S. 21.
² Vgl. Proost, De Bijbel in de Nederlandsche Letterkunde S. 32 ff. und S. 132 ff.
³ Vgl. etwa die Tabellen zur Weihnachtsgeschichte (BdK V S. 125 ff.) oder zum Vaterunser (BdK III S. 257 ff.).
⁴ S. o. S. 22.
⁵ Z. B. Engelberg (Schweiz), Klosterbibl. cod. 240 (DBA).
⁶ Z. B. Prag, Univ.-Bibl. I C 40 (DBA).
⁷ Hamburg, Ms. theol. 1004 (nl.); Melk, Ms. 111; Melk, Ms. 117 (BDA).
⁸ S. o. S. 32.
⁹ de Bruin S. 266 ff.
¹⁰ Vgl. die verschiedenen Arten der „Neuen Ee" (Mat. IV S. XIII ff.).
¹¹ Vgl. Pietsch a. a. O. S. 113.

der zweite Teil, die Missionsreisen des Paulus, viel weniger beachtet. Das zeigt deutlich, unter welchen Gesichtspunkten man die Apostelgeschichte betrachtet und gelesen hat.

Ein anderes biblisches Buch, das an Verbreitung hinter den Evangelien kaum zurücksteht, ist der Psalter. Auch er verdankt seine Beliebtheit seiner Stellung im Gottesdienst. Es ist bekannt, daß er in der Liturgie der Kirche, wie in den Gebetbüchern und Offizien eine Hauptrolle spielt, und das kommt natürlich in der recht hohen Zahl der Übersetzungen und Handschriften zum Ausdruck[1]. Allein die Berliner Staatsbibliothek besitzt 13 deutsche Psalterien[2]. Über die Verständlichkeit des Psalters wird man kaum gestritten haben, jedenfalls sind Äußerungen hierüber nicht bekannt; es handelte sich hier ja auch nicht um Bibelteile, bei denen sehr unterschiedliche oder kirchenfeindliche Deutungen möglich gewesen wären. Überhaupt ist eine gewisse Sonderstellung des Psalters innerhalb der Bibel auf Grund seiner liturgischen Bedeutung unverkennbar. Er kommt deshalb häufig in den Handschriften ohne andere Bibelteile vor, nur die „Cantica" sind durchweg angefügt, d. h. einzelne biblische oder apokryphe Gebete und Gesänge, die in den Offizien neben den Psalmen stehen[3]. Ferner sind Psalmen in den verschiedenen Übersetzungen der Gebetbücher zu finden, von denen besonders die Geert Grootes weite Verbreitung hatte. Das alles zeigt, daß man die Psalmen hauptsächlich wegen ihrer liturgischen Bedeutung beachtet und verbreitet hat, nicht um mit ihnen einen Teil der Bibel zu geben. Sehr oft sind sie deshalb mit Glossen versehen worden, von denen die besonders beliebten des Heinrich von Mügeln und des Johann Scutken bereits genannt wurden[4], sie sollten die Deutung, die die Kirche den Psalmen im Gottesdienst und im Gebetbuch gab, unterstreichen und im einzelnen erklären.

Eine besondere, aber bezeichnende Form der Psalmenbenutzung zeigt die in manchen Handschriften und Drucken sich findende Anweisung, bei welchen Gelegenheiten des täglichen Lebens die einzelnen Psalmen zu beten seien, die sog. „nutzperkait der psalm"[5]. Manche Psalmen gelten dabei nur als einfache Gebete der Fürbitte, des Dankes oder für bestimmte Stunden und Festtage, manche können hiernach aber durchaus als Zauber- oder Beschwörungsformeln gelten[6]. Manche sollen bei Seefahrten, bei Krieg, bei Reisen, beim Fischfang, bei der Geburt, gegen Stummheit von Kindern helfen, wieder andere sollen der Bekehrung von Räubern, weltlich Gesinnten, Zauberern dienen. Gebet und Zauberformel gehen hier wie oft ineinander über. Manche Psalmen mögen nur als Fürbitte gedacht sein, aber die Erfüllungsgewißheit (s. Psalm 66 und 16) und die bestimmten Zeremonien (Psalm 81!) zeigen, daß man glaubte, hiermit auf magische Weise das Schicksal beeinflussen zu können. Die mehrfache Erwähnung Davids mag an die in Zauberformeln häufigen Berichte über ihre erste An-

---

[1] Vgl. die Verzeichnisse in BdK II und III.
[2] DBA.
[3] BdK III S. 57 ff.
[4] Beispiele zu den Glossen von Bußpsalmen s. BdK II.
[5] Walther Sp. 602 f. und BdK III S. 12 ff. (vollständ. Abdruck).
[6] Von Psalm 66 sagt die „nutzperkait": Disen psalmen sprich über ertwücher, vnd also verre man in horet, so fluhet der tüfel; Psalm 16: Dissen psalmen sprich an dem morgen, so gewinnestu einen güten tag, dauid sprach in ouch also (ähnl. Psalm 62); Psalm 53: ... daz dich got lidige von tüfellischen banden, lise in über was dir liep ist daz es behüt werde vor übel. dauid bet in alle tage; Psalm 81: ... so du zu gerichte wilt gon VII werbe (= mal) mit VII venigen (= Kniefällen) daz dich got las vß aller not.

wendung durch Götter oder Heroen erinnern. Meistens ergibt sich der Nutzen, den man dem einzelnen Psalm zuschrieb, aus einzelnen Textstellen, die man darauf beziehen konnte, doch ist bei anderen diese Beziehung durchaus unverständlich. Diese gar nicht seltene Art der Psalmenbenutzung ist sehr bezeichnend für die Vielseitigkeit der Bibelauffassung und -anwendung. Bibelorakel sind ja auch sonst im Mittelalter häufig, meistens in Form von Buchorakeln, sie sind also für die Stellung der Bibel nicht besonders charakteristisch.

Mit den geschichtlichen Büchern des Neuen Testaments stehen die des Alten in engem Zusammenhang. Wohl hat man um die geringere heilsgeschichtliche Bedeutung des Alten Testaments gewußt; aber gerade, wenn man sich mit der Erlösungsgeschichte befaßte, wurde man auf ihre Vorgeschichte und ihre Voraussetzungen vom Sündenfall an zurückgeführt. So beginnt z. B. das Speculum humanae salvationis mit dem Sturz Luzifers und dem Sündenfall, bevor es das Leben Jesu schildert. Auch die geistlichen Spiele haben oft alttestamentliche Einleitungen. Besonders die typologische Auslegung gab dem Alten Testament höheren Wert als Prophezeiung und damit als Bestätigung des Neuen. Verwandt hiermit ist die Verknüpfung beider in manchen biblischen Legenden, wie z. B. in der Kreuzholzlegende oder dem Bericht vom Tode Adams auf Golgatha, die sich in den Historienbibeln finden. In der Kreuzholzlegende wird die Geschichte des Balkens, aus dem das Kreuz Christi hergestellt wurde, über den Teich Bethesda, den Besuch der Königin von Saba bis auf Adams Sohn Seth und den Baum der Erkenntnis, von dem es ursprünglich abstamme, zurückverfolgt. Typologische Elemente sind z. B. in der Geschichte der 30 Silberlinge, die Judas für seinen Verrat erhielt, festzustellen; sie sollen schon den Söhnen Jakobs beim Verkauf des Joseph, der als typologisches Vorbild für Judas' Tat gilt, gegeben worden sein[1]. Das alles mußte den Wert der historischen Bücher des Alten Testaments erhöhen, wobei auch die Stellung, die sie als Geschichtsquelle hatten, zu berücksichtigen ist. Vom Standpunkt der Verständlichkeit aus wird man gegen ihre Verbreitung kaum Einwände erhoben haben, da sie zu den geschichtlichen Stücken gehörten, gegen die, wie gesagt, wenig Bedenken bestanden. In besonderen Teilübersetzungen kommen sie allerdings selten vor, hauptsächlich wurden sie durch die Historienbibeln verbreitet. Nächst Evangelien und Psalter gehören sie wohl zu den bekanntesten Teilen der Bibel. Was sie an wichtigen Ereignissen und Persönlichkeiten des Alten Bundes schilderten, wird weithin bekannt gewesen sein, wozu die volkstümlichen, einprägsamen Formen, in denen sie verbreitet wurden, sicher beigetragen haben. Ähnlich war die Stellung der apokryphen Teile des Alten Testaments, sie entsprachen dem Bedürfnis nach Ausschmückung der bedeutenden Ereignisse und nach lebendigen Einzelschilderungen.

Die Weisheitsliteratur des Alten Testaments steht den geschichtlichen Stücken kaum nach, besonders die Salomonischen Schriften und das Buch Sirach waren offenbar sehr beliebt. In ihrer sprichwortartigen Form kamen sie der Vorliebe des Mittelalters für den knappen, treffenden Ausdruck in der Wiedergabe von allerlei Volksweisheit und Erfahrung des täglichen Lebens entgegen. Sie sind mehr in Einzelübersetzungen und -handschriften verbreitet worden, wobei auch kürzende Auswahlen oder Zusammenstellungen mit Sprüchen von

---

[1] Vgl. BdK IV S. 96.

Kirchenvätern und antiken Philosophen vorkommen[1]. Das zeigt, weshalb man sich mit ihnen beschäftigte. Daneben mag die mystische Verehrung der ewigen Weisheit, wie wir oben sahen, Einfluß hierbei gehabt haben[2]. Auch diese Schriften enthielten kaum etwas, was kirchenfeindlich ausgelegt werden konnte, so daß selbst der vorsichtige Gerson gegen ihre Verbreitung mit am wenigsten Bedenken hatte[3]. Das Interesse an ihnen geht z. B. aus der schon mehrfach erwähnten Notiz der niederländischen Historienbibel von 1360 hervor, daß dieser auf ausdrücklichen Wunsch des Jan Tay angefügt seien[4]. Abgesehen von den vollständigen Bibelausgaben und verschiedenen Historienbibeln sind sie in verhältnismäßig vielen Sonderübersetzungen und -handschriften erhalten[5], z. T. mit Glossen, die das biblische Gut mehr in kirchliche oder erbauliche Gedanken hinüberleiten. Das alles sind Zeichen dafür, daß sie stärkere Beachtung fanden. Auch die Prediger haben sie besonders gern benutzt, denn hier fanden sie manches Wort, mit dem sie ihre Ermahnungen wirkungsvoll bekräftigen konnten. Derartiges kann man etwa in der von Schönbach[6] herausgegebenen Leipziger Predigthandschrift[7] und bei Geiler von Kaisersberg, z. B. im „Granatapfel"[8], beobachten. Auch in Brants Narrenschiff wird die Zahl der Zitate aus den Sprüchen von keinem anderen biblischen Buch erreicht[9]. So ist sicher manches dem Salomo zugeschriebene Wort schon damals in den Sprichwörterschatz des Volkes übergegangen, wie Salomo als Richter und Weiser überhaupt eine der volkstümlichsten Gestalten der Bibel war.

Das Hohelied hat schon in der Bibel selbst eine Sonderstellung, die auch in der Verdeutschungsarbeit zum Ausdruck kommt. Natürlich hat man sich in kirchlichen Kreisen nur wegen der mystisch-allegorischen Umdeutung mit ihm beschäftigt, nach der es als Zwiegespräch zwischen Christus und der Kirche oder der einzelnen Seele, später auch als Gespräch des heiligen Geistes mit Maria galt. Unter diesen Gesichtspunkten war es in der Kirche hochgeschätzt und ist außerordentlich oft kommentiert worden, besonders unter dem Einfluß der Mystik. Dem Mystiker galt es als Zwiegespräch seiner eigenen Seele mit Christus, als Ausdruck engster, unmittelbarer Beziehungen der Seele zu Christus, ihrem Bräutigam. Besonders bei den weiblichen Mystikern ist das mystische Erlebnis weitgehend von der Vorstellungswelt des Hohenliedes abhängig. Die meisten Anregungen hierzu stammen aus den 86 Sermones in Canticum Canticorum von Bernhard von Clairvaux. Bei dem häufigen Gebrauch der Muttersprache unter den deutschen Mystikern kann man also annehmen, daß man hier auch Verdeutschungen des Hohenliedes kannte und benutzte, besonders in den Frauenklöstern, wo Lateinkenntnis nicht so häufig war. Tatsächlich finden wir bedeutsame Arbeiten auf diesem Gebiet schon im Hochmittelalter, wie die Paraphrasen des Williram und des Brun von Schönebeck. Aus der späteren Zeit sind vor

---
[1] In Handschriften: Erlangen 1699, Cheltenham Phill. 647 (Priebsch I Nr. 60), Wien, Nat.-bibl. 2965. (Alle drei fehlen bei Walther) (DBA.)
[2] Vgl. die Übersetzung Heinrich Dissens, o. S. 29.
[3] S. o. S. 22 Anm. 7; zu den moralitates gehört sicher auch die Weisheitsliteratur.
[4] S. o. S. 27 und 35.
[5] Siehe Walther, Sp. 385ff., 541ff., 681f. (dort zusammen 7 Hss., doch sind es einschl. der niederländischen rund doppelt so viel); s. auch Sp. 705.
[6] Altdeutsche Predigten Bd. I.
[7] 43 Zitate aus den Sprüchen, 35 aus Sirach, vgl. Schmeck a. a. O. S. 20.
[8] Aus den Sprüchen rund 20, aus der Weisheit rund 15 Zitate (nach der Zitatensammlung des Deutschen Bibelarchivs).
[9] Siehe Vollmer, Mat. III S. 98, vgl. auch das oben S. 31 über den böhmischen Übersetzer Gesagte.

allem Arbeiten aus dem niederländischen Sprachgebiet überliefert. Sie haben ebenso wie die oberdeutschen Übersetzungen ausführliche Glossen oder mindestens kurze Bemerkungen, in denen auf die kirchliche Deutung des Buches hingewiesen wird. Nach der Zahl der erhaltenen Handschriften müssen sie in den Niederlanden ziemlich verbreitet gewesen sein. Von einer Übersetzung mit dem mystisch gerichteten Kommentar des Richard von St. Viktor nennt Ebbinge Wubben 6 Handschriften[1], von einer niederländischen Kompilation aus den wichtigsten kirchlichen Exegeten des Hohenliedes 15 Handschriften[2], außerdem gibt es noch einige ähnliche Arbeiten in zusammen 7 Handschriften, sowie verschiedene Übersetzungen ohne ausführlichen Kommentar in 4 Handschriften[3]. Zweifellos geht diese rege Beschäftigung mit dem Hohenlied auf die niederländische Mystik zurück. Im übrigen deutschen Sprachgebiet ist die Ausbeute viel geringer. Walther[4] kennt nur 3 besondere Übersetzungen, eine nach Gregors Kommentar[5], eine nach Bernhard von Clairvaux (in 4 Münchener Handschriften)[6] und eine weitere mit ausführlichen Erklärungen. Außerdem sind von Willirams Paraphrase[7] und von dem St. Trudperter Hohenlied[8] noch im 15. und 16. Jahrhundert Abschriften angefertigt worden. Doch bestehen hier noch manche ungelösten Probleme; da die Gesamtzahl der erhaltenen Handschriften größer ist als bei Walther[9]. Außerdem sind Beziehungen zwischen den niederdeutschen und niederländischen Arbeiten — ähnlich wie bei Evangelien und Psalmen — sehr wahrscheinlich[10], da die mystischen Kreise beider Gebiete in enger Berührung standen. Bemerkenswert ist auch die Reimparaphrase zu einzelnen Versen des Hohenliedes in den Historienbibeln der Gruppe I, da sie sich von der allegorischen Auslegung ganz frei hält und das Hohelied nur als eine Zusammenstellung von Liebesliedern zwischen dem historischen Salomo und seiner Braut ansieht. Die Gedichte atmen noch den Geist des Minnesangs, auf den das Hohelied sicher auch Einfluß gehabt hat. Ihre Aufnahme in eine Historienbibel mag der geschichtlichen Haltung dieser Schriften entsprechen. Bei den übrigen Historienbibeln findet sich das Hohelied nur in der wenig verbreiteten Gruppe IV und in der 2. niederländischen.

Schon daraus, daß das Hohelied meistens mit ausführlichen Kommentaren zusammen übersetzt wurde, ergibt sich, daß gegen seine Verbreitung in der

---

[1] Dazu Berlin, Ms. germ. quart. 1092 (DBA).
[2] Dazu Göttingen, Univ. Bibl. cod. theol. 160 (DBA) und vielleicht Berlin, Ms. germ. quart. 1252 (DBA).
[3] Ebbinge Wubben S. 210 ff.
[4] Sp. 537 ff. (Zweig 25—27).
[5] Dazu München Cgm. 4394 (DBA).
[6] Dazu Berlin, Ms. germ. quart. 179 (DBA).
[7] Mathingen III D 1, 8° 8 v. 1488 (Walther Sp. 523) und Berlin ms. germ. quart. 834, geschr. v. Elisabeth Furnschiltin 1483 (DBA) s. u. S. 67 Anm. 3.
[8] S. u. S. 68.
[9] Genannt seien (nach der Kartothek des Deutschen Bibelarchivs) die bei Walther fehlenden Hss.: Berlin, Ms. germ. fol. 13; Klagenfurt, Bisch. Bibl. XXX d 6; Wien, Nat. Bibl. 4734; Wiesbaden, Landesbibl. 52 sowie lat.-dt. Ausg.: Cheltenham Phill. 575; Berlin, Ms. germ. quart. 1577; Prag, Univ. Bibl. I C 15, Wien 3970 und 14815. Kommentare enthalten: Berlin, Ms. germ. quart. 187, Ms. germ. fol. 1293, Ms. germ. quart. 1528; St. Gallen, cod. 944; Prag, Univ. Bibl. XVI F 8; Wolfenbüttel 17. 9. Aug. 4°, außerdem gibt es verschiedene Traktate über das Hohelied, Auslegungen einzelner Stellen usw.
[10] Von Richard v. St. Viktors Kommentar nennt Borchling (Reiseberichte) 3 Hss.; von einer nd. Paraphrase kennt man 5 Hss. (Joh. Lürssen, Eine mnd. Paraphrase des Hohenliedes, Breslau 1917). Weitere nd. Übersetzungen: Hildesheim, Bev. Bibl. 733, Lübeck, Stadtbibl. Ms. theol. germ. 6, 26, 59; (Borchling a. a. O.); Wolfenbüttel, Helmst. 442, 474; Berlin, Ms. germ. fol. 516 (einige davon kommentiert).

Volksſprache erhebliche Bedenken beſtanden. Die Gefahr, daß man es nach dem Wortſinn verſtand und ſich deshalb mit ihm beſchäftigte, lag ſehr nahe. Gerade das aber erſchien den Vertretern der kirchlichen Exegeſe als beſonders anſtößig, denn es wurde dabei ein Buch der heiligen Schrift unter rein weltlichen und nach kirchlicher Anſchauung verdammenswerten Geſichtspunkten betrachtet. Sehr ausführlich behandelt das die niederländiſche Hiſtorienbibel in einer beſonderen Vorrede[1], wobei ſie zwei Beiſpiele für göttliche Beſtrafung wegen falſcher Anſchauung oder Mißbrauch des Hohenliedes gibt. Es gilt ihr als das höchſte und ſchwierigſte Buch der Bibel nach der Apokalypſe. In der Kölner gedruckten Bibel iſt das Hohelied nicht überſetzt, ſondern lateiniſch gegeben, denn das wörtliche Verſtändnis dieſes Buches bringe keinen Nutzen und ſei beſonders für junge Leute ſchädlich[2]. Nur Gelehrte könnten ſeinen geiſtlichen Sinn verſtehen[3]. Alſo auch überſetzungsfreundliche Kreiſe hatten ihre Bedenken, die ſicher berechtigt waren. Denn die Kirche konnte es natürlich nicht gutheißen, wenn das Hohelied nur als weltliches Liebeslied Salomos aufgefaßt wurde oder Stücke aus ihm für Liebesbriefe benutzt wurden, wie die niederländiſche Hiſtorienbibel berichtet. Trotzdem darf die Verbreitung des Hohenliedes in deutſcher Sprache nicht unterſchätzt werden; die ihm faſt immer beigegebenen Kommentare konnten den gefürchteten Mißverſtändniſſen oder Mißbräuchen vorbeugen. Gerade die ganz aus dem Rahmen der Bibel fallende Form dieſes Buches und ſeine eigenartige kirchliche Auslegung machten es beſonders reizvoll. Vor allem iſt es durch die Myſtik verbreitet worden; es läßt ſich nachweiſen, daß ſich von ihr beeinflußte Frauen häufig um das deutſche Hohelied bemüht haben[4]. Von weiteren Volkskreiſen wird die Kirche es allerdings fern gehalten haben. Wenn es auch in Predigten häufiger zitiert wird, ſo fehlt dabei doch nie die geiſtliche Auslegung.

Auch die **Propheten** werden hauptſächlich im Hinblick auf das Neue Teſtament gewertet als Verkünder des Kommens Chriſti, ſeines Lebens und Leidens. Oder aber man hat an dem erzählenden Stoff, den ſie bringen, Intereſſe. So beſtehen kaum Sonderüberſetzungen der Propheten. Bemerkenswert iſt nur die ſchon genannte Übertragung des Claus Cranc; ferner ſeien Bruchſtücke einer Überſetzung in einer Meininger Handſchrift[5], ſowie ein Auszug unter dem Titel „der Wehſagen puch"[6] erwähnt. Auch der Prophetenauszug in Gruppe III b der Hiſtorienbibel iſt eine ſelbſtändige Arbeit im Anſchluß an die Historia Scholastica. Auf niederländiſchem Gebiet ſind zwei Überſetzungen der Bücher Jeſaia, Jeremia und Ezechiel erhalten, die erſte aus dem Jahre 1384[7]. Alle dieſe Arbeiten haben jedoch verhältnismäßig wenig Verbreitung gefunden. Die Hiſtorienbibeln mit ihren Auszügen aus Daniel, Ezechiel, Habakuk und anderen haben mehr zur Bekanntſchaft mit den Propheten beigetragen[8], ebenſo auch die Perikopenbücher, in denen etwa Jeſaia mit ſeinen auf die Weihnachtsgeſchichte

---

[1] Ebbinge Wubben S. 87 ff.
[2] Ebbinge Wubben S. 210, Walther Sp. 660.
[3] Auch die oberdeutſche Übertragung mit Bernhards Gloſſe, deren Verfaſſer Geiſtlicher war, iſt nur beſtimmt „den geübten vnd wolbewärten menſchen. Die nun in geiſtlicher lieb weſtätt ſind. Die andern ſüllen daz püchlein nit leſen, wann es jn vnfruchtpär wär". (München Cgm. 814; Walther Sp. 539).
[4] S. u. S. 66 ff.
[5] Vollmer, Mat. I, 2 S. 30 und S. 119 ff.
[6] München Cgm. 58 und Prag XVI A 6 (DBA).
[7] de Bruin S. 250 ff., Ebbinge Wubben S. 226 und S. 237 ff., ſ. o. S. 27.
[8] Vgl. die Tabellen bei Vollmer, Mat. I, 2 und Ebbinge Wubben am Schluß.

bezogenen Sprüchen eine wichtige Rolle spielt[1]. Sehr eindrucksvoll kam ihre heilsgeschichtliche Bedeutung in den typologischen Schriften, besonders in der Biblia pauperum zum Ausdruck; hier finden wir ebenfalls eine große Anzahl von Prophetenzitaten[2]. In den geistlichen Spielen treten oft einleitend Propheten mit ihren Weissagungen zum Leben Jesu auf. Einzelne Zusammenstellungen von Sprüchen aus ihren Schriften kommen auch sonst gelegentlich vor[3]. Aber es handelt sich hierbei doch immer nur um Auszüge; vollständige Arbeiten fehlen fast ganz. Der Hauptgrund hierfür liegt in der damals häufig betonten Schwierigkeit, die Propheten richtig zu verstehen, wobei man sich auf Hieronymus selbst berufen konnte[4]. In den drei genannten Stellen über schwerverständliche Bücher werden gerade die Propheten mehrere Male genannt[5]. Auch der niederländische Prophetenübersetzer weist mehrmals darauf hin[6]. In der zweiten niederländischen Historienbibel wird besonders die Unverständlichkeit der Visionen hervorgehoben[7]. Hinzu kam, daß man, wie gesagt, an den Stellen, die keine heilsgeschichtliche oder historische Bedeutung erkennen ließen, kaum ein Interesse hatte. Der niederländische Übersetzer von 1384 sieht, daß die Propheten dieselben Laster bekämpfen, die er an seiner Zeit tadelt: Abgötterei, Geiz, Unmäßigkeit, Unzucht; und unter diesem Gesichtspunkt werden sie auch sonst herangezogen sein, z. B. in den Predigten. Aber auch hier überwiegen die messianischen Weissagungen, besonders aus Jesaia. Doch zeigt die häufig ungenaue oder falsche Bezeichnung der Zitate[8], daß man selbst in geistlichen Kreisen oft keine genaue Vorstellung von den Persönlichkeiten der Propheten hatte. Man kannte wohl manche Verse aus ihren Schriften, besonders solche, die im Neuen Testament selbst oder in den Lektionen vorkamen, auch manche eindrucksvollen Erzählungen wie die Jonasgeschichte oder das Leben Daniels waren sicher vielen geläufig; aber ein Gesamtbild der eigentlichen Bedeutung der Propheten wird kaum vorhanden gewesen sein.

Aus dem Neuen Testament werden die Briefe zu den schwerer verständlichen Stücken gerechnet. Allerdings ist das Interesse an ihnen, besonders an den Paulinischen Briefen, natürlich erheblich stärker als am Alten Testament[9]. Ähnlich wie die Evangelien wurden sie hauptsächlich durch die Perikopenbücher verbreitet, nur wenige Handschriften enthalten vollständige Übertragungen der

---

[1] Pietsch a. a. O. S. 110.
[2] Vollmer, Mat. III S. XXXII ff.
[3] z. B. Berlin, Ms. germ. fol. 1313, Wolfenbüttel Extrav. 146, 2 Walther Sp. 587.
[4] Vorrede zu Jesaia: Neo ignoro, quanti laboris sit prophetas intelligere (Vollmer, Mat. III S. XVII). Frei citiert in 2 nl. (Vorrede zu Daniel, Ebbinge Wubben, S. 82 Z. 9ff.).
[5] S. o. S. 22 Anm. 3.
[6] Er spricht von „de hoge verstandenisse, die in den propheten verborgen is simpelen minschen, die, als si die propheten horen lesen, seggen ende wanen, dat hoer woerde sagen sijn". Anfang und Schluß des Ezechiel soll man „nummermeer mogen naber letteren verstaen." Er wolle deshalb Gregors Homilien zu Ezechiel der Übersetzung anfügen (Ebbinge Wubben S. 227f.).
[7] Vorrede zu Daniel: Also mach ic wel in enen deel seggen, dat ic hair in groter pine lange ontsien heb, hoe ic die visioen, die in den text bonder genoech sijn, soude moegen in buytsche verclaren . . . (Ebbinge Wubben S. 82 Z. 14ff.).
[8] Schmeck, Bibelzitate, S. 43.
[9] Scutkens Vorrede sagt von ihnen: . . . na den ewangelien sijn si die leerlicste scripture die gescreven is (de Bruin S. 478). Auch bei Groote stehen sie mit an erster Stelle (de Bruin S. 494).

Briefe¹, abgesehen von den vollständigen Wiedergaben des Neuen Testaments oder der ganzen Bibel. Bezeichnend ist ihr Fehlen in der Neuen Ee. Wie bei den Propheten machte ihre Übersetzung oft erhebliche Schwierigkeiten; die Auflösung der langen Paulinischen Perioden in gutes Deutsch ist nur selten gelungen. Diese sprachlichen Hindernisse, die zugleich den Inhalt undurchsichtig machten, führten dazu, daß die Briefe in den genannten Erörterungen ebenfalls zu den Schriften gerechnet werden, die den Laien nicht gegeben werden dürften². Auch die Übersetzer geben diese sprachlichen und inhaltlichen Schwierigkeiten zu, so Scutken, der deshalb durch Glossen das Verständnis erleichtern will³. In der von Rewald herausgegebenen Übersetzung⁴ heißt es, Paulus habe so geschrieben, daß seine Worte „etwa die vil weisen vil chaum chunden versten"; die Leser sollten nicht verzagen, „ob seinem wort etswa tieffer und ze versten unsenfter sein benn in lieb sey", sie würden auch ihnen leicht verständliche Stücke finden; der Apostel wolle durch die Dunkelheit des Textes jeden zum Nachdenken und zur Beschäftigung mit seinen Worten reizen. In der Predigt werden die Paulinischen und anderen Briefe häufig zitiert, was allerdings bei der Stellung des Episteltextes im Gottesdienst nichts Besonderes ist. So bringt der Priester Konrad in seinen Predigten⁵ allein aus dem Römerbrief rund 40 Zitate und aus dem weniger wichtigen Epheserbrief rund 25, Geiler von Kaisersberg hat im „Granatapfel" ungefähr 20 Stellen aus dem Römerbrief und 10 aus dem Epheserbrief⁶. Hauptsächlich ist also die Bekanntschaft mit den Briefen nur durch den Gottesdienst vermittelt worden, wobei es sich immer nur um ausgewählte Stücke handelte, denen meistens Erklärungen beigegeben wurden. Gerade auch bei den Briefen kommen nicht selten falsche Zitierungen vor⁷; die genaue Kenntnis und Vorstellung von ihnen war also doch beschränkt. Schriften wie Brants Narrenschiff⁸ oder Klappers Traktate⁹ bringen kaum eine Stelle aus Paulus und den anderen Briefen. Die genannten Bedenken und Schwierigkeiten wegen ihres Verständnisses haben also ihre Wirkung gehabt.

Die Apokalypse wird natürlich allgemein als schwerverständliche Schrift angesehen, auch von den Übersetzern selbst¹⁰. Trotzdem erweckte gerade sie besonderes Interesse, weil sie dem ängstlichen Fragen nach Weltende und Weltgericht Antwort gab, das die Phantasie des Mittelalters so lebhaft beschäftigte. So sind von ihr verhältnismäßig viele Übertragungen in verschiedenen Formen angefertigt worden. Heinrich von Heslers gereimte Apokalypse, von der auch eine Prosaübersetzung vorhanden ist, wurde bereits genannt. Walther kennt

---

[1] Erlangen, Mj. 1456, Gotha cod. chart. A. 21, Salzburg Stiftsbibl. 26 A 1, Wien, Nat.-bibl. 2789 (fehlt in BdK. IV), niederl. Übersetzung in Brüssel 113 und Hamburg 1004 (BdK. IV 2).
[2] S. o. S. 22 Anm. 3.
[3] Overmits dat die epistelen swaer sijn ende dicwile mit luttel woerden veel sinnes begripen, want latijn is bequamer mede te spreken dan duutsche, daer om is hem somwile te helpe ghecomen mitter heyligher kerken ende der leeraers glose ... want also veel sinnes als hi meent en machmen mit also luttel woerden niet beduden als hise rot ghespraken heeft (de Bruin a. a. O. S. 478).
[4] BdK IV S. 128 ff.
[5] Hrsg. v. A. Schönbach, Altdeutsche Predigten Bd. III (BDA).
[6] Nach der Citatensammlung des Deutschen Bibelarchivs; s. auch Schmeck a. a. O. S. 91.
[7] Siehe Schmeck a. a. O. S. 94.
[8] Vollmer, Mat. III S. 98.
[9] Klapper a. a. O. S. 37.
[10] Vgl. oben S. 16 Anm. 3, S. 22 Anm. 3.

außerdem noch vier verschiedene Arbeiten in je einer Handschrift[1], zu denen aber noch mehrere sonstige Handschriften treten[2], u. a. auch eine niederdeutsche gereimte Fassung[3]. Außerdem finden sich Stücke aus der Apokalypse in den Plenarien. Bezeichnend für die lebhafte Beschäftigung mit dieser Schrift ist, daß von ihr auch eine deutsche Sonderausgabe im Druck erschienen ist, die einzige neben Psalter und Plenarien. Es ist die von Albrecht Dürer besorgte Ausgabe von 1498, deren deutschen Text er der 9. Bibel seines Paten Koberger entnahm und für die er seinen großartigen Holzschnittzyklus schuf. Illustrationen, die die Schwierigkeiten der Apokalypse durch biblische Darstellungen verständlich machen wollen, treten schon früher auf, aber Dürers Holzschnitte, schon in ihrem Format etwas damals Ungewöhnliches, heben durch die Wucht und Eindringlichkeit ihrer Sprache dieses Werk weit über alles Vorhergehende und Ähnliche hinaus. Und doch hat Dürer es sicher nicht nur ihretwegen herausgegeben; sie bilden zusammen mit dem Text eine Einheit. Beide ergänzen und erklären einander; auch die Bilder sind eine Art Glosse von besonderer Lebendigkeit und Deutlichkeit. So ist dieses Werk Dürers ein eindrucksvolles Zeugnis von dem Ernst und der Tiefe des deutschen Bemühens um die Bibel, das bewußt auch gerade an das Schwerste und Abseitigste heranging.

Eine Überschau über die einzelnen Formen der Bibelverdeutschung zeigt also eine überraschende Mannigfaltigkeit der Arten. Gerade diese Vielheit aber ist Ausdruck für die Lebendigkeit der Bemühungen um die deutsche Bibel. Sie macht deutlich, wie umfangreich und vielseitig das Streben war, die Worte der Schrift dem deutschen Volke in seiner Sprache und seinem Empfinden entsprechend nahezubringen.

[1] A. a. O. Sp. 549ff.
[2] Aus der Kartothek des Deutschen Bibelarchivs seien genannt: Basel cob. A VI 38, Berlin, Ms. germ. fol. 88, Donaueschingen 189 (L. 26), Heidelberg cod. pal. germ. 34, London Brit. Mus. Add. 15243 (liegt der Ausg. v. A. Th. Hatto in BdK VI zugrunde), Münster cod. 20 (372), Wien, Nat.-bibl. 2975, Wien Schottenkloster 306; Berlin, Ms. germ. fol. 516 (nb.), Ms. germ. qu. 1096 (nl.), außerdem verschiedene Bruchstücke. Vgl. auch de Bruin S. 288ff.
[3] Hrsg. von H. Pfilander in: Upsala universitets årsskrift 1901—1904.

III. Kapitel.
Die Verbreitung der deutschen Bibel.

§ 9.
Verbreitung im Klerus.

Aus den vorhergehenden Untersuchungen ließ sich schon manche Folgerung über die Verbreitung der volkssprachlichen Bibel ziehen, sei es aus der Absicht und Form der einzelnen Arbeiten, sei es aus der Persönlichkeit und der Herkunft der verschiedenen Übersetzer. Das alles bedarf aber noch der Abrundung und näheren Ausführung, wobei neben gelegentlichen Notizen über die Schicksale der Handschriften vor allem die häufigen Vermerke über ihre Schreiber und Besitzer heranzuziehen sind. Allerdings muß man sich darüber klar sein, daß alles, was aus den Quellen hierüber entnommen werden kann, kaum mehr als beispielhaften Charakter trägt. Wir sind darauf angewiesen, aus dem verfügbaren Material Rückschlüsse zu machen, die aber nicht immer die gewünschte Sicherheit haben können, da sie oft auf Zufälligkeiten beruhen. Immerhin handelt es sich hier, wie auch bei den gleichfalls für diese Zwecke benutzbaren mittelalterlichen Bibliothekskatalogen, um wichtige „primäre" Quellen, die um so willkommener sind, als sonstige zeitgenössische Äußerungen über die Verbreitung der deutschen Bibel nur sehr selten und meistens recht allgemein gehalten sind.

Selbstverständlich waren hauptsächlich die Klöster und ihre Bibliotheken Besitzer deutscher Bibelhandschriften. Hier war der Ort, an dem man sich damals am meisten mit Abschreiben und Lesen beschäftigte und wo das Interesse an religiösen Dingen und ihrer literarischen Behandlung am lebhaftesten war. Ein Bedürfnis nach geistlichen Schriften in deutscher Sprache mußte besonders dort bestehen, wo die Zahl der Lateinkundigen beschränkt war, also in Frauenklöstern und in solchen, in denen sich viele Laienbrüder befanden; denn gerade für diese Kreise waren, wie wir sahen, häufig die Verdeutschungen bestimmt. Besonders wird hier der Einfluß der verschiedenen Reformbewegungen deutlich, denn bei ihnen galt die Beschäftigung mit dem Lesen und Abschreiben von Büchern stets als wirksames Mittel zur Bekämpfung der Untätigkeit und zur Hebung der Frömmigkeit und klösterlichen Zucht. Es ist zu erwarten, daß besonders Grootes Gedanken und Vorbild auf diesem Gebiet an den Stätten seiner Wirksamkeit ihren Niederschlag gefunden haben. Tatsächlich lassen sich gerade in den Zentren und Ausgangspunkten der Windesheimer Reformbewegung deutsche Bibelteile nachweisen. In Windesheim selbst muß eine umfangreiche deutsche Bibliothek bestanden haben, da Johannes Scutken librarius librorum teutonicorum[1] genannt wird; aus ihr ist ein deutsches Lektionar erhalten[2].

---

[1] S. o. S. 29 Anm. 2.
[2] Zwolle, Staatsarchiv Nr. 1574 (Borchling I, S. 240).

Aus Groenendal bei Brüssel, der Wirkungsstätte Ruysbroecks, stammt eine Handschrift der Bußpsalmen mit Perikopen[1]. Daß aber die dortigen Klöster nicht nur vereinzelt deutsche Bibelteile besessen haben, zeigt ein Verzeichnis des Groenendal benachbarten Rooklosters aus der Zeit um 1400[2], wonach sich dort zwei Evangelienbücher[3], „Salomons boecken uter bybelen in dietsche", ein Psalter und „een epistel boek" befanden. Das letzte ist wohl mit der wichtigen Brüsseler Handschrift 113 identisch, die in diesem Kloster überarbeitet wurde. Außerdem stammen von hier ein Matthäusevangelium[4] und eine weitere Handschrift der vier Evangelien[5]. In St. Agnetenberg bei Zwolle, dem berühmten Kloster des Thomas von Kempen, schrieb sein älterer Zeitgenosse Gerard Tydemann aus Wesep 1439 verschiedene Teile des Neuen Testaments ab[6]. Er war 1402 im Alter von ungefähr 20 Jahren in das Kloster eingetreten, wo er im Sinne Grootes eifrig als Bücherschreiber tätig war[7]; 1428 nahm er an der Reformierung des Martinklosters in „Ludingkerka" teil[8] und starb 1428 in Bethlehem bei Zwolle. Ein anderes frühes Mitglied der Windesheimer Kongregation, Kloster Frenswegen bei Nordhorn (Grafschaft Bentheim), besaß ein Plenar[9]. In dem ihr ebenfalls schon früh angehörigen Kloster Bredendal bei Utrecht schrieb „Ghijsbert Beynop, Prister ende Regulier" 1472 die Evangelien ab, und zwar für seinen Bruder Aelbert Beynop[10].

Zweifellos waren die Verdeutschungen in diesen Klöstern hauptsächlich für die Laienbrüder bestimmt, und zwar vornehmlich für die tägliche Lektüre bei den Mahlzeiten, die sie in einem besonderen Refektorium einnahmen. Es waren meistens weniger Gebildete; denn Kleriker und litteris competenter edocti sollten als Laienbrüder im allgemeinen nicht aufgenommen werden. Ursprünglich sollten sie ihre Mahlzeiten in völliger Stille einnehmen, falls keiner von ihnen lesen konnte[11]. Doch ging man bald hierüber hinaus; die eifrigen Bemühungen Scutkens und seine jahrelange Bibellektüre und -erklärung für die Laienbrüder wurden schon erwähnt[12]; ähnlich befahl das testamentum des Prior superior Dietrich van der Graaf (Graviae) von 1486 ausdrücklich für die Conversen und außenstehenden Laien während der Mahlzeiten Bibellektüre, die doch wohl in deutscher Sprache vorgenommen wurde[13]. Auch beschäftigten sich die Laienbrüder selbst mit der Bibel. So ist die Brüsseler Handschrift der Perikopen und Bußpsalmen in Groenendal von Hendrick Herst „leeckbroeder aldaer ierst

---

[1] Brüssel, Bibl. Roy. 832 (de Bruin S. 28).
[2] Ebbinge Wubben S. 138 und de Bruin S. 236 Anm. 2.
[3] Eins davon vielleicht die jetzige Handschrift Brüssel Bibl. Roy. 111 (de Bruin S. 236 Anm. 2).
[4] Brüssel, Bibl. Roy. 112 (de Bruin S. 342).
[5] London, Brit. Mus. Add. 26658 (van Druten S. 179, Priebsch II, 274).
[6] Haag, Kgl. Bibl. O 5 (van Druten S. 177).
[7] Multos libros scripsit pro choro, pro libraria, pro pretio in latino et in teutonico (Chron. mont. S. Angel. S. 118, nach Joh. Busch, Liber de reform. monast., Ausg. von Grube S. 403 Anm. 2).
[8] Joh. Busch, Liber de reform. monast. (Ausg. von Grube S. 403).
[9] Straßburg, Bibl. Univ. cod. 2103 (DBA).
[10] Haag, Kgl. Bibl. O 4 (van Druten, S. 178).
[11] Joh. Busch, Chron. Windesheim. (Ausgabe von Grube) Einl. S. XII.
[12] S. o. S. 28f.
[13] Item in conversorum et aliorum extraneorum laicorum mensa eciam servabitur silencii censura et erit ibi lectio sacrae scripturae continua (Acquoy, Het Klooster te Windesheim III S. 324). Die laici extranei sind wohl die donati und die laici familiares (s. Chron. Windesheim. Einleit. S. XIII).

cleermaker ende namaels reyntmeester" geschrieben worden; nach seinem Tode (1515) kam sie in den Besitz von „bruer Peeter van der Borchwalle scoemaker van Groenendale"[1]. Ein Hoheslied mit der Erklärung Gregors, das dem Kloster Syon bei Beverwijk, ebenfalls einem Gliede der Windesheimer Kongregation, gehörte, ist 1501 von „Jan Jans broeder die scoemaker albaer wonende" geschrieben[2], also offenbar von einem Laienbruder des Klosters. Sehr eindrucksvoll ist, was Johannes Busch von den Laienbrüdern in Frenswegen berichtet: wenn sie auf dem Felde arbeiteten oder abends mit dem Vieh in das Kloster zurückkehrten, sangen sie mit lauter Stimme deutsche Psalmen oder andere Stücke aus dem Gebetbuch[3]. Offenbar hat man sich also in diesen Klöstern vielfach darum bemüht, den Laienbrüdern die Bibel in deutscher Sprache nahezubringen. Daß man auch sonst Verdeutschungen der Bibel während der Mahlzeiten in diesen Kreisen gelesen hat, beweisen die Notizen in den Handschriften aus dem Rooklofter[4].

Auch in den oberdeutschen Klöstern der Augustinerchorherren sind deutsche Bibelteile nicht selten. Rebdorf in Franken, das ebenfalls Windesheim angeschlossen war, verlieh 1431 an Abt Wilhelm von Wiltzburg duo volumina in theutonico super evangelia, unum de sanctis, alterum de tempore, quae pertinent ad custodiam in Rebdorff, also ein glossiertes Plenar[5]. Aus demselben Kloster stammend befinden sich in München mehrere Passionen[6] und ein gedruckter Psalter[7]. Zur Windesheimer Kongregation gehörte auch das 1468 reformierte Stift Großfrankental in der Pfalz, wo Nikolaus Numan von Frankfurt zwei deutsche Bibelteile schrieb, 1501 ein deutsches Gebetbuch[8], 1502 das Buch Sirach mit dem Gebet Salomos[9]. Aus St. Dorotheen bei Wien, einem der ersten Klöster der Raudnitzer Reform, stammt ein Psalter[10]; St. Florian bei Linz besaß Evangelien, Episteln und Psalmen in deutscher Sprache[11]. Aus Kreuzlingen bei Konstanz stammt eine Historienbibel, die dort ebenfalls zum gemeinsamen Lesen während der Mahlzeiten benutzt wurde[12].

Bemerkenswert ist, daß aus den Fraterhäusern kaum deutsche Bibelteile nachzuweisen sind, nur ein Neues Testament mit Teilen aus dem Alten ist bekannt[13], das den Brüdern vom gemeinsamen Leben in Zwolle gehörte. Wahrscheinlich wird der frühe Untergang der Häuser zur Zerstreuung und Vernichtung ihrer Bibliotheken geführt haben, da er meistens in die Wirren der

---

[1] de Bruin S. 28f.
[2] Amsterdam, Univ. Bibl. I G 43 (548) (DBA).
[3] Chron. Windeshem. S. 180.
[4] „Desen boed salmen ten Rester lesen na sijn ordynanchie" (London, Brit. Mus. Abb. 26658 f. o. S. 58 Anm. 5), ähnlich in Brüssel 111 (de Bruin S. 502 Anm. 3). Auch Dissens Übersetzung befand sich „Jnn der broder Reventer" (Priebsch I, 57).
[5] Ruf III, 2 S. 258, wohl identisch mit der Hs. München, Cgm. 744, die dorther stammt. Über Rebdorfs Beziehungen zur Mystik und zur Klosterreform s. Spamer, Über die Zersetzung und Vererbung in den deutschen Mystikertexten. Gießener Diss. von 1913, Halle 1910, S. 85. Die dortigen Laienbrüder besaßen ebenfalls eine eigene Bibliothek, die meistens deutsche mystische Texte enthielt (Spamer a. a. O. S. 86 und 90).
[6] Z. B. Cgm. 795, 798.
[7] Univ.-Bibl. Inc. s. a. 181.
[8] Heidelberg, Univ.-bibl. cod. Pal. germ. 440 (Ruf III, 2 S. 258 Anm. 1).
[9] Heidelberg, Univ.-bibl. cod. Pal. germ. 468 (Walther, Sp. 547).
[10] Wien, Nat.-bibl. 2684 (Walther Sp. 622).
[11] Vonschott, Geistiges Leben im Augustinerorden (1915) S. 61.
[12] Frauenfeld, Kantonsbibl. Y 19 (Vollmer, Mat. I, 1 S. 10, 108ff.).
[13] Münster, Bibl. d. Vereins für Gesch. u. Altertumskunde Westfalens Nr. 47 (Borchling I S. 286, van Druten S. 177).

Reformationzeit fiel. Vermutlich werden sie Verdeutschungen besessen haben, da sie die volkssprachliche, geistliche Literatur und die religiöse Unterweisung des Volkes sehr pflegten. Freilich haben sich auch ihre Druckereien in Rostock, Mariental im Rheingau und in Magdeburg mit einer Ausnahme nicht an der Bibelverbreitung beteiligt.

In Oberdeutschland spielt die Windesheimer Kongregation eine weniger wichtige Rolle gegenüber den Reformbewegungen im Benediktinerorden. Bei ihnen können aber ganz ähnliche Feststellungen in bezug auf literarische Betätigung und Verbreitung deutscher Bibeln gemacht werden. Ihr Mittelpunkt Melk an der Donau besitzt noch jetzt eine Evangelienhandschrift, die vielleicht dort geschrieben ist[1]; 1483 gehörten dem Kloster nach einem Katalog zwei gedruckte deutsche Bibeln[2]; weiter stammt von hier eine Karlsruher „Neue Ee"[3]. Tegernsee, der Hauptort der Reform in Bayern, ist hier besonders zahlreich vertreten. Nach Redlich[4] stammen von dort: ein fast vollständiges Altes Testament[5], das dort von Oswald Nott aus Tittmoning, einem der eifrigsten Schreiber jener Kreise, geschrieben ist[6], sowie vier Plenare[7], drei Psalterien[8], drei Exemplare des Hohenliedes[9], je eine Handschrift des Johannes- und Matthäusevangeliums[10] und der Salomonischen Schriften[11], zwei Handschriften des Speculums[12] und endlich eine ganze Reihe von Passionen. Auch ist diesem Kloster ein Druck des Ulmer Psalters von 1492 geschenkt worden[13]; mehrere der anderen genannten Handschriften gehen ebenfalls auf Schenkungen zurück. In Schwaben waren St. Ulrich und Afra in Augsburg und Wiblingen bei Ulm die ersten Ausgangspunkte der Reform. In beiden sind deutsche Bibelteile nachzuweisen. Aus dem 1441 reformierten Kloster St. Ulrich und Afra besitzt die Münchener Bibliothek zwei Passionen[14] und zwei Psalterien[15]. Der vollständige Psalter von 1434 ist geschrieben von Thomas Gertzner, der damals Novize des Klosters war und später als Abt von Thierhaupten für die Reform wirkte (1457—1463). Er wird auch sonst als fleißiger Schreiber und Schriftsteller gerühmt, wie überhaupt dies Kloster sich durch die Herstellung kunstvoller Handschriften auszeichnete

---

[1] E 86 (Walther Sp. 507 ff.).
[2] Damalige Signatur G. 19—21 (Gottlieb a. a. O. S. 260).
[3] „Das puech ist des Gotshauss zu Melckh." Außerdem Vermerk, daß die Handschrift 1430 dem Kloster Metten in Bayern gehörte. Jetzt Karlsruhe, Landesbibl. B 7 (Ettlinger, Die Handschriften der Badischen Landesbibl. in Karlsruhe Beil. III, Heidelberg 1901, S. 33).
[4] Tegernsee und die deutsche Geistesgeschichte im 15. Jahrh. (Schriftenreihe zur bayr. Landesgesch. Bd. 9 München 1931) S. 188 (ergänzt nach DBA).
[5] Cgm. 219—221, s. auch Walther Sp. 317.
[6] Er trat aus dem Augustiner-Chorherrenstift Indersdorf nach Tegernsee über, half später von dort aus Andechs gründen. Von ihm stammen rund 80 deutsche und lateinische Handschriften, über ihn s. Redlich a. a. O. bes. S. 142, 146, 193.
[7] Cgm. 743 (geschrieben 1422 von einem Clamator Vitus [Pietsch R, bei Redlich ist dieser Schreiber nicht genannt]), Cgm. 1118, 1150, 1357.
[8] Cgm. 347 (Geschenk an den Prior, s. Walther Sp. 619) 394, 3894.
[9] Cgm. 813 (Geschenk der Jungfrau Aychstöckin zu München [Redlich a. a. O. S. 153]), Cgm. 814 (Geschenk der Witwe Pluemauerin zu München, s. auch Walther Sp. 539), Cgm. 817.
[10] Cgm. 746 (Walther Sp. 516 Anm.).
[11] Cgm. 353 (s. auch Walther Sp. 390).
[12] Cgm. 297 (?) und 1126.
[13] Walther Sp. 123 Anm. (Druck von Konr. Dinckmut, s. u. S. 70).
[14] Cgm. 402 (von 1457) und Cgm. 4594 (Ruf III, 1 S. 59).
[15] Cgm. 528 (von 1434) und Cgm. 761 (1457, Bußpsalmen) Ruf III, 1 S. 54.

und später auch Druckwerke herausgab, allerdings keine Bibelverdeutschungen[1]. In Wiblingen bei Ulm schrieb Heinrich Koch aus Schaffhausen 1453 ein deutsches Plenar, das anscheinend nicht erhalten ist[2]. Weitere Benediktinerklöster, in denen sich deutsche Bibelteile nachweisen lassen, sind: Benediktbeuren[3], St. Blasien[4], Blaubeuren[5], Elchingen bei Ulm[6], St. Georgen[7], Gleink in Niederösterreich[8], Metten[9], Michelsberg bei Bamberg[10], Oberaltaich[11], Rheinau[12], Wessobrunn[13], sowie im mittel- und niederdeutschen Gebiet St. Peter in Erfurt[14], ein wichtiges Mitglied der Bursfelder Kongregation, St. Ludgeri vor Helmstedt[15], St. Michael in Hildesheim[16] und St. Michael in Lüneburg[17]. Allerdings ist es bei diesen Angaben nicht immer sicher, ob die betreffenden Handschriften schon im Mittelalter im Besitz dieser Klöster waren, doch ist es durchweg anzunehmen, da später der Handschriftenschatz der Klöster kaum vermehrt wurde.

Die Karthäuser stehen teilweise den Benediktinern in ihren Reformbestrebungen nahe. Auch bei ihnen ist die deutsche Bibel verbreitet gewesen, wenn auch nicht in gleichem Ausmaß. So besaß die Erfurter Karthause Salvatorberg, wo der bedeutende Reformer Jakob von Jüterbogk lange Zeit (1441—1465) wirkte, nach einem Katalog vom Ende des 15. Jahrhunderts eine vollständige Bibel[18], ein Psalterbruchstück[19] und ein Evangeliar[20]. Dem Kloster Buxheim, bei Memmingen gehörte nach einem Katalog ebenfalls eine vollständige Bibel[21], ein Psalter[22] und eine Historienbibel[23]; außerdem erhielt es 1474—1478 durch Schenkungen des Augsburger Druckers Günther Zainer eine Bibel[24], ein Plenar und ein Speculum humanae salvationis[25]. Die Karthause Mauerbach in Nieder-

---

[1] Nur Zainer ließ dort um 1473 ein lat.-deutsches Speculum hum. salv. drucken, s. u. S. 84.
[2] Lehmann I S. 440 Z. 15 nach Heuchlinger Mon. Wibl. Annales.
[3] 1 Psalter (München, Cgm. 390, Walther Sp. 565) und 1 Passion (Cgm. 105, Ruf III, 1 S. 70).
[4] Plenar (Karlsruhe, Landesbibl. B 103, Ettlinger a. a. O. S. 140).
[5] Psalter und (lat.) Paulusbriefe (Stuttgart HB II 28, Lehmann I, 15 Z. 45).
[6] 4. gedruckte Bibel (Falk a. a. O. S. 52).
[7] Psalter (Karlsruhe cod. G. 60), der Könige Buch (Karlsruhe cod. Pap. Germ. 71).
[8] Neue Ee von 1463 (Linz, Öff. Bibl. DBA).
[9] Zainerbibel von 1477 und Psalter (München Clm. 8248), Fink, Wiss. Bestrebungen im Bened.-Stifte Metten 1275—1803 in: Stud. u. Mitt. aus d. Bened.-orden 50 S. 38 und 41. Vgl. auch oben S. 60 Anm. 3.
[10] Evangeliar (Bamberg cod. Ed II, 2; DBA).
[11] Plenar von 1368 (München Cgm. 50, BbK IV S. 4).
[12] Proverbia, der Könige Buch (Berlin, Ms. germ. fol. 1231, DBA).
[13] Übersicht über den Bibelinhalt (München Cgm. 564; Vollmer, Mat. I, 2 S. 35).
[14] Psalter von 1378 (Dresden, Landesbibl. Ms. M. 287, Walther Sp. 625).
[15] Episteln (Wolfenbüttel, Helmsted. 582 DBA).
[16] Psalter (im Bes. von Prof. A. Reifferscheid, Greifswald) DBA.
[17] Reimbibel (Hannover, Landesbibl. Nr. 10, Borchling I, 195f.) und Sammelhs. mit Nikodemusevang., Passion, Reimapokalypse (Lüneburg, Ms. Theol. 83, Borchling I, 167ff.).
[18] In 2 Teilen, damal. Signatur B 57—58 (Lehmann I, S. 278 Z. 32f.).
[19] Sign. O 40 (Lehmann II S. 497, Z. 9).
[20] Sign. H 117 (Lehmann II S. 423 Z. 19) vielleicht identisch mit der Hs. London, Brit. Mus. Add. 21430, Priebsch II Nr. 226).
[21] Damal. Sign. H 1—2 (Ruf III, 1 S. 93).
[22] Sign. L 4 (Ruf III, 1 S. 101).
[23] Braunau in Böhmen, Bibl. Langer Ms. 404 (Vollmer Mat. I, 1 S. 49ff.).
[24] Vielleicht aber mit der im Katalog genannten (H 1—2) identisch.
[25] Ruf III, 1 S. 81.

österreich schickte um 1400 verschiedene Bücher an die Karthause Prag, darunter evangelia in deutonico omnium evangelistarum per modum hystoriatum, also wohl eine Evangelienharmonie[1], 1455 erhielt sie einen deutschen Psalter vom Pfarrer des Ortes[2]. Das Karthäuserkloster in Basel besaß ein Plenar[3], das Straßburger drei deutsche Psalterien[4]. Aus dem Kölner Karthäuserkloster St. Barbara, dessen Vikar Heinrich Dissen war, stammt der wichtige Psalter in Linköping[5].

Unter den Klöstern des Zisterzienserordens ist hier Heilsbronn bei Ansbach zu nennen, der Mittelpunkt der Mystik in diesem Orden. Sein Abt Petrus Wegel kaufte 1473 ein prächtig eingebundenes Exemplar der Mentelbibel an[6]; außerdem besaß dieses Kloster ein Plenar[7]. Weiter seien aus diesem Orden die Abtei Ebrach[8] und die Klöster Altencelle in Sachsen[9] und Marienfelde[10] erwähnt.

Im Dominikanerorden ist nach Maurer[11] eine deutsche Evangelienharmonie verbreitet gewesen, die bald nach 1300 zu einer Evangelienübersetzung und später im selben Orden zu einem Evangeliar und Plenar erweitert wurde. Deutsche Bibelteile finden wir in den Klöstern dieses Ordens zu Basel[12] und Budweis[13]. Das Stuttgarter Dominikanerkloster erhielt bei seiner Gründung (1473) von dem Nürnberger Kloster desselben Ordens durch Vermittlung des Bruders Hermann Grimm, der mit nach Stuttgart ging, verschiedene Bücher, u. a. ein deutsches Evangelienbuch[14].

Aus Franziskanerkreisen stammen zwei Berliner Plenare[15] und eine Züricher Handschrift der Evangelien[16]. Ein Franziskaner Casspar Hornung schrieb 1438 einen Psalter ab[17]. Ferner sind deutsche Bibelteile im Kloster dieses Ordens zu Oschatz[18], sowie in den Tertiarierhäusern zu Aachen[19] und Sion in Lier[20] nachzuweisen.

Endlich seien noch die verschiedenen Verdeutschungen in der Bibliothek der Serviten in Erfurt genannt, die nach einem Katalog von 1485[21] eine voll-

---

[1] Gottlieb a. a. O. S. 136 Z. 31f.
[2] Gottlieb a. a. O. S. 134, Walther Sp. 618 f. u. S. 70.
[3] Basel, Univ. Bibl. AX 137 (DBA).
[4] Schmidt, Zur Geschichte der ältesten Bibliotheken und Buchdrucker in Straßburg S. 52.
[5] Stiftsbibl. T 10, Kl. Löffler, Kölnische Bibliotheksgeschichte in Umrissen (Köln 1923) S. 71, BdK II, S. 9 und öfter.
[6] Jetzt in Erlangen; Schorbach, Der Straßburger Frühdrucker Joh. Mentelin (1932) S. 170. Ruf III, 2 S. 205 Z. 34.
[7] Erlangen cod. 1459 (DBA).
[8] Historienbibel (Würzburg, Univ. Bibl. Ms. ch. fol. 116, Vollmer, Mat. I, 1 S. 131).
[9] Psalter (Leipzig Univ.-Bibl. Ms. 22, Walther Sp. 625).
[10] Evangelien und Psalmen (Münster Univ. Bibl. cod. 16 [424] DBA).
[11] Studien zur mitteldeutschen Bibelübers. vor Luther (1929) S. 102ff.
[12] Psalter und Evangelien (Basel, Univ. Bibl. A IV, 44, Walther Sp. 485).
[13] Hoheslied, lat.-deutsch (Prag, Öff. Bibl. I C 15, DBA).
[14] Lehmann I, S. 301 Z. 18.
[15] Ms. germ. fol. 659 (Pietsch a. a. O. S. 268) und Ms. lat. oct. 221 (Deutsche Perikopen zur Fastenzeit DBA).
[16] Stadtbibl. Ms. C 55 (Walther Sp. 485).
[17] Stuttgart, Ms. bibl. 11 (Walther Sp. 627).
[18] 3. gedruckte Bibel, Falk a. a. O. S. 43.
[19] Plenar von 1353 (Brit. Mus. Egert. 2188, de Bruin S. 165).
[20] 2. nl. Historienbibel I. Teil (Brüssel, Bibl. Roy. 110, Ebbinge Wubben S. 10).
[21] Lehmann II S. 595ff.

ständige Bibel, einen Psalter, ein Hoheslied, zwei Evangelienbücher und ein Evangeliar besaßen. Das letzte hatten sie von dem Prior und Magister Johann Pfennig in Erfurt erhalten, der später mit der Kirche in Konflikt geriet, gefangengesetzt wurde und sich nach einem erfolglosen Fluchtversuch im Gefängnis selbst tötete.

Es ist bemerkenswert, daß der Anteil der einzelnen Orden an den Bemühungen um die deutsche Bibel doch recht verschieden ist; vor allem fällt der geringe Anteil der Bettelorden auf. Offenbar hat sich die Tätigkeit in diesen Orden auf rein wissenschaftlich-theologische Fragen und die mündliche Volkspredigt beschränkt. Auch die inneren Streitigkeiten zwischen Konventualen und Observanten sowie das Armutsprinzip mögen die literarische Beschäftigung und den Aufbau von Klosterbibliotheken gehemmt haben. Nur der weibliche Zweig des Dominikanerordens, in dem die Mystik ihre Hauptpflegestätte fand, hat hier Bedeutendes geleistet, worauf noch einzugehen sein wird. Unter den Männerorden stehen hier aber die Benediktiner, besonders des bayrisch-österreichischen Gebietes, zweifellos an der Spitze. Die bei ihnen durch die Reform neu aufblühende, lebhafte literarische Betätigung hat sich vielfach auch auf die deutsche Bibel erstreckt, wie auch sonst bei ihnen biblische Interessen zu bemerken sind, etwa bei Petrus von Rosenheim, dem bedeutenden Vorkämpfer der Melker Reform[1]. In diesen Kreisen zeigt sich ja manchmal auch schon ein lebhaftes Gefühl für den Wert des eigenen Volkstums und seiner Sprache[2]. In diesen Klöstern mögen die deutschen Bibelteile ebenfalls oft den Laienbrüdern gedient haben; so war der 2. Teil der Bibel im Erfurter Karthäuserkloster den Laien überlassen, wie aus einer Katalognotiz hervorgeht[3]. Sonst fehlen freilich sichere Nachrichten hierüber.

Neben den Laienbrüdern mußten besonders die weiblichen Klosterinsassen oft den Wunsch haben, die Bibel in ihrer Sprache kennenzulernen, da auch bei ihnen Lateinkenntnis nicht immer vorhanden war. Allerdings sind die Verhältnisse in diesem Punkte sehr verschieden gewesen. Während im Nürnberger Klarissenkloster für die Chorschwestern die Beherrschung des Lateinischen selbstverständlich war und im dortigen Katharinenkloster ein defectus discendi als Grund zur Entlassung galt[4], wurde bei einer Nonne des St. Agathenkosters in Delft ihre Lateinkenntnis als etwas Besonderes genannt[5]. Aus demselben Nürnberger Klarissenkloster hören wir aus früherer Zeit eine Stimme, die sich gegen die lateinische Tischlesung wendet, da niemand sie verstünde[6]. Offenbar war also das Verständnis des Lateinischen in den Frauenklöstern sehr verschieden, je nach der Herkunft und der Vorbildung ihrer Insassen. Aber selbst dort, wo mehrere lateinkundige Schwestern waren, wird man mit Rücksicht auf die übrigen, weniger gebildeten, doch die volkssprachliche Literatur gepflegt haben. Wie das deutsche mystische Schrifttum vielfach aus Frauenklöstern hervorgegangen

---

[1] Von ihm stammt ein Rosarium biblie, eine metrische Inhaltsübersicht über die einzelnen Bücher der Bibel, die auch ins Deutsche übersetzt wurde (hrsg. von H. Vollmer in BdK I). Über Petrus und das lat. Rosarium vgl. Fr. Thoma in: Stud. und Mitt. aus dem Benediktinerorden 45 (1927) S. 94ff.
[2] Siehe Redlich a. a. O. S. 120f.
[3] Lehmann II, S. 278 Z. 32f.
[4] Kist, Das Klarissenkloster in Nürnberg bis zum Beginn des 16. Jahrh. Würzburger Dissertation 1929 S. 124.
[5] Ebbinge Wubben S. 138.
[6] Kist a. a. O. S. 23.

ist und durch ihre Arbeit verbreitet wurde[1], so wird man bei ihnen auch Bemühungen um die deutsche Bibel vermuten können.

Auch hierin ist das, was wir für das niederländische Gebiet nachweisen können, besonders bezeichnend. Daß dort nicht nur bei den Chorherren, sondern ebenfalls in Frauenklöstern Bibelverdeutschungen weit verbreitet waren, bestätigen verschiedene Äußerungen Johannes Buschs, sowohl für eine große Zahl von Klöstern der Utrechter Diözese[2] wie für zwei Häuser der Schwestern vom gemeinsamen Leben in Zütphen[3]. Dasselbe wird von den Utrechter Schwestern berichtet[4]. Diese Äußerungen erstrecken sich vor allem auf die freieren Vereinigungen von Beginen und devoten Schwestern, bei denen die Beschäftigung mit Bibelübersetzungen besonders nahe lag, da sicher viele zu ihnen gehörten, die das Lateinische nicht verstanden. Doch sind derartige Schriften auch in den fester organisierten Orden verbreitet gewesen, wie es etwa Busch von Grootes Getijdenboek bezeugt, das nach ihm in den Frauenklöstern der östlichen Niederlande weit verbreitet war[5], wie überhaupt in dieser Gegend, wo sich die devotio moderna zuerst entfaltete, deutsche geistliche Literatur besonders eifrig gelesen wurde[6].

Dieses Bild wird durch die primären Quellen durchaus bestätigt. So besaßen die Tertiarierinnen von St. Barbara in Delft nach dem erhaltenen Bibliothekskatalog[7] 1 Plenar, 2 Evangelienbücher, 1 Johannesevangelium, die Paulinischen Briefe, die Cantica, Tobias, den Pentateuch, eine Passion, ein Leben Jesu und ein Nikodemusevangelium. Hier sind Bücher, die den Schwestern zu persönlichem Gebrauch gehörten, also hauptsächlich Psalmen und Gebetbücher, offenbar nicht aufgezählt. Gerade hieran wird der Bestand durchweg reich gewesen sein, so nennt ein Katalog aus dem Rijke-Claren-Kloster in Gent neben einem Plenar und einem Evangelienbuch allein acht Psalterien[8]. Was hier vorhanden war, wird der mindeste Besitz eines damaligen Klosters gewesen sein, der Delfter Katalog dürfte eher dem Durchschnitt entsprechen. Denn aus einer großen Anzahl weiterer niederländischer Frauenklöster lassen sich Bibelverdeutschungen nachweisen; so besaß Katharinental bei Hasselt eine Evangelienharmonie[9], einen Psalter mit Cantica (geschrieben von Katharina

---

[1] Vgl. hierzu jetzt auch J. Lechner, Die spätmittelalterliche Handschriftengeschichte der Benediktinerinnen-Abtei St. Walburg-Eichstätt (Eichstätter Studien 2, Münster 1937) S. 1 und 87.

[2] ... sciens plus quam centum congregationes sororum et beginarum in terra Traiectensi plures habere libros teutonicales, quos cotidie per se legerunt sive omnibus audientibus in refectorio (Liber de reform. monast. Ausg. von Grube S. 730). Natürlich gehörten Bibelverdeutschungen zu diesen in den Klöstern gelesenen libri teutonicales.

[3] ... quia due domus sororum in eodem fuerunt oppido teutonicum legentes in refectorio semper ad mensam, dum manducarent (Grube a. a. O. S. 732).

[4] S. o. S. 17 Anm. 1.

[5] ... omnes per ipsam provinciam devotarum sororum congregationes et in Depenvene, Bronopia, Jherusalem et Bethania sanctimoniales ceteraque regularissarum monasteria ... sorores simul collaborantes pariter devote legere et ... devocius orare usque hodie in usum duxerunt (Chron. Windeshem. Grube a. a. O. S. 255).

[6] ... quia in Sutphania, Daventria, Zvollis, Campis et ubique in civitatibus et pagis huiusmodi libros teutonicales legunt et audiunt (Joh. Busch, Liber de reform. monast., Grube a. a. O. S. 730).

[7] Moll, De boekerij van het St. Barbara-Klooster te Delft in: Verhand. d. Kgl. Akad. von Wetensch. Afd. Letterkunde I (1858).

[8] de Bruin S. 28.

[9] Von 1462, jetzt verschollen (de Bruin S. 178).

van der Molen)[1], eine Historienbibel[2] und ein Hoheslied mit ausführlichem Kommentar[3]. Aus dem St. Agneskloster in Maeseyck ist erhalten: ein Plenar von 1450[4], ein Leben Jesu von 1473[5] und ein Psalter mit Glossen[6]. Weiter haben wir Verdeutschungen aus Frauenklöstern oder Schwesterhäusern in Amsterdam[7], Delft[8], Gouda[9], Haarlem[10], um nur einige zu nennen. Dieses Vorbild hat auf das übrige niederdeutsche Gebiet eingewirkt, wie etwa der reiche Besitz der Verdeutschungen bei dem Michaeliskonvent in Lübeck (Schwestern des gemeinsamen Lebens) beweist[11]. Aus ihm bewahrt die Lübecker Stadtbibliothek[12] zehn Psalterien[13], eine Historienbibel[14], ein Leben Jesu[15], zwei Reimapokalypsen[16], ein Plenar[17], eine Paraphrase des Hohenliedes[18] und einen gedruckten Psalter von 1474[19]. Dieses Kloster, auch Segeberg-Konvent genannt, stand in engen Beziehungen zu den Niederlanden, es ist von einem Kloster in Hasselt (dem eben genannten Katharinental?) aus reformiert worden, und Johannes Busch hat sich während eines Aufenthalts in Lübeck für die dortigen Schwestern eingesetzt[20]. Seine Verdeutschungen zeigen gleichfalls Berührungen mit den niederländischen; die Historienbibel ist Bearbeitung der 1. niederländischen[21] und das Plenar ist mit Brüssel 113 eng verwandt[22]. Sie sind zum Teil in dem Konvent selbst geschrieben, z. B. der Psalter ms. theol. germ. 34[23]; die

---

[1] Berlin, Ms. germ. oct. 331 (DBA).
[2] London Brit. Mus. Add. 15310—11 (Ebbinge Wubben S. 11f.; Priebsch II, 153).
[3] Haag, Kgl. Bibl. 76 J 7 (Ebbinge Wubben S. 12 Anm. 1.)
[4] Haag, Kgl. Bibl. 70 E 12 (de Bruin S. 487).
[5] de Bruin S. 36.
[6] Haag, Kgl. Bibl. K. 45 (Ebbinge Wubben S. 182f.).
[7] St. Dionys: Kathol. Briefe und Apokalypse von 1399 (Haag, Mus. Meerman-Westhr. Nr. 24, van Druten S. 176) und Hoheslied m. Glosse (Göttingen Univ. Bibl. cod. theol. 160).
[8] St. Annen: Hoheslied mit Glosse (Amsterdam, Samml. Moll 547, Ebbinge Wubben S. 222).
[9] St. Marien: Salomon. Bücher und Sirach nach der Delfter Bibel von 1477 (Utrecht Univ. Bibl. 1007, Ebbinge Wubben S. 35); St. Margarethen: 2. niederl. Historienbibel von 1445 (I. Teil München Cgm. 5150—51, II. Teil Amsterdam, Bibl. d. Kgl. Akad. 32, Ebbinge Wubben S. 39).
[10] St. Margarethen: 2. nl. Historienbibel, (Haag Kgl. Bibl. 129 C 3, Ebbinge Wubben S. 36); St. Marien: Evangelienbuch (London, Brit. Mus. Add. 26659, Priebsch II, 275); aus einem Frauenkloster „te zijl binnen haerlem": Leben Jesu (Cambridge, Fitzwilliam-Mus., Priebsch I, 27).
[11] Über diesen Konvent s. Jul. Hartwig, Die Frauenfrage im mittelalterlichen Lübeck in: Hansische Geschichtsblätter XIV (1900) S. 85ff. und C. F. Bayerschmidt, A Middle Low German Book of Kings, edited with Introduction and Notes (New York 1934) S. XIff.
[12] P. Hagen, Die deutschen theolog. Handschriften d. Lübecker Stadtbibl. 1922.
[13] Ms. theol. germ. 18, 27, 28, 33—38, 41.
[14] Ms. theol. germ. 8, hieraus die eben genannte Veröffentlichung von C. F. Bayerschmidt.
[15] Ms. theol. germ. 12.
[16] Ms. theol. germ. 19, 60.
[17] Ms. theol. germ. 5.
[18] Ms. theol. germ. 6.
[19] Walther Sp. 686.
[20] Liber de reform. monast. Ausg. von Grube S. 672ff.
[21] Vollmer, Mat. I, 2 S. 7.
[22] BdK IV, 3.
[23] „dyth bock heft geschreven ene arme suster yn deme closter sante mychelis" (Hagen a. a. O. S. 23).

rege Schreibtätigkeit dieses Hauses wird auch sonst hervorgehoben[1]. Beziehungen zu den Niederlanden verrät ferner ein Psalter, der den Augustinerinnen in der Gereonstraße in Köln gehörte und ihnen von einem Bürger aus Deventer vermacht worden war[2]. Das Kloster des gleichen Ordens zu St. Maximin in Köln besaß ein Leben Jesu[3].

Unter den oberdeutschen Frauenklöstern war das religiöse, geistige Leben zweifellos bei den Dominikanerinnen am stärksten; in ihren Klöstern fand die weibliche Mystik des Spätmittelalters ihre höchste Blüte. Daß diese Strömungen vielfach der deutschen Bibel zugute kamen, zeigt besonders eindrucksvoll ein erhaltener Bücherkatalog aus dem Katharinenkloster in Nürnberg[4]. Er stammt aus der Zeit um 1460 und zählt nicht den ganzen Bibliotheksbestand auf, sondern nur solche Bücher, die für die Tischlesung während der Mahlzeiten geeignet waren. Hier nennt er im ganzen zwei Vollbibeln (eine ohne die Propheten), fünf Evangelienharmonien, ein Hoheslied, acht Psalterien, elf Plenare, drei Historienbibeln, zwei Apokalypsen; sicherlich eine stattliche Anzahl, wie sie in dieser Reichhaltigkeit sonst nirgends nachzuweisen ist[5]. Sie sind zum Teil im Kloster selbst geschrieben, wobei sich besonders eine Schwester Kunigunde Niclasin „de Munchen" († 1457) auszeichnete[6], zum Teil sind sie den Schwestern bei ihrem Eintritt in das Kloster mitgegeben worden. Andere wurden von Schwestern aus Schönensteinbach bei Kolmar mitgebracht, die 1428 in Nürnberg die Reform durchführten. Dieses elsässische Kloster, von dem die Reformierung der Klöster des Ordens ausging, hat also ebenfalls Bibelübersetzungen besessen. In dem Nürnberger Kloster war überhaupt die Schreibtätigkeit sehr rege; durch sie ist uns eine große Zahl mystischer Schriften erhalten geblieben. In den Klöstern jener Gegend muß deutsches religiöses Schrifttum sehr verbreitet gewesen sein; schon um 1410 forderten reformfreudige Nürnberger Klarissen für sich deutsche Tischlektüre „als man zu Pilnreut (= Pillenreuth, Augustinerinnen) und in andern frawen clöstern tut verr und nahe"[7]. Das Dominikanerinnenkloster von Inzigkofen (Fürstentum Hohenzollern) hat gleichfalls eine deutsche Bücherei gehabt, denn ein Psalter mit Lyras Glosse trägt den Vermerk „Gemain Teutsch Liberey des Gotzhauss (zu) Inzighofen"[8]. Dasselbe Kloster besaß ein Plenar von 1443[9]. Aus Medlingen bei Dillingen an der Donau stammt ein Psalter[10]; auch Mahrenberg an der Drau[11] besaß einen Psalter.

---

[1] Vgl. K. Neumann, Das geistige und religiöse Leben Lübecks am Ausg. des Mittelalters in: Zeitschr. d. Vereins für Lüb. Gesch. und Altertumsk. Bd. 21, 22.

[2] Köln, Stadtbibl. W. f. 87 (Ebbinge Wubben S. 164).

[3] Greifswald, Univ. Bibl. nd. Hf. 3, 8°. (DBA).

[4] Veröffentlicht von Fr. Jostes, Meister Eckhart und seine Jünger in: Collectanea Friburgensia IV (1895) Anh. II. Über das Kloster s. Walter Fries, Kirche und Kloster zu St. Katharina in Nürnberg in: Mitteil. d. Vereins f. d. Geschichte d. Stadt Nürnberg XXV (1924).

[5] Verzeichnis der davon noch in Nürnberg vorhandenen Hss. bei Fries a. a. O. S. 134.

[6] Von ihrer Hand stammen: eine Vollbibel v. 1437 (Nürnberg, Stadtbibl. Cent. III, 41 ff., Walther Sp. 311), ein Hoheslied (Maihingen III D 1 Fol. 8, Walther Sp. 540f.), eine Apokalypse (im alten Katalog A XV) und ein Plenar (Nürnberg, Cent. IV, 33).

[7] Kist a. a. O. S. 23.

[8] Berlin, ms. germ. fol. 655 (Walther Sp. 593, ergänzt nach DBA). Vgl. hierzu Hauber in ZBW 31 S. 341 ff. Von dort stammen auch verschiedene mystische Hss. mit demselben Besitzvermerk (Spamer a. a. O. S. 97 ff.).

[9] Berlin, ms. germ. quart. 594—595 (DBA).

[10] Leipzig, Univ. Bibl. Msc. 2015 (Walther Sp. 593f.).

[11] Vollmer in: Forschungen und Fortschritte 9. Jg. Nr. 31.

Durch Schenkungen erhielten deutsche Bibeln die Dominikanerinnen des Insel=
klosters in Bern[1] und von St. Margarethen in Straßburg[2]; weiter sind
deutsche Bibelteile im Regensburger Heiligkreuzkloster (1483 von St.
Katharinen in Nürnberg reformiert)[3], im Trierer Katharinenkloster[4] und
im St. Magdalenenkloster zu Pforzheim[5] nachzuweisen (das letzte Kloster
ist ebenfalls 1443 von Nürnberg aus reformiert). Zweifellos stehen hier also
die Dominikanerinnen an der Spitze. Die anderen weiblichen Orden treten
ihnen gegenüber stark zurück.

Unter den Zisterzienserinnen können wir einen reicheren Bestand an
deutschen Büchern beim Kloster Lichtental in Baden nachweisen, aus dem die
Karlsruher Landesbibliothek[6] vier Psalterien[7], ein Evangeliar[8] und ein Evan=
gelienbuch mit Perikopenverzeichnis[9] besitzt; unter diesen wurde das letzte im
Kloster selbst geschrieben. Ferner stammt von hier ein deutscher Psalter in Straß=
burg[10]. Kloster Güntherstal im Breisgau hatte in seinem Hof in Freiburg u. a.
einen deutschen Psalter liegen[11]. Die Zisterzienserinnen von Marienschloß
in der Wetterau erhielten eine deutsche Bibel durch Johann von Beldersheim[12].
Sonst treten an Nonnenklöstern, die Bibelverdeutschungen besaßen, noch her=
vor: die Benediktinerinnen von Altomünster[13] und Brunshausen bei Gan=
dersheim[14], die Tertiarierinnen von Besselich bei Koblenz[15] und Wonnenstein
bei St. Gallen[16], sowie die Klarissen von Gnadenthal bei Basel[17] und die Prä=
monstratenserinnen von Lauffen[18]. Aus dem niederdeutschen Gebiet gehören
weiter hierher das Maria=Magdalenenkloster in Hildesheim[19], das
Klarissenkloster von St. Annen in Lübeck[20] und die Kölner Karmeliterin=
nen[21], die bis 1455 Beginen waren. Bemerkenswert ist das — wohl durch die
Mystik bedingte — Interesse am Hohenliede, das in dem Münchener Pütt=

---

[1] von Diebolt Schilling s. u. S. 69.
[2] Schorbach a. a. O. S. 166.
[3] Hoheslied nach Williram von 1483 (Berlin, Ms. germ. quart. 834, DBA).
[4] Tobias (Trier, Stadtbibl. cod. 1184, DBA).
[5] Teil des Alten Testaments (Weimar, msc. fol. 5, Walther Sp. 315). Mit dem dort genannten Pforzheimer Nonnenkloster ist wohl St. Magdalenen gemeint, da dieses Kloster gerade durch Markgraf Karl von Baden aufgelöst wurde (Hieron. Wilms, Gesch. der deut=
schen Dominikanerinnen, 1920). Die Hs. ist wahrsch. Abschrift von Nürnberg Cent. III, 41 (vgl. o. S. 66 Anm. 6).
[6] Vgl. Ettlinger a. a. O. S. 6—7.
[7] Cod. L 36, 37, 71, 79.
[8] Cod. L 30.
[9] Cod. L 70.
[10] Bibl. Univ. cod. 2539 (All. 514) Kautzsch, Diebold Lauber und seine Werkstatt (ZBW XII, 1895) S. 11.
[11] Nach einem Katalog von 1457 (Lehmann I S. 152 Z. 7).
[12] Falk a. a. O. S. 62.
[13] Psalter (München Cgm. 182, Walther Sp. 624); für dies Kloster war auch der Grazer Psalter (Univ. Bibl. cod. 1631) bestimmt, den 1407 ein Priester Conrad schrieb (Schön=
bach, Mitt. d. histor. Vereins f. Steiermark 47 S. 56f.).
[14] Plenar (Wolfenbüttel, Helmst. 395, DBA).
[15] Plenar (Berlin, Ms. germ. quart. 1335, DBA).
[16] Psalter (Lehmann I S. 452 Z. 35).
[17] Johanneische Schriften (Basel Univ. Bibl. A VI 38, DBA).
[18] 2. gedruckte Bibel (Walther Sp. 114).
[19] Sirach (Haag, Kgl. Bibl. C 4, Walther Sp. 681) und gedruckter nb. Psalter (Lübeck 1474, jetzt in Göttingen, Walther Sp. 686).
[20] Psalter, lat.=nb. (Lübeck, Stadtbibl. ms. theol. germ. 7, Hagen a. a. O. S. 5).
[21] Plenar (Köln, Stadtarchiv GB 4, 198, DBA).

rich-Regelhaus (Franziskaner-Tertiarierinnen) festzustellen ist. Dort sind in den Jahren 1509—1510 drei Abschriften des Trudperter Hohenliedes angefertigt worden[1], eine von der Schwester Rosyna von Kramer; außerdem stammt von hier ein Hoheslied von 1446[2].

Auch in den Frauenklöstern werden die deutschen Bibelteile meistens der gemeinsamen Lektüre bei den Mahlzeiten gedient haben, das beweisen sowohl die niederländischen wie die Nürnberger Zeugnisse, die bereits genannt wurden. Daneben werden sie oft für den persönlichen Gebrauch einzelner Schwestern bestimmt gewesen sein, besonders solche Exemplare, die von ihnen mit in das Kloster eingebracht wurden oder die sie dort von ihren Angehörigen erhielten. Beispiele dafür, daß sich Verdeutschungen im privaten Besitz einzelner Schwestern befanden, können — im Gegensatz zu den Mönchsklöstern — häufiger genannt werden. Auch hierfür ist der Katalog des Nürnberger Katharinenklosters sehr aufschlußreich. Er zeigt zugleich, daß im Patriziat dieser Stadt der Besitz deutscher Bibelteile gar nicht selten gewesen sein muß. So hat nach ihm die Schwester Kathrein Tucher eine Historienbibel[3], einen Psalter, ein Plenar mit Harmonie in das Kloster mitgebracht; von Margarethe Imhoff, die zur Durchführung der Reform mit aus Schönensteinbach kam, stammen: ein Plenar, ein lateinisch-deutscher Psalter und ein Evangelienauszug; von Ursula Hoschlin und von Kunigunde Schreiberin je ein Psalter. Schwester Klara Keyperin erhielt von Stefan Tetzel ein Neues Testament, von Jörg Keyper ein Altes. Derselbe Jörg Keyper schenkte der Christine Perkmaisterin ein Plenar mit Glosse; Kathrein Holzschuherin erhielt von „irem anher" Hans Loffelholz einen Psalter. Weiter besaß das Kloster an Geschenken eine Historienbibel[4], die von Kunz Topler gestiftet war, dessen Epitaph sich auch in der Klosterkirche befand[5], sowie eine Evangelienharmonie, die vom Bruder der Cecilie Rotin stammte. Ähnliche Fälle kommen auch sonst vor; eine Stuttgarter Bibel[6] ist Geschenk des Nürnberger Bürgers Heinrich Meichsner an seine Stieftochter Helena bei ihrem Eintritt (1468) in das dortige Kloster St. Klara[7], wo sie später Priorin (1473—1488) und Äbtissin wurde (1488—1503)[8]. Peter Strempfel von Ulm schenkte dem Kloster Medlingen, in dem seine Tochter Anna Nonne war, 1471 einen Psalter[9]. Nach einer Eintragung im Stuttgarter Exemplar der Eggesteinbibel wurde sie 1488 durch Jörg von Sachsenheim seiner Schwester und dem Konvent von Lauffen gestiftet[10]. In das Kloster Altomünster brachte Schwester Barbara Streyssin einen Psalter mit[11], der später Besitz des Klosters wurde. Ein dem Ewald von Bacharach und seiner Frau Eva von Segelen gehöriger Psalter ist später im Besitz ihrer Tochter Elsbeth in einem Bopparder Kloster, also ihr wohl von ihren Eltern überlassen worden[12]. Ein Psalter des Lübecker

---

[1] München, Cgm. 4477—4479 (Walther Sp. 532 Anm.).
[2] München, Cgm. 459 (Walther Sp. 537 Anm.).
[3] Nürnberg, Cent V, 2 (Vollmer, Mat. I, 1 S. 77).
[4] Nürnberg, Cent. V., 3 (Vollmer, Mat. I, 1 S. 78f.).
[5] Fries a. a. O. S. 106.
[6] Landesbibl. HB. II, 7—8.
[7] Löffler, Die Bibliothek von Weingarten (ZBW, Beiheft 41 S. 55).
[8] Kist a. a. O. Anhang (Verzeichnisse).
[9] Walther Sp. 594.
[10] Walther Sp. 114.
[11] München, Cgm. 182 (Walther Sp. 624).
[12] Göttingen, Ms. theol. 215 (Walther Sp. 698).

Michaeliskonvents gehörte ursprünglich der Schwester Barbara Smedes[1], ein anderer war der „suster leneke pagenkoppes"[2] Eigentum. Der Haarlemer St. Marienkonvent besaß eine Handschrift der Evangelien, die die Mutter der dortigen Schwester Kathrijn Claesdochter bezahlt hatte[3]. Einer „beyatris gherijts docht' van assendelf" gehörte ein Leben Jesu, das sie später ihrem Konvent, den „regulierissen te zijl binnen haerlem" vermachte. Einer „willem iansdochter" in einem nicht näher bezeichneten Cäcilienkonvent gehörten niederländische Episteln, die als „een ghemeen studierboec" gelten sollten[4]. Auch sonst sind gerade Frauennamen häufig als Besitzerinnen von Verdeutschungen genannt, wobei jedoch nicht immer zu sagen ist, ob damit Klosterangehörige gemeint sind[5]. Doch genügen schon die gegebenen Beispiele, um klar zu zeigen, daß man auch in den Frauenklöstern und -konventen vielfach deutsche Bibelteile gekannt und sowohl für gemeinsame Lesungen wie für die persönliche Erbauung benutzt hat.

Aus den verschiedenen Angaben über die Herkunft der Handschriften ließ sich bereits entnehmen, daß Stiftungen und Schenkungen von Verdeutschungen an die Klöster nicht selten waren. Hierbei wurden die Frauenklöster in erster Linie bedacht, offenbar, weil in ihnen ein stärkeres Bedürfnis danach bestand. Ein Teil dieser Schenkungen wurde schon erwähnt, so diejenigen an St. Katharinen in Nürnberg, an Marienschloß, Lauffen und Medlingen. Sie gingen meistens von wohlhabenden Bürgern aus; so schenkte Diebold Schilling († 1485), der bekannte Berner Gerichtsschreiber und Verfasser der Berner Chronik, dem dortigen Dominikanerinnenkloster 1483 „ein tütsche Bible geteilt in zwo volumina"[6]. Johannes Hammer, Apotheker in Straßburg, stiftete dem dortigen Margarethenkloster ein Exemplar der Mentelbibel[7]. Die Schwestern vom gemeinsamen Leben in Lübeck erhielten 1484 von einem Jakob Pruse ein Exemplar des Lübecker Psalterdrucks von 1474[8]. Ein anderes Exemplar desselben Psalters wurde dem Maria-Magdalenenkloster in Hildesheim durch einen Bürger geschenkt, dessen Namen in der Notiz leider verstümmelt ist[9]. Der St. Agneskonvent in Nimwegen erhielt 1453 eine „duytsche bibel" von „Joffer Alijt lauwers"[10]. Auch testamentarische Vermächtnisse kommen vor, so übergab ein „volquijn van der wederhorst" dem Margarethenkloster in Gouda eine niederländische Historienbibel von 1445 „voer en testament... voer hem ende voer sijn wijff"[11]. Die Augustinerinnen in Köln erhielten von den „truhenden seligen Johannes Kesselkens toe Deventer" einen Psalter[12].

Schenkungen an Mönchsklöster sind seltener. Auch hier ist schon einiges erwähnt worden, so die Stiftung des Augsburger Druckers Günther Zainer an die Karthause Buxheim. Dasselbe Kloster erhielt von einem Angehörigen der bekannten Ulmer Familie Krafft einen Psalter[13]. Dem Karmeliterkloster St. Anna

---

[1] Lübeck, Ms. theol. germ. 35 (Hagen a. a. O. S. 24).
[2] Lübeck, Ms. theol. germ. 36 (ebd.).
[3] Die oben S. 65 Anm. 10 genannte Hs., vgl. auch van Druten S. 179.
[4] Oxford, Bodl. Libr., Cod. Maresh. 48 (Priebsch I, 157).
[5] Vgl. Walther Sp. 730 und Vollmer, Mat. I, 2 S. 167f.
[6] Falk a. a. O. S. 41.
[7] Jetzt in Stuttgart (Schorbach a. a. O. S. 166, Walther Sp. 113).
[8] Walther Sp. 686.
[9] Jetzt in Göttingen, Walther Sp. 686.
[10] Haag, Mus. Meerman-Westfr. 16 (Ebbinge Wubben S. 18—19).
[11] Walther Sp. 648, Ebbinge Wubben S. 39 f. v. S. 65 Anm. 9.
[12] S. v. S. 66.
[13] Honestus Krafft Vetter, natus quidem de Werdea, sed et civis Ulmae... (Ruf III, 1 S. 84).

in Augsburg wurde zwischen 1479 und 1497 u. a. ein Speculum humanae salvationis mit den Perikopen geschenkt[1]. Tegernsee erhielt einen gedruckten Ulmer Psalter von 1492 von Hans Leittner in Schliersee[2], sowie von Münchener Bürgerinnen zwei Handschriften mit Bernhards Auslegung des Hohenliedes[3]. Nikolaus Wybel, Pleban in Mauerbach (Niederösterreich), hinterließ bei seinem Tode (1455) dem Karthäuserkloster im selben Ort einen von ihm 1441 geschriebenen Psalter[4]. Dem Karthäuserkloster Nieuwlicht bei Utrecht stiftete Aleydis Hesselt „bonam bibliam Theutonicalem in tribus voluminibus"[5]. Die Schenkung des Priors Johann Pfennig an das Kloster der Marienknechte in Erfurt wurde schon genannt. Soweit solche Schenkungen nicht verwandtschaftlichen Beziehungen zu einzelnen Klosterinsassen entsprangen, reihen sie sich ein in die große Zahl frommer Stiftungen und Vermächtnisse an Klöster und Kirchen, wie sie besonders in bürgerlichen Kreisen während der letzten Zeit vor der Reformation außerordentlich zunahmen. Sie sind ein bezeichnender Ausdruck für den allgemeinen Drang nach Heilsgewißheit in jener Zeit, der sich oft auch mit einem gewissen persönlichen Geltungsbedürfnis verbindet[6].

Ein Vergleich der genannten Notizen zeigt, daß aus ihnen allein, wie gesagt, kein vollständiges Bild zu gewinnen ist, da Zufälle bei der Erhaltung der Handschriften und der Bibliothekskataloge nicht auszuschalten sind. Beispielsweise können keinerlei deutsche Bibelteile aus dem Besitz oberdeutscher Beginenkonvente nachgewiesen werden, obgleich deren Häuser in den großen süddeutschen Städten in großer Zahl vorhanden waren[7]. Sicher ist aber anzunehmen, daß man dort, ebenso wie im niederdeutschen Gebiet, Bibelübersetzungen besessen und benutzt hat. Allgemein muß damit gerechnet werden, daß gerade Handschriften, die im Besitz einzelner Klosterinsassen und frommer Laien waren und von ihnen eifrig benutzt wurden, schon an sich weniger umfangreich und gut ausgestattet waren und durch häufigen Gebrauch noch unansehnlicher wurden, wodurch sie leicht der Zerstörung ausgeliefert waren. Überhaupt wird aus privatem Bücherbesitz viel mehr zugrunde gegangen sein als aus dem Bestand großer Bibliotheken. Ein Fehlen bestimmter Nachweise von deutschen Bibeln sagt also nicht unbedingt, daß man in den betreffenden Kreisen überhaupt keine besessen hat, wie auch anzunehmen ist, daß sich in manchen Klöstern deutsche Bibelteile befanden, obwohl sie von den Katalogen nicht genannt werden[8], weil sie in den Händen einzelner Klosterinsassen waren zu deren persönlichem Gebrauch, also nicht zur allgemeinen Klosterbibliothek gehörten. Aber eine Berücksichtigung dieser Punkte darf auch nicht zur Überschätzung des klösterlichen Besitzes an deutschen Bibeln führen. Eine Durchsicht der mittelalterlichen Bibliothekskataloge zeigt, daß eine große Zahl von Klöstern keine deutschen Bibel-

---

[1] Ruf III, 1 S. 32.
[2] Walther Sp. 123 Anm. 1. Redlich (a. a. O. S. 171) nennt nur eine ziemlich umfangreiche Bücherschenkung eines Thomas Leittner aus Schliersee.
[3] S. o. S. 60 Anm. 9.
[4] Walther Sp. 618, Gottlieb a. a. O. S. 134.
[5] Ebbinge Wubben S. 36.
[6] Andreas, Deutschland vor der Reformation S. 147 f.
[7] In Straßburg bestanden 60 Konvente mit 600 Beginen, in Frankfurt 57 mit 300 Insassen (Neumann, Das geistige und religiöse Leben Lübecks am Ausgang des Mittelalters S. 91).
[8] Der Rebdorfer Bibliothekskatalog vom Anfang des 16. Jahrh. (s. o. S. 59) zählt z. B. die deutschen Handschriften der Laienbrüder nicht mit auf (Spamer a. a. O. S. 91 Anm. 3, Ruf III, 2 S. 264 ff.).

teile besaß. Das häufige Nachlassen der klösterlichen Zucht im Spätmittelalter hat sicher in vielen Ordensniederlassungen auf die literarische Beschäftigung und den Ausbau der Bibliotheken lähmend gewirkt; denn die Reformbewegungen legten hierauf stets besonderen Wert. Vor allem aber muß man berücksichtigen, daß für die wissenschaftlichen Zwecke, denen die Klosterbibliotheken in erster Linie dienen wollten, deutsche Bibeln nicht erforderlich waren; überhaupt waren sie für jeden Lateinkundigen entbehrlich. So ist es selbstverständlich, daß in den Katalogen die lateinischen Bibelteile nebst den umfangreichen Kommentarwerken, sowie die sonstigen patristischen, scholastischen und juristischen Schriften weitaus überwiegen. Neben solchen Bibliotheken, in denen wir Verdeutschungen vergeblich suchen, stehen aber andere, in denen sie reichlich oder doch in einigen Exemplaren vertreten sind. Es ist auffallend und sicher nicht zufällig, daß gerade überall dort ein vermehrtes Bemühen um Übersetzung und Verbreitung der deutschen Bibel festzustellen ist, wo sich eine von der Mystik herkommende persönliche Frömmigkeit entfaltet und wo man Reformen des Klosterlebens für notwendig hält und durchführt. Man wird auf diese Verbindung der kirchlichen Reformbewegung mit dem Streben nach der deutschen Bibel mehr als bisher zu achten haben. Mögen auch reiche Bestände wie die von Tegernsee oder St. Katharinen in Nürnberg Ausnahmen gewesen sein, so dürfte es doch damals kaum ein reformiertes Frauenkloster und nur wenige Mönchsklöster dieser Richtung gegeben haben, in denen sich nicht deutsche Bibelteile befanden. Zwar die Zahl derer, in denen das positiv nachgewiesen werden konnte, ist, verglichen mit der Gesamtzahl der Klöster, nur gering. Aber sie erlaubt doch Rückschlüsse auf das übrige, wenn man berücksichtigt, daß gerade die Ausgangs- und Mittelpunkte der Reform, deren Haltung oft Vorbild für die übrigen Klöster ihrer Richtung war, deutsche Bibelteile besaßen.

Der Anteil des Deutschen Ordens auf unserem Gebiet ist schon mehrfach berührt worden. So ist es selbstverständlich, daß auch bei ihm Spuren deutscher Bibelverbreitung zu finden sind, und zwar besonders von Arbeiten, die aus ihm hervorgegangen sind. Die reich ausgestattete Stuttgarter Handschrift mit dem Wappen Luthers von Braunschweig[1], die einen großen Teil der biblischen Ordensdichtung enthält, befand sich im Besitz der Ordensballei Mergentheim[2]. Aus der Ordensbibliothek in Tapiau stammt die Königsberger Handschrift der „Historien der Alden E"[3]. Ein Ordensritter Hermann in Giengen besaß das Evangelium Nicodemi von Hesler zusammen mit Susos Buch der ewigen Weisheit[4]. Daß man im Deutschen Orden deutsche Tischlektüre betrieben hat, beweist das Zeugnis der Nürnberger Klarissen, die, wie schon mehrfach erwähnt, im Jahre 1410 für sich deutsche Tischlektüre forderten, „als man hie in dem teutschen haus tut, da doch me priester und gelerter sein benn layen und dennoch muß man teutsch lesen durch der layen willen".[5] Also auch hier ist es die Rücksicht auf die Laienbrüder, die zur Heranziehung deutscher Schriften führt. Ebenso besaß das Straßburger Johanniterhaus, das der Mystiker Rulman Merswin um 1370 gegründet und bewohnt hatte, später ein Exemplar der Mentelbibel[6]. Nach Preger

---

[1] S. o. S. 35 Anm. 6.
[2] Hübner, Die poetische Bearbeitung des Buches Daniel (Deutsche Texte des Mittelalters 19) Berlin 1911 S. Vff.
[3] Univ. Bibl. cod. ms. 907.
[4] Stuttgart, Landesbibl. cod. theol. Q. 98 (Helm, Heinrich von Heslers Evangelium Nicodemi, Bibl. d. liter. Vereins Stuttgart 224, 1902 S. IX).
[5] Kist a. a. O. S. 23 und Anhang.
[6] Schorbach a. a. O. S. 176.

ift auch in den Schriften des sog. Gottesfreundes vom Oberland der Gebrauch deutscher Bibelübersetzungen nachzuweisen[1].

Vereinzelt befanden sich deutsche Bibelteile auch im Besitz von Kirchen; so erwähnt das Kircheninventar der Wallfahrtskirche St. Leonhard in Inchenhofen u. a. eine Papierhandschrift der Paulinischen Briefe[2]. Auch hierbei werden Schenkungen mitgespielt haben, z. B. vermachte der Leidener Bürger Willem Heerman, der 1449 als Mitglied des Gemeinderats genannt wird, im Jahre 1462 der dortigen Peterskirche eine vollständige Bibel für „alle goede eerbare mannen, die darin lesen ende wat goeds studeren willen"; die Bibel, die er selbst geschrieben hatte, sollte angekettet im Chor der Kirche auf einem Pult liegen[3]. Aus ähnlichen Gründen hat ein Philipp von Horbe dem St. Annen-Altar einer nicht näher bezeichneten Kirche einen Psalter gestiftet[4]. Beides sind bemerkenswerte Zeugnisse für die praktische Stellung und Benutzung der deutschen Bibel.

Verhältnismäßig stark ist auch die Weltgeistlichkeit an den Bemühungen um die Bibelübersetzung beteiligt gewesen, und zwar vor allem als Schreiber. Als solche können wir einen Ch. Hornau, Pleban in Ermprechtshofen[5], Johannes Meyndorp aus Hamburg, Pfarrer in Lütgentondern[6], Nikolaus Wybel, Pleban in Mauerbach[7], und einen A., Vikar in Sulzmatt i. E.[8], namhaft machen, sowie auf niederländischem Gebiet einen Johan Sibertssoen van Balgoy, Secundarius in Nimwegen[9], und einen Priester Johan Henricssoen[10]. Als Besitzer sind an Pfarrern noch ein Joh. Knor, „plebanus in Bernshem", dem der von Hornau geschriebene Psalter später gehörte, sowie ein „her haman albert zu lutteran pfarrer zu speesbach"[11] zu nennen. Mehrfach sind Kaplane als Schreiber tätig gewesen, so ein Nicolaus Brackmunt, Kaplan der Herren von Rappoltstein (im Elsaß) in Girsberg und Walbach[12], Heinrich Gesler, Kaplan zu Messenhausen, der auch unterm 15. Mai 1437 urkundlich nachgewiesen ist[13], Johannes Osterreich, Kaplan in Droisten[14], und Wolfgang Wulfinger, Kaplan in Karpfham[15]. Auch bei Domherren kommen deutsche Bibeln vor; Nikolaus Matz, Stiftsherr in Speyer besaß die gedruckte Augsburger Bibel von 1477[16]; eine Erfurter Historienbibel ist 1428 von einem Conrad Büchener im Hause des Domicellaren Conrad Cziegeler,

---

[1] Preger, Beitr. zur Gesch. der religiösen Bewegung in den Niederlanden in der 2. Hälfte des 14. Jahrh. Abh. d. histor. Cl. d. kgl. bayr. Akad. d. Wiss. Bd. XXI (1898) S. 12.
[2] Inventar von 1448, Ruf III, 1 S. 125.
[3] Falk a. a. O. S. 74, de Bruin S. 30, van Druten S. 36.
[4] „... Unde is dar vme in busse kerken gegeuen dat eyn juvlik goet mensge syner Zeile zalycheit hir inne soken mach wante hir velle godes inne steit" (Berlin, Mf. germ. fol. 76, Walther Sp. 683).
[5] Psalter von 1435 (Berlin, Mf. germ. fol. 43, Walther Sp. 593).
[6] Plenar (Kopenhagen G. K. S. 94 fol., Katara, Ein mnd. Plenar S. VIII) s. u. S. 76.
[7] S. v. S. 62.
[8] Hoheslied, lat.-dt. (Cheltenham Phill. 575, Priebsch I Nr. 50).
[9] I. Teil des Alten Testaments (Nimwegen, Muf. von Oudh. 12, Ebbinge Wubben S. 18).
[10] Neues Testament und Teile des Alten Testaments (jetzt in Münster s. v. S. 59).
[11] Besitzt 1515 die Freiberger Bibelhandschrift (Gymn. Bibl. 1. Cl. Mf. 18, Walther Sp. 192, Kurrelmeyer a. a. O. Bd. I S. XXIII).
[12] Bibel von 1472 (Zürich Kanton. Bibl. Gal. VIII, Walther Sp. 402).
[13] Heslers Apokalypse von 1432 (Danziger Handschrift; Helm, Die Apokalypse Heinrich von Heslers S. VIII und S. 336 Anm.).
[14] Psalter von 1473 (Berlin, Mf. germ. fol. 62, Walther Sp. 686).
[15] Zwei Armenbibeln von 1462 (Jena El. f. 51) und 1464 (Gotha, Cod. membr. I, 54), s. Cornell a. a. O. S. 102f.
[16] Jetzt in Michelstadt (Falk a. a. O. S. 42).

also wohl für diesen geschrieben[1]. Daß hier häufig niedrigere Kleriker als Schreiber auftreten, kommt wohl daher, daß sie oft um Lohn für Laien Handschriften hergestellt haben[2], um ihre meistens sehr schlechte wirtschaftliche Lage zu verbessern. Teilweise mögen sie sich die Verdeutschungen auch für den eigenen Gebrauch, etwa zur Ausarbeitung der Predigt angefertigt haben.

§ 10.
Verbreitung bei den Laien.

Aus den vorangegangenen Aufzählungen ließ sich bereits entnehmen, daß der Besitz deutscher Bibeln keineswegs auf Klöster und Kleriker beschränkt war, sondern weithin auch bei Laien üblich gewesen sein muß. Die vielen Schenkungen zeigen das deutlich. Allerdings waren hier schon rein äußerlich Grenzen gezogen. Die Handschriften, wie später die meisten Drucke, waren Wertobjekte, die sich nicht jedermann beschaffen konnte. Ebenso konnten diejenigen, die nicht lesekundig waren, kaum Interesse an ihnen haben, es sei denn, daß sie sich vorlesen ließen oder sich mit den Illustrationen begnügten. So sind deutsche Bibeln in Laienkreisen hauptsächlich bei Fürsten, wohlhabenden Adligen und Patriziern zu finden, nur selten in den unteren Schichten. Eine Ausnahme bilden hier nur die häretischen Kreise, bei denen die Bibel aus anderen Gründen verbreitet war.

Wenn wir gerade bei verschiedenen Landesfürsten des späten Mittelalters Besitz deutscher Bibelteile finden, so liegt es nahe, auch hier den Einfluß der Reformbewegungen zu vermuten. Es ist bekannt, daß die Klosterreform vielfach von den Landesfürsten gefördert wurde, ja von ihnen ausging, wie etwa die Melker Reform von Herzog Albrecht V. von Österreich oder die Tegernseer von Herzog Wilhelm III. von Bayern-München. Aber auch sonst ist „eifrige Teilnahme an der Klosterreform eine durchaus gebräuchliche, wenn nicht normale Äußerung fürstlicher Devotion"[3]. Sicherlich haben hierbei oft machtpolitische oder finanzielle Gründe mitgespielt, aber teilweise sind auch lebendige religiöse Interessen maßgebend gewesen. Diese mögen sich im Sinne der Reformbewegung auch auf die Beschäftigung mit der deutschen Bibel erstreckt haben. Es ist also wohl kein Zufall, wenn sie gerade bei Fürsten im niederrheinischen und im bayrisch-österreichischen Gebiet zu finden ist, d. h. in den Zentren der Reformbewegung. So besaß Johann IV., Graf von Nassau, Vianden und Dietz (1410—1475), unter Karl dem Kühnen Gouverneur von Brabant[4], eine Historienbibel[5] und einen lateinisch-deutschen Psalter[6]. Von eigenem Interesse für die Reform zeugt die Errichtung eines Fraterhauses in Wiesbaden. Herzog Gerhard von Jülich-Berg (1417—1475) war Eigentümer einer „dutschen Bybel", die er um 1445 bis 1446 seinem Onkel Adolf von Kleve (um 1370—1448) übersandte[7]. Von der Herzogin Sibylla von Kleve ist ein prächtig ausgestattetes Gebetbuch in Grootes Übersetzung erhalten[8]. Der Darmstädter Bibliothekskatalog von 1444 der Land-

---

[1] Mf. C. E. F. 14 (Vollmer, Mat. I, 1 S. 188).
[2] S. u. S. 76 f.
[3] J. Hashagen, Staat und Kirche vor der Reformation (1931) S. 347.
[4] ADB 14 S. 251.
[5] Kopenhagen, Kgl. Bibl., Sammlung Thott 123 (Vollmer, Mat. I, 1 S. 110).
[6] Leiden, Bibl. der Maatsch. d. Nederland. Letterk. (Borchling, Reiseberichte I, S. 245 f.).
[7] Falk a. a. O. S. 36 nach Steinhausen, Deutsche Privatbriefe des Mittelalters (1899) I, 43.
[8] München, Cgm. 84, f. H. Reiners, Das Gebetbuch der Herzogin Sibylla von Cleve, München 1924.

grafen von Katzenellenbogen zählt u. a. eine deutsche Bibel, die einem Amtmann verliehen war, sowie einen Psalter auf[1]. Als Herzog Ludwig VII. von Bayern-Ingolstadt (1365—1447) durch seinen Vetter Heinrich den Reichen gefangen nach Burghausen geführt wurde, gab man ihm dorthin eine vollständige deutsche Bibel und einen Psalter mit[2]. Ludwig VII. befand sich von 1443 bis zu seinem Tode (1447) in Gefangenschaft, und es ist anzunehmen, daß ihm hier diese Bücher zur Erbauung und Unterhaltung gedient haben. Auch Herzog Albrecht IV. von Bayern (1447—1508), der Einiger Bayerns, besaß zusammen mit seiner Frau Kunigunde von Österreich ein Altes Testament mit prächtigen Illustrationen von Berthold Furtmeyr[3]. In sehr engen Beziehungen zur Reform und zum Humanismus stand Graf (später Herzog) Eberhard von Württemberg, der die Brüder vom gemeinsamen Leben besonders begünstigte[4]. Von seiner lebendigen Religiosität zeugen seine Wallfahrten nach Rom und Jerusalem, wie von seinem Bildungsbedürfnis die zahlreichen Übersetzungen humanistischer und klassischer Schriften, die er sich anfertigen ließ. In diese Bestrebungen reiht sich auch die genannte Verdeutschung Salomonischer Schriften ein, die vielleicht von einem Kanzleischreiber angefertigt ist[5]. Offenbar ist Eberhard an ihr persönlich interessiert gewesen, da er selbst genaue Anweisungen über die Art der Übersetzung gegeben hat. Es ist bemerkenswert, daß die Fürsten durchweg vollständige Bibeln besaßen und zwar teilweise reich ausgeschmückte Exemplare. Ihnen war es möglich, sich derartige Werke zu leisten, wobei sie wohl auch von einer gewissen Prachtentfaltung und Prunkliebe geleitet wurden.

Beachtenswert ist, daß König Wenzel ebenfalls verschiedene Bibelverdeutschungen besaß. Aus seiner Bibliothek[6] sind erhalten: eine vollständige Bibel, die berühmte „Wenzelbibel"[7], ein deutscher Psalter[8], und eine Übertragung der Paulinischen Briefe[9]. Alle Handschriften sind für den König selbst angefertigt, wie es bei der Bibel die Vorrede ausdrücklich angibt und wie auch aus dem Illustrationen hervorgeht. Diese Illustrationen und Randzeichnungen der Wenzelbibel haben besonderes Interesse erregt wegen ihres reichlichen Schmuckes an Emblemen und Allegorien und vor allem wegen der häufigen Darstellungen des Königs und der Bademagd, deren Deutung viele beschäftigt hat, so daß sich um sie ein ganzer Sagenkranz gesponnen hat[10]. Genaues läßt sich darüber nicht sagen, sicher sind aber alle legendenhaften Auslegungen abzulehnen. Wahrscheinlich handelt es sich hier um heraldische Symbole, die irgendwie mit den persönlichen Beziehungen des Königs und seiner Frau Sophie zusammenhängen, denen beiden das Werk gewidmet ist, vielleicht in Verbindung mit dem damals in höfischen Kreisen weitverbreiteten Orden vom Bade, wie Schlosser vermutet. Bemerkenswert ist aber die Unbekümmertheit, mit der derartige Szenen in eine Bibelhandschrift übernommen wurden. Ähnliche Symbole finden sich übrigens auch in

---

[1] Falk a. a. O. S. 36 nach Arch. f. hess. Gesch. VII 190.
[2] Ruf a. a. O. S. 153.
[3] Maihingen I, 3 D fol. III—IV, Walther Sp. 321 f.
[4] Meyer, O., Die Brüder des gemeinsamen Lebens in Württemberg. Tübinger Diss. 1913.
[5] S. o. S. 44.
[6] Vgl. Jul. v. Schlosser, Die Bilderhandschriften König Wenzels I. in: Jahrbuch d. kunsthistor. Samml. b. Allerhöchsten Kaiserhauses XIV (Wien 1893) S. 214 ff.
[7] Wien, Nat.-bibl. 2759—2764.
[8] Salzburg, Studienbibl. Nr. 47 (V 1 B 20).
[9] Wien, Nat.-bibl. 2789.
[10] Walther Sp. 299 ff. und Schlosser a. a. O.

Skulpturen und Malereien des unter Wenzel fertiggestellten Altstädter Brückenturms in Prag. Daß gerade Wenzel und Sophie deutsche Bibelübersetzungen besaßen, wird man mit Sicherheit auf die genannten böhmisch-vorhussitischen Strömungen zurückführen können, ihnen standen beide sehr nahe, besonders Sophie, deren Beichtvater Huß war. Ebenso besaß Wenzels Schwester Anna von Luxemburg, deren englische Heirat das Eindringen wiklifitischer Lehren in Böhmen begünstigt hatte, nach Wiklifs Zeugnis ein Evangelienbuch in drei Sprachen (böhmisch, deutsch, lateinisch)[1]. Wenzels Bibliothek kam später in die Hände Sigismunds, dann an Albrecht II. Kaiser Friedrich III. ließ sie revidieren und zum Teil neu einbinden. Er hatte offenbar an diesen Werken Interesse; sein Symbol (die 5 Vokale) mit der Jahreszahl 1447 steht am Anfang des 5. Bandes der Wenzelbibel[2]. Dasselbe Symbol mit der Zahl 1477 findet sich in einem Wiener Psalter, der also ebenfalls ihm gehörte[3].

Reich ausgestattete Bibelhandschriften trifft man häufig auch im Besitz von Adligen und Rittern. So gehörte die von Erasmus Stratter geschriebene und von Ulrich Schreier illustrierte sog. „Stratterbibel"[4] dem Andreas von Kreig, Erzkämmerer von Kärnten. Sie ist im Salzburger Domkapitel geschrieben, vielleicht auf Veranlassung des Erzbischofs Bernhard von Rohr, dessen Schwager Andreas von Kreig war, und ist eine Abschrift der gedruckten Bibel mit mundartlichen Abweichungen. Bemerkenswert ist, daß eine vor kurzem aufgetauchte Handschrift der vier Evangelien ebenfalls den Besitzervermerk trägt: „Bernhard von gots gnaden erzbischovoue (!) de salczburg legat des Römischen stuel." Eine andere Eintragung lautet: „Das puech ist des michelis de polczendorfer Grauen zu pratonek an der öz und Hohwanng."[5] Die Grafen von Manderscheid-Blankenheim besaßen eine illustrierte Historienbibel und ein glossiertes Plenar aus Diebold Laubers Werkstatt in Hagenau[6]. Ein Verzeichnis der deutschen Bücher des Grafen Ludwig von Ottingen († 1440) nennt eine Bibel auf Pergament, weiter eine neue Bibel („ist zu Baden, soll man by capital florisieren"), ein Leben Jesu und einen mit Silber beschlagenen Psalter[7]. Derselbe Psalter ist auch in einem Katalog des Grafen Wilhelm von Ottingen von 1466—1467 zusammen mit einem lateinisch-deutschen Psalter genannt, der der verstorbenen Frau des Grafen gehört hatte[8]. Die beiden Bibeln waren nach einem Ausleihverzeichnis von 1462 verliehen, die Pergamenthandschrift an den Pfarrer von Belzheim bei Ottingen, die andere an die Frau des Grafen[8]. Ein Münchener Plenar war 1492 im Besitz von Sigmund von Gebsattel, genannt Rack, „der zeit zu röttingen", am Schluß der Handschrift ist von Turnieren die Rede, die er besucht hat[9]. Ein anderes Münchener Plenar gehörte Albrecht Schenck zum Schenkenstein[10]. Ein illustrierter

---

[1] Burdach, Vom Mittelalter zur Reformation III, 2 S. 160.
[2] Walther Sp. 292.
[3] Nat.-bibl. 3078, Walther Sp. 632.
[4] Graz, Univ.-Bibl. III, 48, s. Fr. Eichler, Die deutsche Bibel des Erasmus Stratter in der Univ. Bibliothek zu Graz (1908).
[5] Versteigerungskatalog der Bibl. Graf Sprintzenstein, Antiq. Gilhofer und Ranschburg Luzern, 16. Nov. 1937) Nr. 57.
[6] Köln, Histor. Archiv, Ms. theol. 250 und 251. Kautzsch a. a. O. S. 60ff.
[7] Ruf a. a. O. S. 158.
[8] Ruf a. a. O. S. 159.
[9] München, Cgm. 300, geschrieben 1432 (Pietsch, N., E. Schröder a. a. O. S. 254).
[10] München, Cgm. 1150, geschrieben 1471 (Pietsch, N.). Im Tegernseer Verbrüderungsbuch wird Albert Schenck vom Schenkenstein als iudex nostri monasterii genannt, nach einer Notiz der Hs. Clm 19908 ist er 1508 verstorben. Die Hs. Cgm. 1150 gehörte später dem Kloster Tegernsee.

erster Teil des Alten Testamentes war im Besitz der bayrischen Familie Hofer von Lobenstein[1]. Ein Bücherverzeichnis der Burggräfin Johanna von Leisnig, geb. von Colditz († 1513), nennt u. a. „by biblia ... das buch der heymlichen offenbarunge, das buch der X gebot uff pergamen ... eynen psalter mit der awßlegunge"[2]. Die Schenkung einer deutschen Bibel an das Kloster Marienschloß durch Johann von Beldersheim wurde bereits genannt. Mehrfach haben wir Zeugnisse dafür, daß Ritter sich Verdeutschungen abschreiben oder sonst beschaffen ließen, so ist eine Historienbibel der Gruppe V durch „iorigen vnuorloschen schryber" für Heinrich von Brandenstein, Herrn zu Ranis, Amtmann zu Weißenfels und Freiburg, in den Jahren 1468—1469 auf den Schlössern Freiburg und Koburg geschrieben worden[3]. Der schon genannte Pfarrer Johann Meyndorp hat das Plenar im Auftrage des strenuus miles Joachim Breyde geschrieben[4]. Ein Psalter nach Heinrich von Mügeln, der 1424 von einem Johannes aus Eger geschrieben war, ist von Christophorus Schüler aus Landshut, Schreiber des Herrn von Degenberg, für diesen gekauft worden[5].

Am stärksten innerhalb der Laienwelt war die Bibel im Bürgertum verbreitet; stand doch gerade die spätmittelalterliche Stadt im Mittelpunkt aller geistigen und religiösen Neuerungsbewegungen der Zeit. Auch hier ist es häufig, daß Bibelteile von Schreibern und Scholaren für einzelne Bürger hergestellt wurden; gerade das ist Ausdruck lebhaftesten Interesses an der deutschen Bibel. So ließ sich Martin Eberler in Basel 1463—1464 von dem dortigen Studenten Johann Lichtenstern aus München eine Bibel abschreiben[6]. Für Marquard Hinczenhauser, Pfleger in Pfaffenhofen, schrieb 1467 Conrad Trayner, Gerichtsschreiber in Neustadt, eine Historienbibel[7]. Jörg Sultzer, Bürgermeister von Augsburg, ließ sich 1480 durch den Schreiber Conrad Bollstatter aus Ottingen eine Armenbibel anfertigen[8]. Dieser Schreiber wird in einer deutschen Spruchsammlung[9] mehrfach als Verfasser von Sprüchen unter verschiedenen „Syngern" genannt. Der Kaplan Wolfgang Wulfinger in Karpfham hat eine der von ihm angefertigten Armenbibeln auf eine Bestellung des „Lienhat Smatz zu Weichmertting (= Weihmörting in Niederbayern) by zeit chaßtner (= Rentmeister) zu griespach" geschrieben. Martinus Huber „tütscher schulmaister" zu Memmingen schrieb 1481 für den dortigen Bürger Hans Sätteli die gedruckte Bibel ab[10]. Für Ulrich Segenschmidt in Nürnberg ist 1441—1442 eine vollständige Bibel von Heinrich Kun geschrieben worden[11]. In einer Hamburger Historienbibel[12] findet sich das Wappen der Ratsherrenfamilie Roll in Wiener Neustadt, die Handschrift ist also für sie angefertigt. Ein Bürger Ludwig in Eger ließ sich durch einen Johann von Hof 1372 Mügelns Psalter abschreiben[13]. Für die Familie de Grutter

---

[1] Gotha, Mf. 10, Walther Sp. 323 (aber nicht Lorenstein!).
[2] Falk a. a. O. S. 38.
[3] Berlin, Mf. germ. fol. 1277 (Vollmer, Mat. I, 1 S. 185).
[4] S. o. S. 72.
[5] München, Cgm. 526, Walther Sp. 592f.
[6] Wien, Nat.-bibl. 2769—2770, Walther Sp. 401f.
[7] München Cgm. 232 (Vollmer, Mat. I, 1 S. 145, Walther Sp. 390f.).
[8] Prag, Böhm. Nat.-mus. cob. XVI A 6 (Cornell, Biblia pauperum S. 106).
[9] London, Brit. Muf. Abb. 16581, Priebsch a. a. O. II Nr. 175 (auch mit dem Namen: „Maister Conratt Lappleber von Teiningen, genant Bolstatter").
[10] Wolfenbüttel I A und I B fol., Walther Sp. 130f. Ein Heinrich Sätteli schrieb 1457 einen Psalter (Walther Sp. 627).
[11] Oxford Mff. Bodl. 969—970, Vollmer Mat. I, 2 S. 139.
[12] Hamburg, in scrin. 8, Vollmer Mat. I, 1 S. 11.
[13] In Kloster Rein bei Grabwein, cob. 204; Walther Sp. 589.

in Zwolle, der Geert Groote nahestand und mit der Johannes Busch verwandt war, ist eine Historienbibel angefertigt worden[1]. Für Jakob Oberly, Ratsherr in Zürich von 1489—1499, schrieb der Organist am dortigen Großmünster, der Thüringer Dietrich Sebch, eine Sammelhandschrift mit Teilen aus der Historienbibel[2]. Auch sonst läßt sich eine große Anzahl von Schreibernamen nachweisen, über die sonst nichts weiter zu ermitteln ist[3]. Wo es sich hier um berufsmäßige Schreiber handelt, ist anzunehmen, daß sie auf Bestellung, und zwar meistens für Laien, gearbeitet haben. So ist eine Wiener Historienbibel von einem Ulrich Sesselschriber für Bezahlung gefertigt; nach einer Rechnung am Ende der Handschrift erhielt er dafür 14 Schilling (= $^1/_2$ Gulden)[4]. Ein Ulrich Schriber von Straßburg stellte 1422 eine Historienbibel her[5]; ebenso ein Sigismund von Waidhofen, Scholar in Klosterneuburg, im Jahre 1454[6]. Auf Bestellung arbeitete auch Georg Rörer in Regensburg, von dessen Hand drei reich ausgeschmückte Alte Testamente erhalten sind, in den Jahren 1463—1468 geschrieben. Daneben kommt es auch vor, daß Bürger selbst deutsche Bibelteile schreiben. Wilhelm Heermans Bibel für die Peterskirche in Leiden wurde schon genannt. Ein „Wenncglab Radpekch", Bürger zu Klosterneuburg, hat ein Wiener Plenar mit den von Klapper herausgegebenen Traktaten geschrieben[7]. Eine Handschrift der 2. niederländischen Historienbibel ist von einem Arzt geschrieben[8], eine andere niederländische Sammelhandschrift mit verschiedenen biblischen Texten stammt aus der Feder eines Dordrechter Barbiers[9]. Die gegebenen Beispiele werden genügen, um zu zeigen, daß ein großer Teil der deutschen Bibelhandschriften seine Entstehung dem Interesse wohlhabender Bürger verdankt, und bestimmt ist sie in diesen Kreisen vielfach gelesen und verbreitet worden. Solche Abschriften konnten immer nur nach Vorlagen, die man sich von anderen lieh, hergestellt werden, wie ja auch mehrfach Verleihungen nachzuweisen sind. So ist es selbstverständlich, daß derartige Bücher nicht irgendwo als toter Besitz „unter der Bank" lagen, sondern daß man sich lebhaft mit ihnen beschäftigte, sie sich entlieh, abschreiben ließ, sie las und sie oft vor dem Tode als kostbares Gut zur Sicherung des Seelenheils einem Kloster vermachte. Die vielen erwähnten Schenkungen an Klosterbibliotheken kamen fast ausschließlich aus bürgerlichen Kreisen.

Vereinzelt ist man in bürgerlichen Kreisen schon dazu übergegangen, deutsche Bibelhandschriften planmäßig in größerem Umfang herzustellen, was dann später durch den Druck seine Vollendung erhielt.

Hier ist zunächst Martin Rotlöw in Prag zu nennen, von dessen Wirken die Vorrede zur Wenzelbibel berichtet[10]. Er benutzte hierfür Handschriften von Walthers 2. Zweig, deren Text vielleicht auf seine Anregung hin geschaffen

---

[1] van Druten S. 335.
[2] Chur, Kantonsbibliothek Ms. 53a; Vollmer, Mat. I, 2 S. 98.
[3] Vgl. die Verzeichnisse bei Vollmer, Mat. I, 2 S. 169 und Walther Sp. 725f.
[4] Wien, Nat.-bibl. 2823; Mat. I, 1 S. 95.
[5] Augsburg, Stadtbibl. Ms. 50, Vollmer, Mat. I, 1 S. 104.
[6] Klosterneuburg, Ms. S. 157, Vollmer, Mat. I, 1 S. 141.
[7] Wien, Nat.-bibl. 3063 (Pietsch R.).
[8] London, Brit. Mus. Add. 16951 (Ebbinge Wubben S. 35, de Bruin S. 30).
[9] Haag, Kgl. Bibl. 133 B 19 geschr. 1503—1514 (de Bruin S. 30).
[10] Von ihm sagt die Wenzelbibel, daß er
„... manch gut testament czeuget
vnd meret deine heilige schrift
Der ouch stiftet bise gestift..."
(Walther Sp. 294).

wurde[1] und in verhältnismäßig vielen Handschriften verbreitet ist. Zweifellos wird Rotlöws Bemühen auf diesem Gebiet mit dem böhmischen Biblizismus seiner Zeit zusammenhängen[2]. Deutlicher und umfangreicher ist das Wirken der Werkstatt Diebold Laubers in Hagenau für die Bibelverbreitung[3]. Ihre Tätigkeit ist von 1427—1467 nachzuweisen; hier wurden von mehreren Schreibern und „Illuministen" nach teilweise modernen Methoden (Arbeitsteilung u. a.) planmäßig und in großem Umfange deutsche Handschriften hergestellt, unter denen die Historienbibeln den ersten Platz einnahmen. Kautzsch nennt in seiner Arbeit insgesamt 38 Handschriften, die aus dieser Werkstatt erhalten sind, darunter allein 10 Historienbibeln. Vollmer[4] hat drei weitere Historienbibeln aufgespürt, die sicher von hier stammen[5], und zwei, bei denen es nicht unmöglich ist, daß sie dort entstanden sind[6]. Außerdem gingen aus dieser Werkstatt hervor: Eine vollständige Bibelübersetzung[7], ein Plenar[8], ein Buch der Könige[9] und ein Psalter[10], den Lauber selbst teilweise geschrieben hat. Von Lauber haben wir mehrere Bücheranzeigen, die teilweise diese Werke nennen[11]; er hat also nicht nur auf Bestellung gearbeitet. Man kann annehmen, daß ein so praktisch eingestellter Geschäftsmann, wie es Lauber gewesen sein muß, bei der Herstellung seiner Werke die Wünsche seiner Zeitgenossen berücksichtigt hat; sicher hat also damals ein Verlangen gerade auch nach Historienbibeln bestanden.

Ein besonders eindrucksvolles Bild von der Verbreitung deutscher Bibeln erhalten wir aus Nürnberg durch die vielen erwähnten Schenkungen an das dortige Katharinenkloster. Hier können viele namhafte Geschlechter der Stadt als Besitzer deutscher Bibelteile genannt werden wie die Imhoff, Tucher, Holzschuher, Topler und andere[12]. Auch sonst ist gerade in Nürnberg die deutsche Bibel sehr verbreitet gewesen. Die Verdeutschungen aus dem Besitz der dortigen Bürger Segenschmidt und Meichsner wurden schon genannt. Dem Ulrich Ortlieb in Nürnberg gehörte eine Handschrift der Paulinischen Briefe von 1424[13], ihm hatte 1431 Kaiser Sigismund für 1500 Goldgulden die Kaiserkrone verpfändet[14]; mehrfach wird er als Mitglied von Kommissionen genannt, die um 1430—1440 im Auftrage des Rates für die Durchführung der Reform im Nürnberger Kla-

---

[1] Die Handschriften in Stuttgart, Landesbibl. HB II 7—8 und 10 haben die Notiz: Herr Mertein rotleb der do saß zu prage vnd der do gepaut hat das collegium zu prage vnd do die Bibliothi hat man jm zu teutsch gemacht (BbK II, S. 12). Die Hss. müssen diese Notiz aus ihrer Vorlage übernommen haben, da sie selbst erst um 1450 entstanden sind.

[2] Über ihn s. auch Burdach, Die nationale Aneignung der Bibel S. 35f. und Toischer, Die deutsche Bibelübersetzung in Böhmen im XIV. Jahrh. in: Mitt. des Vereins f. Gesch. d. Deutschen in Böhmen 30 (1892) S. 392ff.

[3] Kautzsch, Diebold Lauber und seine Werkstatt in: ZfBW XII (1895) S. 1ff.

[4] Mat. I, 1.

[5] Kopenhagen, Samml. Thott 123; Raubnitz Schloßbibl. VI Ca. 5; Zürich, Stadtbibl. C 5/224.

[6] Frauenfeld, Kantonsbibl. Y 19; Würzburg, Univ.-Bibl. ch. fol. 25.

[7] Heidelberg, Univ.-Bibl. Pal. germ. 19—23 (Walther Sp. 394ff.).

[8] Köln, Stadtarchiv, Mj. theol. 251 (Kautzsch a. a. O.).

[9] Brüssel, Bibl. Roy., Mf. 14689—14691 (Kautzsch a. a. O.).

[10] Straßburg, Bibl. Univ. cob. 2539 (All. 514) (Walther Sp. 627).

[11] Faksimile einer Anzeige v. 1447 bei Bogeng, Geschichte der Buchdruckerkunst, nach S. 58.

[12] S. o. S. 68.

[13] Erlangen, Univ.-bibl. Nr. 1456; BbK IV, 2, Walther Sp. 379 (ohne Kenntnis der Handschrift).

[14] Mitteilungen d. Vereins f. d. Geschichte d. Stadt Nürnberg XXV (1924) S. 235.

rissenkloster sorgen sollten¹. Eine Wolfenbütteler Historienbibel² stammt aus dem Besitz des Erhard Schürstab († 1461) in Nürnberg, eines angesehenen und bedeutenden Bürgers der Stadt, der seit 1440 ununterbrochen dem Rat angehörte, beim Krieg mit Albrecht Achilles wortführender Bürgermeister war und auch sonst eine Reihe wichtiger Ämter der Stadt bekleidete³. Die Münchener Sammelhandschrift Cgm. 341 trägt auf dem Einband den Vermerk: Liber Doctoris Hartmanni Schedel Nurembergensis⁴; vielleicht ist hier der bedeutende Humanist, Arzt und Historiker Hartmann Schedel (1440—1514) gemeint, der Verfasser der umfangreichen gedruckten Weltchronik. Zweifellos war also im Nürnberger Patriziat die deutsche Bibel weit verbreitet. Auch hier ist man versucht, dies teilweise auf Einflüsse der Reformideen zurückzuführen, die bei dem Rate dieser Stadt tatkräftige Unterstützung fanden, etwa bei der Reform der dortigen Frauenklöster zu St. Klara und St. Katharina⁵.

Ähnlich wie in Nürnberg sind die Verhältnisse in den anderen großen Reichsstädten, wenn auch nicht überall so ausgeprägt. In Augsburg war neben dem schon genannten Jörg Sulzer der Zunftmeister der Kaufleute Gabriel Riedler offenbar ein Freund der deutschen Bibel. Ihm gehörte die wichtige Bibelhandschrift der Augsburger Stadtbibliothek⁶, die er 1424 in Regensburg angekauft hatte, und ebenso eine Historienbibel⁷, die 1457 in Augsburg von einem Jeronimus Müller, vielleicht auf seine Bestellung, geschrieben war. Riedler war als Zunftmeister der Kaufleute Ratsmitglied und von 1431—1455 zehnmal Bürgermeister. Hauptsächlich ist Augsburg dann für die Verbreitung der gedruckten Bibel von Bedeutung gewesen. In Ulm haben wir schon den Bürger Peter Strempfel und einen Angehörigen der Familie Krafft als Bibelbesitzer kennengelernt. Eine Magdalena Krafft hat 1476 nach einer Eintragung von ihrer Hand ein Exemplar der 4. gedruckten Bibel durchgelesen⁸. Ebenso ist in anderen oberdeutschen Städten, in Basel, Zürich, Straßburg Besitz deutscher Bibeln nachzuweisen, wie bereits erwähnt wurde. In Prag besaß außer Martin Rotlöw, sein Zeitgenosse Peter Beyer um 1386 einen deutschen Psalter, den er gekauft hatte⁹. Einem Hans Jakob vom Stall, dem Sohn des Stadtschreibers Johann vom Stall in Solothurn, gehörte eine Historienbibel, die vielleicht sein Vater geschrieben hatte¹⁰. Ein nicht näher genannter Bürgermeister der Stadt Weil besaß ein deutsches Plenar von 1426¹¹. In Köln gehörte dem Bürger Thonis Bertholt „ein geschreven buitsch evangeliumboich", das sich 1519 in seinem Nachlaß fand¹², und in Gent vermachte ein Handschuhmacher Lodewijk de Beer 1358 an Jan Woelputte „den evangelien in Vlaemsch¹³". Die Brügger Familie

---

¹ Kist a. a. O. S. 32 ff.
² Wolfenbüttel, Aug. fol. 45. 10; Vollmer, Mat. I, 1 S. 84.
³ ADB 33, S. 96 f. und Vollmer Mat. I, 1 S. 84.
⁴ Walther Sp. 306 Anm. Ein Johannes Schedel schrieb 1459 einen Psalter (Walther Sp. 601).
⁵ Vgl. hierzu die genannten Monographien über diese Klöster von Fries (St. Katharina) und Kist (St. Klara).
⁶ Msc. 3, Neues Testament und Plenar (Walther Sp. 356 Anm.).
⁷ München Cgm. 206 (Vollmer, Mat. I, 1 S. 118).
⁸ Falk a. a. O. S. 52. Das Exemplar war später im Besitz des Klosters Elchingen.
⁹ Berlin, Ms. germ. fol. 494 (Walther Sp. 600).
¹⁰ Solothurn, Stadtbibl. 217 (provis.) (Vollmer, Mat. I, 1 S. 92).
¹¹ Stuttgart, Landesbibl. fol. 33 (Bbk IV, 6).
¹² Jostes in Collectan. Fribrugens. a. a. O. S. XXVI Anm. nach: Annalen des histor. Vereins für b. Niederrhein 1844 S. 120.
¹³ de Bruin S. 29.

van Gruythuyse besaß ein flämisches Plenar[1]. Auch sonst ließen sich noch verschiedene Namen von Laien anführen, denen Verdeutschungen gehörten, doch wissen wir über sie nichts Näheres, so daß daraus keine weiteren Ergebnisse zu entnehmen sind. Bemerkenswert ist nur, daß hier Frauennamen gar nicht selten auftreten, auch von solchen, die offenbar nicht geistlich waren; zweifellos hängt das damit zusammen, daß schon im Hochmittelalter unter den Laien die Frau als besonders lesekundig galt; für sie war es selbstverständlich, daß sie lesen und schreiben konnte, was beim Ritter durchaus nicht der Fall war[2]. Nach altem deutschem Recht gehörten zu den Dingen, die nur an Frauen vererbt werden durften, neben Haus- und Toilettegerät, Kleidung usw. auch „saltere unde alle büke, die zu goddes dienste höret die vrowen pleget to lesene"[3]. Entsprechend lassen sich schon aus dem Hochmittelalter manche Belege für den Besitz von Psaltern bei Frauen geben[4]. Das ist im Spätmittelalter fortgesetzt worden; so gehörte ein Psalter nach Heinrich von Mügeln einer Ursula von Freiberg[5], niederdeutsche Psalterien einer Anna Paulina von Selbach und der Frau eines Meisters Kasper[7]. Doch finden sich ebensogut andere Bibelteile in weiblichem Besitz, auch Historienbibeln[8], wofür bereits einige Zeugnisse gegeben wurden. Wenn auch Grundmanns Anschauung, daß die deutsche religiöse Erbauungsliteratur nur für die Frauen entstanden sei[9], höchstens für das Ende des 13. Jahrhunderts gilt — die spätmittelalterlichen Bibelverdeutschungen richten sich durchweg nicht speziell an sie —, so kann doch das rege Interesse an der deutschen Bibel in Frauenkreisen nicht bezweifelt werden. Zwar überwiegen hier naturgemäß die Klosterangehörigen, doch ist auch ein nicht geringer Anteil der bürgerlichen und adeligen Frauen festzustellen.

Es geht überhaupt aus den genannten Quellenstellen eindeutig hervor, daß in den Kreisen des Adels, wie besonders des wohlhabenden Bürgertums die deutsche Bibel recht häufig gewesen sein muß und daß dort ein lebhaftes Interesse an ihr bestanden hat. Davon zeugen vor allem die vielen Aufträge zum Abschreiben der Bibel und die häufigen Schenkungen. Es wurde schon erwähnt, daß Bücher im bürgerlichen Besitz viel leichter der Zerstörung ausgesetzt waren als in den großen Bibliotheken, entweder durch häufige Benutzung, durch Unverständnis oder durch mutwillige Vernichtung. Und das trifft vor allem solche Werke, die sich nicht durch ihren Umfang oder ihre Größe hervorhoben, also auch bürgerlichen Kreisen leichter zugänglich waren. So ist sicher gerade von den dorther stammenden Handschriften unendlich viel verloren gegangen. Es ist kaum ein Zufall, daß uns viele Werke aus Laienkreisen nur dadurch erhalten sind, daß sie durch Schenkungen in Klosterbibliotheken kamen.

Viel beschäftigt hat man sich mit der Frage, wie weit die Bibelverbreitung in Laienkreisen mit der Häresie zusammenhängt, ob Verdeutschungen überwiegend oder teilweise im Besitz von biblizistischen Ketzerkreisen gewesen sind. Man hat

---

[1] Brüssel, cod. 476 (de Bruin S. 29).
[2] Vgl. H. Grundmann, Die Frau und die Literatur im Mittelalter in: Archiv f. Kulturgesch. 26 (1936) S. 129 ff.
[3] Sachsenspiegel (Grundmann a. a. O. S. 133 Anm. 4).
[4] Grundmann a. a. O. S. 134 f.
[5] Psalter von 1442 (München, Cgm. 5064): „Das buch ist meiner liebn muter ursula vonn freiberg" (Walther Sp. 593).
[6] Hamburg, Ms. 162 (Walther Sp. 699).
[7] Hamburg, in scrin. 157 (Walther Sp. 684).
[8] Vgl. Vollmer, Mat. I, 2 S. 167 f.
[9] A. a. O. S. 156.

aber bisher nur von einer einzigen Bibelhandschrift ziemlich sicher nachweisen können, daß sie in waldensischen Kreisen benutzt worden ist, von dem berühmten codex Teplensis[1]. Er hat am Schluß eine Abhandlung über die 7 Stücke des christlichen Glaubens und die 7 Heiligkeiten (Sakramente)[2], von denen die ersten den waldensischen Glaubensartikeln sehr ähnlich sind[3]. Vor allem weisen auf Waldenser die vielen Randbemerkungen und Unterstreichungen hin, die sich stets auf solche Bibelstellen beziehen, die für diese Kreise wichtig sein mußten, sei es als Stütze ihrer Lehre, sei es als Trost in den Verfolgungen[4]. Ob auch die Übersetzung dieser Handschrift von einem Waldenser stammt, darüber ist viel gestritten worden, ohne daß man zu sicheren Ergebnissen gekommen wäre. Sehr wahrscheinlich ist es nicht[5]. Wichtiger als diese Frage ist für unser Thema die Tatsache, daß wirklich in waldensischen[6] und sonstigen häretischen Kreisen vielfach Bibelverdeutschungen verbreitet waren, was bei einer Bewegung, in der die Schrift eine so zentrale Stellung hatte und die betonte, quod sacra scriptura eundem effectum habeat in vulgari quem in latino[7], nicht verwunderlich ist. Aus verschiedenen Berichten läßt sich Bibelverbreitung bei Häretikern nachweisen, schon 1231 wird sie bei Trierer Ketzern erwähnt[8]. Von den Waldensern sagt es ein Passauer Bericht von 1260[9]; gleiches wird 1458 von einem Haarlemer Ketzer namens Edo gemeldet[10]. In der Diözese Tournay berief sich ein verklagter Häretiker auf eine Stelle in sua vulgari biblia[11]. In Freiburg in der Schweiz besaß eine Waldenserin, Frau Perrotet, 1430 ein Evangelienbuch in deutscher Sprache, das sie ihrer Schwester bei Basel zugeschickt hatte[12]. Die Bibelübersetzungen dieser Kreise mögen allerdings vielfach nur im Besitz ihrer geistigen Führer gewesen sein[13], da viele ihrer Anhänger nicht die Mittel hatten, sich derartige Werke zu beschaffen, und oft wohl auch nicht lesen konnten. Da sie aber trotzdem Wert auf nähere Bibelkenntnis legten, kamen sie vielfach dazu, sich den Bibeltext gedächtnismäßig einzuprägen, wofür natürlich nur deutsche Texte in Frage kamen. Diese Vertrautheit mit dem Schriftwort erregte Aufsehen und wurde mehrfach betont. Der genannte Passauer Bericht spricht von einem Ungebildeten, der das ganze Buch Hiob auswendig gelernt hatte, und von anderen, die das Neue Testament vollständig hersagten[14]. Ähnliches melden ein

---

[1] Ungenügende Ausg. v. P. Klimesch, Der Codex Teplensis, Augsburg-München 1884.
[2] Abgedruckt bei Kurrelmeyer a. a. O. Bd. I S. 437.
[3] Außerdem führt die Hs. einleitend einige Stellen aus Chrysostomus und Augustin über das Bibellesen an, die teilweise mit denen in der Schrift Super modo vivendi übereinstimmen.
[4] Vgl. Walther Sp. 195ff.
[5] Walther Sp. 204, 719ff.
[6] Über Bibelverbreitung und -kenntnis bei den Waldensern s. bes. Kropatscheck S. 26ff.
[7] Kropatscheck S. 40.
[8] „Et plures erant secte et multi eorum instructi erant scripturis sanctis, quas habebant in Theutunicum translatas." (Gesta Treverorum, Contin. IV zum Jahr 1231, MG.SS. XXIV (eb. G. Waitz) S. 401 3. 19f., Fredericq, Corpus document. inquisit. I S. 81, II, S. 41, be Bruin S. 12).
[9] novum et vetus testamentum vulgariter transtulerunt et sic docent et discunt (Kropatscheck S. 27).
[10] Habebat enim apud se multos libros sacre scripture ex latino in Teutonicum translatos, quos studiose legendo perlustravit. (Fredericq a. a. O. S. 338, aus der Chronik des Jan Gerbrandsz v. Haarlem im Stadtarchiv zu Altmaar).
[11] Kropatscheck S. 154. [12] Kropatscheck S. 30.
[13] Grundmann a. a. O. S. 152.
[14] ... audivi et vidi quendam rusticum idiotam, qui Job recitavit de verbo ad verbum et plures, qui totum novum testamentum perfecte sciverunt (Kropatscheck S.27) („rusticus" hier wohl nicht = Bauer).

Kremser Bericht von 1315¹ und ein Straßburger von 1400². Man ist allerdings geneigt, diese Angaben über das Auswendiglernen so umfangreicher Bibelteile für übertrieben zu halten. Zweifellos haben aber die Waldenser sich eingehend mit der Bibel in deutscher Sprache beschäftigt und also auch schriftliche Übersetzungen besessen. Die Wahrscheinlichkeit, daß von ihrem handschriftlichen Besitz etwas erhalten ist, ist allerdings sehr gering. Was oben über die Vernichtung der Bücherbestände von Laien gesagt wurde, gilt in besonderem Maße auch für sie, ganz abgesehen davon, daß man bei Untersuchungen Handschriften, die man bei ihnen fand, meistens vernichtet haben wird. Aus den letzten Zeiten des Mittelalters hören wir nichts mehr von ihnen; sie sind damals aus dem Reichsgebiet ziemlich verschwunden, mit Ausnahme von Böhmen, wo sie in den Hussiten und böhmischen Brüdern aufgingen.

§ 11.
Der Bibeldruck.

Ganz neue Perspektiven eröffneten sich der Bibelverbreitung durch die Erfindung des Buchdrucks. Zwar die grundsätzliche Stellung der Bibel, die Formen ihrer Verbreitung, die Art ihrer Benutzung änderten sich nur wenig; es wurde nicht einmal der Versuch gemacht, für den Druck neue gute Übersetzungen zu schaffen. Aber dadurch, daß jetzt die Verdeutschungen viel leichter, billiger und in größerer Zahl hergestellt wurden, konnten sie nun viel mehr Allgemeingut werden und auch in solche Kreise bringen, denen früher ihre Anschaffung aus wirtschaftlichen Gründen unmöglich gewesen war. So spricht der Traktat „Himmelstür" (1513) von „den heiligen Schriften und Bibeln, als sy hetzund in dutsche Zungen gesetzt werden und getruckt, und wit gestreut werden in gar grosser Zal gantz oder in Teilen, und als du sy umb wenig gelb hetzund keuffen magst³". Auch andere Zeitgenossen betonen gerade in den letzten Tagen vor Luthers Auftreten, daß damals die deutsche Bibel ganz besonders weit verbreitet war, und zwar wird dabei oft auf den Druck hingewiesen, so von den Schulmeistern Johann Kolroß und Valentin Ickelsamer⁴ und von Ulrich Surgant⁵. Ähnliche Äußerungen sind von Sebastian Brant aus seinem Narrenschiff⁶ und von Wimpfe-

---

¹ raro est apud eos homo cuiusque sexus, qui textum novi testamenti non sciat cordetenus in vulgari (Kropatscheck S. 27).

² Item pro maiori parte sunt illiterati et scripturam lingua materna in corde retinentes et exprimentes (Kropatscheck S. 31).

³ Janssen, Gesch. des deutschen Volkes a. a. O. S. 51.

⁴ Sie nennen als wichtigsten Grund für den allgemeinen Leseeifer am Ende des Mittelalters: „Diewyl es Got dem allmechtigen in diser letsten zyt also gefallen, die heylig gschrifft sins göttlichen worts dem einfaltigen zu heyl vnnd trost, ouch in verständiger vätterlicher sprach, durch den truck an das liecht zekummen lassen" (Kropatscheck S. 160 f.).

⁵ Die Laien können die in der Predigt gehörten Bibelzitate mit ihren eigenen Übersetzungen vergleichen (s. o. S. 19), quia evangelia sunt in vulgari impressa (Kropatscheck S. 145).

⁶ „All land syndt yetz voll heylger geschrifft,
Vnd was der selen heyl antrifft,
Bibel, der heylgen vätter ler
Vnd ander der glich bucher mer..."
(Kropatscheck S. 139).

ling[1] überliefert und ließen sich sicher noch vermehren[2]. Die gesteigerte Verbreitung erweckte andererseits bei den kirchlichen Stellen Mißtrauen und führte zu recht scharfen Zensurvorschriften.

Über den Buchdruck selbst ist schon häufig berichtet worden, so daß es hier genügt, seine wichtigsten Tendenzen und Formen zu verfolgen. Auch hier machen bezeichnenderweise die Bibelbearbeitungen den Anfang: schon kurz nach 1460 druckte in Bamberg Albrecht Pfister, ein verheirateter Kleriker, Sekretär und Vertreter des Dompropstes, zwei deutsche Ausgaben der Biblia pauperum und einen deutschen Auszug aus der Historia Scholastica[3], der mit Illustrationen versehen war[4], wie überhaupt Pfister als erster seine Drucke illustrierte. Sehr viel wichtiger und folgenreicher war dann der Schritt des Straßburger Druckers Johann Mentel, einen vollständigen Bibeldruck in deutscher Sprache herauszugeben, der wahrscheinlich 1466 fertiggestellt wurde[5]. Mentel suchte offenbar durch Verzicht auf Illustrationen und durch kleinen Satz ein möglichst billiges und nicht zu umfangreiches Werk zu schaffen. Leider tat er aber bei der Auswahl der von ihm benutzten Übersetzung einen unglücklichen Griff, indem er eine recht ungeschickte, schlecht lesbare und schon damals sprachlich veraltete Übertragung abdruckte[6]. Man hat diese Mängel schon damals empfunden[7], es ist jedoch ein bedeutsames Zeichen für das lebhafte Verlangen nach der deutschen Bibel, daß trotzdem bald Nachdrucke erschienen, so unmittelbar nach ihr eine Straßburger Ausgabe und einige Jahre später eine Augsburger. Noch beweiskräftiger sind die verschiedenen Abschriften, die gerade nach der Mentelbibel angefertigt wurden; es sind davon zusammen acht Handschriften erhalten, die meistens die vollständige Bibel umfassen und alle aus der Zeit um 1470 stammen[8]. Daraus geht eindeutig hervor, daß man diese erste gedruckte deutsche Bibel begierig aufgenommen und trotz der Nachteile auf ihre weitere Verbreitung Wert gelegt hat. Irgendeine kirchenfeindliche oder freie Tendenz liegt ihr durchaus nicht zugrunde, ihr Drucker war bis 1468 bischöflicher Notar in Straßburg[9] und blieb stets der Kirche treu, wie aus mehreren Schenkungen hervorgeht[10]. Dasselbe gilt von seinen Nachfolgern: Eggestein war Insiegler des Bischofs Ruprecht von Straßburg, Pflanzmann Procurator und Fürsprecher des geistlichen Gerichts in Augsburg.

Nachdem schon Pflanzmann durch einige Verbesserungen und Illustrationen den Wert seines Werkes zu erhöhen versucht hatte, erfolgte nur wenig später,

---

[1] Videmus populares et laicos legere in vernacula lingua utrumque instrumentum, vitas patrum, de imitatione Christi, compendium theologicae veritatis etc. (Falk a. a. O. S. 18).
[2] Die Kölner Bibel spricht von der Übersetzung, die „langhe voer beſſer tijt vñ in overlant vñ in ſumighē ſteben beneben ghedrucket vnde ghevoert in mannighen landen vnde verkofft is .."
[3] Historie von Joseph, Daniel, Judith, Esther v. 1462, vgl. hierzu den Anhang unten S. 156 ff.
[4] Wiedergegeben bei A. Schramm, Der Bibelschmuck der Frühdrucke I (1922).
[5] Über Mentel s. die ausführliche Biographie von Karl Schorbach, Der Straßburger Frühdrucker Joh. Mentelin. Veröff. der Gutenberg-Gesellsch. XXII (1932) Sch.'s Ansetzung der Mentelbibel auf 1461 beruht auf einem Irrtum.
[6] Vgl. Walther Sp. 61 ff.
[7] S. o. S. 23 f.
[8] Walther Sp. 129 ff., Kurrelmeyer a. a. O. Bd. X S. XXVIII ff.
[9] Schorbach a. a. O. S. 178.
[10] Schorbach a. a. O. S. 35.

um 1475, eine umfangreiche Neubearbeitung in Günther Zainers Augsburger Ausgabe. Er hatte schon vorher ein Gebetbuch nach der Mentelbibel mit einigen Verbesserungen herausgegeben[1] und suchte nun, seiner Buchanzeige entsprechend[2] die Druckfehler und veralteten Ausdrücke seiner Vorgänger — er benutzte Eggesteins Bibel — zu beseitigen, ihre Eintönigkeit durch Wechsel in der Wortwahl zu überwinden und sich sprachlich mehr von der lateinischen Vorlage frei zu machen[3]. Allerdings ist ihm nicht alles gelungen, was er beabsichtigte; auch seiner Ausgabe fehlt es teilweise an sprachlicher Gewandtheit. Die kleinen Eingangsbilder Pflanzmanns sind hier zu Holzschnittinitialen ausgestaltet. Zainer, der erste Drucker in Augsburg, brachte überhaupt zuerst in größerem Umfang volkstümliche deutsche Literatur, meistens mit Bildschmuck, heraus[4]. Neben der ersten lateinisch-deutschen Ausgabe des Speculum humanae salvationis, das, noch ohne Perikopen, in Verbindung mit dem Kloster St. Ulrich und Afra geschaffen wurde, stammt von ihm der Erstdruck eines deutschen Plenars vom 3. März 1473, das dann schon im folgenden Jahr in zweiter, verbesserter Ausgabe bei ihm erschien. Diese zweite Ausgabe zeigt, wie auch schon der zweite Teil der Ausgabe von 1473, in ihrer sprachlichen Gestaltung enge Beziehungen zu der Bearbeitung der gesamten Bibel[5], beide werden von dem gleichen Redaktor angefertigt und, wie früher das Gebetbuch, aus dem Bemühen Zainers entstanden sein, lesbare deutsche Bücher zu schaffen und zu verbreiten. Hierin steht ihm sein Zeitgenosse Anton Sorg, gleichfalls in Augsburg, sehr nahe. Er war allerdings meistens Nachdrucker von Zainers Werken. Von ihm stammen zwei Bibelausgaben nach dessen Bearbeitung, zwei Drucke des Speculum, dem er die Passionsgeschichte einfügte, sowie sieben Plenarien, vier Passionen und ein Psalter[6]. Als erster gab er den neutestamentlichen Teil einer Historienbibel heraus, die Neue Ee mit Passional von 1476, von der er 1481 und 1491 Neuauflagen herstellte[7]. Der Nachfolger Zainers und Sorgs in der Verbreitung volkssprachlicher Schriften wurde Johann Schönsperger d. Ä., ebenfalls ein Augsburger Drucker, der 1483—1500 zwei Bibeln, sechs Plenare und einen Psalter herausgab, sowie in Verbindung mit Thomas Rüger je eine Neue Ee und ein Plenar, endlich die zwei letzten Drucke des Speculum. Eine Bearbeitung von Zainers Plenar erschien schon 1476 in der Augsburger Ausgabe von Johannes Bämler[8], der die meisten späteren Ausgaben folgten. Den späteren Drucken des Speculum liegt eine Baseler Ausgabe von Bernhart Richel zugrunde, die ihm die Perikopen des Kirchenjahres anfügt[9].

So ging der Strom der Bibeldrucke unter Augsburger Führung immer mehr auseinander und griff früh auch auf das niederdeutsche Gebiet über. Hier wurde die Tätigkeit des Lübecker Druckers Lukas Brandis bahnbrechend. Bei ihm erschien um 1473 ein Psalter, um 1475—1476 dann ein Plenar und ein Speculum, endlich 1478 eine Neue Ee mit Passional und eine Passion[10]. Die Formen wurden

---

[1] Walther Sp. 103f.
[2] S. o. S. 23 Anm. 2; Zainers Nachschrift sagt ebenfalls, die Bibel sei: „für all ander vorgedruckt teutsch biblen. lauterer. klärer. vnnd warer. nach rechter gemeinen teutsch dann vorgedruckt .." (Walther Sp. 99).
[3] Walther Sp. 59f., 66ff., 74f.
[4] Seine Illustrationen hrsg. v. A. Schramm, Der Bilderschmuck der Frühdrucke II.
[5] Pietsch a. a. O. S. 289ff.
[6] Schramm a. a. O. Bd. IV, Walther Sp. 123f.
[7] Vollmer, Mat. I, 1 S. 173f.
[8] Pietsch a. a. O. S. 305.
[9] Pietsch a. a. O. S. 51ff.
[10] Borchling-Claußen, Niederdeutsche Bibliographie I. Lief. (1931).

also von den oberdeutschen Druckern übernommen. In den Niederlanden erfolgten 1477 die ersten Ausgaben eines Plenars und eines Evangeliars bei Geraert Leeu in Gouda[1], sowie der Druck der Delfter Bibel, die sich nach der 2. niederländischen Historienbibel richtet unter Fortlassung der Stücke aus der Historia Scholastica; sie umfaßt also nur Teile des Alten Testaments[2]. Die Drucker dieser Bibel, J. Jacobszoon und M. Yemantszoon, gaben 1480 auch den ersten niederländischen Psalter heraus[3]. Schon kurz vorher erschien in Köln bei Heinrich Quentell die erste niederdeutsche Bibel[4] in zwei Ausgaben, eine in niedersächsischer, eine in kölnischer Sprache, ein Werk, das nicht nur wegen seiner schon mehrfach zitierten Vorrede von Bedeutung ist. Sie benutzt neben der Delfter Bibel und einer hochdeutschen Ausgabe nach Zainers Bearbeitung auch die handschriftlichen niederdeutschen Übertragungen[5], wie der Herausgeber in seiner Vorrede selbst sagt, daß er sich nach der verbreiteten und auch im Druck im Ober- und im Niederlande erschienenen Übersetzung richten wolle, womit allerdings nicht eine bestimmte Arbeit gemeint sein kann[6]. Ferner sind kurze Erklärungen aus der Historia Scholastica angefügt. In diese Bibel sind zuerst in größerem Umfang Illustrationen eingesetzt[7], hauptsächlich für die geschichtlichen Stücke des Alten Testaments und die Apokalypse — für die letztere allerdings nur in der kölnischen Ausgabe — deren Vorbilder in einer aus der Kölner Gegend stammenden Historienbibel gefunden worden sind[8]. Sie wurden von allen späteren Bibelausgaben übernommen und haben unverkennbar auch auf Dürer und die Bibelillustratoren der Lutherzeit eingewirkt[9].

Von dieser Kölner Bibel ist die oberdeutsche Ausgabe des bedeutenden Nürnberger Druckers und Verlegers Anthoni Koberger[10] von 1483 abhängig, die wiederum sprachliche und künstlerische Verbesserungen versuchte. Hierbei ging sie meistens von Quentells Bibel aus, von der die Druckstöcke für die Illustrationen sowie kurze Inhaltsangaben vor den einzelnen Kapiteln und auch einige Änderungen des Ausdrucks übernommen wurden[11]. Diese Bibel war offenbar besonders verbreitet, da von keiner anderen so viele Exemplare erhalten sind. Ein Großunternehmen wie das Kobergers, dessen „Spezialität" die Ausgabe von Bibeln war, konnte bedeutend höhere Auflagen herausbringen als die meisten anderen Drucker[12]. Erwähnt sei weiter die niederdeutsche Lübecker Bibel, die 1494 bei Stephan Arndes erschien. Sie geht zunächst gegenüber der Kölner Bibel eigene Wege, schließt sich aber bald eng an sie an[13]. Auch der Bildschmuck ist von dort übernommen, allerdings künstlerisch bedeutend verbessert, so daß er zweifellos einen Höhepunkt der vorlutherischen Bibelillustration darstellt. Be-

---

[1] de Bruin S. 508.
[2] v. Druten S. 121 ff.
[3] Campbell, Annales de la Typographie Neerlandaise (1874) Nr. 599.
[4] Über sie vgl. Tage R. Ahldén, Die Kölner Bibel-Frühdrucke Diss. Lund 1937 (Lunder Germanist. Forschungen 5).
[5] Walther Sp. 660 ff.
[6] Walther Sp. 657.
[7] Veröffentlicht von A. Schramm a. a. O. Bd. VIII (Leipzig 1922).
[8] Berlin, Ms. germ. fol. 516 (Kautzsch, Die Holzschnitte der Kölner Bibel von 1479, Straßburg 1896 und Vollmer, Mat. I, 2 S. 22).
[9] Worringer, Die Kölner Bibel (München 1923) Einleitung.
[10] Über ihn s. Hase, Die Koberger, 2. Aufl. (Leipzig 1885).
[11] Walther Sp. 109.
[12] Hase a. a. O. S. 257.
[13] Walther Sp. 672 ff.

merkenswert ist die Fülle der Glossen in dieser Bibel, sie sind aber stets besonders gekennzeichnet[1].

Es ist beachtlich, daß an der Herstellung der Plenare vereinzelt auch die Brüder vom gemeinsamen Leben beteiligt waren; so gab der Uracher Drucker Konrad Fyner, dessen Tätigkeit mit dem dortigen Fraterhaus in Verbindung stand, neben einem deutschen Gebetbuch 1481 ein Plenar heraus[2]. Das zweite niederdeutsche Plenar erschien 1484 bei A. Ravenstein und J. Westphal, „brodere in der staed Magdeborch", wahrscheinlich Fraterherren[3]. Die sonstigen Druckereien der Brüder waren freilich, wie gesagt, am Bibeldruck nicht beteiligt[4].

Ein Vergleich der verschiedenen Formen des Bibeldrucks zeigt, daß der Druck zunächst alle Arten von Bibelausgaben und -bearbeitungen der Handschriftenzeit übernimmt und fortsetzt. Bald trat hier jedoch eine bezeichnende Wendung ein, die sicher nicht zufällig ist: man kann ohne Zweifel ein immer stärker werdendes Zurücktreten der freien Bearbeitungen gegenüber den wörtlichen Übersetzungen wahrnehmen. Es ist sicher eine Ausnahme, wenn in den Niederlanden noch 1513—1518 zu Antwerpen viermal die niederländische Übertragung einer französisch bearbeiteten Historia Scholastica aufgelegt wurde, deren letzte Ausgaben um einige Bücher des Alten Testaments, die Apostelgeschichte und die Apokalypse erweitert waren[5]. Sonst sind im ganzen deutschen Sprachgebiet keine vollständigen Historienbibeln im Druck erschienen, obgleich sie vorher außerordentlich beliebt waren. Pfisters Ausgabe der vier Historien wurde nicht nachgedruckt, von der Neuen Ee erschienen im ganzen nur sechs oberdeutsche Drucke, alle in größeren zeitlichen Abständen zu Augsburg, der letzte 1503[6]. Schon vorher war, ebenfalls in Augsburg, im Jahre 1500 das letzte Speculum erschienen; wenn es dies Werk immerhin auf zehn Ausgaben brachte, so doch wohl nur deshalb, weil man ihm durch Anfügung der Perikopen einen höheren Wert gegeben, es „zeitgemäßer" gemacht hatte[7]. Die Entwicklung der Biblia pauperum war schon nach Pfisters zwei Drucken mit zwei xylographischen Ausgaben um 1470 zu Ende[8]. Auch die niederdeutschen Bibelbearbeitungen fanden anscheinend keinen Anklang; weder die Delfter Ausgabe von 1477 noch Brandes Lübecker Drucke sind, bis auf eine „Nye Ee" von 1482, nachgedruckt worden[9]. Berücksichtigt man, daß in der Zeit bis 1500 schon rund 30 oberdeutsche, 12 niederdeutsche[10] und 23 niederländische[11] Ausgaben des Plenars sowie 12 oberdeutsche und 3 niederdeutsche Vollbibeln erschienen waren, so geht daraus eindeutig hervor, daß das Verlangen nach früher so verbreiteten freien Gestaltungen immermehr schwand. Die Drucker jener Zeit waren darauf angewiesen und gewohnt, sich in ihrer Produktion genau den Bedürfnissen ihrer Zeitgenossen an-

---

[1] Vgl. hierüber u. a. M. Friebländer, Die Lübecker Bibel (München 1923), veröffentlicht sind die Bilder von A. Schramm a. a. O. Bd. XI.
[2] Pietsch a. a. O. S. 18 ff., das Gebetbuch genannt in BbK II S. 14.
[3] Borchling-Claußen Nr. 74 (vgl. PRE. III S. 495).
[4] S. o. S. 60.
[5] „Den Bibel int corte" (1518 .. „mitten figuren") Nijhoff-Kronenberg 365—368 v. Druten S. 309 ff. Außerdem ist die Delfter Bibel (1477) benutzt. Apostelgesch. und Apokalypse erschienen auch für sich in Leiden (um 1512).
[6] Vollmer, Mat. I, 1 S. 174 f.
[7] Pietsch a. a. O. S. 99 ff.
[8] Schreiber, Manuel Bd. V, S. 105.
[9] Zwei niederländische Drucke des Speculum erschienen in Culenborch 1483 (Campbell 1573) und in Brüssel 1510 (Nijhoff-Kronenberg 1929).
[10] Borchling-Claußen, zwischen Nr. 8 und 298.
[11] Campbell Nr. 685—706, 687a.

zupassen. Man druckte lieber in geringer Auflage und stellte Neudrucke her, wenn die Nachfrage anhielt, als daß man sich der Gefahr aussetzte, hohe Auflagen später nicht absetzen zu können. So ist die Zahl der Neuauflagen eines Buches ein getreues Abbild des damaligen Interesses an ihm und spricht auch in diesem Falle eine deutliche Sprache. Dieselbe Entwicklung setzt sich nach 1500 fort. Während, wie erwähnt, die freien Bearbeitungen jetzt ganz verschwinden, erleben Werke wie die Plenarien immer neue Ausgaben: bis 1523 erschienen weiter 25 oberdeutsche, 9 niederdeutsche[1] und 9 niederländische[2] Drucke. Hierbei zeichnete sich besonders Adam Petri in Basel aus, weil er sowohl niederdeutsche wie oberdeutsche Ausgaben herausbrachte, im ganzen sieben oder acht. Auch die oberdeutschen unter ihnen richten sich nach den Lübecker Ausgaben der sog. „Mohnkopfdruckerei"[3]. Die Herausgabe von Psaltern zeigte ebenfalls keine Unterbrechung: in Oberdeutschland erschienen mehrere lateinisch-deutsche Drucke. Die Zahl der Psalterdrucke ist allerdings im Verhältnis zu seiner kirchlichen Bedeutung und verglichen mit den Plenarien nicht sehr hoch. Walther nennt im ganzen 6 hochdeutsche und 13 zweisprachige Ausgaben[4], zu denen noch drei niederdeutsche[5] und neun niederländische[6] kommen. An ihre Stelle traten oft die Gebetbücher.

Es ist bei alledem bemerkenswert, daß nach 1494 nur noch drei Vollbibeln erschienen, zwei oberdeutsche und eine niederdeutsche, die Halberstädter von 1522. Vielleicht war der Bedarf an ihnen bei den Kreisen, die den immerhin erheblichen Preis für sie aufbringen konnten, im ganzen gedeckt, vielleicht war man trotz aller Verbesserungsversuche mit ihrer sprachlichen Form nicht zufrieden, vielleicht haben auch die kirchlichen Zensurerlasse ihre Verbreitung eingedämmt. Man hat eine Einwirkung des Mainzer Ediktes darin sehen wollen, daß Grüninger in seiner Straßburger Bibel von 1485 wie in seinem gleichzeitigen Psalter seinen Namen nicht nennt[7], auch die Kölner Bibel hat man mit einem gleichzeitigen Zensurerlaß für die Kölner Universität in Verbindung gebracht[8]. Doch ist es schwer zu ermitteln, ob diese Erlasse wirklich praktische Folgen für die Verbreitung der deutschen Bibel gehabt haben. Schon ihre häufige Wiederholung zeigt, daß man sich wohl oft über sie hinweggesetzt hat; der Erlaß Bertholds von Mainz hat den Druck zweier Augsburger Bibeln in den ersten Jahren nach seinem Herauskommen nicht verhindert.

Beim Bibeldruck ergibt sich, im Gegensatz zu den Handschriften, eher die Möglichkeit, die Verbreitung im einzelnen auch zahlenmäßig zu verfolgen. Hierfür kommt allerdings neben der sicheren Zahl der Ausgaben die ziemlich schwankende Höhe der Auflagen in Frage, was doch wieder eine gewisse Unsicherheit in derartige Aufstellungen hineinbringt. Man kann für die Frühzeit mit einer Auflage von rund 200 Exemplaren rechnen; doch wuchs diese Zahl bald und überstieg bei Kobergers Drucken häufig das erste Tausend. Im allgemeinen wird bei den Werken der Inkunabelzeit eine durchschnittliche Auflagenhöhe von 300 angenommen[9]. Unter Zugrundelegung dieser bestimmt

---

[1] Borchling-Claußen, Nr. 392, 405, 406, 449, 450, 534, 600, 601, 632 A.
[2] Nijhoff-Kronenberg Nr. 899—907.
[3] Pietsch a. a. O. S. 45 ff., S. 90 ff.
[4] Sp. 119 ff., 595, 601 ff., 628.
[5] Borchling-Claußen Nr. 1, 227, 451.
[6] Campbell Nr. 549—552, Nijhoff-Kronenberg 359—363.
[7] Walther Sp. 207 f.
[8] Worringer a. a. O. S. 7 f.; Kapp, Gesch. des deutschen Buchhandels S. 526.
[9] Bogeng, Geschichte der Buchdruckerkunst (1930) S. 642.

nicht zu hoch gegriffenen Zahl[1] würde sich ergeben, daß um 1500 bereits 4500 Vollbibeln und 20000 Plenarien deutsche und niederländische Druckerpressen verlassen haben, wahrscheinlich aber noch mehr. Diese Zahlen, die natürlich nur einen annähernden Begriff geben sollen, zeigen, daß die Verbreitung der deutschen Bibel doch nicht unterschätzt werden darf. Man muß dabei bedenken, daß nur ein beschränkter Teil des Volkes als Abnehmer und Leser gedruckter Bücher in Betracht kam, nicht nur, weil viele des Lesens nicht kundig waren, sondern auch des Preises wegen. Leider läßt sich über die Bücherpreise jener Zeit kaum irgendetwas angeben, da sie außerordentlich schwankten und nur wenig über sie überliefert ist. Wir wissen allerdings, daß 1466 ein uneingebundenes Exemplar der Mentelbibel zwölf Gulden kostete[2]; doch wird dieser Preis, wie allgemein die damaligen Bücherpreise, bald zurückgegangen und später mindestens auf die Hälfte gesunken sein[3]. Wie billig nach 1500 ein Plenar war, ergibt sich aus der genannten Notiz über die Mainzer Ausgabe von 1510[4]; auch die Plenarien werden früher teurer gewesen sein und mehrere Gulden gekostet haben.

Der Buchdruck führte zweifellos eine erhebliche Änderung der geistigen Lage des Spätmittelaters herbei. Er förderte auf allen Gebieten die geistige Selbständigkeit und ermöglichte eine viel umfassendere Ausbreitung neuer Strömungen und Ideen. Auch auf die Geschichte der deutschen Bibel hatte das einen nachhaltigen Einfluß; die Probleme, die um ihre Verbreitung entstanden waren, wurden durch die neuen technischen Möglichkeiten viel brennender und drängten einer Entscheidung entgegen. Denn durch ihn konnte das Interesse an der Bibelverdeutschung in viel weitere Kreise getragen werden, denen sie früher kaum zugänglich gewesen war. Dadurch erhielt der aufstrebende religiöse Individualismus eine neue, kräftige Stütze, wurde es doch durch die Druckkunst möglich, daß — wie Koelhoffs Kölner Chronik sagt — „eyn yeder mynsch mach den wech d'zelicheit selffs lesen off hoers lesen"[5]. Sicher mochten hierdurch oft kritische und feindliche Stimmungen gegenüber der Kirche entstehen, die auch aus anderen Quellen genährt wurden, so daß jetzt die Bedenken gegen die Verbreitung der deutschen Bibel — wie wir sahen — häufiger laut wurden. Aber zugleich mit ihnen erhoben sich Stimmen, die diese neuen Möglichkeiten der religiösen Volksbildung lebhaft begrüßten. So verschärften sich die Gegensätze, weil ein neuer Geist im Anzuge war, ein Geist, der sich auch in dem Verschwinden mancher alten Formen von freien Bibelbearbeitungen, in den Verbesserungsversuchen an den gedruckten Übersetzungen deutlich zeigt. Man ist mit dem Überlieferten, Althergebrachten nicht mehr zufrieden und ringt nach neuen Formen und Ausdrucksweisen. So bringt die Zeit des Buchdrucks zugleich den Höhepunkt wie die Auflösung spätmittelalterlicher Bibelgeschichte.

---

[1] Kapp (a. a. O. S. 264) nimmt 500 an.
[2] Walther Sp. 113.
[3] Um 1520 verkaufte Koberger in Italien gedruckte griechische und lateinische Bibeln um 8 Gulden (Hase a. a. O. S. 386). Mehr wird damals eine deutsche Bibel sicher nicht gekostet haben.
[4] S. o. S. 46.
[5] Bogeng a. a. O. S. 77.

Abschluß.

Die verschiedenen literarischen Formen deutscher Bibelverbreitung waren natürlich nicht die einzigen Kanäle, aus denen das Bibelwort in das Volk hineinströmte. Neben ihnen kommt vor allem die mündliche Übermittlung durch die Predigt in Betracht. Entsprechend dem starken Anteil der Laienwelt am religiösen Leben wurde im Spätmittelalter die deutsche Predigt eifrig gepflegt, in den größeren Städten wurde mindestens an Sonn- und Feiertagen allgemein deutsch gepredigt, häufig aber auch an Wochentagen, besonders in der Advents- und Fastenzeit[1]. Auf dem Lande mögen allerdings die Zustände nicht immer so günstig gewesen sein. Selbstverständlich stand das Schriftwort im Mittelpunkt der Predigt; fast stets bilden Sprüche oder Erzählungen aus der Bibel ihr Thema, besonders bei solchen, die die Perikope der einzelnen Tage behandelten; aber auch sonst sind die Predigten voll von Bibelzitaten[2]. Sie konnten natürlich nicht nur lateinisch gegeben werden, besonders dann nicht, wenn sie das Thema der Predigt bildeten, sondern mußten ausführlich übersetzt und erklärt werden. Auf diese Verbreitung des Bibelinhalts und seine Erklärung für die Laien legte man besonderen Wert[3], vor allem dort, wo man das unbeaufsichtigte Bibellesen der Laien beargwöhnte und in der Predigt ein viel geeigneteres Mittel sah, ihren Bibelhunger zu befriedigen[4]. Zweifellos ist auf diesem Wege in weite Kreise Bekanntschaft mit dem Wortlaut der Schrift gedrungen, auch in solche, wo man nicht lesen und schreiben konnte. Aus Surgants Manuale Curatorum erfahren wir[5], wie scharf die Zuhörer auf den Prediger und besonders auf seine Schriftzitate achteten. Man las sie im Hause nach und wird sie sich auch sonst gedächtnismäßig eingeprägt haben. Hierher gehört auch die Gewohnheit Johann Celes und der Brüder vom gemeinsamen Leben, an Sonntagen in ihren Häusern für Laien die Bibel zu lesen und zu erklären[6].

Neben der Predigt bilden die vielen und umfangreichen geistlichen Spiele des Spätmittelalters einen wesentlichen Faktor in der Verbreitung des deutschen Bibelwortes. Sie geben zwar keine eigentliche Übersetzung, sondern freie, meist gereimte Gestaltungen des Bibelinhalts unter Heranziehung der Historia Scholastica und unter Berücksichtigung der mittelalterlichen, kirchlichen Schriftauslegung. Sie sind also mit den verschiedenen historischen und typologischen Bibelbearbeitungen inhaltlich eng verwandt, sie hatten aber ihnen gegenüber den Vorteil, daß sie sich — ähnlich wie die Predigt — an alle Schichten des Volkes richteten und weit eindringlicher, ergreifender wirken konnten als das geschriebene Wort. Daher spielen sie gleichfalls für die Bibelkenntnis weiterer Kreise eine wichtige Rolle. Hierher gehört endlich die sonstige Literatur in der Muttersprache, besonders solche über geistliche Stoffe; auch hier findet das deutsche Bibelwort häufige Anwendung, und so wird auch sie zu seiner Verbreitung und Kenntnis beigetragen haben.

---

[1] Vgl. Schairer, Religiöses Volksleben S. 117.
[2] Siehe Schmeck, Herm., Die Bibelzitate in den altdeutschen Predigten. Greifswalder Diss. 1907. Die Kartothek des DBA enthält bisher 4760 Karten mit Nachweisungen von Bibelzitaten aus deutschen Predigten des Mittelalters.
[3] Die Synodalstatuten des Baseler Bischofs Christoph von Utenheim bestimmen, daß die Seelsorger an allen Sonntagen den Pfarrkindern die evangelische Perikope in der Muttersprache erklären sollen (Luc. Pfleger HJb. 38, S. 702).
[4] So etwa die Haltung Geilers von Kaisersberg (s. o. S. 18).
[5] S. o. S. 19.
[6] Chron. Windesheim. (Ausg. v. Grube) S. 206 f., 211.

Ein Vergleich der im Vorhergehenden genannten Daten und Tatsachen betr. die Stellung und Verbreitung der deutschen Bibel vor Luther zeigt klar, daß man über die früheren Ansichten zu dieser Frage doch erheblich hinauskommen kann. Unmöglich kann man heute noch annehmen, daß die Beschäftigung mit den Verdeutschungen der Schrift nur aus der Opposition gegen die herrschende Kirche entsprungen sei, daß diese selbst sie stets abgelehnt habe, daß also ihre Verbreitung nur auf kleine Kreise beschränkt gewesen sei, die sich mindestens innerlich von der Kirche getrennt hatten. Viel umfassender, viel mannigfaltiger, als man früher glaubte, war das Leben, das sich um die deutsche Bibel entwickelte. Fast alle Kreise, in denen damals eine lebendige Frömmigkeit erwuchs und gepflegt wurde, haben sich nachweislich um sie bemüht. In den altberühmten Benediktinerklöstern Bayerns, in den Burgen und Häusern des deutschen Ordens, in den Frauenkonventen der niederländischen Städte, bei den Mystikerinnen des Dominikanerordens, auf den Burgen der Fürsten und des Adels, in den Stadthäusern wohlhabender Bürger, überall findet man Spuren lebhafter Beschäftigung mit den Bibelverdeutschungen. Die häufigen Schenkungen und Verleihungen, die vielen Aufträge zum Abschreiben erweisen deutlich, daß sich das Bemühen um sie nicht nur im Geheimen abspielte, sondern in voller Öffentlichkeit und unter lebendiger Anteilnahme weiter Kreise von Klerikern und Laien. Sicherlich trat sie teilweise im Zusammenhang mit kirchenfeindlichen Strömungen auf und erregte so Mißtrauen bei manchen besorgten Klerikern; aber man wird solche Stimmen doch nicht verallgemeinern dürfen. Gerade auch in kirchlichen Kreisen fand die deutsche Bibel warme Verteidiger und wurde dort bedenkenlos verbreitet. Man hat dabei die heilige Schrift durchaus nicht immer als unteilbare, in allen Büchern gleich wichtige Einheit angesehen; manche Teile schienen für weitere Verbreitung mehr geeignet als andere, schwerverständliche, wenn auch die dunklen, abseitsliegenden Bücher oft die Phantasie besonders lebhaft beschäftigten. Diese vielfältigen Bemühungen und Anschauungen um die deutsche Bibel fanden ihr Abbild in einer Fülle von verschiedenen Formen der Verdeutschung, die gerade in ihrer Mannigfaltigkeit zeigen, wie häufig und wie lebhaft man sich mit der Aneignung der deutschen Bibel befaßte. Wenn aber bei ihnen eine Entwicklung zu bemerken ist, die von freier Bearbeitung zu sachlich und wörtlich getreuer Wiedergabe hinstrebt, wenn überhaupt der Anteil der Laienwelt an der Sache der deutschen Bibel immer stärker wird, so wird darin deutlich, daß auch auf diesem Gebiet unter den Tendenzen und Formen mittelalterlicher Religiosität neue Kräfte am Werden sind. Sie blieben zwar noch mit den alten Gewalten verbunden und schienen zunächst nichts Neues zu bringen, aber arbeiteten doch der neuen Zeit in entscheidender Weise vor. Vieles, was durch Luthers Wirken für die deutsche Bibel erst zur Vollendung gebracht wurde: eine sprachlich vollkommene Übersetzung, die Überwindung des legendären und exegetischen Beiwerks, ihre Verbreitung und Kenntnis in allen Schichten des Volkes, war schon im Spätmittelalter in bedeutenden Ansätzen vorhanden, auf denen sich die spätere Entwicklung aufbauen konnte. So ist die spätmittelalterliche Geschichte der deutschen Bibel wie überhaupt ihre Zeit Abschluß und Erfüllung einer reichen Vergangenheit und zugleich Keim des Zukünftigen.

Abkürzungen.

ADB = Allgemeine deutsche Biographie. Herausgegeben durch die histor. Komm. bei b. Kgl. Akad. der Wiss. München. Leipzig 1875—1910.
BbK = „Bibel und deutsche Kultur." Veröffentlichungen des Deutschen Bibelarchivs in Hamburg. Hrsg. von Hans Vollmer. Potsdam seit 1931.
de Bruin = C. C. de Bruin: Middelnederlandse Vertalingen van het Nieuwe Testament. Groningen 1934.
DBA = Nach Notizen aus der Kartothek des Deutschen Bibel-Archivs in Hamburg.
v. Druten = H. v. Druten: Geschiedenis der Nederlandsche Bijbelvertaling. Leiden 1895—1905.
Ebbinge Wubben = C. H. Ebbinge Wubben, Over middelnederlandsche Vertalingen van het Oude Testament. Haag 1903.
HJb. = Historisches Jahrbuch der Görresgesellschaft, München.
Kropatscheck = Friedr. Kropatscheck, Das Schriftprinzip der lutherischen Kirche. I. Bd. Die Vorgeschichte. Das Erbe des Mittelalters. Leipzig 1904.
Lehmann = Paul Lehmann, Mittelalterliche Bibliothekskataloge Deutschlands und der Schweiz. Bd. I und II München 1918—1928.
NAKg.NS. = Nederlandsch Archief voor Kerkgeschiedenis. Nieuwe Serie.
Pietsch, N. = Nach Notizen aus dem handschriftlichen Nachlaß von Prof. P. Pietsch (im Besitz des Deutschen Bibel-Archivs).
PRE = Realenzyklopädie für protestantische Theologie und Kirche. 3. Aufl. hrsg. von Albert Hauck 1896—1913.
Priebsch = Rob. Priebsch, Deutsche Handschriften in England. 2 Bde. Erlangen 1896—1901.
Ruf = Paul Ruf, Mittelalterliche Bibliothekskataloge Deutschlands und der Schweiz Bd. III, 1 und III, 2 München 1932—1933.
Vollmer, Mat. = H. Vollmer, Materialien zur Bibelgeschichte und religiösen Volkskunde des Mittelalters. 4 Bde. Berlin 1912—1929.
Walther = Wilh. Walther, Die deutsche Bibelübersetzung des Mittelalters. 3 Teile. Braunschweig 1889—1892.
ZBW = Zentralblatt für Bibliothekswesen, Leipzig.

Die deutsche Bibeldichtung des Mittelalters.

Schon in der Einleitung zu dem Abschnitt „Neues aus deutscher Bibeldichtung des Mittelalters" (BdK VI S. 230 ff.) habe ich die Auffassung vertreten, daß in der künftigen Geschichte der Bibelverdeutschung, deren Gesamtdarstellung unserm Institut als eine seiner Hauptaufgaben vorschwebt, die deutsche Bibeldichtung nicht fehlen darf. Dabei wurde auch schon mitgeteilt, daß das DBA eine vorläufige Zusammenstellung der in Betracht kommenden Dichtungen angelegt habe, wobei das Material in Gruppen geordnet wurde nach Stücken, die den ganzen Bibelinhalt oder doch dessen größeren Teil in poetischer bzw. gereimter Fassung darbieten (A) und solchen, die einzelne biblische Bücher oder Teile im Anschluß an die Bibel behandeln (B). Dabei sind durchweg auch freiere Bearbeitungen berücksichtigt, die durch umfangreiche Zitate und Anspielungen von Bedeutung sind oder in hervorragendem Maße die Wirkung des Bibelwortes im deutschen Empfinden bekunden. Innerhalb der zweiten Gruppe ist nach biblischen Büchern unterschieden. Eine ähnliche Übersicht gibt es m. W. bisher nicht; wohl aber sind allerlei Vorarbeiten dafür geleistet worden, die ich dankbar benutzte, insbesondere von Goedeke und Ehrismann. Wenn auch absolute Vollständigkeit nicht erstrebt wurde, so hoffe ich doch, nichts Wichtigeres, soweit es bisher bekannt geworden ist, übersehen zu haben.

Unter A sind im folgenden Dichtungen im engeren Anschluß an den Bibelinhalt (A I) unterschieden von freieren Bearbeitungen des gleichen Stoffes (A II).

A I.

In diese Gruppe gehören die gereimten Weltchroniken des Mittelalters, soweit sie zeitlich nicht über die durch die Bibel gesteckte Grenze hinausgehen — die legendarischen Erweiterungen innerhalb dieses Gebietes haben sie mit den Historienbibeln und deren lateinischem Vorbild, der Historia scholastica, gemeinsam.

Zu dem großen Werk des Rudolf von Ems, das hierher gehört, konnten BdK VI S. 236 ff. einige dem Herausgeber, Gustav Ehrismann, noch unbekannt gebliebene Fragmente nachgewiesen werden[1]. Daneben kommt die Christherre-Chronik in Betracht, sowie die verschiedenen Verbindungen, die sie mit Rudolfs Werk einging. Die Erweiterung durch Heinrich von München

---

[1] Wie mir Herr Dr. Ludwig Bieler freundlicherweise aus Wien mitteilt, ist das Tab. Cod. XI 73 als deutsches Gedicht über die Genesis charakterisierte Blatt Ser. nov. 231 S. XIII auch nichts anderes als ein Bruchstück aus Rudolfs Weltchronik (B. 4780—4939). Eine Photographie von Bl. 1r, die ich erwarb, bestätigte das und ergab, daß sich dieser Text nach den wenigen vergleichbaren Lesarten zu Ehrismanns Hf. P stellt.

ist neuerdings durch Zeitungsberichte weiteren Kreisen bekannt geworden, als unter Beihilfe des Führers und Reichskanzlers die ehedem in Kremsmünster bewahrte Handschrift für die Bayerische Staatsbibliothek erworben wurde. Eine sehr gründliche Quellenuntersuchung zu dieser Weltchronik hat kürzlich Paul Gichtel geliefert[1], z. T. in Fortsetzung meiner eigenen Studien im „Deutschen Adambuch" und im IV. Band der „Materialien". Doch der gereimten Weltchroniken gibt es noch mehr; hier sei neben dem von Philipp Strauch herausgegebenen Werk des Jansen Enikel noch die niederdeutsche gereimte Weltchronik des Johan Statwech erwähnt[2]. „Zur Weltchronik-Literatur" ist jetzt neben Gichtel auch der Aufsatz von H. Menhardt zu vergleichen in PBB LXI S. 402 ff., der namentlich die Wiener und Klagenfurter Handschriften und Bruchstücke untersucht.

In die Gruppe A I ist ferner eine Reihe zusammengehöriger Bruchstücke zu rechnen, die man unter dem Namen einer mittelfränkischen Reimbibel zusammenfaßt. Halle-Wittenberg (Universitätsbibliothek), Halberstadt (Dombibliothek), Hall in Tirol (Franziskanerkloster) und Donaueschingen (Fürstlich-Fürstenbergische Bibliothek) teilen sich in die bisher bekannten Reste dieser Dichtung, die dem 12. Jahrhundert zuzuweisen ist und Alt- und Neutestamentliches umfaßte. Carl von Kraus hat sie auf Grund eigener Kollation zuletzt herausgegeben in seinem Mittelhochdeutschen Übungsbuch (1926² S. 1—27 und 274 f.). Der jetzige Anfang steht auf einem der Blätter in Donaueschingen und setzt ein mit der Benennung der Geschöpfe durch Adam. Das Erhaltene handelt des weiteren von den drei Himmeln, vom Sturze Lucifers, von Noah und seiner Arche, der Täuschung Isaacs durch Jacob, von Jacobs Söhnen, besonders Joseph, und von Susanna. Das Neue Testament beginnt jetzt mit dem Magnificat; sodann wird über Zacharias und Elisabeth berichtet, über Jesu Beschneidung, die drei Könige, die Flucht nach Ägypten und den Bethlehemitischen Kindermord; es folgt der Hinweis des Täufers auf Christus. An den Verrat des Judas und Petri Verleugnung knüpfen sich Betrachtungen, und auch zur Geschichte vom kanaanäischen Weib findet sich ein erbaulicher Exkurs. Dann wird von der Heilung des Tiberius durch das Schweißtuch der Veronica erzählt, von Simon Magus, vom Tode des Petrus und des Paulus in Rom und der vorhergehenden Begegnung des Petrus mit dem Herrn, vom Tode der Maria und dem Martyrium auch der andern Apostel; dazwischen ist ein Gebet an Maria eingefügt; darauf wird das Martyrium weiterer Heiliger, der Untergang Jerusalems und die Kreuzauffindung behandelt. Das Erhaltene endet jetzt mit der Geschichte von Cosdras und Eraclius, woran sich eine Darlegung über eine zwiefache Hölle und ein zwiefaches Paradies schließt sowie die Erzählung vom reichen Mann und dem armen Lazarus. Das findet sich in den Halberstädter Fragmenten. Die letzten Verse lauten:

Ther is hir nu getrost
uon then armodon gelost.
Thu haues uerloren thaz got
ande salt iemer tholon thise not.

Tho ime negein genathe newart gedan.
tho rief her auar: abraham
ik haue uinf brothere //

Man sieht: der Rahmen der Bibel ist zeitlich gesprengt; aber nicht nur zeitlich: auch die biblischen Erzählungen sind mit apokryphen Zutaten verbrämt. So ist

---

[1] Die Weltchronik Heinrichs von München in der Runkelsteiner Handschrift des Heinz Sentlinger (Schriftenreihe zur bayerischen Landesgeschichte Bd. 28) München 1937.
[2] Ediert von G. A. Korlén. Upsala 1906.

z. B. in die Kindheitsgeschichte ein Bericht über die Schächer verwoben — Dimas und Ramatha heißen sie hier —, eingeleitet durch die Bemerkung: „Sumelich sagen". Man vergleiche „Materialien" IV (1929) S. XL.

Ein Pergament-Doppelblatt aus St. Paul im Kärntner Lavanttal, im 14. Jahrhundert geschrieben, machte Anton E. Schönbach in der Z. f. d. A. 45 (1901) S. 248 ff. bekannt; zugleich wies er auf die unbedingte Zusammengehörigkeit dieses Stückes mit dem von Edward Schröder in der gleichen Zeitschrift Bd. 39 (1895) S. 251 ff. veröffentlichten Fragment hin. Dieses bietet einen Ausschnitt aus einer gereimten Erzählung der Simsongeschichte, während das von Schönbach mitgeteilte Bruchstück aus Numeri den Bericht über Korah und seine Rotte behandelt. Die Darstellung geht inhaltlich nicht über den biblischen Umriß hinaus (Num. 16, 13—50 [17, 15]). Aber diese kurze Erzählung ist mit behaglicher Breite in 320 Versen behandelt und mit allerlei Betrachtungen durchsetzt. So ist z. B. Kap. 16, 22 folgendermaßen wiedergegeben (Schönbach V. 73—98):

```
Die zwene vürsten vüzzen          swaz ieman chan durch        daz du bisen paiden
viellen ze gotes vvezzen              grunden.                   nicht geleicher rahe
si paten vñ manten,               mit flaegleicher worte pet                    gichst.
swaz si an im erchanten           ir ietweder daz hie tet,     seit du elle dinch wol
  sein sterch vñ seinen           daz er liezze seinen zorn.                    sichst
             gewalt,              si sprachen: „herre, wie     so erchennestu ouch hie
sein parmvng manichvalt                  hant verlorn                             wol,
sein vngemezzen almaeh-           von lutzel lovte scholde     waz dein genade schaiden
             tichait              bi andern beine holde?                          sol.
bi allen zungen ist ze            hat bir gesvndet ainer       swen du hie wizzest ane
             prait                vñ ist da pe ain rainer,                     schuld,
vñ zelanch ze chvnden,            so pistv so beschaiden,      da la die rach haben
                                                                             gedult!
```

Ob wir es hier mit Teilen einer vollständigen Reimbibel zu tun haben, läßt sich nicht sagen, wenn nicht weitere Funde das bisher bekannt Gewordene ergänzen.

Das Stück aus dem Richterbuch umfaßt Judic. 13, 14—14, 5 und 16, 6—14. Hier geht es über die biblische Erzählung insofern hinaus, als noch von einer vierten Fesselung Simsons durch „Dalida", und zwar mit Ketten, die Rede ist (Vers 299 ff.). Das könnte wohl Eingabe der eigenen Phantasie des Bearbeiters sein, den es befremdet haben mag, daß bei der Fesselung nur von Stricken berichtet war. Allein der üblichen Arbeitsweise dieser Art von Dichtung entspricht doch wohl mehr die Annahme einer Quelle für diesen Zusatz.

Über den ostfälischen Bibelauszug in Reimen aus dem Beginn des 14. Jahrhunderts, den Ludwig Wolff dem Pfaffen Könemann zugewiesen hat, ist BdK VI S. 231 ff. eingehend berichtet worden. Das Wolfenbütteler Doppelblatt enthält Stücke aus Deuteronomium und den Büchern Josue und Judicum, das Hildesheimer Teile aus Esdras und Isaias; doch läßt sich aus bestimmten Angaben erkennen, daß auch Daniel, Maccabäer und Job behandelt wurden und das Neue Testament gleichfalls in Aussicht genommen war.

Aus Cod. ms. 907 der Staats- und Universitätsbibliothek zu Königsberg in Preußen, der wahrscheinlich aus der Deutschordensbibliothek zu Tapiau stammt und um die Mitte des 14. Jahrhunderts geschrieben wurde, hat Wilhelm Gerhard im 271. Bande der Bibliothek des Literarischen Vereins in Stuttgart

(1927) die „Historien der Alben E" abgedruckt. Es ist ein ziemlich ödes Mach=
werk von 6165 Versen mit stellenweise ganz konfuser Stoffordnung, das trotz
seinem Titel über das Alte Testament hinausragt; es schließt mit der Aufzählung
der 33 Zeichen, die Jesus tat, und Angaben über die Begräbnisstätten der zwölf
Apostel. Quelle ist neben der Bibel auch die Historia scholastica, doch ohne
ausdrückliche Anführung. Der Verfasser ist unbekannt, was wir nicht sonderlich
zu beklagen haben. Nachdem er im Vorwort die Absicht kund getan hat, einen
Auszug aus den alttestamentlichen Geschichten zu geben, beginnt er V. 51 ff.
sein Opus folgendermaßen:

Historien, die wisen ien,	der formirte Adam so wacker
sin werk, die da sint geschen	in Damasceni acker.
in der alben e hivor.	er schuf en stark unde wis
der allen dingen swebit empor,	und sazt en in das paradis usw.

In den „Materialien zur Bibelgeschichte" usw. I 2 (1916) S. 8 Anm. 1 wurde
schon auf eine niederdeutsche Übertragung der Rijmbijbel des Jacob
van Maerlant hingewiesen, von der sich einige Verse aus der Josephsgeschichte
erhalten haben (entsprechend V. 2827—3024 in der niederländischen Ausgabe
von David). Die Schrift deutet auf den Beginn des 14. Jahrhunderts hin.

Zweimal habe ich auch schon auf eine umfangreiche Meininger Bibel=
dichtung hingewiesen (s. XIV/XV). Ausgiebige Textproben findet man
Material. I² S. 107—119 und BdK VI S. 241—254. Der Jonas ist hier voll=
ständig abgedruckt, gewiß nicht wegen besonderer künstlerischer Vorzüge. Das
Ganze ist vielmehr eine recht öde und ermüdende Reimerei, die sich nur partien=
weise — so z. B. im Tobias — zu etwas besserer Leistung aufschwingt. Aber auch
abgesehen von einigen sprachlichen Besonderheiten schienen die verhältnis=
mäßig umfangreichen Textmitteilungen auch als Proben einer ziemlich rein=
biblischen Reimübersetzung geboten.

Die frühere Signatur der Meininger Hs. Nr. 46b ist jetzt in Nr. 57 geändert.

Die Stuttgarter Handschrift Landesbibliothek H. B. XIII poet. germ. 11,
aus Mergentheim stammend, im Anfang des 15. Jahrhunderts geschrieben,
vereinigt eine Reihe größerer biblischer Dichtungen zu folgenden biblischen
Büchern: Bl. 1—26 Daniel (auch Königsberg 890b), 27—37 Esra und Nehe=
mia, 37—45 Judith (1254 entstanden), 45—51 Esther (auch Berlin Ms.
germ. oct. 56), 52—96 Maccabäer, 97—172 Johannes=Apokalypse des
Heinrich von Hesler. Die Dichtungen werden unter B einzeln aufgeführt
in der Reihenfolge der biblischen Bücher.

A II.

Vorangestellt sei hier eine Reihe von geistlichen Dichtungen, die mit reich=
lichen biblischen Anklängen und auf biblischem Grunde die christliche Heilsgeschichte
zum Gegenstande haben. Dahin gehört u. a. die unter dem Namen „Ezzos
Gesang" bekannte Dichtung des 11. Jahrhunderts (um 1060), bei M(üllenhoff)
S(cherer) D(enkmäler) I³ Nr. XXXI (S. 78—92). Eine Paraphrase in neuzeit=
licher Prosa findet man bei Diemer[1]. Das Gedicht wurde auf Veranlassung
des Bischofs Gunther in Bamberg von Ezzo verfaßt; „Wille vant die wise";
auf der Kreuzfahrt von 1064/65 wurde es gesungen. Der Titel cantilena de
miraculis Christi ist nicht zutreffend, weil zu eng. Es handelt sich um das Heils=

---

[1] Deutsche Gedichte des 11. und 12. Jahrhunderts 1849, S. LVIII ff.

werk Christi. Walthers freilich erheblich kürzeres Kreuzlied „Allerêrst leb ich mir werde" läßt sich etwa zum Vergleich heranziehen. — Ferner ist hier anzuführen das in vier Pergamentstreifen in Innsbruck aus dem Beginn des 12. Jahrhunderts erhaltene Bruchstück, aus der Kölner Gegend stammend, das von seinem Herausgeber (Schönbach) irreführend „Von Christi Geburt" genannt wurde. Sodann das von Franz Pfeiffer aus der Münchener Hs. Cgm. 354 (s. XIV/XV) mitgeteilte, gleichfalls fragmentarische Gedicht „Leben Christi" (Z. f. d. A. 5, S. 17 ff.), das mit Lucifers Sturz anhebt und mit „Rahels Klage" beim Bethlehemitischen Kindermord abbricht; Mundart: bayrisch, Zeit der Entstehung nach Pfeiffer s. XII.

Aus der gleichen Zeit rührt die Millstätter Sündenklage her, wohl alemannischen Ursprungs, reich an alt= und neutestamentlichen Stücken, sowie die sog. „Summa theologiae" in rhein=fränk. Mundart mit bayrischem Einschlag. Der erste Herausgeber dieser „Summa", Diemer a. a. O., nannte die Dichtung fälschlich „Die Schöpfung". S. LII ff. gab er auch eine Paraphrase in neuzeitlicher Prosa. Daran sei des „armen Hartmann" „Rede vom Glauben" gereiht, wohl um 1150 in ursprünglich mittelfränkischer Mundart geschrieben.

„Die Hochzeit" ist wohl in Kärnten um 1140 entstanden, verwandt mit der um das Hohelied rankenden erbaulichen Literatur.

„Daz anegenge" ist um 1150 im österreichischen Donaugebiet verfaßt.

„Di vier schiven" (= Räder) von Wernher vom Niederrhein, aus der 2. Hälfte des 12. Jahrhunderts stammend, stellen eine bildreiche Erörterung des Erlöserwerks Christi dar.

Im 13. Jahrhundert dichtete Gundacker von Judenburg (Steiermark) „Christi Hort". Das ziemlich umfangreiche Werk ist reich an apokryphen Zutaten aus dem Evangelium Nicodemi, der Pilatus= und der Veronica=Legende.

Des weiteren ist die von Friedrich Maurer jüngst neu edierte[1] Dichtung aus dem Beginn des 14. Jahrhunderts „Die Erlösung" hier zu nennen, in Hessen von einem Geistlichen verfaßt. Über eine andere deutsche Dichtung des 14. Jahrhunderts, die wohl gleichfalls die Erlösung behandelte, vgl. unter B I II.

Auch die in der mnd. Literatur hervorragende Dichtung des Pfaffen Könemann „Sunte Marien wortegarde" v. J. 1304 ist hier anzuführen. Nicht minder Bruder Hansens Marienlieder, um 1400 in niederrheinischer Mundart gedichtet mit hd. Einschlag.

Überhaupt fügt sich mancherlei aus der Mariendichtung hier ein. Was über Walthers Leich schon in den „Materialien" III (1927) S. XLI f. ausgeführt wurde, das gilt auch für die Dichtungen des schwäbischen Heinrich von Rugge (um 1190), des Alemannen Rudolf von Rotenburg, des Reinmar von Zweter, des Heinrich Frauenlob u. a. Und was ebenda S. 96 ff. im einzelnen an Sebastian Brants Narrenschiff dargetan ist, das ist auch für frühere Spruchdichtung zu beobachten, wie bei Freidank, Bruder Wernher, Meister Stolle u. a.

Heilsgeschichtlichen Inhalts, über Altes und Neues Testament sich erstreckend, sind auch die mancherlei Behandlungen der Kreuzholzlegende[2]. Wir sehen hier von der Einfügung des beliebten Stoffes in umfassendere Dichtungen wie

---

[1] Leipzig (Reclam) 1934.
[2] Vgl. H. Vollmer, Ein deutsches Adambuch (1908) S. 31 ff.

Passional, Heslers Evangelium Nicodemi, Reimchroniken u. a. ab und nennen das mb. Gedicht des Heinrich von Freiberg (in Sachsen) vom Ende des 13. Jahrhunderts. Umfassender als er behandelt um 1350 Helwic von Walbirstet in thüringischer Sprache die Märe vom heiligen Kreuz. Auch „des heiligen kruzes leich" von Frauenlob gehört hierher. Über verschiedene nb. Fassungen der Legende aus dem 15. Jahrhundert, von denen eine in der bekannten Sammelhandschrift des „Hartebok" (Herzbuch) v. J. 1404 sich findet, und über ihr Verhältnis zu einer nl. Dichtung gleichen Inhalts hat besonders Carl Schröder gehandelt[1].

Wilh. Meyer erwähnt in seiner „Geschichte des Kreuzholzes vor Christus"[2] S. 157 einen Meistergesang des 15. Jahrhunderts zu unserm Thema. Nach den mitgeteilten Textproben ist er verschieden von Michael Beheims Dichtung vom heiligen Kreuz, die Phil. Wackernagel aus Cod. Pal. germ. 312 (s. XV) im II. Bande seines „deutschen Kirchenlieds" abdruckte[3], wo sie nebst vielem andern Beachtenswerten bisher ziemlich unbemerkt blieb. Noch sei ein hierher gehöriger „hupscher spruch von Adam" angeführt, der sich in der Papierhandschrift 969 des Stiftes in St. Gallen (s. XV) S. 219f. findet. Dieser „hupsche spruch" beginnt:

Adam hůb sich in ain land,   do lepte er inne nunhundert iar\
das im luitzel was bekant,   vnd siben vnd drissig dz ist uuar usw.

Soviel hier bekannt, ist er noch nicht veröffentlicht. Wir besitzen eine Abschrift, die Interessenten gern zur Verfügung steht. Eines Abdrucks schien er uns nicht wert.

Auch das deutsche geistliche Spiel des Mittelalters, die Weihnachts-, Passions- und Osterstücke sind hier zu behandeln, weil sie vielfach über das neutestamentliche Geschehen hinausgreifend auch prophetische Aussprüche oder sonstige heilsgeschichtliche Voraussetzungen, auch typologisch ausgewertete Szenen des Alten Testaments bringen.

Noch dem 13. Jahrhundert gehören an das Osterspiel von Muri im Aargau, das uns leider nur in Bruchstücken erhalten ist, das St. Galler Spiel von der Kindheit Jesu (mit Prophetensprüchen), das wieder nur fragmentarisch erhaltene Wiener Passionsspiel, dessen Vorlage wohl mb. abgefaßt war. Hier sind auch eine Reihe deutscher Strophen aus dem Benediktbeurer Osterspiel anzuführen. Und mit diesem Stück hängt das Klosterneuburger Osterspiel ganz eng zusammen. Einblick in die Entwicklung dieser Spiele gewährt das Trierer Osterspiel, insofern es den lateinischen Text der Osterfeier bietet, der dann frei in deutsche Reimpaare übertragen wird; das Original reicht wohl auch ins 13. Jahrhundert hinauf. Die in der gleichen Handschrift sich findende Trierer Marienklage ist durch Wechselrede ebenfalls dramatisch gestaltet. Für das Werden der Passions- und Osterspiele bedeutsam ist auch das sehr verbreitete Gedicht „Unser brouwen klage", das auch noch dieser frühen Zeit angehört und wohl niederalemannischen Ursprungs ist; Maria erzählt hier ausführlich vom Leiden und Sterben ihres Sohnes, wir kommen darauf zurück. Aus nb. Sprachgebiet gehört noch in diese Zeit das nur fragmen-

---

[1] Van deme holte des hilligen cruzes, Erlangen 1869 und Nb. Jb. 2 (1876—1877) S. 88ff.\
[2] Abhandl. d. bayer. Akad. d. W. philos.-philol. Kl. 16.\
[3] Leipzig 1867 S. 671 ff. Nr. 864.

tarisch erhaltene Spiel vom Leben Jesu aus Kloster Himmelgarten bei Nordhausen (3. f. d. Ph. 21, S. 393ff.). Dies Kloster steuert außerdem eine weiter unten zu erwähnende Marienklage bei.

Das Maastrichter Spiel hat einen ziemlich breiten alttestamentlichen Unterbau und verfolgt dann das Leben Jesu bis zu dem Erlebnis in Gethsemane; es gehört ins 14. Jahrhundert. Ihm verwandt sind die Kreuzensteiner Bruchstücke, die in Aachener Mundart geschrieben sind. Das Innsbrucker Osterspiel, in md. Dialekt verfaßt, gehört zusammen mit dem Wiener (schlesisch) und dem Berliner Osterspiel (mainzerisch), die beide im 15. Jahrhundert entstanden. Das sog. St. Gallener Passionsspiel ist ein Spiel vom Leben Jesu, wohl in rheinhessischem Gebiet beheimatet und im 14. Jahrhundert entstanden. Die Frankfurter Dirigierrolle v. J. 1350 läßt ein lateinisch-deutsches Spiel vom Leben Jesu erkennen, von der Taufe an bis zur Himmelfahrt, dem Prophetensprüche voraufgehen; u. a. kommt das oben erwähnte Gedicht von der „Erlösung" als Quelle in Betracht. Dies Spiel gehört zu den auf mehrere Tage berechneten. Noch sei das Innsbrucker Fronleichnamsspiel hier angeführt, das in Thüringer Mundart verfaßt ist. Über das Bruchstück eines nd. Oster- oder Passionsspiels aus dieser Zeit in Osnabrück berichtet Conrad Borchling (Nd. Jb. 23, 120).

Aus dem 15. Jahrhundert sei an erster Stelle das umfangreiche, über drei Tage sich erstreckende Spiel von Eger genannt, das die gesamte Heilsgeschichte, von der Schöpfung und Lucifers Sturz an bis zur Auferstehung Jesu, in mehr als 8000 Versen zur Darstellung bringt. Leider entspricht der poetische Wert nicht dem Ausmaß des Umfangs[1]. Die Handschrift ist jetzt in Nürnberg. Verwandten Inhalts ist das in ostfränkischer Sprache verfaßte Prozessionsspiel von Künzelsau (am Kocher) v. J. 1479. Von Passionsspielen seien hier noch angeführt die hessischen von Alsfeld und von Friedberg (nur Dirigierrolle) sowie die Bruchstücke von Fritzlar, das niederalemannische Spiel von Donaueschingen, das ihm verwandte von Luzern, woher wohl auch die „Grablegung Christi" von Matthias Gundelfinger stammt. Das Frankfurter Spiel von 1493 ist aus der Dirigierrolle hervorgegangen, das Augsburger interessiert besonders, weil es zu den Ahnen des späteren Spiels von Oberammergau gehört. Das Heidelberger Spiel (v. J. 1514), reich an typologischen Bildern aus dem Alten Testament, wie sie von Oberammergau her bekannt sind, hängt auch mit der Frankfurter Dirigierrolle zusammen. Von den untereinander zusammenhängenden Tiroler Passionsspielen vom Ende des 15. Jahrhunderts sind die von Sterzing besonders hervorzuheben.

Unter den nd. dramatischen Dichtungen ist hier der „Sündenfall" des Priesters Arnoldus Immessen aus Einbeck auszeichnend zu nennen; er umfaßt das heilsgeschichtliche Geschehen von Lucifers Fall bis zur Darstellung der Maria im Tempel. Im Zusammenhang damit seien auch die nd. Marienklagen von Wolfenbüttel, Bordesholm und Himmelgarten erwähnt. Die Wolfenbütteler Marienklage und das damit verbundene Osterspiel von Christi Auferstehung, von Otto Schönemann als Anhang zu seiner Ausgabe des „Sündenfall" abgedruckt (Hannover 1855), ist in unsern Tagen von Thomas Westerich ins Neuplattdeutsche übertragen (Christi Dood un uperstaan. Marienklaag un Osterspill. Ein niederdeutsches geistliches Singspiel) und unter Beihilfe

---

[1] Vgl. die Ausgabe von Gust. Milchsack, Literar. Verein 156 (1881).

der trefflichen musikalischen Bearbeitung von Dr. Walther Krüger und einiger hervorragender Darsteller (Laien) in Hamburg mit gutem Erfolge aufgeführt worden.

Endlich sind hier noch einige weitere Osterspiele anzureihen. Vier davon, in mhd. Sprache abgefaßt, finden sich in einer Hs. zu Erlau in Ungarn vereint. Sodann aber ist, von einigen Bruchstücken abgesehen, namentlich das Redentiner Spiel zu nennen, von dem Mecklenburger Zisterzienser Peter Kalff 1463 gedichtet.

Ein Spiel vom Weltgericht sei deshalb hier angefügt, weil es durch die anfangs mitgeteilten Prophetensprüche sich auch über beide Hauptteile der Bibel erstreckt. Es liegen mehrere Fassungen vor, die wohl auf eine ältere gemeinsame Vorlage zurückgehen; der Rheinauer Text stammt vom Jahre 1467. Nach unseren Kartotheken seien noch folgende geistliche Spiele (meist nur Bruchstücke) genannt:

Berlin, Ms. germ. fol. 1219 enthält u. a. das Fragment eines rheinischen Osterspiels, geschr. 1460. — Berlin, Ms. germ. fol. 757 bietet Szenen aus einem niederrheinischen Osterspiel des 14. s. — Berlin, Ms. germ. quart 1479 (aus der Sir Max Wächterschen Schenkung): Szene aus einem Passionsspiel s. XV. — Wien, Nationalbibl. Cod. 3007 8⁰ v. J. 1472: deutsches Osterspiel. — Wien, Nationalbibl. Cod. 12887 8⁰ s. XVI: latein.-deutsches Osterspiel mit Musiknoten. — Amorbach, Fürstl. Loningsche Bibliothek, 2 Perg.-Fragmente s. XIV/XV: latein.-deutsches Bruchstück eines geistlichen Schauspiels von Mariens Himmelfahrt. Im übrigen wolle man die hier einschlägigen Angaben bei H. H. Borcherdt, Das europäische Theater im Mittelalter und in der Renaissance 1935 vergleichen; auch bei Maximilian Rudwin, A historical and bibliographical survey of the German religious drama, Pittsburgh 1924.

Weitere geistliche Spiele sind unten noch an anderen Stellen aufgeführt.

Unter A II gehören dann ferner eine Reihe von Dichtungen, die, oft zu mnemotechnischen Zwecken einen Inhaltsüberblick über das Ganze der Bibel oder doch einen größeren Teil davon zu geben suchen. So vor allem die kunstvolle Verdeutschung des Roseum memoriale oder Rosarium biblie des Petrus Weichs von Rosenheim († 1433), nach der bisher einzigen Hs., Cod. Palat. Germ. 110, herausgegeben im I. Band von „Bibel und deutsche Kultur" (1931). Der Dichter der sehr geschickt gebauten Strophen wird in den Kreisen der Meistersinger zu suchen sein. — Hier sind auch die 39 Sprüche des Heinrich von Mügeln „Die Bibele und die propheten" zu nennen, von denen BdK I in der Einleitung S. 3ff. gehandelt ist; dazu sind uns auch Noten erhalten. Noch sei eine nhd. Dichtung zum Stammbaum Christi erwähnt, die sich in einer Wolfenbütteler Handschrift findet und besonders der Auslegung der Namen in diesem Stammbaum gewidmet ist, vgl. BdK I S. 188. Ob die lateinischen Ausführungen zur Genealogie Christi, wie sie in der zu Breslau befindlichen Vollbibel aus den Tagen Alcuins (Städt. Bibl. R. 163) vor Matthaeus zu lesen sind[1], zu den nhd. Versen irgendwie in Beziehung stehen, harrt noch der Untersuchung.

Die sehr verbreitete lateinische Dichtung des Speculum humanae salvationis, das man ohne zwingenden Beweis dem Ludolf von Sachsen, dem bekannten

---

[1] Vgl. Zentralbl. f. Bibl. 48 (1931): Gotth. Prausnitz, Französ. Bibelkorrektorien, S. 654.

Verfasser der Vita Christi, zugewiesen hat, ist vielfach auch in deutsche Verse überarbeitet worden. Um ihres heilsgeschichtlichen, auf das Ganze der Bibel sich stützenden Inhalts willen fallen diese Verdeutschungen mit unter unsere Rubrik. Die Übertragung des Konrad von Helmsdorf weist noch hoch hinauf ins 14. Jahrhundert und in die Gegend am Bodensee. Etwas später ist eine md. Bearbeitung in Reimpaaren anzusetzen. Aus dem 14. und 15. Jahrhundert sind mehrere Handschriften einer nd. Dichtung „Spegel der mynsliken salicheit" auf uns gekommen. Die Behandlung durch Andreas Kurzmann aus dem steirischen Zisterzienserkloster Neuburg und die des Heinrich von Laufenberg (Kanton Aargau) gehören dem 15. Jahrhundert an. Verwandt ist auch des zuletzt genannten Dichters umfangreiches „Buch der Figuren", das in typologischer Ausbeutung und Ausbeutung alttestamentlicher Stellen mit bezug auf die Gottesmutter schwelgt.

Zu einem großen Teil gehört auch die mittelalterliche deutsche Sibyllendichtung hierher. Oskar Schade[1] hat nach zwei Kölner Drucken von 1513 und 1515 eine spätere Rezension des Gedichts herausgegeben; die Urgestalt reicht bis ins Jahr 1320 zurück. Paul Piper[2] berichtet über einige Handschriften; doch gibt es deren weit mehr; auch niederdeutsche.

Endlich ist hier noch von einigen biblischen Bilderbüchern mit entsprechenden Reimen zu reden. Noch aus dem 13. Jahrhundert stammen die Verse, die Joseph Haupt aus dem Wiener Cod. 2739 mitgeteilt hat (3. f. d. A. 23, S. 358ff.). Bilder und Text beziehen sich überwiegend auf Stellen aus den Evangelien; immerhin sind zehn von den 72 Stücken aus Genesis und Exodus genommen. Der Text beginnt:

Frow Eua vnd Adam der wise
wonten vnlange in dem paradyse
vnz sie wurden angelogen
von dem tiuuel der natern eisliche vnd
mit vrazheit betrogen.

Als weitere Probe sei ein Stück aus den Seligpreisungen hergesetzt:

Bl. 24b Beati misericordes, maledicti feroces.
Die saelicheit ich ev nennen sol
vn da bi der nachten ninwellent vergezzen.
biu gevellet got vz der mazze wol.
daz sint die barmhertcen
die der armen gebresten vnd smertcen
so si hungert gebent daz ezzen
bi sich ab vber di armen
niht wellent erbarmen,
den wil ich für war sagen
daz in der helle werdent an barmunge
begraben.

Dazu finden sich nach Haupts Schilderung zwei Bilder; oben sieht man, wie einer, auf einem Stuhle sitzend, mit der rechten Hand einem Darbenden ein Brot, mit der linken einem nackten Armen ein Gewand hinreicht. — Darunter schickt ein Mann sich an, einen knieenden andern, den ein dritter niederdrückt, mit dem Schwerte abzutun. Das erinnert an die Darstellung frei erfundener Szenen aus dem Leben, wie wir sie auch unter den Bildern zum Dekalog beobachteten, vgl. BdK V S. 283ff.

Im Zusammenhang damit seien die Reimereien zu Bildern aus der biblischen Geschichte, u. a. auch zu den zehn Geboten, erwähnt, wie sie sich in Berlin,

---

[1] Geistl. Ged. des 14. und 15. Jahrhunderts vom Niederrhein S. 293ff.
[2] Die geistliche Dicht. des MA's II S. 45f.

Mf. germ. fol. 742 (vgl. Tafel III in BbK V 1935) und Dresden Landesbibl. M 60 finden; beide Handschriften gehören dem 15. Jahrhundert an. Hierher gehören auch die mb. Reimpaare zu den Bildern des Zittauer Hungertuchs vom Jahre 1472, die im I. Bande von BbK (1931) S. 17f. behandelt sind.

B.

Indem wir uns nun zu Einzelteilen der Bibel wenden, sollen hier die biblischen Bücher in zusammengehörigen Gruppen aufgeführt und dabei die in Betracht kommenden Dichtungen unter I und II nach den oben bei A genannten Gesichts= punkten unterschieden werden.

Altes Testament.

Ba. Pentateuch:

I. Hier kommt zunächst das Bruchstück der altsächsischen Genesis aus dem 9. Jahrhundert in Betracht mit seiner angelsächsischen Parallele. Es sei auf die Ausgabe von Otto Behaghel (Altd. Textbibliothek Nr. 4, ³1922) verwiesen und nur bemerkt, daß an der Benutzung mindestens einer apokryphen Quelle nicht zu zweifeln ist, die irgendwie mit der lateinischen Vita Adae et Evae zusammen= hängt.

Wohl noch dem 11. Jahrhundert gehört das Original der Genesis=Dichtung an, die uns wenigstens teilweise in drei Handschriften erhalten ist: in Wien, Vorau und Klagenfurt (Millstätter Handschrift). Der letztgenannte Codex umfaßt wie der Wiener zugleich auch Exodus bis zu dem Lied des Mose nach dem Durchzug durchs Rote Meer. Hierzu liegt außer dem Joseph Diemer= schen Textabdruck aus der Millstätter Handschrift die Ausgabe von Ernst Koß= mann vor[1], der neben der Millstätter die Wiener Handschrift heranzieht. Koßmann schenkt der Frage nach der lateinischen Vorlage des Dichters eingehende Beachtung und sieht in diesem eine von den Genesis=Dichtern sich deutlich ab= hebende Individualität.

Die Vorauer Handschrift bietet die mit der Wiener Genesis ziemlich genau übereinstimmende Joseph=Geschichte innerhalb einer umfassenderen Dich= tung, die in der Handschrift selbst als „die bibel gekurzet von dem puech genesi uncz auf numerorum", vom Herausgeber, Joseph Diemer[2], aber als „die Bücher Mosis" bezeichnet wird, beides unzutreffend, da die Dichtung inhaltlich über den Pentateuch hinausgeht. Sie gehört in die Zeit um 1150. — Auch die in der Vorauer Sammelhandschrift sich anschließende Summa theologiae (um 1125), von Diemer als „Schöpfung" bezeichnet, die uns schon unter A II begegnete, darf hier erwähnt werden, insofern sie zunächst von der biblischen Urgeschichte handelt, freilich in der uns aus den Historienbibeln geläufigen Erweiterung. Eine ganz kurze Textprobe mag Sprache und Art der Dichtung kennzeichnen. Nach Lucifers Sturz und der Erschaffung Adams, mit dem der Allmächtige jenen Ausfall ergänzen wollte, heißt es[3]:

---

[1] Quellen und Forschungen LVII. Straßburg 1886.
[2] Deutsche Gedichte des 11. und 12. Jahrhunderts, Wien 1849, S. 3ff.
[3] Nach Diemer a. a. O. S. 96 Z. 8ff. — Ebenda S. LIII findet sich die Stelle in neu= zeitliche Prosa übertragen: „... Da ward zur Stunde mit dem ersten Mann folgender Vertrag getan: daß er einen Zweikampf ringe mit dem Gebote für das Menschengeschlecht, auf daß er den Sieg erwerbe und der Mensch niemals sterbe; weil aber unser Kämpfer wich, brachte er uns alle leider in das Verderben" usw.

... Do wart zi ſtunt mit dem erſtin man ſuſlich gibingi gitan. daʒ er ein einwig rungi mit demo giboti uur man kunni. ob er den ſigi irwrbi. daʒ der menniſchi nimmir irſturbi. wanti der unſir chempho do gi weich. leibir er unſich alli biſuech uſw.

Eine Adam-Dichtung, verſchieden von dem Text gleichen Inhalts, wie er teilweiſe aus den ſogen. Schwellhandſchriften im „Deutſchen Adambuch"[1] abgedruckt, hat H. Fiſcher in der Germania (22 S. 316 ff.) herausgegeben; dies Stück iſt einigen Handſchriften der Rudolfſchen Weltchronik eingefügt.

Das „Bruchſtück eines Gedichts über die Geneſis", Wien, Ser. nov. 231, iſt unter anderer Signatur (Suppl. 2725) ſchon 1875 von Zupitza Z. f. d. A. 18, 99 ff. abgedruckt. Es iſt, wie wir ſchon oben (unter A I) ſahen, ein Fragment aus Rudolfs Weltchronik, noch im 13. Jahrhundert geſchrieben, entſprechend den Verſen 4780—4939 in der Ausgabe von Ehrismann.

Ob es mit einem Trierer Fragment (ſ. XIII?) ähnlich ſteht, bedarf noch der Prüfung. Es handelt ſich um ein nur noch in neuerer Abſchrift vorhandenes Stück (Stadtbibl. Mappe X, 10), das bei Ad. Becker, Die deutſchen Handſchriften zu Trier S. 120 als „Fragment aus einer Geneſis" bezeichnet iſt.

Nach Mſ. germ. oct. 56 ſ. XIV gab Karl Schröder in den Germaniſtiſchen Studien (Supplement zur Germania) I 1872 S. 291 ff. eine Dichtung heraus, die er als „Segen Jakobs" bezeichnete, dann aber (ebenda II 1875 S. 159 ff.) ſelbſt als Teil der Chriſtherre-Chronik erkannte.

Lutwins Dichtung „Adam und Eva" (ſ. XIV) ſtammt wohl aus Öſterreich und behandelt nach der apokryphen Vita Adae et Evae das Leben des erſten Menſchenpaares mit freier Bearbeitung der Kreuzholzlegende.

Ein Göttinger Pergament-Bruchſtück Cod. M. S. philol. 184 Nr. VIII ſ. XIV enthält mhd. Verſe über Exod. 3, 15. 18—22; 4, 4 f. 10 f. Die Sprache zeigt nd. Einſchlag. Die Zitierung des Joſephus zeugt von außerbibliſchen Quellen. Deutlich klingen Rudolfſche Reime an.

Der Text dieſes Göttinger Bruchſtückes iſt BdK VI S. 238 abgedruckt. Man kann von ihm wie von dem folgenden Fragment aus der Stiftsbibliothek zu Einſiedeln wohl mit Sicherheit ſagen, daß ſie zu einer der Erweiterungen von Rudolfs Weltchronik gehören.

Dies Fragment in Einſiedeln beſteht aus 4 Pergamentblättern des XIV. ſ. und hat die Signatur Cod. 364 III; es enthält deutſche Reime zu Exodus 5—12. Der Bibliothekar P. F. Kindler hatte die Freundlichkeit, mir unterm 3. VI. 35 einige Verſe aus dem Inhalt mitzuteilen, wofür ihm auch an dieſer Stelle herzlich gedankt ſei. — Das Bruchſtück beginnt:

Vñ wie in got hieze werben bo.
..... kuninc pharao
.....
Do di gotes bineſte man / Horten di rede. ſi giengen dann.
Ir dink was erger worden da / Zů den ſinen ſproch der kuninc ſa.
Di lwt ſere meret. / So manz ie mere rügen lat
So ez ie harter vf gat / Vn arger wachſende vz der not.
Der kuninc den ſinen daz verbot / Daz in iman gebe bo
Deweder bacht[2] howe oder ſtro / Di ſi zů me leimen teten
So ſi den zigel kneten etc.

---

[1] Hans Vollmer, Ein deutſches Adambuch, Hamburg 1908.
[2] So ſteht in der Abſchrift. Iſt „baſt" zu leſen?

Man vergleiche zu den letzten Zeilen bei Rudolf (Ehrismann) V. 9729ff. Das Fragment endet in der erbaulichen Auslegung der Passahvorschriften Exod. 12:
Wir suln als got gebot / Zů dem lamen ezzen derbez brot.
Da ist unz bezeichnet mite / Einfeltig herce vn reine site.
Ähnliches findet sich in der Gothaer Hf. Chart. A Nr. 3, also in der Weltchronik des Heinrich von München.

Überaus zahlreich sind die poetischen Gestaltungen des Dekalogs. Wenn im folgenden nach der Kartothek unseres Archivs eine Reihe davon aufgezählt werden, so sei ausdrücklich betont, daß dieses Verzeichnis keine Vollständigkeit beansprucht.

Vorweg sei auf das verwiesen, was bei Joh. Geffcken, Der Bildercatechismus I (1855) Sp. 157. 175ff. 179ff., BdK V (1935) S. 291f. und bei Herm. Jellinghaus, Mnd. Literat. in Pauls Grundriß (³1925) S. 9 Anm. 10[1] über die Zehn Gebote in Reimen zu finden ist. Hierher gehören auch die unter Freibanks Namen überlieferten Reime von den zehn Geboten; bei Bezzenberger 174, 1ff. Sodann sind bei Philipp Wackernagel, Kirchenlied II (1867) mehrere Dichtungen aus älterer Zeit mitgeteilt, so S. 49 Nr. 57 aus dem Münchener Cod. lat. 4616 (f. XII/XIII Bl. 85 „Diz sint div X gebot"), S. 50 Nr. 58 nach zwei Handschriften des 13.—14. Jahrhunderts „Diu heiligen zehen gebot", S. 101 Nr. 185 des Marners „Von den zehen geboten" aus der Manessischen Handschrift, S. 243 Nr. 394 Frauenlobs „Diu zehen gebote" aus der Weimarer Handschrift. Aus dem 15. Jahrhundert gehören ferner die Nummern 1005—1013 (S. 756ff.) hierher, aus dem 15.—16. S. 840ff. Nr. 1054 von Jörg Schilher sowie Nr. 1126—1135 (S. 905ff.), endlich Johann Böschensteins Strophen zum Dekalog Nr. 1330 S. 1093f.

Des weiteren sind, nach Zeit und Aufbewahrungsort gesichtet, folgende Handschriften zu nennen, die u. a. die Zehn Gebote in deutschen Reimen behandeln: Aus dem 14.—15. Jahrhundert: Berlin, Mf. germ. quart. 1526; — aus dem 15.: Basel, Univ.-Bibl. cod. A. X. 129 und cod. A. X. 130; Berlin, Mf. germ. fol. 742 (BdK Taf. III); Calbe (Privatbes.) nb.; Dresden Landesbibl. M 60 (zu den Bildern vgl. Rud. Kautzsch, Diebolt Lauber und seine Werkstatt in Hagenau 1895 S. 42); St. Gallen, Stiftsbibl. cod. 969; Heidelberg, Cod. Pal. Germ. 438; Leipzig, Univerf.-Bibl. cod. 158 nb.; Leitmeritz (Böhm.), Bibl. des Domkap., Vorlegebl. in einem Druck von 1502 nb.; München Cgm. 348 und 632; Trier, Stadtbibl. Hf. 833 nb.; Wien, Nationalbibl. Mf. 3027; in Wolfenbüttel die niederdeutschen Texte: Helmst. 1147, 1183, 1187, 1254, 1255, 1270, Aug. 23. 22. — Aus dem 16. Jahrhundert: Berlin, Mf. germ. fol. 1024; Halberstadt, Gymn. Bibl. cod. theol. A IV 61 nb.; London, Brit. Muf. Add. 32322, Wolfenbüttel Aug. 1222. 62 Theol. nb.

Ba II. Spärliche Bruchstücke einer Hf. des 13. Jahrhunderts (München Cgm. 5249 Nr. 26) geben Kunde von einer poetischen, allegorisch auslegenden Behandlung der Genesis; das erhaltene Stück wird nach dem Inhalt gewöhnlich mit „Esau und Jakob" bezeichnet; die Vorlage scheint md. gewesen zu sein, die erhaltene Abschrift ist bayrisch gefärbt.

Dieselbe Berliner Pergamenthf. Mf. germ. oct. 345 (f. XIII), die Hjalmar Pfilander neben anderen Handschriften bei der Ausgabe seiner weiter unten anzuführenden nb. Apokalypse benutzte, enthält ein Gedicht, das sich

---

[1] Zu der hier erwähnten Königsberger Handschr. (jetzt Nr. 905) vgl. auch Fritz Rohde in seiner Königsberger Dissert. v. J. 1911, S. 12.

auch in der entsprechenden Trierer Hf. Stadtbibliothek Nr. 1935 findet und von
H. F. Maßmann in von der Hagens „Germania" X (1853) S. 142f. erstmalig
mitgeteilt wurde. Es hebt an:

> Got de is ambeginne / aller guten binge.
> De machete eine formen herlich / eme felven angelich
> Von waczere vn van erden hir nidene / von lugt vnde vure obene.
> Sus ist de minshe geschaphen / mit werltlichen sachen usw.

Die Angabe, das Gedicht handle „von der Schöpfung", ist irreführend; es handelt
sich ausschließlich um Gott und Mensch. Worauf es dem Dichter hauptsächlich
ankommt, sagen die Verse:

> Got die schop den minschen von der erden / vn wolde sint bar af geboren werden.
> Sus wart der schepphere schepnisse / vn de vater kint vil gewisse
> Sin gotheit is an unser minsheit / vnse minsheit an siner gotheit usw.

Die Sprache zeigt ein Gemisch von Nieder- und Mitteldeutsch.

In vielen Dichtungen dieser und der späteren Zeit sind wie z. B. in des Marners „Got und mensche" Anspielungen auf die biblische Urgeschichte wahrzunehmen.

Das durch v. Heinemann Z. f. d. A. 32 S. 113ff. mitgeteilte Bruchstück des
14. Jahrhunderts, das sich in Reimpaaren über den Sündenfall ergeht, gehört
nach den Ausführungen Steinmeyers (ebenda S. 115ff. und 446ff.) einer umfassenden Dichtung des Heinrich von Hesler an, die mit Bezug auf alt- und
neutestamentliche Stellen die Erlösung zum Gegenstand hatte. Von der gewöhnlich so genannten deutschen Dichtung des 14. Jahrhunderts hat sich dann
diese Arbeit Heslers, nach den erhaltenen Fragmenten zu schließen, besonders
durch weitläufigere Betrachtungen unterschieden.

Ein nd. Bruchstück des 14.—15. Jahrhunderts, aus einem Göttinger Pergamentblatt unbekannter Herkunft mitgeteilt Z. f. d. A. 39 S. 423ff., behandelt
dramatisch die Erzählung von Jakob und Esau. Der Text ist mit lateinischen
Brocken durchsetzt.

In einer Trierer Papierhandschrift des 15. Jahrhunderts findet sich u. a.
ein md. Gedicht zu dem bekannten Streit der Töchter Gottes um den Fall
des Menschen; vgl. Zentralbl. f. Bibl. IX (1892) S. 255f.

Den Auszug Israels aus Agypten mit antijüdischer Auslegung behandelte um 1300 Meister Barthel Regenboge in 3 Strophen zu je 23 Zeilen;
abgedr. u. a. bei Phil. Wackernagel Kirchenlied II S. 258f.

Während Walthers Spruch zum Inhalt der zehn Gebote keinen Bibeltext
bietet, ist eine aus der gleichen Zeit hervorgegangene andere Dichtung über den
Dekalog ergiebiger; sie stammt vermutlich von dem gleichen Verfasser wie das
oben genannte Bruchstück aus dieser Zeit über Esau und Jakob; vgl. Bartsch,
Germania XXXI, S. 63ff.

Bb. Die anderen geschichtlichen Bücher des AT's:
I. Über die Bruchstücke aus St. Paul und aus Wolfenbüttel-Hildesheim
vgl. oben unter A I.

Das bei Diemer, Müllenhoff und Piper mitgeteilte rheinfränkische Gedicht
„Lob Salomos" aus dem Beginn des 12. Jahrhunderts behandelt III Reg.
3—10 = II Paral. 1—9 nicht ohne apokryphen Einschlag und allegorische Auslegung.

Recht getreu an die Bibel hält sich das Bruchstück einer mb. gereimten Übersetzung, die wohl noch dem 13. Jahrhundert angehört; das Erhaltene umfaßt II Reg. 24, 17—III Reg. 1, 26 und ist nach einem Pergament-Fragment des 14. Jahrhunderts abgedruckt in der Germania 19 (1874) S. 339 ff.

Die Meininger Hs. 57 (früher 46b) s. XIV (vgl. Materialien I, 2 S. 27 ff. 107 ff. sowie die abgedruckten Stücke BdK VI S. 241 ff.) bietet unter anderen Bibelabschnitten in gereimter Verdeutschung auch den Schluß der biblischen Königsbücher mit Zusätzen aus der Historia scholastica.

Die Stuttgarter Hs. HB XIII poet. germ. 11 (s. XV Anf.) enthält u. a. eine Dichtung über Esdras und Neemias, deren Herausgabe E. R. Palgen in Aussicht gestellt hat.

Die gleiche Stuttgarter Hs. bringt auch eine poetische Behandlung des Buches Esther. Sie wurde ohne Kenntnis dieser Handschrift nach Berlin, Ms. germ. oct. 56 (s. XIV) von Karl Schröder herausgegeben in den Germanist. Studien (Supplem. zur Germania) I (1872) S. 247 ff. Die mb. Dichtung umfaßt 2010 Verse und deutet am Schluß Esther und Assuerus auf Maria und Christus.

Das gleiche biblische Buch ist auch in der schon mehrfach erwähnten Meininger Hs. 57 (46b) s. XIV in Reimen nacherzählt, in Anlehnung an die Bibel selbst und an die Historia scholastica.

B b II. Das Fragment einer nd. dramatischen Dichtung über Simson aus dem 14. Jahrhundert ist mitgeteilt im Nd. Jb. 6, S. 137 ff.

B c. **Alttestamentliche Lehrbücher:**

I. Eine mb. gereimte Paraphrase des Buches Hiob v. J. 1338 gab Ed. T. E. Karsten nach zwei Königsberger Handschriften heraus in den Deutschen Texten des Mittelalters XXI (1910). Die Dichtung umfaßt 15568 Verse; sie gehört zur Deutschordens-Literatur und wurde unter Hochmeister Dieterich von Albenburk vollendet.

Psalmen: Zu der altbayrischen gereimten Übertragung des Psalm 138 (139) vom Ende des 10. Jahrhunderts (Wien, Ms. 1609) vgl. BdK III (1933) S. 8. 33 ff. 97 ff.

Bruchstücke aus einer mb. dichterischen Übertragung der Bußpsalmen (Ps. 6, 10 f. und 31, 1—6) aus dem 13. Jahrhundert finden sich in dem Berliner Ms. germ. fol. 737.

Zu der Aufzählung handschriftlicher gereimter Psalterien BdK III S. 270 bedarf es einiger Ergänzungen.

Spärliche Fragmente in Klagenfurt, von einer Hand des 13. Jahrhunderts geschrieben, geben uns Kunde von einer oberdeutschen gereimten Paraphrase der Psalmen, wohl noch aus dem 12. Jahrhundert. Sie enthalten Bruchstücke von Ps. 58, 59 und 61 (Vulg.). Der Herausgeber, Herm. Menhardt (3. f. d. A. 67 [1930] S. 257 ff.) setzt sie zu Williams prosaischer Paraphrase des Hohenliedes in Parallele.

A. E. Schönbach machte in den „Mitteilungen d. histor. Vereins für Steiermark" 47 (1899), S. 4 ff. eine Psalmenübersetzung in Reimprosa bekannt, die von einem mb. Geistlichen des 14. Jahrhunderts verfaßt, im 15. für die Dominikanerinnen in Mahrenberg in bayr.-österreichische Mundart umgeschrieben wurde. Eine Probe daraus habe ich Forsch. und Fortschr. 1933 S. 449 abgedruckt.

Über niederländ. gereimte Übersetzung bzw. Glossierung der Bußpsalmen und des 50. Psalms in einer Hs. des Brit. Museums aus dem 15. Jahrhundert berichtet Robert Priebsch, Die deutschen Handschriften in England II Nr. 319. Dazu ist auch der Münchener Cgm. 135 (s. XV) zu vergleichen.

Niederdeutsche Reime zu den Bußpsalmen bieten drei Handschriften des 15. Jahrhunderts zu Dessau (Borchling III 252), zu Rostock (Borchling II 184) und zu Quedlinburg (Borchling III 242).

Das 16. Jahrhundert ist dann reich an gereimten Verdeutschungen der Psalmen. Vgl. u. a. für Hans Sachs Phil. Wackernagel, Kirchenlied III S. 62ff.

Das Hohelied in deutschen Reimen findet sich in der I. Historienbibel (Ia, b und c). Zum Text und zur Literatur darüber vgl. man Th. Merzdorf, Literar. Verein 100 S. 10. 423ff.; zu den Handschriften „Materialien" I 2 Tabelle (hinten).

B c II. Aus den Proverbien, den sogen. Sprüchen Salomos, ist vieles in die deutsche Spruchliteratur übergegangen. Kein Wunder also, daß man bei Freidank und in Brants Narrenschiff ganze Reihen gereimter Zitate und Anspielungen daraus zusammenstellen kann. Vgl. „Materialien" III (1927) S. XLIIff. und bes. S. 98. — Über ein mittelalterliches „bundeltje" „Alderande Proverbien van den wisen Salomone" in niederländ. Kreuzreimen „van verder onbekente herkomst" berichtet K. F. Proost[1].

Auch der sog. Prediger Salomonis erfreute sich großer Beliebtheit; dafür sei außer Freidank und Brant auch auf Reinmar von Zweter verwiesen, in der Ausgabe von Roethe S. 514 Nr. 208.

Das Hohelied des Brun von Schonebecke (Magdeburg) ist eine 1276 vollendete umfangreiche Auslegung in Versen.

Reich an Anführungen und Anspielungen aus dem Hohenlied ist sodann die Marienpoesie, vgl. z. B. Heinrich Frauenlobs Leich.

Hier kommt auch die ausgedehnte deutsche Dichtung des Schweizers Heinrich Laufenberg († 1460 zu Straßburg) Supra canticum canticorum in Betracht; man vergleiche die Textprobe bei Phil. Wackernagel, Kirchenlied II S. 589f.

B d. Propheten:

I. Jesaia. Zu den Hildesheimer Bruchstücken eines gereimten ostfälischen Auszugs aus Jesaia, herausgeg. von K. Euling (PBB XIV [1889] S. 122ff.) vgl. im Zusammenhang mit den Wolfenbütteler Fragmenten oben unter A und Bd. VI S. 231ff.

Daniel. Eine poetische Bearbeitung des Buches Daniel, um 1330 auf Veranlassung des Deutschordens-Hochmeisters Luder von Braunschweig entstanden, umfaßt 8348 Verse und ist nach einer Stuttgarter Hs. — eine zweite befindet sich in Königsberg — von Arthur Hübner in den DTMA XIX (1911) herausgegeben. Sie enthält auch apokryphe Erweiterungen; die Historia scholastica ist viel benutzt, bisweilen zitiert. Die Einführung der Auslegung („Vernemt hie waz die glose/ mit uzlegene kose" u. ä.) erinnert stark an die entsprechenden Formeln in der Glossierung der Evangelien-Perikopen in der Hamburger Hs. in Scrinio 99 (s. XIII).

Eine gereimte Behandlung des Daniel aus dem 14. Jahrhundert bietet die Meininger Handschrift 57 (46b); vgl. „Materialien" I, 2 S. 27ff. und 107ff: Zwischen Kap. 7 und 8 der Vulgata werden Susanna und die Belgeschichte ein-

---

[1] De Bijbel in de nederlandsche Letterkunde usw. I De Middeleeuwen. Assen 1932 Blz. 86.

geschaltet. Mit Kap. 10, 8 bricht die Wiedergabe ab und geht zu Judith über. Mitteilungen aus dem Text vgl. BdK VI S. 247 ff. Zu Daniel 3, der Erzählung von den drei Jünglingen im Feuerofen, enthält die schon mehrfach genannte Vorauer Hj. eine alte Dichtung rheinfränkischer Herkunft aus dem Beginn des 12. Jahrhunderts. Sie ist u. a. abgedruckt bei MSD I³ Nr. XXXVI, S. 133 f. In der Hj. ist diese Dichtung mit der sog. „älteren Judith" zu einer Einheit verschmolzen.

Jonas. Eine gereimte Übertragung dieses Buches aus dem 14. Jahrhundert findet man in der schon mehrfach erwähnten Meininger Hj. 57 (46 b). Der Text ist abgedruckt BdK VI S. 244 ff.

Zu den gereimten Übersetzungen von Prophetenstellen durch Hans Sachs, zumeist schon auf Grund von Luthers Arbeit vgl. „Materialien" III (1927) S. XLVI ff.

Bd II. Prophetenspiele, dramatische Zusammenstellungen von Aussprüchen alttestamentlicher Seher, die auf Christus und das neutestamentliche Geschehen gedeutet wurden, treten meist in Verbindung mit Weihnachtsspielen auf; von ihnen war schon unter A II die Rede.

Die Wiener Papierhandschrift Nat. Bibl. 3007 8⁰ v. J. 1472 enthält nach den Angaben im Katalog u. a. ein „Gedicht über die Propheten". Aber diese „Propheten" sind die durch Christus aus der Unterwelt befreiten Väter; das Gedicht ist darum an anderer Stelle zu behandeln.

Be. Apokryphen des Alten Testaments:
I. Judith. Die sog. „ältere Judith" ist eine Dichtung aus dem Beginn des 12. Jahrhunderts in rheinfränkischer Mundart mit bayrischem Einschlag. Die „jüngere Judith", wie jene durch die Vorauer Hj. auf uns gekommen, aus wenig späterer Zeit, zeigt bayrisch-österreichischen Dialekt mit geringer alemannischer Färbung; sie hält sich enger an die biblische Vorlage als das ältere Gedicht. Vgl. über beide jetzt vor allen Chrismann, Gesch. d. deutsch. Literatur II, 1 (1922) S. 103 ff.

Über ein Pergamentfragment, das eine gereimte mb. Übersetzung von Judith 6, 4—7, 7 enthält, wohl noch dem 13. Jahrhundert angehörig, ist in der Germania XIX (1874), S. 340 ff. berichtet. Da dieses Bruchstück mit dem oben unter B b I erwähnten Abschnitt aus den Königsbüchern zusammenhängt, liegt es nahe, an eine umfassendere gereimte Übersetzung des AT zu denken.

Aus der schon mehrfach erwähnten Stuttgarter Sammelhandschrift HB XIII poet. germ. 11) hat Rud. Palgen in der Altdeutschen Textbibliothek (Nr. 18 Halle 1924) eine mb. dichterische Behandlung der Judith v. J. 1254 herausgegeben. Sie umfaßt 2814 Verse und läßt auf die Erzählung eine auslegende und nutzanwendende Betrachtung folgen, wobei auch die Geschichte Josephs herangezogen wird.

Die Meininger Judith, aus der ich BdK VI S. 249 ff. Textproben gab, gehört zu der schon mehrfach erwähnten Hj. 57 (46 b) s. XIV. Die Einleitung lehnt sich an die Historia scholastica an; im übrigen ist die gereimte Erzählung biblisch.

Tobias. Die gleiche Meininger Hj. enthält auch einen gereimten Tobias, aus dem BdK VI 243 f. einiges mitgeteilt ist.

Durch ein Berliner Pergamentfragment des 12. Jahrhunderts wissen wir um eine Tobiasdichtung des Pfaffen Lamprecht in moselfränkischer Mundart (PBB XLI, S. 528 ff.).

Makkabäerbücher. Ein Fragment der Halberstädter Dombibliothek vom Ende des 12. Jahrhunderts, zuletzt herausgegeben von C. v. Kraus, Deutsche Gedichte des 12. Jahrhunderts (1894 S. 25ff.), gibt in erweiternder Paraphrase I. Makkab. 13, 14—31 wieder in 120 Versen, deren Dichter wohl im südl. Rheinfranken beheimatet war. — In dem Hildesheimer Fragment (vgl. zu Esdras) wird auch eine zugehörige Dichtung über die Makkabäer erwähnt; sie scheint verloren, wird aber, nach den erhaltenen Proben der anderen Teile dieser Bearbeitung zu schließen, schwerlich eine zusammenhängende Erzählung der ganzen Bücher enthalten haben.

Nach der **Stuttgarter** Hs. HB XIII poet. germ. 11 gab Karl Helm (Bibl. des Liter. Vereins CC XXXIII [1904]) eine Verdeutschung der Makkabäerbücher in 14410 Versen, die er dem Hochmeister Luder von Braunschweig selbst zuschreiben möchte. Auf die Historia scholastica und das Passional wird in der Dichtung selbst verwiesen; doch kommen auch noch andere Nebenquellen wie die Glossa ordinaria in Betracht.

Die **Meininger Makkabäer in Reimen** (Ms. 57, früher 46b) schließen mit I. Makk. 16, 22 ab. Doch ist in der Erzählung neben der Historia scholastica auch II. Makk. mit herangezogen (vgl. die Textproben Bd. VI S. 252ff.).

Susanna. Das Bruchstück einer md. Susannendichtung mit nd. Einschlag (88 Verse) aus der Zeit um 1300 ist nach einer Göttinger Hs. in Stammlers nd. Lesebuch abgedruckt. Man vgl. dazu auch Jellinghaus (³1925) S. 5.

Be II. Aus einer Wiener Hs. des 15. Jahrhunderts druckte Karl Schröder in der Germania XXII (1877) S. 342 ff. eine dramatische Dichtung „das leben der heyligen frawen Susanna" ab, das in bayrisch-österreich. Mundart verfaßt ist. (401 Verse). — „**Dat lyden der hilger Machabeen**", eine niederrhein. Dichtung von 862 Versen, nach einem Kölner Druck von 1507 durch Oskar Schade a. a. O. S. 363 ff. herausgegeben, behandelt nach II. Makk. 7 das Martyrium der Mutter und ihrer 7 Söhne, das als Figur des Leidens Christi bezeichnet wird. — Der sog. „Tobiassegen" reicht wohl noch ins 12. Jahrhundert hinauf. Der Text ist u. a. mitgeteilt bei MSD I³ S. 183 ff. Vgl. im übrigen ebenda II³ S. 290 ff. und jetzt besonders Ehrismann Gesch. d. d. Lit. I² S. 118 f.

Neues Testament.

B f. Geschichtliche Bücher des N. T.s.

I. **Evangelien**: In erster Reihe sind hier natürlich der altsächsische Heliand und Otfrids Evangelienbuch zu nennen, über die wir indessen unter Verweisung auf Ehrismann hier hinweggehen.

Aus der Zeit um 900 stammt eine ahd. Dichtung über Joh. 4, 6—20: **Christus und die Samariterin**, nach alemannischer Vorlage wohl in Lorsch geschrieben; Text in MSD I³ S. 22 ff. Der gleiche Stoff wurde in der Folge noch öfter poetisch behandelt, so im 15. Jahrhundert in einem Meistergesang des **Michael Beheim von Weinsberg**.

Im 12. Jahrhundert ist die Gestalt **Johannes des Täufers** mehrfach Gegenstand poetischer Behandlung gewesen. Die Dichtung der Ava enthält den Abschnitt über den Täufer nur in der Görlitzer Hs. (s. XIV); doch ist er deshalb der Ava noch nicht abzusprechen und kann jedenfalls älter sein. Sodann sind aber die erhaltenen Verse des **Priesters Abelbrecht**, um 1125 in Kärnten entstanden, und das etwa gleichzeitige Fragment aus **Kloster Baumgartenberg** an der Donau zu nennen, von denen insbesondere Abelbrecht den eigentlich biblischen Rahmen durch apokryphe Zutaten sprengt. Auf den Klagenfurter Pergamentstreifen, die uns von der gereimten Psalmen-Paraphrase des 12. Jahrhunderts Kunde geben, finden sich außerdem noch einige Worte, die auf eine unbekannte alte Dichtung über Johannes Baptista schließen lassen (3. f. d. A. 67, S. 262).

Die eben erwähnte Dichtung der Ava (es ist nicht sicher, daß sie mit der 1127 in der Nähe des Stiftes Melk an der Donau verstorbenen Klausnerin identisch ist), die in der Hauptsache das Wirken Jesu umfaßt, aber darüber hinaus auch die Lehre von den letzten Dingen berührt, schöpft demgemäß neben den Evangelien auch aus anderen Schriften des Neuen Bundes und sonstigen Quellen. Das Lehrhafte tritt zurück; Bergpredigt und Gleichnisse fehlen bis auf die im Zusammenhang mit den sieben Gaben des heiligen Geistes (Jes. 11, 2) behandelten Seligpreisungen. Neben dem menschlich-mütterlichen Ton, der besonders am Schluß der Dichtung hervortritt, durchzieht das Ganze eine ausgesprochene Bußstimmung.

Zwei unter der Dichterbezeichnung „der wilde Mann" (be wilde) überlieferte Stücke, um 1175 am Niederrhein entstanden, behandeln das Leben Jesu in Einzelbildern mit der Veronika-Legende und deren Fortsetzung (Heilung des Vespasian). — Nochmals sei gesagt: der starke legendarische Einschlag darf uns nicht bestimmen, diese Gedichte der Gruppe II zuzuweisen, denn er ist für die mittelalterliche Bibeldichtung durchaus das Gewöhnliche, wie es auch bei vielen der im folgenden genannten größeren und kleinen Schöpfungen hervortritt.

Priester Wernhers „driu liet von der maget", 1172 in Bayern entstanden, sehr beliebt und verbreitet, behandeln im Anschluß namentlich auch an das apokryphe Evangelium des Pseudo-Matthaeus 1. die Geschichte der Anna, Marias Mutter; 2. die Jugend der Maria und 3. die Kindheit Jesu bis zur Rückkehr aus Ägypten.

Die zahlreichen Marienleben des XIII. und XIV. s., um ihrer biblischen Grundlage willen gleichfalls hierher gehörig, lehnen sich großenteils an eine gemeinsame lateinische Vorlage an, die rhythmische Vita beate virginis Marie et Salvatoris[1]; so das Grazer Marienleben s. XIII, ferner die Dichtungen des Walther von Rheinau, eines Schweizers, Bruder Philipps des Karthäusers (außerordentlich verbreitet, in mehreren Handschriften auch niederdeutsch), des Schweizers Werner, sowie ein nur fragmentarisch erhaltenes mittelrheinisches Gedicht 3. f. b. A. 68 (1931) S. 233ff. Über ein niederrheinisches Marienleben in Königsberg (s. XIII—XIV?) vgl. jetzt außer 3. f. d. A. 13, S. 524 Fritz Rohdes Königsberger Dissertation von 1911 S. 10ff.; es harrt noch näherer Untersuchung. — Bruder Philipps Marienleben ist uns, wie erwähnt, auch in nd. Fassung erhalten, so auch im Hartebok, vgl. Jellinghaus[3] S. 6 Anm. 6.

Hier schließen sich die Gedichte zur Kindheit Jesu an. Über das Breslauer Bruchstück eines md. gereimten Kindheitsevangeliums, dessen Vorlage aus dem 12.—13. Jahrhundert stammt, vgl. 3. f. d. A. 50 (1908) S. 167ff.; die erhaltenen Verse handeln von Joachim und Anna. Dem Beginn des 13. Jahrhunderts gehört die österreichische Kindheit Jesu des Konrad von Fußesbrunnen an, der außer Pseudo-Matthäus wohl auch die rhythmische Vita benutzte. Nur wenig später dichtete Konrad von Heimesfurt[2] in Bayern. Weist „Von unser vrouwen hinvart" noch in das eben behandelte Gebiet der Mariendichtung, so hat die „Urstende" Christi Passion, Höllenfahrt und Auf-

---

[1] Herausgegeben von A. Vögtlin, Bibl. d. Literar. Vereins 180 (1888). Dazu vgl. auch Materialien IV (1929) S. XXXff.
[2] Zu den beiden Dichtungen des Konrad von Heimesfurt vgl. jetzt noch 3. f. d. A. 67 S. 273ff.

erstehung zum Gegenstand und benutzt u. a. auch das Evangelium Nicodemi. Dieses wurde um 1300 von dem schon genannten Thüringer Heinrich von Hesler poetisch bearbeitet. Auch niederdeutsch wurde das Evangelium Nicodemi in Verse gebracht.

Von der Himmelfahrt Mariae handelt auch eine mb. Dichtung, nach einer Breslauer Hf. des 15. Jahrhunderts Z. f. d. A. 50, S. 172 ff. ebiert, deren Original der Herausgeber Klapper noch dem 13. Jahrhundert zuweist.

Nach dem Bibliothekskatalog enthält die Gießener Pergamenthandschrift 876 ein mb. gereimtes Leben Jesu vom J. 1278.

Johannes von Frankenstein (Schlesien), Mitglied des Johanniterordens, dichtete 1300 in Wien seinen „Kreuziger" (Kreuzträger), der in fast 11½ Tausend Versen die Leidensgeschichte Jesu im Anschluß an die Evangelien erzählend und auslegend behandelt.

Hier ist auch das um 1300 von einem mb. Dichter im Deutsch=Ordensland verfaßte sog. Passional (Buch 1 und 2) zu nennen, das sich an die Legenda aurea des Jacobus a Voragine anlehnt.

„Der Saelden Hort" ist eine alemannische Dichtung des 13.—14. Jahrhunderts, die vom Leben des Täufers, von Jesus und Maria Magdalena berichtet[1].

Eine mb. Reimpaardichtung des 14. Jahrhunderts „Dy Gepurt Christi" von dem Regensburger gab nach dem Münchener Cgm. 714 Walther von Wickede heraus (Rostocker Dissertation v. J. 1909, S. 79—85)[2]. Das kleine Opus (225 Verse) reicht bis zur Flucht nach Ägypten und dem Bethlehemitischen Kindermord.

Des Thüringers Johannes Rothe „Passion" (um 1420) erzählt in der Hauptsache die bekannten Legenden von Judas und Pilatus. — Die Pilatuslegende, wie sie uns auch aus den neutestamentlichen Historienbibeln bekannt ist, war schon um 1175 in einem nur teilweise erhaltenen Gedicht hessischer Mundart behandelt.

Unter den Sängern des geistlichen Liedes handelt Wolfgang von Män um 1500 in einer Reihe von Gedichten über das Leiden Christi, meist im engen Anschluß an die Evangelien. Vgl. Wackernagel II 1086 ff.

Eine nb. Dichtung über Abendmahl und Passion druckte nach einer Wolfenbütteler Hf. des 14.—15. Jahrhunderts Georg Baesecke im Nd. Jahrb. 33 S. 122 ff. ab.

Das bei Wackernagel II S. 395 ff. aus dem Hartebok, abgedruckte nb. Gedicht „Van der bort Christi" ist wohl älter als die Handschrift (f. XV) und vielleicht Teil einer umfassenderen epischen Dichtung.

Noch einige kleinere Dichtungen zu kurzen Stücken der Evangelien sind zu erwähnen, so in Ergänzung des Verzeichnisses „Vaterunser in Reimen" (Bd K III S. 272): Innsbruck, Univers.=Bibl. Nr. 652 Perg. f. XII vgl. MSD I[3] S. 163 ff. Auch die Verse des Reinmar von Zweter Brôn êren bôn 13 (bei Roethe S. 417) gehören hierher; ebenso des Marners und des Hülzing Vaterunser (Wackernagel II S. 96 und 388). Aus der Fülle des Vorhandenen — Vollständigkeit darf hier nicht erwartet werden — sei noch einzelnes herausgehoben:

Zu Matth. 22, 15 ff. und Parallelen (vom Zinsgroschen): Walthers Spruch „Dô gotes sun hien erbe gie";

---

[1] Deutsche Texte des Mittelalters 26 (1927).
[2] Insbesondere sei noch auf den inhaltreichen Abschnitt dieser Arbeit „Literarhistorische Einordnung" S. 91 ff. hingewiesen.

zu Matth. 22, 35ff. und Parallelen (vom vornehmsten Gebot): die Strophen des Michael Beheim (um 1450), vgl. Wackernagel II S. 688f.;

zu Matth. 25, 34ff.: das Bruchstück vom jüngsten Gericht in Reimen London, Brit. Mus. Abb. 34392 f. XIII (Priebsch a. a. O. II Nr. 310);

zu Luc. 1, 28 (Mariae Verkündigung): Reinmar von Zweter, Brôn êren dôn 15 und 22 (Roethe S. 418 und 421f.), auch die Verse des Michael Beheim (um 1450), vgl. Wackernagel II S. 676;

zu Luc. 16, 19ff. (Der reiche Mann und der arme Lazarus): ein oberdeutsches Gedicht des 15. Jahrhunderts, Berlin, Ms. germ. quart. 1586.

Apostelgeschichte.

St. Stephan's Leben von Hawich dem Kellner, Dienstmann des Domstiftes (St. Stephan) in Passau (s. XIV) gehört nur teilweise zu den biblischen Dichtungen, sofern sie auf Acta 6 und 7 Bezug nimmt. Sie ist herausgegeben in den Deutsch. Texten d. Mittelalters 35 (1930).

Bf II. Evangelien.

Das bei MSD I³ unter Nr. XLIII und bei Wackernagel II S. 36ff. abgedruckte Paternoster ist eine im 12. Jahrhundert wohl in Kärnten entstandene freie Dichtung in 20 Strophen zu je 12 Zeilen. Zu den 7 Bitten werden hier die 7 Seligpreisungen und andere biblische Siebenheiten in Beziehung gesetzt.

In den Jahren 1252—1255 entstand die umfangreiche md. Dichtung des Heinrich von Krolewiz (Kröllwitz bei Halle/Saale) zum Vaterunser, die sich in ausgedehnten Aus- und Einlegungen und allerlei Exkursen ergeht.

Das Hamburger „Jüngste Gericht", um 1150 gedichtet, ist nach Edw. Schröder Z. f. d. A. 71 (1934) S. 209f. auf südfränkischem Boden entstanden. Den gleichen Gegenstand behandeln auch Freidanks Verse (Bezzenberger 178, 14ff.) und ein bei Priebsch II Nr. 310 erwähntes md. Bruchstück des 13. Jahrhunderts im Besitz des Brit. Museums (vgl. oben).

Hier sei ferner die gereimte Glosse zu den Perikopen aus den Evangelien angeführt, bisher in 2 rheinfränkischen, von der gleichen Hand des 13. Jahrhunderts geschriebenen Handschriften bekannt: Hamburg in Scrin. 99 und Berlin Ms. germ. fol. 706 (Fragment); Textproben daraus in BdK IV (1934) S. 229ff. vgl. auch Tafel I ebenda, sowie BdK VI (1936) S. 3ff. „Von den zwein sanct Johansen" handelt eine alemannische Dichtung des Heinzelin von Konstanz vom Ausgang des 13. Jahrhunderts. Es ist ein Disput zweier Nonnen über die Vorzüge der beiden Johannes.

Die schon erwähnte Berliner Handschrift Ms. germ. oct. 345 des 13. Jahrhunderts enthält außer der Apokalypse und dem Gedicht „von der Schöpfung" noch mehrere andere kleine Dichtungen[1]. Von der über die Apostel sind leider nur Bruchstücke erhalten; sie handeln von Thomas, dem jüngeren Jacobus, Philippus, Matthäus, Simon und Judas. Der Text berührt sich inhaltlich wohl mit der Legenda aurea und dem Apostelbuch des alten Passionals, stellt aber eine andere Fassung dar. Auch die anderen Stücke (Antichrist, Erschaffung und Schicksal des Menschen nach dem Tode, das himmlische Jerusalem, Scheidung der Guten und Bösen) sind reich an biblischen Reminiszenzen, das letztgenannte insbesondere an Zitaten aus dem Johannes-Evangelium.

---

[1] Auch diese abgedruckt von Maßmann in v. d. Hagens Germania X (1853) S. 127ff.

Aus der Sammelhandschrift Berlin, Mj. germ. fol. 737 seien hier das mb. Leben und Leiden Jesu f. XIV und die beiden Marienklagen aus gleicher Zeit, eine bayrisch, die andere md., erwähnt.

Auch verschiedene Dichtungen des Meißners (f. XIII) kommen in Betracht, so z. B. „Der juden erbe" (Wackernagel a. a. O. II S. 149). Nochmals ist ferner des Meisters Regenboge zu gedenken; man vgl. u. a. „Daz mirrenbüschel" (Wackern. II S. 262) und „Diu Veronica" (ebenda S. 266). Weiter sei Hermann der Damen herausgehoben mit seinem an Walther erinnernden Leich (von Maria und Christus) um 1300 (ebenda S. 211ff.). Um 1309 sang Bruder Eberhart von Sax in der Schweiz sein „Marien lop" (ebenda S. 172ff.). Die „grôze tagewîse" des Grafen Peter von Arberg (f. XIV) ist reich an Bezugnahme auf die biblische Darstellung der Passionsgeschichte (ebenda S. 329ff.). Dem Mönch von Salzburg (um 1400, Hermann oder Johann?) danken wir verschiedene Dichtungen biblischen Inhalts; so die Paraphrase der Verkündigung an Maria „Von vnnser vrawen gruesz" und „Von vnnser vrawen geperung ze weynachten" (ebenda S. 437f. und 417ff.).

Joachim Kirchner hat in der Z. f. d. A. 72 (1935) S. 283ff. nach einem Pergamentblatt aus dem Besitz der Stadtbibliothek zu Frankfurt a. M. das Fragment einer mb. gereimten Paraphrase des Magnificat (Luc. 1, 46ff.) veröffentlicht, das wohl noch dem 14. Jahrhundert angehört und mundartlich manche rheinfränkische und hessische Eigenheiten aufweist. Aus dem Inhalt seien zur Probe nur die folgenden Verse mitgeteilt:

Got yn syme throne sasz	Got wolde den wyn selber schencken
Ezu syme wyn solt her baz vasz	Von dem vasz wolde her nicht wencken
Daz clarer vnd auch reyner was	Der schencke was mylde der wyn was gut
Dan von cristallen eyn lueter glasz	Daz vasz von gode was wolbehut
Daz vasz von gode was gewircket	Daz vasz so gut baz ich meyne
Mit godes gnaden richlich gestircket	Daz bistu frauwe zart reyne
Got begonde sinen win vsz giessen	Der wyn ist der susze crist
In daz vasz der wyn wold fliessen	Der ober wan des fienbisz list usw.

Das sind Vorstellungen, verwandt denen, über die in unserem Jahresbericht 1937 unter „Bibel und Gewerbe in alter Zeit" bes. S. 2f. gehandelt wurde. Ähnliche Geschmacklosigkeiten finden sich übrigens noch bei Fleming.

Eine nb. Leidensgeschichte Christi in Reimen (869 Verse) enthält die Königsberger Pergamenths. 905 4° (f. XIV). Der Text ist von Fritz Rohde in seiner Königsberger Dissertation v. J. 1911 herausgegeben[1]. Als lateinische Quelle hat sich der Tractatus beati Bernhardi de planctu beate Marie erwiesen. Rohde behandelt S. 13f. diesen Traktat, sein Verhältnis zur Interrogatio Anchelmi und beider Einfluß auf die deutsche Marienklage.

Das Bruchstück eines nb. Gedichtes von dem Leiden, Sterben und Auferstehen Jesu f. XIV/XV ist nach einer Hf. in Privatbesitz im Nd. Jb. 49, S. 45ff. mitgeteilt; es fehlt nicht an apokryphem Einschlag.

Über ein mittelfränkisches Gedicht vom Weltende (f. XV) in einer Hf. der Darmstädter Landesbibliothek ist in der Germania XXXII S. 93ff. berichtet.

Die Londoner Hf. Brit. Mus. Add. 24946 (f. XV) enthält nach den Angaben bei Priebsch II Nr. 262 verschiedene oberdeutsche Gedichte, z. T. aus älterer Zeit,

---

[1] „Ein mnd. Gedicht über die Kreuzigung, das Begräbnis und die Auferstehung Christi" usw.

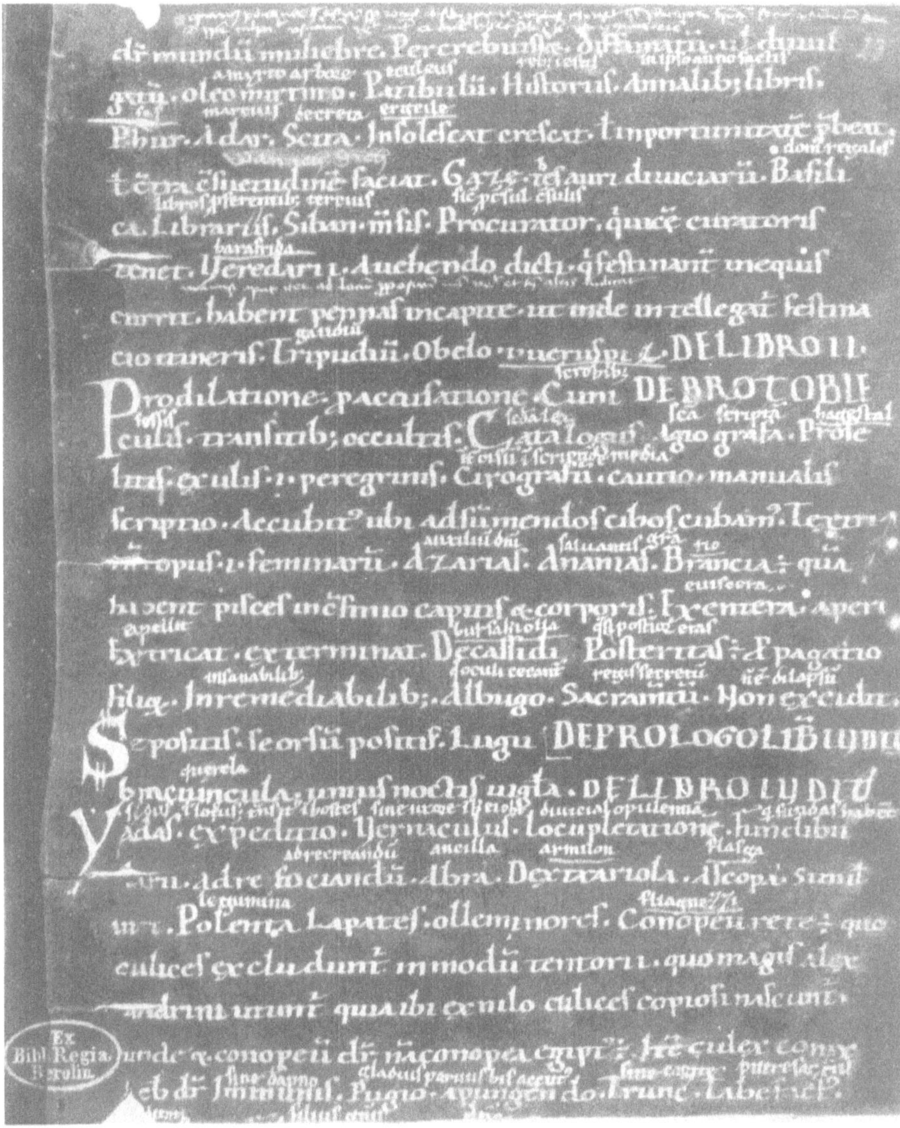

Tafel II.

Preußische Staatsbibliothek Berlin
Mj. germ. fol. 750, Bl. 23r

die Geburt, Leben, Passion, Höllenfahrt und Auferstehung Christi behandeln. Priebsch gibt Textproben und stellt Übereinstimmung eines Abschnittes mit den Strophen 68—76 in Nr. 1205 („Von des Herren geburt und Leben") bei Wackernagel II S. 968 f. fest.

Die Hs. der Preuß. Staatsbibliothek Mj. germ. fol. 722 enthält nach Degering eine alemannische Dichtung „Das jungst gericht puch" mit Federzeichnungen v. J. 1482.

Im Zentralblatt für Bibl. IX (1892) S. 256 ist von einer Papierhs. der Trierer Stadtbibl. (Schauschrank 234 f. XV) berichtet, die Bl. 28ᵛ—72ᵛ ein Leben Christi in Reimen biete.

Aus der Wiener Hs. Nationalbibl. cod. 3007 (f. XV) sind Bd. VI S. 239 ff. einige Proben gegeben. Sie enthält u. a. ein Gedicht über Christi Höllenfahrt. Mit dem Descensus verbindet sich wie auch sonst häufig die Legende vom Kreuzholz. — Entgegen der Angabe in den Tabulae codicum ist die Behandlung der sieben Worte am Kreuz kein Gedicht, sondern Prosa.

Der schon genannte Heinrich Laufenberg hat in manchen kleineren Dichtungen Einzelstücke der Evangelien wie Luc. 1, 28 ff., Luc. 2, Matth. 2, Joh. 1 und die Passion behandelt, gelegentlich, wie bei Mariae Verkündigung, in lateinisch-deutscher Mischung.

Auch Sebastian Brant ist hier zu nennen, besonders wegen seines „Rosenkranz", ferner der niederrheinische Johannes Gosseler, der Schweizer Pamphilus Gengenbach („Der guldine Paradeisapfel"), der Ulmer Martin Mylius, des weiteren Martin Weiß von Reutlingen, auch Johannes Böschenstain. Mit diesen findet man noch manche andere hierher gehörige Liederdichter im II. Bande von Phil. Wackernagels schon mehrfach genanntem Werk vertreten.

Aus der nd. biblischen Dichtung späterer Zeit ist noch die Ebstorfer Liederhandschrift (um 1500) zu erwähnen, aus der hier namentlich ein Gedicht zu Mariae Verkündigung und ein Passionslied in Betracht kommen.

Sodann sind auch noch einige dramatisierende und dramatische Dichtungen zu nennen:

Wegen ihrer weiten Verbreitung und ihres Einflusses auf andere deutsche Dichtungen geistlicher Art sei das schon erwähnte Gedicht „Unser vrouwen klage" hier nochmals hervorgehoben. Es nimmt Bezug auf einen lateinischen Traktat als Quelle. Die Überlieferung läßt eine doppelte Rezension erkennen. Den mhd. Text, der wohl noch dem 13. Jahrhundert zuzuweisen ist, findet man bei Gustav Milchsack (PBB V S. 193 ff. 1657 Verse)[1]; eine nd. Fassung nach einem Kölner Druck von 1514 bei O. Schade, Geistl. Ged. S. 237 ff., eine wohl ältere nd. bei Aug. Lübben, Zeno S. 103 ff.

Das St. Gallener Himmelfahrtspiel bietet eine Wechselrede zwischen Jesus und seinen Jüngern beim Abschied. Es ist wohl erheblich älter als die Hs. (f. XV), die es uns erhielt[2].

Das Bruchstück eines Spiels von Marien Himmelfahrt (f. XIII/XIV) ist Z. f. d. A. 52 (1910), S. 1—56 mitgeteilt. Das Fragment enthält lateinische Texte, z. T. mit Neumen versehen, und mhd. Verse. Die Legende von der Himmelfahrt der Gottesmutter ist hier mit einem Streitgespräch zwischen Ecclesia und Synagoge verbunden.

---

[1] Vgl. darüber außer Milchsack auch Piper, Geistl. Dicht. I S. 307 und Fritz Rohde in seiner Königsberger Dissertation von 1911 S. 13 ff.

[2] Vgl. Jak. Baechtold, Gesch. d. deutsch. Literatur in d. Schweiz, Frauenfeld 1892, S. 209.

Auch das berühmte Spiel von den zehn Jungfrauen (Matth. 25, 1—13), das im Jahre 1322 in Eisenach aufgeführt wurde, sei erwähnt.

Das Erlauer (Ungarn) Krippenspiel hängt nach Chrismann zusammen mit dem sehr volkstümlichen latein.=deutschen hessischen Weihnachtsspiel, das um 1450 in Friedberg entstand. Außer jenem Krippenspiel, bem Ludus in cunabilis Christi, enthält die Erlauer Handschrift (f. XV) noch 5 weitere geistliche Spiele, die hierher gehören: den Ludus trium magorum, die Visitacio sepulchri in nocte resurreccionis, den Ludus Marie Magdalene in gaudio, den Ludus Iudeorum circa sepulchrum domini und eine dramatisierte Marienklage. Die sechs Stücke sind von Karl Ferd. Kummer zusammen herausgegeben (Wien 1882). Die szenischen Bemerkungen und einige Gesänge sind lateinisch; die deutschen Verse weisen etwa nach Kärnten als Heimat der Spiele.

Schon ins 16. Jahrhundert gehört nach der Münchener Hs. Cgm. 147 das in bayrischer Sprache überlieferte „Spil von der urstend Christi"; es behandelt auch die Höllenfahrt und die Befreiung der Urväter (Text im Archiv für b. Studium d. neueren Sprachen 39, S. 367—400).

B f II. Apostelgeschichte.

Was in dem Bruchstück des sog. Rheinauer Paulus (s. XII) erhalten ist (vgl. 3. f. d. A. 3 S. 518 ff.), reicht nicht aus, um zu erkennen, wieviel die Dichtung von neutestamentlicher Erzählung, insbesondere nach der Apostelgeschichte enthalten haben mag.

Von dem Berliner Fragment einer nd. Dichtung über die 12 Apostel war schon oben die Rede, die Apostelgeschichte kommt als Quelle kaum in Frage.

An das erwähnte Innsbrucker Spiel von der Himmelfahrt Mariae schließt sich die Zerstörung Jerusalems an. Die Historienbibeln zeigen zur Genüge, daß nach mittelalterlicher Auffassung beides durchaus in den Rahmen des neutestamentlichen Geschehens gehörte. Noch Hans Sachs behandelt in einer ziemlich umfänglichen Dichtung die Zerstörung Jerusalems unter diesem Gesichtspunkt (abgedr. u. a. bei Wackernagel III S. 71 ff.).

Von der Zerstörung Jerusalems handelt auch das Fragment eines thüringischen Spiels aus dem 15. Jahrhundert in einer Gothaer Hs.

B g. Apokalypse.

Hier ist das in bayrisch=österreichischer Mundart um 1140 verfaßte Gedicht vom himmlischen Jerusalem zu nennen, dem im wesentlichen Apokal. 21, 2—25 zugrunde liegt.

Sodann aber kommt Heinrich Heslers Apokalypse (um 1300) in Betracht. Nach der Danziger Hs. (s. XIV) ist sie von Karl Helm in den Deutsch. Texten des Mittelalters VIII (1907) herausgegeben; sie umfaßt 23 254 Verse und ist breite Paraphrase mit erbaulicher Auslegung.

Eine nd. gereimte Apokalypse des 13. Jahrhunderts ist in einer ganzen Reihe von Handschriften auf uns gekommen und von Hjalmar Pfilander herausgegeben (Upsala 1901); sie enthält zugleich erbauliche Auslegung. Die Wiener Hs. 3002 (s. XV) hat dasselbe Stück und ist unter anderer Signatur (Hist. prof. 1076) unter der Sigle W von Pfilander bereits herangezogen (vgl. S. VIII bei ihm). Dagegen kommt hinzu die bei Priebsch II Nr. 198 verzeichnete Hs. London Brit. Mus. Add. 18310 s. XV. Eine jüngere, gekürzte Fassung dieser nd. Apokalypse ist durch zwei Wolfenbütteler und eine Lüneburger Hs. vertreten.

Auch sei nochmals auf die in der Berliner Okt.-Hs. 345 enthaltenen kleineren nd. Gedichte hingewiesen. Unabhängig von der nachfolgenden Apokalypse heißt es dort (bei Maßmann S. 145f.):

 Dat sa Johannes ewangelista / to Phatmos in dem isula.
 Dar liet got eme al dar sen / dat an deme hemele vn an der erden sal geschen.
 Dar sa he van de[me] hemele komen de gotes trut / de heilegen stat
              Jherusalem also eine brut.

In Anlehnung an Apokal. 21, 10ff. wird die Stadt ganz kurz beschrieben; dann heißt es weiter:

 Nu müge gi vernemen dat / wat Jherusalem betekenet de heilige stat.
 De betekenet ouer al / de werlt de dar komen sal ...
 Des stades wechtere / dat sint de prestere
 Die dat volc van eren sunden wecken / vnde to gode trecken.

Es folgt mit Bezug auf Apokal. 22, 1ff.:

 In der stat steit ein boum / sin vrucht is so getan:
 Swen so hungeret sere / vmbizt he des en ne hungeret nimmer mere ...
 Nu merket lieven alle samen / dat is gotes lichame ...
 Vnder dem boume is ein vlot / de is lutter vn güt
 Nein man wart so kranc / he ne wurde starc of hes trank.
 De luttere vlot / de betekenet gotes blot.

Berliner Studien.

Mitteilungen aus 18 Handschriften der Preußischen Staatsbibliothek.

Ms. germ. fol. 88 (a. 1498. Degering, Kurzes Verzeichnis I S. 10) enthält zunächst ein erbauliches Leben Jesu mit reichlichen legendarischen Zusätzen nach Art der Historienbibeln, aber von diesen unterschieden durch die vielen patristischen Glossen, die den größten Raum des Ganzen einnehmen.

Mit Berufung auf Alanus („von der Natur") wird eingangs erzählt, wie nach Fall und Buße des ersten Menschenpaares sich die Natur an den Rat der göttlichen Tugenden wendet, um Heil für die reuigen Sünder zu erwirken. Diese bekannte und oft behandelte Beratung Gottes mit seinen Tugenden[1] zeigt hier gegenüber sonstiger Überlieferung einige Abweichungen und Erweiterungen. Bl. 4ʳ beginnt dann die Geschichte von Marias Eltern Joachim und Anna. Oft werden biblische Texte wortgetreu in die Erzählung eingefügt. Als Beispiel sei hier die Hochzeit zu Kana wiedergegeben. Darüber heißt es Bl. 43ᵛ: „Vnd barnach ober ain iar recht an dem tag als er von sant Johanne getöfft ward do was ain hochzyt in dem dorff Chana des lands Gallilea. dauon schribt Sanctus Johannes vnd spricht [rot:] Wie got das erst zaichen tett.

Es sind worden hochzyt in Chana Gallilea vn̄ die müter Jh̄u was öch da vnd Jh̄us was öch baruff berüfft mitt sinen jungern. vnd do des wins gebrach do sprach die müter Jh̄u zu im: kind si haben nicht wins. do antwurt ir Jh̄us vn̄ sprach: was ist mir vn̄ dir das wib — recht als ob er sprech spricht sant Bernhart: liebe müter ich bekenn din hercz wol daz du begerst das ich vss wasser win mach vn̄ ob ich das tū so hab ich es doch nicht von der mentschait die ich hab enpfangen von dir sunder von der gothait damit ich gelych bin minem himelschen vatter von dem ich alle wunderwerck vermage Vnd do darvmb was ist mir vn̄ dir das von vnser baiden mentschait wegen. — Aber die müter Jh̄u ließ darvmb nicht ab vn̄ sprach als Johannes furbas schribt zū den dienern: was vch min kind haißt das sult ir tūn. do waren do gesetzt sechs stainin krieg nach der gewonhait der rainigung der Juden. Do sprach Jh̄s zu den dienern: fult die krieg mit wasser. vn̄ do si die gefult hetten do sprach Jh̄s: nun schöpfft vnd bringt es dem hochzitmaister. Vnd do versūchet der hochzitmaister da es zū win was worden vn̄ west nicht von dem zaichen das Jh̄s geton het aber die diener westen es wol die das wasser geschöpfft hetten. do berüfft der hochzitmaister dem brutgam vn̄ sprach zū im: ain yeglicher mentsch setzt von ersten den gütten win vnd wenn die mentschen truncken werden so gibt man dann her der da luchter ist. aber du hast den gütten win behalten bisher. Vnd das was das erst zaichen das Jh̄s tet vor sinen jungern.

---

[1] Vgl. Material. I 1 S. 24f.; II 2 S. 838ff.; IV S. XV.

Erinnert der Anfang „Es sind worden hochzyt" ganz auffällig an Cgm 529 (BdK V S. 173), so geht doch der Text des weiteren andere Wege und zeigt nur im einzelnen Berührungen mit anderen Versionen, so durch die Verdeutschung „hochzitmaister" für architriclinus mit gewissen oberdeutschen Plenardrucken (Pietsch S. 151 Apparat).

Bl. 93ᵛ folgt eine Passion nach den vier Evangelien. Sie beginnt mit der Opferung Isaaks als einer „vergaňgen figur", zu der wieder zahlreiche patristische Zeugnisse verhört werden. Im übrigen schwelgt der Bearbeiter geradezu in Ausgestaltung der Marter Christi. Zum Teil liegen dabei alttestamentliche Zitate zugrunde, so bei dem Bericht, man habe Jesus in eine Jauchegrube geworfen und dann mit Stricken wieder herausgezogen; dabei ist an Stellen wie Ps. 112 (113), 7 zu denken.

Es folgen Predigten und Traktate über Sakrament, Sünden und Beichte, z. T. einem „brůder Cůnrat Bömlin ain barfůsz zů Straußburg" zugeschrieben. Dazu paßt der alemannische Dialekt des Ganzen.

Bl. 162—168 sind leer. Bl. 169 schließt sich die Verdeutschung der Apokalypse des Johannes mit Glosse an. Der Vergleich von Kap. 1, 1—9 mit den Proben bei Walther (Sp. 283—286; 551f.; 703f.) führte zu keinem klaren Ergebnis. Fruchtbarer erwies sich die Zusammenstellung von Kap. 14, 1—5 mit unseren Tabellen BdK V S. 267—282. Insbesondere fällt hier die Übereinstimmung der Glosse mit der in Trier 1961 ins Auge. Zu V. 1 und 3 heißt es in Zwischenbemerkungen des Berliner Textes:

Glos: doz waz XPs stund vm zu helffende der schowende kirchen...

Glos: in offenbar zu versehen...

Glos: Einen nuwen gesang zu singen von der vnbefleckikeit des fleisches mit XPō jn der ewikeit zu erfrowen Die beflecket sind mugen es hören jn der myn aber nit mit jn singen jn dē entpfohen der cron.

Wer daneben die entsprechenden Glossen in Trier 1961 hält (BdK V 268 und 277 unter 17), der wird an der Zusammengehörigkeit der beiden Handschriften nicht mehr zweifeln können.

Nun ist Trier 1961 ein moselfränkisches Plenar, dessen nahe Verwandtschaft mit niederländischen Texten erwiesen ist (BdK IV S. 11. 14 u. ö.); unsere Berliner Hs. dagegen bietet eine zusammenhängende Übertragung der Apokalypse. So taucht auch hier in komplizierter Form wieder das Problem der Wechselbeziehung zwischen niederländischen und westdeutschen Übersetzungen auf.

Zu dem ersten, historienbibel-ähnlichen Bestandteil unserer Hs. können hier noch zwei weitere Textzeugen nachgewiesen werden.

In der Nürnberger Papierhs. in Quart. Cent. VI 61 v. J. 1490 heißt es Bl. 128ʳ: Do got der vater schuff Adam vnd Eva da beschuff er sy an allen geprest[1] gaistlich vnd leiplich vnd gab in die natur in iren freien willen... vnd in dem pis viel als menschlich geschlecht in all geprest[1] vnd in grosz schuld. Nu spricht[2] der maister Alanus in dem puch von der natur[3] vnd spricht: do die natur bekant das Adam vnd Eua waren gefallen... 128ᵛ do gedacht die natur... ich wil recht gan in den rat aller tugent vnd wil sy piten usw.

Und damit stimmt wörtlich überein, was man in Ms. 178 der Innsbrucker Universitätsbibliothek Bl. 1ʳ⁻ᵛ liest; die Hs. stammt aus Stift Hall. Einige leichte Abweichungen sind hier anmerkungsweise notiert, wobei J die Innsbrucker Hs. bezeichnet.

---

[1] J: gebrechen. [2] J: schreibt [3] J: püechl der natur.

Mf. germ. fol. 90 (f. XV. Degering, K. B. I S. 10f.).

Aus den Evangelien besitzt das DBA Abschriften zu Matth. 2, 1—12; Matth. 9, 1—8; Luc. 2, 1—14; Joh. 2, 1—11; Joh. 5, 1—9 a. Am liebsten druckte ich sie hier alle ab; denn keins der 5 Stücke stimmt mit einem der entsprechenden Texte in Bd. V überein. Um Raum zu sparen, beschränken wir uns in der Wiedergabe auf das erste und das fünfte Stück; sie genügen, dem vergleichenden Leser das zu bestätigen, was hier auf Grund aller fünf Abschnitte über die Evangelien in unserer Handschrift zu sagen ist. Ihr Text nimmt unter den uns bisher bekannt gewordenen eine Sonderstellung ein. Selbst niederländisch oder doch aus westniederdeutschem Grenzgebiet, erinnert er wechselnd, aber unverkennbar an andere niederländische und niederdeutsche Handschriften und Drucke. Aber auch oberdeutsche Übersetzungen gehören zu dieser Gruppe, so Walthers 14. Zweig, der bei ihm nur durch eine Hs., Cgm. 5018, vertreten ist, dem wir aber auch den neutestamentlichen Teil von Stuttgart HB II 8 zuweisen konnten. Besonders aber fallen die Berührungen mit der Kölner Bibel und dem Lübecker Plenardruck von 1493, sowie mit dem niederländischen „Leven van Jezus" (Bergsma L und S) in die Augen; auch Hamburg in scrin. 140 und Cod. theol. 1099 kommen in Betracht.

Wir müssen uns hier damit begnügen, durch die Berliner Hs. auf die mannigfachen Beziehungen aufmerksam geworden zu sein, die zwischen diesen Textgestaltungen obwalten. Ihnen weiter nachspüren zu können, wird man wohl zunächst die aus den Niederlanden angekündigten neuen Forschungen über die niederländische Evangelienharmonie abzuwarten haben[1].

Matth. 2, 1—12:

Als dan Jhūs gebaeren was in Bethleem Juda in den dagen van Herodes den conync siet die conyngē syn gecomen wt orientē te Jherusalem seggende waer is die die gebaerē is conync der Jueden. want wy hn̄ syn sterre ghesien in orientē eñ wy syn gecomen hem aen te beden Ende Herodes die coninc dit hoerende waert verschrict eñ mit hem die geheel stat van Jherusalē. Ende vergaderende alle die princē der priesteren eñ gleerdē des volcs soe ondersocht hy van hem waer XPs gebaerē solde werden. Eñ dese spraken tot hem in Bethleē Juda. want alsoe ist geschreuen doer den propheet. Ende ghi Bethleē yn eerde van Juda in genne manieren en syt gy die mynste onder die princen van Juda. want wt v sal voert comen ein leitsmā die myn (!)[2] van Jsrahel regieren sal. Ende Herodes heymelic geroepen hebbende die conyngen heuet hy neernstelic van hem geleert den tyt dat hoer die sterre geapenbaert hadde. Eñ hem in Bethleem syndende heuet geseit Gaet eñ vraget neernstelic nae den kynde. ende als gy dat geuōdēn hebt soe segget my weder. op dat ic daer comende hem aenbeden maech. Eñ nae dat sy den conync gehoert habben syn sy gereist. Ende siet die sterre die sy in orientēn gesien haddē ginc voer hem. tot dat sy quam staē bauē ouer die plaetz daer dat kynt in was Ende doe sy die sterre sagen soe syn syn (!)[3] verblyt mit groter blytscheppe eñ ingaende dat huys soe hn̄ sy geuonden dat kynt mit Maria synre moder. Eñ vallende neder hn̄ sy hem āgebeden. eñ hoer

---

[1] Auf die neue Ausgabe, von der uns bisher vier Teile bekannt wurden, sei hier schon hingewiesen: The Liège Diatessaron, edit. with a textual apparatus by D. Plooij with the assistance of C. A. Phillips, English translation of the dutch text by A. J. Barnouw = Verhandel. d. Koninkl. Akademie van Wetenschappen te Amsterdam, Letterk. N. R. XXXI (1929—1935).

[2] Zu ergänzen: volc. [3] Zu lesen: sy.

schatten op boende hn̄ hem geoffert gauē golt wyrroc en̄ mirre. En̄ antwoerde ontfangende in hoerē slaep dat sy tot Herodem neit weder en solden keeren. soe syn sy doer eenen anderen wech weder gekeert in hoer lant.

Joh. 5, 1—9a:
(rot: Dat vyfde) DAer nae waest een hoechtyt der Pueden. ende Jh's ging op nae Jhrl'm. ende te Jhrl'm is die probatica piscina. die willicke in hebreeusch genoemt woert Bethsayda. ende heuet vyf ingancgen in wilcken laech een grote menichte van siecken blyden croepelen ende verdorreden. wachtende die berueringe des waters. want die engel des heren quaem nyeder op sekeren tyden in die piscine en̄ beroerde dat water. soe wie dan eerst daer in quaem nae die berueringe des waters die waert gesont van wat siecten hy cranc was. Ende een mensce was daer die welc achtenbertich iaer cranc gelegen habbe. als Jh's desen saech liggen en̄ vernā dat hy nv lange siec gewest hab soe seiden hy tot hem. wilt gy gesont werden. die crancke antwoerde hem. heer ic en heb gē mensch die my neder bringet in die piscine als dat water beroert wort. mer daer en tusscē dat ic come soe isser een ander voer my in gedaelt. Jh's seiden tot hem. staet op. neemt v bedde ende wandelt. Ende ter stont is die mensce gesont geworden. ende naem syn bedde en̄ ginc wandelen.

Ms. germ. fol. 130 (s. XV Anf. Vgl. Wolfg. Stammler, Apostelgesch. 27 usw. 1931, S. 5; Degering K. V. I S. 14) enthält die Sonntags-Episteln und Evangelien mit Glosse. — Verglichen wurden mit den Tabellen in Bd. IV, V und VII die Texte zu Jesaia 9, 2. 6. 7; Luc. 2, 1—14; Röm. 13, 11—14 und Phil. 2, 5—8. Überall trat nächste Verwandtschaft mit den Versionen zutage, die sich um Cgm. 530 und 1150 gruppieren. Man wolle z. B. Jes. 9, 2. 6 neben Bd. VII S. 100ff. halten. In der Berliner Hs. heißt es: „... vn̄ die da habēt gewandelt in dem schatten dez tōz den ist vff gegangen ein lieht. vns ist ein cleines kint geborn vn̄ der sun ist vns gegebē vn̄ der furstūm ist vff sin ahseln vn̄ sin nam der wirt geheyssen der wunderlich der ratgeber der stark got ein vatter der kunfftigen welt ein furst dez frydes" usw. Das stimmt fast silbengetreu mit den beiden genannten Münchener Hss. überein. Erheblichere Abweichungen finden sich eigentlich nur in Phil. 2, die indessen durchweg durch entsprechende Lesarten anderer Handschriften in den Tabellen Bd. IV S. 103ff. zu belegen sind. Daß aber auch hier die u. a. durch Cgm. 530 und 1150 vertretene Übersetzung den Grundstock bildet, beweist schon die gemeinsame Auslassung am Schlusse von V. 7: et habitu inventus ut homo.

Ms. germ. fol. 750. Bl. 23^r. 1 Pergamentblatt aus dem Besitz Hoffmanns von Fallersleben, s. IX. Das Blatt galt nach Hoffmann als verschollen. Steinmeyer-Sievers, Die ahd. Glossen I S. 475 bemerken ausdrücklich: „Zu Berlin befindet es sich nicht" und notieren nur drei von Hoffmann mitgeteilte Glossen daraus zu Tobias und zu Judith, die aber die Identität unseres Blattes mit dem Hoffmanns außer Zweifel setzen.

Die Glossen unseres Blattes sind zum größten Teile lateinisch. Immerhin ist mehr ahd. Sprachgut daraus zu holen, als bisher daraus mitgeteilt wurde. Es sei hier notiert:

Zu Esther 3,8 insolescat: ergeile
8, 14 veredarii: barafrida

Zu Tobias 1, 7 proselitis: hagestal
          8, 2 de cassidi: bursa kiolla
Zu Judith 10, 3 dextrariola (= dextraliola): armilon
         10, 5 ascopa: flasga
         10, 19 (vgl. 16, 23) conopeum: fliagnezzi (dazu ist zu vergleichen die latein. Erklärung am gleichen Ort: rete quo culices excluduntur).

Diese Glossen berühren sich am meisten mit denen, die für die gleichen Stellen bei Steinmeyer-Sievers aus der Karlsruher Handschr. SPeter 87, 2. Abschn. f. XI und SGallen 292 Abschn. 1 f. X abgedruckt sind, vgl. Steinm. I S. 495. 475. 486.

Ms. germ. fol. 1030.

Als „Biblische Geschichten in Wort und Bild" bezeichnet Degering den Inhalt dieser Hs.; ich würde ihn als Historienbibel ansprechen, wenn die erbaulichen Beigaben nicht einen so breiten Raum darin einnähmen. So wird man es am besten bei Degerings Benennung lassen. Von Bildern ist freilich nur eins erhalten, eine landläufige Darstellung der heiligen Dreieinigkeit in gar nicht übler Ausführung; für weitere Miniaturen ist meist nur der Raum ausgespart. Auch die Angaben D.'s über Zeit und Herkunft (f. XIV, elsässisch) sind nicht anzufechten. Zur näheren Kennzeichnung des Textes sind nur etwas umfassendere Mitteilungen daraus nötig, als sie bei D. zu finden sind. Der mystische Einschlag verrät sich gleich am Schluß des ersten Abschnitts:

2vb Do der oberste dirre engel die klorheit sines naturlichen wesendes ane sach daz hielt er nut in bemůt. vnd noch aller der wisen alse er do hoch was vnd sich verabelt in gotte solte haben vnd zu glicher wise wart er genibert gevnadelt und ververret von gotte. vñ ie clorer vnd ie luterer er geschaffen wart ie vnluterer er wart Also als er was die luterste creature die got ie beschůf also wart er die widerwertigeste creature die got ie beschůf vmbe dz er etwas wolte sin von ime selber Owe wie ist der lute so vil die etwas wenent sin von in selber vñ nit gebendet wie snelleclich dirre wille von dē oberstē engele von gotte geurteilet wart also daz er võ dem obersten trone der himele geslagē wart in abgrunde der hellen.

(Es folgen weitere Betrachtungen zu dem Gegenstand und zu den 9 Chören der Engel unter Berufung u. a. auf Hugo von St. Victor).

4va Noch der engel val do wart der mensche beschaffen nut alleine daz er der engel val erfullen solte ...

(rot:) Hie vohet an wie got dz paradis mahte. vnd wie er Adam bar in beschůf Daz vindet man hie in geschrift vnd in gemelze nochenander.

Do Luzifer vñ sine gesellen wurdent verstoßen von den nun kören der engele do wolte vnser herre den val wider bringen. Do mahte er zů dē ersten himel vnd erterich. vnd luft vnd mahte sunne vñ mone. vnd dag 4vb vnd naht vnd wasser vnd fure vnd mahte gras vnd kruter vñ das geböme. vnd mahte vische in dem wassere. vñ mahte tier vnd alles gefugele. Das mahte er in funf tagen. Do mahte er an dem sehsten tage den menschen vnd der solte des allessament ein herre sin.

Hie mahte got in dem acker Damaßen den menschen vnd sprach wir sullent machen einen menschen noch vnserm bilde vnd noch vnser glichnisse Do mahte er Adam einen lip den mahte er vsser einem leimen klotze vnd gos ime ein sele in den lip vñ waz die sele gebilbet noch der heilgen driualtikeit. vñ satte in do in das paradis daz was so minneclich vnd so schöne ober al. von dem paradise fließent vier wassere usw.

In Fortsetzung dieser Erzählung heißt es

5rb Do neit aber der tufel Adam das er solte besitzen die fröude die er hette verlorn in dem himelriche.

Hie kam der tufel in eins slangen glichnisse. vnd waz daz höbet glich einer juncfrowen bilde vnd want sich vmbe den böm vn̄ sprach zů in etc. (5^v u. 6^r sind freigelassen, offenbar für nicht zur Ausführung gelangte Bilder).

An die Geschichte vom Sündenfall knüpft sich folgende Betrachtung:
Der agestein ist der naturen daz er zů ime zuhet ysin. Man neme ein nolde vnd henke su an einen stein. von kraft des steines so blibet su hangende vnd hencke man ein ander nolde an die su blibet ouch dar an hangende ... also waz es ōch in Adam do sin ussewendigen sinne in die oberesten krefte vn̄ die obersten in daz got was (!) do waz die geburt der gerehtikeit dar inne das er geschaffen war. vnd alle sin noch komen ob er gestanden were vnd also lange er dar inne stunt. do möhte in kein swert sniden noch kein wasser ertrenken noch kein fur verburnen vn̄ müstent ime sin gehorsam alle creaturen Er enmöhte ōch nut zů bē erstē 6vb mole tegeliche sunden ... do er sich do abekerte mit den obersten kreften von got ... do vielent alle sine krefte vnd alle sine sinne [an] ir eigene stat rehte also die erste nolde abe vellet so vallent die andern alle abe an ir eigen stat usw.

Adams Buße wird erwähnt:
Do weinde Adam hundert ior vmb daz er gottes gebot hette gebrochen etc.

Nachher wird mit Bezugnahme auf das Nicodemus-Evangelium von Seths Sendung zum Paradies und vom Kreuzholz berichtet. Es folgt die Erzählung von Noa, der Sintflut, und kurz vom Turmbau zu Babel.

Abrahams Geschichte beginnt
9ra Do Abraham nun vn̄ nunzig iar alt wart. do erschein ime vnser herre vn̄ sprach zů ime Ich bin der almehtig got wandel vor mir vn̄ sist volbroht in aller gerechtikeit. du solt nit me heißen Abram usw.

9^v und 10^r sind frei für Bilder.

13ra (rot:) Hie hebet an von Moyses ziten zů dem ersten wie er geboren wart in Egiptenlande. vnd barnach liset man von kunig Dauid.

Bei Moses findet sich nichts von der Kronengeschichte oder von der Aethiopierin.

13rb (rot:) Moyses der wart ahtzig ior alt. vn̄ Aarō der was bru vnd ahtzig ior alt. do su rettent mit kunig Pharaon.

19^v und 20^r sind wieder für Bilder frei gelassen.

20$^{va/b}$ (rot:) Dise rede ist beschriben in der bibelen. Von // kunig Dauid. wie in vnser herre zů kunige mahte.

21va (rot:) Do kunig Dauid erstarp. Do wart Salomon sin sun kunig noch ime an siner stat.

24vb (rot:) In den selbē tusent ioren von dauid vntz an XPm̄ also do vor geschriben stat. stunt vf Jonas d'ppete.

27rb (rot:) Hie vohent die zehē gebot an ...... Dise nochgeschriben rede hört vf bis erste zehē gebot vnsers h'ren ihū XPi.

28$^{r\,u.\,v}$ frei für Bilder.

29ra (rot:) Dis ist ein glichnisse vf bz erste zehē gebot.

29va (rot:) Dis ist ein glichnisse vf bis ander zehen gebot.

30$^{r\,u.\,v}$ frei für Bilder.

bis 34vb reichen die Erzählungen zu den einzelnen Geboten.

34vb (rot:) Hie vohet an bie mettin. — Die Erzählung der Passion wird hier eingekleibet in ein Erlebnis, das einen reuigen Sünder auf Gottes Veranlassung zu völliger Sinnesänderung führt.

41^v—42^r, 43^v—44^r, 45^v und 46^r frei für Bilder.

48ra Dis ist vesper.

48^{rv}/49ra (rot:) Hie waz vnser h're vssewendig vol libendes vnd innewendig. vnd waz er leit. dz leit ôch vnser fröwe innewendig an dem hertzen. Do sprach er es ist alles volbraht. vnd gap sinen geist vf dem vatter vnd v'schiet vnd also man vnsern h'ren manet zů nonen baz er leit. dz selbe sol man ôch vnser fröwen ermanen zu nonen. (schwarz:) zů vesper // (rot:) Zů vesper wart vnser h're abe dem crutze genümen vnd also balde also ime ein arm abe dem crutze wart erlöset. do nam in vnser fröwe an sich vnd kuste in. Do er do mitenander ab dem crutze wart erlibiget do wart sin lip vor ir in ir schos geleit. do wart sin lip vor ir in ir schos verwandelt also schöne. vnd also minnenclich daz aller sin lip also gantz wart. vnd on alle mosen bitz an die funf wunden. Dis sol man vnsern h'ren manen zů vesper. vnd sol man ôch vnser fröwen daz selbe zů vespern ermanen. (schwarz:) Zu conpleten (rot:) Zů completen Do nam Josep. vnd ander sine güten frunde vnsern h'ren vz der schos sinre zarten müter. vñ leitent in in daz grap. Do sprach vnser frowe legent mich ouch in daz grap zů mime kinde. Dis sol man vnsern herren ermanen zů cōpleten. Man sol ôch vnser fröwen ermanen zů conpleten.

50vb (rot:) Dis ewangeliū schribet vns sanctus Matheus an dē ost' obent.

51ra (rot:) Dis ewangeliū schribet scūs Marcus an dem oster dage.

51rb (rot:) Dis ewangelium schribet vns Sanctus Johannes an dem dunrestage noch dē ostertage.

51va (rot:) Dis ewangelium schribet sante Lucas an dem menbage noch dem ostertage.

52rb (rot:) Dis ewangelium schribet vns sante Johannes an dem ahten tage dez ostertages.

52^v und 53^r frei für Bilder.

53vb (rot:) Dis ewangelium schribet sante Matheus an dem fritage noch dem ostertage.

53vb (rot:) Dis ewangelium schribet scē Lucas an dem ziftage noch dem ostertage.

54rb (rot:) Dis ewangelium schribet sante Johans an d' mittewoche noch dem ost'tage.

54^v und 55^r frei für Bilder.

55va (rot:) Dis ewangelium schribet scē Marcus an dē nontage.

58ra (rot:) Dis ist von dem pfingestage also vnser h're sante sinē jungern den heilgen geist.

59rb (rot:) Hie stat von dem iungesten gerihte vnd von der hellen vnd von dem himelriche in schrift vnd in gemeltze noch enander vnd an dem ersten stant die funfzehen zeichen die vor dem iungsten tage geschehen sullent.

59^v und 60^r frei für Bilder.

60vb (rot:) Hie vohet an. wie got wil dz iungeste gerihte besitzē.

. 62ra (rot:) Dis ewangelium schribet ôch von dem iungesten gerihte (schwarz:) Do sprach vnser herre ab' zů sinen iungern so ir sehende werdent die vnmenschlicheit d' verwüstungen vnd zerstörungē võ d' Daniel der wissage gesprochē hat daz ein ende sol sin der welte zerstörunge stande an b' heilgen stat dē los er ime baz gebendcē der disen lesen sol. vñ verstande es. vñ so ir Jherusalem werdent sehende vmbfangen mit grossem her. usw.

64$^{r\ u.\ v}$, 66^v und 67^r frei für Bilder.

65ra (rot:) Dis ist von dem himelreich (schwarz:) Das selige vatterlant daz nut anders weis benne fröbe...

69ᵛ und 70ʳ frei für Bilder.

71ʳᵃ (rot:) Diſ ſchribet meiſter Eckehart (ſchwarz:) Das werg dz got wirket in einre libigen ſelen. die er luter blos vindet vn̄ abgeſcheidē uſw.

71ᵛ und 72ʳ frei für Bilder.

72ᵛᵃ (rot:) Hie hebent an. wie die ſubē tugende vertribent die ſuben vntugende der höptſunden.

73ᵛ und 74ʳ frei für Bilder.

76ᵛᵇ Schluß . . . ein gůte minende ſele betwinget.

Die Erzählung der Pfingſtgeſchichte lautet in unſerer Hſ. ſo:

Acta 2, 1—11 (Bl. 58ʳᵃ:) Do vnſer h're ſante ſinen / iungern an dem pfinge=/ſt dage ſinen heilgē geiſt / Do.worent geſament in ein / hus zwentzig vn̄ hundert per=/ſonen. man vnd fröwen. den / der heilge geiſt wart an dem pfingeſt dage geſant. Vnſer / herre mahte öch zwelf furſten / an dem ſelben tage. daz wore=/nt ſine zwelfbotten. wenne er / mahte ſu alle zů biſchöfe. do / mahte er zwene vn̄ ſibentzig / iunger zů ritter an dem teile / wan wo ſu after des vnſers / h'ren vnere oder ſin laſter be=/fundent oder vernoment. daz / verwertent ſu bitz in den dot / Die andern worent fröwen / vnd man. daz ir worent mit / enander zwentzig vn̄ hund't / die den heilgen geiſt enpfin=/gent. wan ſu hettent ime al=/les noch gevolget bi ſime / lebtagen. wo er bredigete od' / ſine iungern ſider. wan ſu / worent gar trurig do er von / in wolte varen. vnd lieſſent ſu in gar vn=gerne vnd gar / kume von in. Do ſprach er / lieben mine frunt. var ich von / och nit ſo wurt och d' heili=/ge geiſt nut. Wan wer ich // (Bl. 58ʳᵇ:) iemer bi=/och hie nidenan. ſo / wer och des heiligen geiſtes nut worden. alſo daz ir oder iem' / kein menſche möhte zů himel=/rich kumen. do von wil ich vō / och varen. vnd wil och ſendē minen heilgen geiſt. an dem / zehenden tage do hettent ſu ſich geſament zů Jheruſalem / in daz hus an dem pfingeſtage / do er öch vor bi in wz geweſen / Do ſoſſent ſu vnd wartetent des heilgen geiſtes. do kam er zů tercien zit. vn̄ kam frölich / von himel in furin zungen / glichniſſe vf iegliches höbet / mit eime kloren liehte. vnd / mit eime ſuſſen tone. dz ſu ez / alle an ſohent. Er kam ſnel=/leclich zů in. vnd mahte ſu / kune. alſo daz ir keine bar / noch nie geforhte. weder dot noch angeſt. Er ſterckete ſu / alſo. daz ſu von dem tage alle / ding vberwundent. Er kam / krefteclich. vnd er mahte ſu / alle kreftig. daz ſu totent wz / ſu woltent. ſu mahtent den / boten lebendig ſu mahtent die ſiechen geſunt. vnd die lammen gerech. vn̄ die blindē / geſehen. vn̄ dotent alle ſiech=/tagen abe. ſu gingent vſſer den turnen. vnd gingent vf dē / waſſer.

Mſ. germ. fol. 1281 (ſ. XV. Degering, K. V. I S. 172) enthält u. a. die Evangelien der Sonn- und Feiertage deutſch. Ein Vergleich von Matth. 2, 1—12 und Luc. 2, 1—14 mit den entſprechenden Tabellen in Bd.K V ergab kein eindeutiges Bild. Zwar in dem Evangelium von den „Königen aus dem Oſterland" tritt die Zuſammengehörigkeit mit den beiden Münchener Handſchriften Cgm. 4357 (ſ. XV) und 745 (v. J. 1397) ganz entſchieden hervor, und zwar teilt hier unſere Berliner Hſ. mehrere bezeichnende Abweichungen in Cgm. 745 gegenüber Cgm. 4357, ſo V. 3: vnd alle dye ſeinenn mit jm, V. 6: Wethlechem dw judiſches landt . . . vnder denn fuerſten von Juda, V. 7: do Herodes [daz] vernam . . . fragt ſew vleyſſigklich wye lang das wär das ſy denn ſtern hieth geſehenn, V. 9: denn ſy in jrem landt hettenn geſehenn, V. 12: vnd wurden gemandt von dem engel. — Man kann ſagen, daß für dieſes Stück ein zwiſchen Cgm. 745 und Cgm. 4357 liegender Text den Grundſtock bildete. Intereſſanter iſt die Tatſache, daß ein deutlich nachweisbarer Einſchlag auch von weſentlich älterer

Seite erfolgte, die u. a. durch die aus der Zeit um 1300 stammende Wiener Hf. 2741 vertreten ist. Den Wortlaut der Wiener Hf. für Matth. 2 findet der Leser Bd.K VI S. 40; der daneben abgedruckte niederdeutsche Text einer jüngeren Hamburger Hf. zeugt von der Verbreitung der beiden zugrundeliegenden Übersetzung. Von dieser Seite stammt z. B. in V. 6: ein furst der da gewaltig schol werden ober mein volk von Israhel — und in V. 11: vnd tettenn irenn schatz auff vnd opferttn jm gab. — Aber auch der Wiener Text gibt keine Erklärung für die Lesart der Berliner Hf. in V. 4: vnd sand nach allenn fursten priestern vnd nach allenn denn maystern des volks. Nur Ähnliches, nicht Sichdeckendes findet man in den Tabellen bei den Altd. Predigten von St. Paul (um 1300), allenfalls auch bei Zürich 52 (s. XV).

Gleich der Anfang des Weihnachtsevangeliums Luc. 2 mahnt uns an die Wiener Hf. 2825 (s. XIV), mit der auch Berlin 1335 sich nahe berührt. Er lautet: „Kayser Augustus der schraib vnd gepot all dy welt ze zins. die angeschrifft geschach von Cirino der richter was in Syria. Do ppracht ir yeglicher sein zins in seiner haubtstat. Joseph der fur von Gallilea zw der stat Nazareth in Dauibes purgk dy da haist Wethlehem" usw.

Die Übereinstimmung bleibt in der ganzen Weihnachtserzählung bestehen. Nur die Auslassung in V. 7 hinter „vnd laet in in ein chripp", die Wien 2825 außer mit Berlin 1335 auch mit der überhaupt verwandten Hf. Wien 2845 teilt, ist in Berlin 1281 ausgefüllt und lautet: „wan sy anders chain stat macht nicht gehabñ." Das aber stimmt wiederum wörtlich mit Wien 2741 überein. Also auch hier bestätigt sich die Beobachtung, die wir schon bei Matth. 2 machten, daß von der durch Wien 2741 vertretenen Übersetzung her in der uns vorliegenden Rezension ein Einschlag zu spüren ist.

Ms. germ. fol. 1313. Früher im Besitz von St. Peter in Erfurt, s. XV. Beschreibung bei Degering, Kurzes Verzeichnis I S. 178.

117rb (rot:) Hye hebent sich an der prophetten sprüch dye dye (!) sy tetten ee got geporen ward von seiner mensch werung vnd von seinem heylligen leyden vnd von seinem pittern tod, vnd von seiner heylligen vrstendt vnd von dem jungsten gericht.

117va Do got von seinem götlichen gewalt jm selben zue lob dye zarten creaturen beschueff das sind die englischen schar vnd da dye misseriet von ir hochffart vnd got anesach den vall der jamerlichen von hymel da geschach. da wardt dye heylig driualtigchait jn jrer selber zeratt usw. 118rb folgen Zitate aus St. Bernhard, aus Augustin und aus Chrysostomus, dann die Prophetensprüche, anhebend mit Salomo und Job.

119va beginnen die eigentlichen messianischen Prophetensprüche: [Jesaia 7, 14] Sÿech ein magt wierdt swanger vnd gepert einen sun des namen wirdt gehaißen Emanuel das ist gott mit vns (rot:) Psayas [11, 1 f.]. Es wirt auß geend von der gepurdt Yesse ein gertt vnd von der gerdt gepluet (!) vnd darauff wirt ruesst gottes geist der weishait vnd der verstannúß der geist des rattes vnd der sterck der geist der künst vnd der güet vnd wirdt in jn erfullt der geist gottes forchtt . . .

120vb [Jesaia 9, 6] vns ist geporen ein kindt vnd ein sun ist vns gegeben vñ sein nam ist ein wunderwurcher ein rat gabe Got der starck ein vater der chünfftigen welt ein furst des fribes Es wirt gemert sein reich vnd sein frid enbet sich nicht wann sein reich ist ewig usw. (Gelegentlich auch mit „Glos".)

128ᵛᵃ Von dē heylligen gebultigen Job.

Es was bey zeitten ein man der hyes Jobe der /ᵇ was ainualtig vnd gerecht vnd hett gottes varcht vnd auch an sunde Der hett siben süne vnd brey tochter usw. (mit „Glos"). Am Schluß dieser gekürzten Nacherzählung heißt es 131ʳᵇ Da nu got der zeyt daucht vnd Job vestigchleich vnd lobleich hett gestritten wider die welt wider den teuffel wider sein fleisch vnd vns got sein gebult wol hett erczaigt do kert er sein genade wider vmb zue dem gebultigen Job.

Ms. germ. quart 145 (s. XV. Degering K. V. II S. 23).
Die Hs. enthält Sonntagsevangelien mit Erläuterungen und scheint aufs engste mit der ähnlich angelegten Stuttgarter Hs. Cob. bibl. 4⁰ 22 (s. XV) zusammenzugehören. Die Vergleichung beider Textzeugen für Joh. 2, 1—11 ergab fast völlige Übereinstimmung, so daß einige offenbare Versehen in Stuttgart 22 banach verbessert werden können; so ist V. 9 „brugolt" entsprechend dem „brutgume" der Berliner Hs. zu ändern. In V. 1 hat Berlin gegenüber dem Stuttgarter „hochzite" das altertümlichere „bruloft" beibehalten. Beachtlich ist die eingeschaltete Glosse zu „archytriclino" (Bl. 9ʳ): „Architriclinus" ist also vil gesprochen der do der beste ist in der stat vnd der ein groß huß hat von drien gesessen dar inne die ander lute ir hochzit machten die nit also wit enhant. also was diser architriclinus."

Da in unsern Tabellen zu Matth. 9, 1—8 (Bd. V S. 113 ff.) Stuttgart 22 nicht vertreten ist, lassen wir hier den Text nach der Berliner Hs. folgen (Bl. 81ᵛ):

[J]n der zit ging vnser here Jhesus ober steig in ein schiffelin vnd fur ober mer vnd kam in sin stat. do brochte man im einen gichtigen der lag in einem bette. do vnser her iren glouben gesach do sprach er: sun gloube dir sint vergeben din sunde. Do sprach etlicher der schriber vnder in: diser buschet. do Jhesus bekante ir gedencke do sprach er: war vmb gedencket ir ubels in uwerem hertzen. weder ist lichter zu sprechen dir sint vergeben dine sunde oder stant vff vnd wandel. das aber ir wissent das des menschen sun het gewalt vff ertriche die sunde zu vergebende do sprach er zu dem gichtigen: stant vff vnd hebe vf bin bette vnd gang in bin hus. vnd er stunt vf vnd ging in sin hus. do das volck diß gesach do erschrocken sy vnd erten got der so geton gewalt gab dem menschen.

Ms. germ. quart. 557 (aus der Bibliothek Hoffmanns von Fallersleben stammend). Mnl. Ms. s. XV. Vgl. Degering K. V. II S. 96. — Die Gebete, Responsorien, Antiphonien und sonstigen geistlichen Dichtungen, die den alttestamentlichen Texten voraufgehen, lehnen sich durchweg an Biblisches an. Uns geht hier vor allem die Bl. 85—102 (n. Z.) sich findende Übersetzung von Bibelteilen an.

Bl. 85ʳ liest man einspaltig (rot:) Hier begint des heiligen propheten Jheremias bescreyung dat men Trenos hiet op die destructie van Jhrl͞m. Eñ het is ghemaect op vier a b c.

HEt gheuiel dat Israhel in gheuanghenis gheuoert was eñ Jhrl͞m wast [!] woest. So sat Jheremias wenende eñ mit desen ghewen beweende hi Jhrl͞m en seide (rot: Aleph) Hoe sit die stat vol volcs alleen die vrou der heidenē is gheworden recht als een wedume. die die lantscappen plach te regieren die moet nv tyns gheuen (rot: bech) Al screyende screybe si in der nacht eñ hoir tranen legghen op hoir wanghen eñ van al haren wtuercoren vrienden en is niement die se troost. al hair vrienden hebben se versmaet eñ sijn hair vianden gheworden (rot: Gimel) Dat gheslacht van Juba is om die menichuoubighe knechtelike eyghenscap ouergeuaren Het woende onder die heyden eñ ten vant en gheen rust. alle sijn veruolghers grepen se onder die bangicheit aen (rot: beleth) Die weghe van Syon screyben om batter nyement en is die totter hoechtyt coemt. al hair poorten sijn verderst hair priesteren versuchten hem. hair maechben sijn ontbaen eñ misuerwet eñ si is van bitterheden bedruct usw.

Hierzu wolle man die Texte bei Ebbinge Wubben[1] S. 239f. vergleichen; man wird eine weitgehende Verwandtschaft mit der Hs. Amsterdam Bibl. der Kon. Akad. (Trippenhuis) 32[2] gewahren. Auf Grund unseres neuen Berliner Textzeugen läßt sich mit Bestimmtheit sagen, daß in dem von Ebbinge Wubben mitgeteilten Wortlaut der Amsterdamer Hs. in dem Vorspruch vor 1, 1 statt „soe bat" zu lesen ist: „soe sat". Die stärkste Abweichung findet sich B 1b, wo die Amsterd. Hs. liest: „die prince van den provinzen, hoe is si worden onder tribuut." Doch finden sich der Varianten mehr, namentlich im folgenden Kapitel.

Bl. 89ᵛ (rot:) Hier so gaet wt Jheremias geween Eñ hier begint sijn gebeth HEer ghedenck wat ons geuallen is aenscouwe eñ besich onse lachter. onse ersachticheit is gekeert totten vreemden luden eñ onse huse den luden van buten. wi sijn ghewor= den wesen sonder vader onse moederen sijn als weduwen. onse water bronden wi mit gelbe eñ onse hout costen wi om gelt Wj worden mitten necke ghedreuen eñ die moede waren en gaf men en geen rust usw.

Hier ist die Übereinstimmung mit der erwähnten Hs. in Amsterdam vollständig; vgl. Ebbinge Wubben a. a. O. S. 241f.

Bl. 90ʳ (rot:) Hier beghint die historie van Ruth Text der bybelen

In eens rechters daghen doe die rechters bouent volc waren do wort die honger int lant. Eñ een man ginc wech van Judas Bethleë om bat hi soude gaen wonen als vreemde in der Moabiten lantscap mit sinen wiue eñ mit sijn twee sonen. hi hiete Helimelech eñ sijn wijf Noemy. eñ sijn twe sonen die een hiet Maalon eñ die ander Cleleon [!] van Effrata waren wt Judas Bethlehem (rot: scolastica hystoria) Al staet hier Bethlehem. die stadt en hiet niet also voir dat na desen honger god den lande so grote drachticheit gaf dat dair alle vruchten oueruloyende waren doe hiet ment Bethlehem dat bedutt huus des broots want dese stadt hiete te voren Effrata doer Helymelech wt trat. want dese stadt was Effrata gheheten na Calephs wijf. Eñ also sommige seggen so was dit Maria Moyses suster die wtter wildernisse dair ghebrocht was eñ si was getoe= naemt Effrata doe si mitt lazarien geslagen was — Effrata bedutt sachboren — want si bekende gods gramscap jn die wraeck. Nochtan seit Jeronimus dat Caleph ontfinc van Effrata Hur Marien man. eñ Hur die Beseleets ouder vader was[3] (rot: Tex der bibel) Eñ doe si in der Moabiten lantscap gecomen waren so moesten si dair usw.

In dieser Textprobe erkennt man den Zusammenhang mit der zweiten nl. Historienbibel, also der Bibel von 1360, schon aus der Art der Einfügung der Scholastica historia. Nach der Bemerkung bei Ebbinge Wubben S. 64 über Ruth 1, 1 wird man unser Berliner Stück seiner Handschriftengruppe C zuzu= rechnen haben und Verwandtschaft mit den dortigen Nummern 25, 28 und 30 konstatieren.

---

[1] Over middelnederlandsche vertalingen van het Oude Testament usw. 'S-Gravenhage 1903.
[2] Beschreibung dieser Hs. bei Ebbinge Wubben S. 39f.
[3] Vgl. Petrus Comestor, Historia scholastica, MSL 198, 1293 B C; doch hatte der Übersetzer eine erweiterte Vorlage vor sich.

Bl. 95ʳ (rot:) Dat prologus op Ysayas prophecien.

95ᵛ (rot:) Hier beghinnen die prophecien van Ysayas den heiligen propheet I capittel.

101ʳ (Jesaia 7, 10ff.): Eñ die heer beder toe te spreken tot Achas seggende: Eyssche di een teyken van den heer binen god in dat diepe der hellen off in dat hoge hier bouen. Eñ Achas seide: Niet en sel ic bidden eñ niet en sel ic den heer becoren. Ende die heer seide: Hier om hoir du huse Dauids. ist v niet cleyn moeylic te wesen den menschen gi en sijt moylic minen gode. Hier om sel die heer self v een teyken geuen. Sich een maecht sel ontfangen eñ baren enen soon eñ sijn naem sel worden geheten Emanuel. Hi sel eten boter eñ honich dat hi conne lasteren dat quade eñ wtuerkiesen dat goede. want eer dat kint can lasteren dat quade eñ wtuerkiesen dat goede so sel dat airtriic gelaten werden wele du haetste vanden aensichte deser tweer coningen usw.

Der Vergleich mit den beiden Texten bei Ebbinge Wubben a. a. O. S. 238 lehrt wiederum nahe Verwandtschaft mit der Hs. in Amsterdam, wenn es auch an Abweichungen nicht fehlt; am meisten fällt das „potersam" für molestus (V. 13) ins Auge gegenüber „moeylic" im Berliner Text.

Mit Jesaia 9, 8 bricht die Übersetzung leider ab, indem sie nur noch aus viel späterem Zusammenhang aus Kap. 45, 22 hinzufügt: „Dit seit god die heer: wort bekeert eñ gi selt behouden wesen." Aus dem 9. Kapitel seien hier zum Vergleich mit unseren Tabellen in BdK VII S. 99—110 die Verse 2, 6 und 7 hergesetzt:

Dat volc datter wanderde in duusternisse sach een groot licht. den genen die dair woenden in dat coninckrike der scemen des doots hem is een licht op gegaen... 6. want een cleyn cleyn kint is ons geboren eñ een soon is ons gegeuen eñ die princelike staet is geworden op sijn scuderen. eñ sijn naem sel worden geheten wonderlic een raetgeuer god die starcke een vader der toecomender werelt. eñ een prince des vreeds. 7. sijn macht sel worden gemenichuoubicht eñ ten sel geen eynde wesen des vreeds opten coenincs stoel Dauids eñ op sijn rijk sel hi sitten dat hi dat vestige eñ sterke in vonnisse eñ gerehticheit van nv thent in ewicheit usw.

Ms. germ. quart. 1135.

Hier seien zunächst drei Textproben mitgeteilt:

Ps. 90, 1—7:

Bl. 1ʳ (rot:) den sprich vertigen lewtten Z (schwarz:) Qui habitat in adiutorio altissimi / der do wönnet in der hilffe des hoch=/sten der beleibt in der schirmüge des hi=/melischen gottes [de]r sprichet zu gotte / bw pist mein enphächer vnd mein zuflucht mein got / dem ich getrawe [b]an er löste mich von dem stricke / der iagenden vnd vor dem grimmen worte [e]r sel dich / beschetten mit seiner achssel vnd vnder[1] seinen federn / solt bw getrawen [s]ein warhait vmbvachet dich / mit dem schilte bw entsolt dich nit furchten vor der / nacht forchte [n]och vor dem schosse das des tages / fluget vnd vor dem gewercke das da gat in vinster=/nüsze vor dem zulöffe vnd des tewffels gespenste ze mittemtage [t]awssent sollent vallen von beiner / sitten vnd czehen tawssent von beiner rechten hanndt / aber zu dier sol niemant genachen.

Ps. 109, 1—9:

Bl. 1ᵛ (rot:) diser ist der XV psalm damit man den tewffel verfluechet Z (schwarz:) Deus laudem meam / Got bw verswegest nit das ich / dich lobe wan des sunders munds vnd / des vnkewschen ist über mich aufge=/tan vnd retten wider

---
[1] Hs: andern

mich mit vnkuntftiger zungen / vnd vmbgaben mich mit hessigen reden vnd anfach=/ten mich uergebene Darumb das sie mich minnen / solten do hinderredtten sie[1] mich aber ich bettete / vnd satztend wider mich ubel fur gut vnd hasse fur // (Bl. 2ʳ) liebe [v]nd sie sprachent setze den sunder uber jn / vnd der teuffel stannde zu seiner rechten hand [s]o / man ab jme richte so werde er verurtailt vnd sein / gepet werde zesunden [s]einer tage werdent we=/nig vnd sein erbe nem ein ander [s]eine kind wer=/dent waissen vnd sein weib werde ain wittibe.

Deut. 32, 1—4:
Bl. 3ʳ (rot:) Der psalm ist geschrieben von den vrtailtß Z (schwarz:) Avdite celi que loquar usw. [h]orent jr / himele was ich rede die erbe horre bie / wort meines mundes [m]ein lere wach[s]e / als der regen mein rede fliesse als das taw [a]ls / der regen über das krawt vnd als die tropfen auf / das grasz wan ich anrueff gottes namen [g]ienb[2] / vnserm gotte größlich lob. gottes werck sind ganz / vnd alle sein wege sind vrtaile [g]ot ist getrewe / vnd an alle boßhait er ist recht vnd gut jm hand / gesundet vnd nit in vnsawbrikait ...

Die Papierhandschrift ist von Degering beschrieben (K. B. II S. 197). Sie gehört dem XV. s. an, befand sich früher im Karthäuserkloster Buxheim und ist in schwäbischer Mundart gehalten. Von ihrem Inhalt interessieren uns hier zunächst nur die drei mitgeteilten Psalmen. Es ist müßig zu fragen, wie die Beschränkung gerade auf diese drei Einzelstücke zu erklären sei. Zu der Gebrauchs= anweisung am Anfang jedes Psalms darf auf Bds III S. 10 ff. insbesondere S. 16 f. 20 f. verwiesen werden. Für die drei oben mitgeteilten „Nutzbarkeiten" bietet der lateinisch=deutsche Psalterdruck Ratdolts (Augsburg 1499) verwandtere Parallelen als die uns bekannten handschriftlichen. Man vergleiche bei Rat= dolt zu Ps. 90 (Qui habitat) . . . „disen psalm den sprich wegfertigen leuten"; zu Ps. 109 (108: deus laudem meam ne tacueris): „mit dē psalm ist verflúcht worden der teufel in die hell vñ all sein genossen"; zu Canticum filiorum Israhel (Deuteron. 32: Audite celi): „den psalm spriche das du nit verurtailt werdest". — Der Text der Berliner Hs. ist sicher kein originaler. Anklänge an andere Ver= sionen, auch an Mentelin und seine Abwandlungen sowie an Heinrich von Mügeln sind reichlich vorhanden. Doch mit dem Material, das hier z. B. zum Ver= gleiche zur Hand ist, läßt sich die Zuweisung zu einer bestimmten Übersetzungs= gruppe nicht bewerkstelligen.

Ms. germ. quart. 1481 (früher Cheltenham Phill. 10400. — Vgl. Degering, K. B. II S. 243 und Mittlgn. III S. 81 ff.). Über diesen niederdeutschen Cursus mundi des Albert Suho, geschrieben 1473 durch Johan van den Kampe, ist durch Hermann Degering eingehend berichtet worden. Diese Chronik, die sich „der werlde lop" nennt, ist ihrem Hauptbestandteil nach durchaus zu den Historien= bibeln zu rechnen. Als Nachtrag zu „Materialien" I, 2 und in Ergänzung der An= gaben bei Degering sei darum noch folgendes mitgeteilt. Der Text beginnt: 2ʳᵃ Adam primo parenti nostro dar bat menslike slechte af ghesproten ys apen= baerde gob de here jn de tyt do he in dem paradise lach vñ slep den scat syner wyfheyt Dar to bede he eme witlyck de seuen oldere des groten werlt vñ yn dat ghemeyne eß deyls wes yn eynem ytliken sceyn solbe. welke oldere de sulue Adam do he olt was negenhundert yar vñ XXX yar jn prophecien wise synen kynderen verkundiget heuet usw. Es folgt die Begrenzung der 7 Weltalter. 2ᵛᵃ hebt das erste Kapitel mit Behandlung der heiligen Dreifaltigkeit an. Es folgt 3ʳᵃ das Sechstagewerk:

---

[1] Hs: sich. [2] Vulg.: date magnificentiam deo nostro.

Tafel III.

Preußische Staatsbibliothek Berlin
Mf. germ. fol. 88, Bl. 1r

Na Moyses reden heuet god in dem ersten dage de lucht ghescapen dat ys de engelsce natur de also luchtyge clar was dat men van erer clarheyt alle dynge de noch scapen solden werden mochte clarliken bescouwen usw.

Es wird dann weiter mit Berufung auf Dionysius (de celesti jerarchia) u. a. von den Engeln und von Lucifers Sturz gehandelt. Erst Bl. 6rb geht es im 8. Kapitel weiter mit dem Bericht über das Werk des zweiten Tages. Lang sind die Erörterungen über die Sterne und über die Elemente. Bl. 19vb setzen mit der Erschaffung Adams primitive kleine Miniaturen ein. Bl. 27rb beginnt das XXXVI. Kapitel und handelt „van mänygerhande wuderliken (!) menscen vñ mistalben berten". Hier wird u. a. auf Historia Alexandri und Mappa mundi verwiesen. In Cains Geschichte Bl. 29ra wird auf die Historia scholastica Bezug genommen. 32ra finden sich die Prophezeiungen des sterbenden Adam; hier ist auch die Sendung des Seth ins Paradies erwähnt: der Engel gibt ihm ein Reis von dem Baum, von dem Adam den Apfel aß. 34vb beginnt dann das zweite Alter mit Noah, 42va das dritte mit Abraham; hier wird auch über seine Errettung vom Feuertode vor der Auswanderung aus Chaldäa berichtet (vgl. Histor. scholast. Material. II 1 S. 49).

Bl. 48^{r} sind in einer größeren quer über die Seite ausgedehnten Illustration ziemlich roh und stümperhaft drei Szenen aus Isaacs Opferung zusammenhängend dargestellt.

83vb hebt das vierte Weltalter mit David an. Die deutsche Erzählung ist hier wie auch sonst häufig von lateinischen Zitaten unterbrochen, die sicher aus einer der Quellen des Verfassers stammen, spricht er doch selbst am Schluß von den vielen andern Büchern, aus denen er seinen „Weltlauf" mit Bienenfleiß gezogen habe. Ihnen im einzelnen nachzugehen, fehlt es hier jetzt an Zeit und Vergleichsmaterial; vielleicht kommt u. a. auch die Aurora des Petrus von Riga in Betracht.

Bl. 98rb beginnt das fünfte Alter mit der Regierung des Sedechias, 115va das sechste mit Christi Geburt. Hier heißt es im 4. Kapitel: 118vb In den drutteynden dage na der ghebort XPi quemen de hilligen konynge dre alse Melchior rex Nubie et Arabum Baltazar rex Godolie et Saba vñ Jaspar rex Tarsis et Insule van Yndien yn dat yobesce lant myt groten scaren usw.

Auf die Pilatuslegende (vgl. Material. IV S. XLI f. und 68 ff. folgt 138ra Van den twen swerden de god hyr op erden ghelaten heft vñde den prelaten beualen.

Das 30. Kapitel (139vb) handelt von den vier obersten Reichen der Welt, das 31. (139vb) von den Untugenden Kaiser Neros, das 32. (140va) von Kaiser Vespasian, das 33. (141rb) wie Titus Jerusalem gewann und zerstörte, das 43. (149va) von Karl dem Großen und seinen Taten, das 49. (158va) von Papst Innocenz III.; darnach beginnen 159ra die Weissagungen des Joachim von Flores.

161ra heißt es: „Hyr geyt vth Cronica Martini van den pawesen vñ keyseren", also die Chronik des Martin von Troppau.

168ra Hyr begynt dat seuende older beßer werlde vñ dat erste capit. vñ ys van anticriste.

171vb Dat seste cap. ys van den jungesten dage.

173vb Dat VIII cap. van der vernygynge der werlde.

Es folgen die 15 Zeichen.

175va finis libri. Vgl. dazu Degering in den „Mitteilungen".

Zu der in unserer Hs. folgenden Legende von den heiligen drei Königen, niederdeutsch nach Johann von Hildesheim erzählt, sind außer den Angaben bei Degering zu vergleichen Hugo Kehrer, Die hl. drei Könige in Literatur und

Kunst II Bde. Leipzig 1908 bef. I S. 82 ff. und „Material." I 1 S. 29 f., 173 ff. IV S. XI f. 43 ff.

Zu der Anlage von „der werlde lop" ist Cgm. 522 (man vgl. was darüber „Material." I 1 S. 29 und 168 ff. gesagt ist) insofern ein Parallelstück, als auch hier einem alt= und neutestamentlichen Teil als „drittes Buch" ein apokalyptischer Ausblick auf Antichrist, Jüngstes Gericht und Weltende folgt.

Ms. germ. quart. 1534 (s. XV mb. Degering K. V. II S. 251 f.).

Uns gehen hier nur die beiden historienbibelähnlichen Teile an. Bl. 165ʳ heißt es: „Unser lieber herre Jhesus Cristus der erste vnd der obirste babist waz in dieser wernde XXXIII jar vnd so vil mee als von den wyhenachten ist bisz czu den ostern vnd wart geboren liplichen in diese werntd do man czalte von der wernde anfange funfftusent jare vnd ane eins zwey hundert jare. Off den selben tag als god geborn wartd do ensprangt ein borne zu Rome usz dem flosz oley ein ganczen tag in die Tyber" usw. Es handelt sich um die aus den Historienbibeln sattsam bekannten Wunder bei der Geburt Christi. Darauf wird sehr summarisch über Leben und Leiden Jesu berichtet. Bl. 165ᵛ wird dabei bemerkt: „Auch seyt ein buch genand vnsers hern kintheid vil zeichen vnd dinges die god in siner jogend sal gethan han. wan abir dye ewangelisten nicht dauon sagent ... darvmb so ist virboden das man in das selbe buch der kintheid nit sal glauben". — Im Anschluß an die Kreuzigung wird von der Höllenfahrt Christi erzählt wie im Nicodemusevangelium. Bl. 172ʳ liest man: „Der erste Babst noch Cristus gebürte. SEnt Peter der zwolffbode Johansies (!) sone vnd sent Enders brüder besasz den priesterlichen stule in den osterlanden das ist czu Jherusalem vnd sprach do sin (172ᵛ) ersten messe nicht anders dan das pater noster vnd die funff worthe die czu dem sacramente gehorent" usw. [rot:] „Die faste vor ostern. SEnt Peter saste off vierczig tage czu fasten vor ostern" usw.

Bl. 173ʳ [rot:] „Hie vahet die Cronica ane wie god die engel geschuff.

God in eweikeid noch syner grossen mylbekeid der wulde hyme selber alleyn nit behalden den schacz der ewigen wonnen vnd freuden" usw. Das ist der bekannte Eingang der Chronik Königshofens, wie er in den Historienbibeln des öfteren sich findet[1]. Es folgt der Bericht vom Kampf Michaels mit Lucifer, dann vom Sechstagewerk. 174ᵛ „Warvmb frauwen mee claffen dan die mannen". Hier findet man die beliebte, wie ein kindlicher Scherz anmutende Erklärung, der Mann sei ja aus Erde geschaffen, das Weib aus seiner Rippe, also aus Bein; gerüttelte Knochen aber erzeugten mehr Geräusch als gerüttelte Erde. 175ᵛ folgt „Wie der tufel Adam betrogt", und von dem Unglück, das aus Adams Fall entstand. „Wie lange die werntd sy gestanden". Bl. 184ʳ berichtet „von dem toden mere", und 184ᵛ schließt die Hs. ab: „Auch in der selben gehn do die vorgenanten stede Babilonia vnd die andern stede warent do sind nu vil wonderliche dinge wilde there das selben keyn mensche mag do hyne komen."

Ms. germ. quart. 1739 (Degering K. V. II S. 307).

Es handelt sich um 1 Pergamentblatt, zweispaltig beschrieben, das auf der einen Seite (recto links) und an beiden Ecken unten verstümmelt, sonst leidlich lesbar erhalten ist; die Schrift (s. XV) gibt in bayrischer Mundart eine Verdeutschung von Acta Apost. 15, 35—17, 5. Ob das Blatt einer Vollbibel oder einer Teilübersetzung angehörte, läßt sich jetzt nicht ausmachen. Der Text ist unten nach einer photographischen Weiß-auf-schwarz-Aufnahme abgedruckt.

---

[1] Vgl. „Material." I 1 S. 126 ff. 168 f. dazu auch Tafel XVII mit Miniatur aus Cgm. 522 Bl. 1ʳ.

Da hier ein zweiter Zeuge für die vorliegende Übersetzung nicht bekannt ist, tragen die in [ ] eingeschlossenen Ergänzungen zum großen Teil hypothetischen Charakter; sie stützen sich auf den Wortlaut der Vulgata und auf andere Übersetzungen. Von solchen konnten verglichen werden die aus Hs. A 191 des Königsberger Staatsarchivs von Walther Ziesemer herausgegebene „ostdeutsche Apostelgeschichte des 14. Jahrhunderts" (Halle 1927), der Münchener Cgm. 5018, von Walther als 14. Übersetzungszweig gerechnet, das Berliner Mf. germ. fol. 67 (Walthers 13. Zweig), die Hamburger Hs. in scrinio 105, sowie Mentelins Druck vom Jahre 1466 samt den bei Wilh. Kurrelmeyer mitabgedruckten Varianten der späteren Bearbeitungen dieser Bibel. Mit keiner der genannten Übertragungen geht unser neuer Text zusammen, so viel Anklänge im einzelnen auch wahrzunehmen sind; beispielsweise sei nur bemerkt, daß die auffällige Wiedergabe von lictores (16, 35. 38) mit „zwehtiger" in den gedruckten deutschen Bibeln des Mittelalters von Zainer an sich findet („hencker oder zuchtiger"). Und das „laydig" für dolens 16, 18 entspricht genau Hamburg 105.

Im übrigen ist zu sagen, daß unser Fragment das denkbar Mögliche an Steifheit der Übersetzung leistet; den Partizipien, dem absoluten Ablativ wie dem Akkusativ mit dem Infinitiv steht der Bearbeiter rat- und hilflos gegenüber und weiß ihnen nur durch sklavische Nachahmung beizukommen. Aber angesichts der vielen Übereinstimmungen im Wortschatz mit stilistisch gewandteren Texten drängt sich wieder die Vermutung auf, daß es eine kräftig einwirkende Übersetzungs-Tradition gab, an der nachfolgende Bearbeiter je nach Verständnis und Geschmack im einzelnen geändert haben.

Acta Apost. 15, 35—17, 5.

ra[pre]digend mit mer an-
[dern das wo]rt des herrn Nach ettl-
[ichen tage]n sprach Paulus zw Bar-
[naba wide]r cherend suech wir by
[pruder wide]rvmb durch all stett in
[den wir da]s wort des herren gep-
[redigt ha]ben wy si sich halden Bar-
[nabas wo]ld mit im nemen Johem
[der do zuge]namett ist Marcus. sun-
[der Paulu]s pat in das der der vo-
[n in geschiden] war von Pamphila
[vnd mit] in nicht gegangen war
[zwm werk du]rch in nicht genomen wer-
[d vnd ist] geschehen misshelung vn-
[der in] so das sy von einender
[schiden vn]d Barnabas zw im Ma-
[rcus genon]ten schifft in Cippern aber
[Paulus mit Si]lo erwelten ist geuaren ge-
[antwort der] gnad gotes von den pr-
[udern vnd] durchging Syriam vnd
[Ciliciam b]y kirchen sterckhentt
[vnd gepitei]d by gepot der apostel
　　　　　Capitulum XVI.
[Vnd er ka]m in [Derben] vnd [Listram]
[by stett] vnd nemet war [ein iung-]

[ling wa]s do mit nam Thimoth=
[eus ein] sun eines weib einer
[witwe g]elawbiger von haydenn=
[ischem va]tter dem gabn̄ sy zewgnu=
[s dy bri]eder dy zw Listris vnd
[Jconio w]orden. den wolt Paulus
[mit im] zogend sein vnd nemend
[an sich] er versnaid in durch der
[Juden w]egen dy do an den stetten
[waren w]ann sy all westen das
[sein vatter] ein hayden was. do sy dy
[stett du]rchgingen gaben sy in ze=
[uten dy] ler dy gegeben worden
[was von den] aposteln vnd altuattern̄
[dy zu Jrs]lm̄ wonden vnd dy kir=
[chen wurden] gestercket im glau=
[ben vnd vber] fl[o]ssen tagleich an
[der zal vnd do sy durch]gingen Frigiam vnd
[dy gegent Galacie ist] in gewirt wor=
[den von dem heiligen gai]st zereden das
ʳᵇwort gotes in Azia. Do si chomen wor=
den in Asiam versuchten si sich ze
gen in Bethaniam [!] vnd lye si nichtt
der gaist Jhū. Do er Misiam durch=
gangen was gingen si ab zw Troadē
vnd ward Paulo in der nacht ein
gesichtt gezaigett Es was ein man
dosteend[1] vnd in pittend vnd sprech=
entt Geend zw Macedoniam hilff vns
vnd do er dy gesicht sach versuecht
wir pald ze gen in Macedoniam sicher
worden des vnd vns got geuodertt
hiettn̄ in ze predigen vnd schifftten von
Troade cham wir gleich zw Samoth=
rachiam vnd des andern tags zw Ne=
apolim vnd darnach zu Phylippis
das das erst tail zw Macedone ist
dy statt choln[2] wir worden auch
in der stat etleich tag pey einand
Des tags der sabatt sey wir ausgeg=
angen fur dy parttn̄ pey [eyn] wa=
sser do das gepett ward sein gese=
hen vnd siczend redt wir do [zw den
weiben dy do zwsamen worden gekomen][3]
vnd ein weib mit namen Lide eyne

---

[1] Vulg.: vir Macedo quidam erat stans.
[2] Vulg. quae est prima partis Macedoniae civitas, colonia. Die ostd. Apostelgesch. des 14. Jahrhunderts (Ziesemer): „danach in dy statt Colonia". Das gleiche Mißverständnis auch Cgm. 5018 und Berlin Ms. germ. fol. 67.
[3] Vulg.: mulieribus quae convenerant.

purpurische der stat Tiatirenorum
got erend hort. der hertz der herre
auftett den aufzemerckchen dy von
Paulo gesprochen worden. do nw dy
getauf was vnd ir hawsuolkch
pat sy sy sprechent: hab ir mich ge=
lawbig gerichttet sein dem herren
so get in mein haws vnd beleibet
vnd betwanng vns. Es geschach vns
geenden zw dem gepett ein jung
weib habend vns engegend dy irn
herren groß gewin zwpracht
worsagend vnd dy was nachvol=
gend vns dy schray sprechend: dy
menschen sein des hochsten gotes
chnecht sy bechundent euch den weg
des hayles. vnd das tet sy vil tag
des was Paulus laydig vnd v[mb=]
cherend sprach er zw dem gaist[e: ich]
gepewt dir in dem [namen Jhū Christi]
vavon der awszegeen vnd ging in
der selben stund aws. do das ir her=
ren sehend warn das awsgegang=
en was dy hoffnung ires gewinnes
vingen Paulum vnd Sylam vnd furt=
tten sy an den marckcht zw den fu=
rsten vnd sy pringend der maister=
schafft sprach: dy menschen betrue=
bend vnser statt das sy Juden sein
vnd verchuntten den siten der vns
nichtt zimleich ist auff zenemen
noch auch tuen seinb wir Rom=
ar sein. vnd lief dy schar wider sy
vnd dy maisterschafftt vnd mit
iren zerissen rockchen hyessen sy
sy slahen. vnd do sy in vil sleg geta=
n heten sannten si sy in ainen char=
cher dem huetter piettentt daz
er der mit fleisz huett. do der soll=
ich gepott genomen het legt er sy
in den inern karcher vnd truckcht
ir suesz in dem stockch. zw mitter=
nacht Paulus vnd Sylas [pe]ttend
vnd lobtten gott vnd hortten sy der
an der huet worden. Aber gahlin=
g cham ein erdpidem gros also
das sich dy gruntuest des charchers
ruertten vnd zw stund sind all tuer
des charchers geoffentt vnd all ir
pannt entlossen. vnd der huetter des

charchers des inn werden vnd dy
tur des charchers offen mit awsge=
zogem swertt wolltt er sich getott haben. schaczend dy geuangen entflo-
hen. Paulus schray mit großer stym
sprechend du solt dir nichtz vbels tuen
wann wir aldo sein. Er was vmb ein
liecht pittent ist er in gegangen vnd
ziterntt viel Paulo vnd Sylo zw den
fueßen vnd fuertt sy her aws vnd
sprach: Ir herren was mues ich tuen
das ich hailsam werd. vnd dy sprach=
[en: g]elawb in den herren Ihm so wird=
[ent ha]ilsam du vnd vnd (!) dein haws-
volkch vnd redten mi[t im das wort des]
herren mit allen den dy[in seinem h=]
aws wurden vnd was s[y nemend]
an dyser[1] vnd wuesch in i[r wunden vnd]
ist zw stund getawft wor[den er vnd]
alles sein hawsuolkch. do e[r sy ge=]
fuertt hett in sein haws se[tzt er in den]
tisch zw vnd frawt sich m[it allem se=]
inem hawsuolkch got gel[awbend. vnd]
do es tag ward sannt dy [maisterscha=]
fftt dy zwchtiger sprechen[d: lass dise]
menschen. der huetter des [charchers]
verchunt dy wortt Pawl[o sprechend das dy]
maisterschefft gesannt hab[en das ir]
gelassen werdet vnd nw [geet aws vnd geet]
in dem frid. Paulus sprach: [si habent vns]
offenlich geslahen vnuerdamp[te romische]
menschen habend an den ka[rcher gesto=]
ßen vnd treiben vns nw [wider haim=]
leich aws. nicht also sun[der selbe kumen]
sy vnd treiben vns aws. d[y zwchtiger]
verchuntten der maistersch[afft dise wort]
dy vorchtten in horend d[as sy Romer]
waren vnd chommend pat[en sy vnd]
awsfurenden paten sy das [sy aws der]
stat gingen vnd aws gend[aws dem]
charcher gingen sy in Lidd[as haws vnd dy][2]
pruder sehend trostend sy sy.

Do sy Amphypolim dur[chgangen]
hetten vnd Appolo-Cap[itulum XVII]
niam chamen sy in Tessalo[nicam do]
ein Judenschuel was vnd [nach der ge=]
wonhaitt ging Paulus in z[w in vnd]

---

[1] Zu ergänzen „stund der nacht", vgl. die andern Übersetzungen. Vulg.: et tollens eos in illa hora noctis.
[2] Vulg.: introierunt ad Lydiam.

> durch drey ſabath legt er i[n aws by]
> ſchrifft awfſließend vnd b[eweiſend]
> wann XPūs leiden mueßt [vnd erſteen]
> von den totten vnd dauon d[as biſer Jhūs]
> XPūs iſt den ich euch ver[ſtund. vnd]
> ettleich aws in gelawbtten [vnd ſind zw=]
> gefuertt Paulo vnd Sylo [vnd von den]
> erenden got der Juden [vnd von den hayden]¹
> ein groſſe menig v[nd edel weib nicht]
> lutzel vnd by neib[ten die Juden vnd an ſich]
> nemend aws d[em volk etleich boſ]
> man vnd der . . . .

Mſ. germ. quart. 1742. Der Beſchreibung bei Degering (KB II S. 307) ſei das Folgende ergänzend und berichtigend hinzugefügt. Wir haben ein Pergamentdoppelblatt vor uns, das Fragment einer Reimerei, wohl noch aus dem XIV. ſ. ſtammend, das dem Einband eines Codex aufgeklebt geweſen ſein muß. Wahrſcheinlich enthielt dieſer Codex die lateiniſche Poſtille des Nicolaus von Lyra. Denn auf Bl. 1ᵛ findet ſich folgende Notiz: Hoc opus videlicet postilla Lire fuit Stephani anno domini 1326. vide in ps[alm.] 32. in postilla. Dieſe Bemerkung kann ſich ſchwerlich auf die vorliegenden deutſchen Reime beziehen, da ſich bei Lyra nichts Entſprechendes finden ließ.

Die erhaltenen Reimpaare ſind z. T. eine Art Meßordnung, zum anderen Teil erbauliche Auslegung der Evangelientexte zum 4. Sonntag des Advent und zum Chriſtabend.

Auf Bl. 1ʳ, durch Aufkleben z. T. ganz unleſerlich geworden, läßt ſich u. a. folgendes entziffern:

> Er ſprach: ich bin niht Elyas
> der ein haileger man waz
> noch chain ander [prophet]
> der von gote voll[e gewalt?] het
> chumftige dinch ze ſagen.
> Die boten begunden Johannem vragen:
> Seit du niht der ware Chriſt
> weder Helyas noch prophet biſt
> waz taufeſtu danne die man
> wie nimiſtu dich des . . .² an
> Do antworte in Johannes:
> Ich taufe die livte durch des
> willen der vnder iw nv iſt
> daz iſt gotes ſun der ware Criſt
> der nach mir iſt chomen
> vñ vor mir war der iſt ſo vernomen
> wider mich . . . . uſw.

Das iſt, wie man ſieht, gereimte Paraphraſe aus dem Evangelium des vierten Adventſonntags Joh. 1, 19—28. — Die Verſo=Seite des erſten Blattes iſt trotz der verſtümmelnden Beſchneidung am linken Rand glatt zu leſen. Sie ſetzt ein mit den Verſen:

---

¹ Vulg.: et de colentibus gentilibus que multitudo magna.
² liut?

[da]z er wirt ein zů nemender man
[b]es er niht waiz noch chan
[b]es lert in biv ware minne usw.

Um des Zitates willen sei noch der Schluß der Seite mitgeteilt:
[der?] mensch w'be starch vñ veste
[b]o er brei hande hôhe geste
[e]npfienge in sein herze
[an]e sunde vñ ane smerze
[b]en vater mit seinē gwalte
[der?] in anders schůfe vñ stalte
[v]ñ liez in anlegen seine chleit
[v]on der vns Paulus hat geseit
[ver]mezzet ivch rehtes vñ gůtes
[v]ñ wider niwet den gaist iwers mûtes
[v]ñ leget ein niwen mensch an
[der] nach got gestalt sei vñ getan
[b]az ist daz ir anleget biv chleit
[der] rehtechait vñ der hailechait
[b]er warhait vñ der selichait

Man erkennt hier leicht die Worte aus dem Epheserbrief Kap. 4, 23 f. Bl. 2ra (Mitte) lesen wir:
Ich chum aber an die wort
die geschriben stent dort:
Hodie scietis ir seligen livte
ir sult daz wizzen hivte
daz der herre chumt her zů
vñ sein ere sehet ir morgen vrů
als vnser bůch habent
hivte ist der hailegei (!) abent
vnd morgen vil vrů
nemet war vñ sehet zů
waz man singet liset vñ saeit
wie groz ere got hat beraeit
daz in trůch vñ ouch gebar
ein magt biv vor waz gar
magt in der geburt vñ der nach
daz vor noch seit nie geschach usw.

Blatt 2 verso ist wieerb großenteils nicht zu entziffern. Doch sei baraus folgende kennzeichnende Stelle mitgeteilt:
an dē grabewal man singet
daz ...... hervurbringet
mit der geb[urte] Jesum [Christ]
der zeiungist vnser rihter ist
daz [a]ūa[1] singet man niht
ez sei banne ob daz geschiht
daz der hailege abent cheme
ŏf den suntak. der selbe tach neme
daz alleluia banne uber sich

---

[1] Lies: alleluia.

> so singet mans danne pilleich
> daz ewangelie vñ daz offerende
> bringent daz an ein ende
> daz ein magt swanger wirt
> eines chindes vñ daz gebirt
> einen chunic an diu welt zwar usw.

Solche Verse haben mit der Reimglosse in Ms. germ. fol. 706 und Hamburg in scrinio 99, aus der BdK. IV S. 229ff. und VI S. 3ff. Proben gegeben sind, gar nichts gemein. Das mitgeteilte Zitat Hodie scietis läßt auf eine lateinische Vorlage schließen, der wir indessen hier nicht nachspüren wollen; es lohnt nicht.

Ms. germ. quart. 1985. Pap. 246 Bll. zweispaltig beschrieben s. XIV/XV.
Die Handschrift ist erst neuerdings aus einem Antiquariat erworben und also bei Degering noch nicht beschrieben.

Sie enthält zunächst die Vita sćti. Dominici des Dietrich von Apolda in deutscher Übertragung. — Es folgt „Puch der weyssagen." Hier handelt es sich um den gleichen Auszug aus den Propheten, der im III. Bande der „Materialien zur Bibelgeschichte" zur Ausgabe gelangte[1]. Ezechiel fehlt nur scheinbar; durch irgendeinen tückischen Zufall ist dieses Stück des Auszugs nach vorn geraten und mit unter die Überschrift zu Jeremia gestellt worden, so daß der Anfang des Prophetenbuches hier so lautet:
129ra Hye hebt sich an der heillig wirdig prophet Jeremias
Got sprach zu mir hore mensche kint alle meine rede die ich mit dir rede nyme in dein hercz und hore mit deinen oren vñ gee zu deinen gefangen prudern vnd zu deinē geschlecht etc. Das ist Ezechiel 3, 10f., vgl. Material. III S. 44.
Der eigentliche Beginn des Jeremia findet sich 133rb:
Es kam got zu mir vnd sprach Ee ich dir gestalt gab in deiner muter leib erkant ich dich vnd ee du geporn wardest het ich dich geheilligt etc., vgl. Jerem. 1, 4ff. Material. III S. 14.

Die Berliner Handschrift bedeutet eine nicht unwesentliche Bereicherung der Überlieferung unseres Propheten-Auszugs: sie tritt als Nr.10 zu den Material. III S. XLIX aufgeführten Textzeugen. Besonders eng berührt sie sich insofern mit Augsburg 148, als auch in dem neuen Berliner Codex der Prophetentext losgelöst von der Historienbibel IIIb erscheint und als auch in Augsburg 148 „der weissagen buch" mit Ezechiel anhebt, freilich hier mit der zutreffenden Überschrift: „dez ersten schreibtt vns Ezechiel der prophett", und es folgt hier auf Ezechiel zunächst Jesaia, erst dann Jeremia. — Auch der an die Propheten in Augsburg 148 sich anschließende Auszug aus dem Prediger Salomonis und der glossierte Job der Augsburger Handschrift finden sich, wenn auch in umgekehrter Folge, in dem Berliner Codex wieder. Doch fügt sich hier zwischen Zacharias und Job auf Blatt 189—195 noch eine Zusammenstellung messianischer Weissagungen ein, die unter den Überschriften „Isayas vnd ander propheten von gotes gepurt" und „Von gotes todt Jhū XPi vnser herren" noch zu der weyssagen puch" gerechnet wird.

Zur Kennzeichnung des Textes sei schließlich noch die Kollation der Abschnitte aus Ezechiel zu der Ausgabe in den „Materialien" hergesetzt; die Zahlen beziehen sich auf Seiten und Zeilen der Ausgabe: 44. 5 hor die] die —. 8 ruen] lassen. —

---

[1] Berlin (Weidmann) 1927.

9 in pitter meiner] wider in mein. — 12. neues] —. 14 ein wort nicht] kein wort. — 15 Vnd do] + die. — 21 Vnd ift das] vnd auch ift das daz. — 22 vnd . . . nicht] vnd du jm des nicht kundeſt. — 24 erſterbund] ſterben. — 27 Iſt aber das] + er. — verkert] bekert. — 28 fellt in] + die. — leibigen vnd er] lebigen er. — 45. 2 niemer mer] nymer. — vor] —. 5 da] —. 6 dy muſz auch vm̄ die ſündt ſterben. — 7 treit] nicht. — 8 wird im ſelben] get vber in. — 10 nicht vngetreulich] recht. — 11 lebund] leben. — 12 ſterbund] ſterben. — 13 niemer mer] nicht. — 14 des ewigen todes nymer. — 15 Went] meynt. — 17 darumb] do von ſo bekert euch. — 20 ſterbt ir in] + ewren. — 24 vnd wie] wann wie. — 25 zwar ich will des ſünders tob nicht. — 27 darumb] do von. — 28 all ſein] ſein altt. — 29 den gueten . . . nicht] den gerechten alles ſein gut nicht. — 31 hóret ſein vrteil ſein vngerecht. — 32 vnd die meinen ſein. — wann ich will ye dye menſchen vrteilen. — 46. 2 zu in] zu den. — hirtten. — Gloſa das] Do. — 5 die herd] daz vih. — 6 von der herd gaff] von der hirtten gevſz. — 7 das das feiſtift] daz feiſt. — gaff] geeſzen. — 8 phlegen] gepflege. — daz do waz kranck. — 9 ſiech] kranck. — nicht geſterckt vnd geſunt gemacht. — 11 nicht wider heim pracht. — jrr ging. — 12 ſunder ir habt in zu allen zeiten mit gewalt vnd mit herttickeit gepoten. — 13 darumb] da von. — pflegers. — 14 zuſtreut. — 18 vnd ſie alle thier echten. — 20 von iren hertern] —. 28 Gloſa] —. 32 daz kranck will ich erczneyen Das feyſt vnd ſtarck waz. — 33 herde] hertten. — 34 f. vber daz daz euch vber pleyb. — 47. 6 daz ir nicht mer wirt geachtet. — 8 lieben] —. 10 enmitten] —. 11 echtſal] erbſunde. — 14 der geheiſſ] das verheyſen. — 18 ſüeſſ] —. 20 eurer] —. 21 in euch] vntter euch. — 26 von euer miſſewende] von ewren myſſetaten. — 27 das ir fürpaſz von ewren nehſten nicht leibet vnwirde. — 28 biſz verhehtzen gehort alles. — 29 dann] —. an alle ewer. — 30 die] —. 32 reuen] leit. — mich] got. — 34 von dem geiſt gefurt. — 48. 1 Wenſtu] Meynſt du. — 2 lembtig werden] leben. — 7 piſſ] do. — 17 ſprechen. — 20 wenſt] meinſt. — 24 eure] die. — 26 vnd des] wann des. — 27 inne wenn] gewar denn wenn. — 28 lembtig] leben. — vnd ich will ewch geben meinen fride vnd rwe in ewrem lande. — 30 ſo] wenn. — 34 Seht das iſt mein] zu mir Sprich zu der. — 36 zu einer zire vnd. — 49. 1 mich] mein. — 4 im ſein heymlich guttat. — 12 verderb vnd ſterb jehes todes. — 13 dritteil] teil. — 15 dz daz ich es mit einem zorn. — 16 gepreſten] geprechen. — 22 verdorrent] verderben. — werdent] ſein. — 27 vnrein] vnczem. — „vnd ſmech" iſt durchgeſtrichen. — 28 nuer] —. 33 wann müſzig gen. — Die Vergleichung dieſer Varianten mit dem Apparat unſerer Ausgabe beſtätigt die nahe Verwandtſchaft des Berliner Textes mit der Augsburger Handſchrift; man beachte beſonders die Lesarten zu 45, 10. 28. 29. 33; 46, 12. 32; 47, 32.

Aus Mſ. germ. quart. 1986 intereſſiert uns hier das Epiſtular, das i. J. 1475 geſchrieben wurde. Wir haben Röm. 13, 11—14 und Phil. 2, 5—8 mit unſeren Tabellen in Bd. IV verglichen. Die beiden Texte zeigen enge Verwandtſchaft mit Cgm. 1118, dem auch Nürnberg Cent. IV 7, naheſteht. Um einiger auffälliger Beſonderheiten willen, die wie ſelbſtändige Zurechtlegung dunkler Stellen anmuten, ſei hier der Wortlaut von Phil. 2 nach der Berliner Hſ. hergeſetzt:

Brueder das ſult ir in euch enphinden als in Criſto Jhū. wann der in gottes form was hat in nicht ſeiner eren vnd gewaltſ beraubt das er ſich got geleich geſeczt hat. ſunder er hat ſich ſelb genidert an ſich genomen des chnechtz geſtalt worden jn der geleichnuſz der menſchen vnd mit dem chlaid erfunden als ein menſch hat ſich ſelb gediemütigt vnd gehorſam worden vncz in den tod aber den todt des chreucz uſw.

Mſ. germ. oct. 2. Perg. ſ. XV (Degering, K. B. III, S. 1).

Der mnl. Pſalter gehört in die Gruppe der Gebetbücher und Pſalterien, die durch den Namen Geert Grootes und der Windesheimer Kongregation gekennzeichnet iſt. Verglichen ſind Pſ. 6 und 50 (51) der Berliner Hſ. mit unſerem Material, das nur teilweiſe in BdK II gedruckt vorliegt. Darnach ſteht der neu erſchloſſene Text aufs nächſte zu der in Hamburg 10 bzw. in den beiden Gothaer Hſſ. gegebenen rein-nl. Überlieferung, nicht zu der nb. Fuldaer Faſſung.

Mſ. latin. oct. 221 Pap. ſ. XIV und XV ſtammt nach Degering (Mitteilungen aus der Kgl. Bibl. III, S. 26 ff.) aus einem rheinfränkiſchen Franziskanerkloſter und enthält u. a. Bl. 132ʳ—163ᵛ deutſche Perikopen auf die Faſtenzeit. Der Anfang aus Joel 2, 12 ff. (Epiſtel des Aſchermittwochs) ſtimmt faſt genau zu Cgm. 157 (BdK VII S. 142 und 145); man beachte z. B. die auffälligen Wendungen in B. 13, wo es nach der Berliner Hſ. heißt: vñ riſſent uwer herzen vñ nit vwer kleider ... vñ uil erbarmherzig vñ uerczigenlich uber die bosheit. — Übrigens ſei dabei an die Beziehungen zwiſchen Cgm. 157 und Nürnberg VII 93 ſowie Augsburg 3 erinnert.

Als ein zweites Vergleichsſtück ſei die Perikope Exod. 20, 12 ff. herausgegriffen; dazu bietet ſich die Tabelle BdK VII S. 82 ff. dar. Gleich das Wort „langwerig" in V. 12 mahnt an Nürnberg VII 93, und Wendungen wie „nut du diepſtal" (V. 15) oder „clang der biſomen vnd den berg riechende" (V. 18) unterſtreichen dieſe Verwandtſchaft, während anderes wie „das rint" (V. 17), „vnd ſahent die ampellen" (V. 18) oder „dz er uch bewerte" (V. 20) noch mehr an den Ausgburger Plenardruck von 1489 erinnert.

Im Anſchluß an dieſe „Berliner Studien" ſoll noch von einigen anderen Textzeugen berichtet werden.

Zu drei Handschriften der Wiener Nationalbibliothek.

Cod. 2697 ist ein Quartband in Pergament v. J. 1410, ein „Epistler", der also die Episteln der sonn- und festtäglichen Perikopen enthält. Im folgenden sind einige Texte daraus abgedruckt[1], die zur Vergleichung mit den Tabellen in den früheren Bänden von BdK reizen. Die Wiener Handschrift scheint ihre eigenen Wege zu gehen. Besonders zu beachten ist die gereimte Eingangsepistel.

Röm. 13, 11—14:

1ʳ [rot] Hye hebt sich dˢ epistler an. Dˢ Suntag vo vnjˢs hˢren czů chunfft. Paulus sprach zů den Romern:

[N]v wisset prüder ez ist czeit. Swer nů in dem slaffew [!] leit. Das er nů schol auff stan. Und schol den slaff gar verlan. Vnd wachet mit herczen vñ mit augen. Vnser hail ist nahenner wen wir gelawben. Dy nacht ist nů gar für. Der tag vns eylet für dy tür. Dew werch der vinster werfft ab ew. Mit dem waffen des liechtes chlaidet ew. Als ir des tages wellet gen. mit eren vñ an sünde westeen. west an wirtschafft an trunchenhait. aller vnleunt sey ew lait. Vnd hüer sey ew wider = 1ᵛ czem. wann dy ist got vngenem. Weleibt an chrieg an allen phranchsall. Das ist alles der sel vall. Legt an ew Jhesum Christ den warē got. Das ist sein ler vnd sein gepot.

Malachi 3, 1—4:

2ᵛ [rot] Zů dˢliecht mezz. Malachias prophet sprach:

[A]lso spricht got selbe: Secht mein volch ich sende mein engel vor mir der peraiten schol dē weg vor meiner gesicht. dar nach zehant chümpt der gepieter aller diser welt czů seinem templ den ir da sücht und dˢ engel ain rechter geczweg den ir welt. secht er kümpt 3ʳ der herr des weichvolchs wer ist der der endenchen müge den tag seiner czů chümpt oder wer getar besteen in an cze sehen? wan er ist als ein glütens fewer das von dˢ chrafft der plaspelger sich vast enczündet vnd siczet vnd wiert rainegen dye süne des geslechtes Leui vñ prinunt als man rainigt vnd prünet das silber in dem fewr vnd machet sew lauter vnd güt als das silber vñ das golt geprant vnd werdent irem herren in rechtichait ir oppher oppfernt vñ geuellet dann got wol das opher des volchs von Juda vñ Jherusalem als dye tage diser werlt vñ als die alten iar d' czeit spricht d' almechtig.

---

[1] Die Hs. wurde mit anderen freundlicherweise zu unserer Benutzung hierher gesandt. Herr Dr. Fr. Jülicher hat daraus die nachstehenden Abschnitte abgeschrieben.

Jesaia 11, 1—5:
5ʳ [rot] Am freitag. Ysaias der weissag:

[D]as sprach got vnser herre auz Ysaias münde: Es get auff vñ wachsset ain gerten von der würczen Yesse vñ von seiner würczen wirt auf gent ain plůme vñ auf der plůmen 5ᵛ wirt růhent der hehlig geist gotes vnsers herren der gaist des weistums vñ des sinnes der gaist des rats vñ der chrefte der gaist der chůnst vñ der gůete vñ wirt erfüllet mit dē gaist der vorcht gotes. er wirt nicht richten nach dem gesehen der augen noch nach dem gehorñ der oren. er richtet nach der gerechticheit den armen vñ rebshet [!] in der rechticheit daz vnrecht durch dye semfften auf der erden vñ slecht die erden mit der zochen des vraisleichñ sewers seiner worte von dē munde sein vnd seiner rechticheit vñ erslecht die vnrechtñ mit dem plaben vñ geist seiner lebsen vñ by rechticheit wirt ain gurtl seiner 6ʳ lende vñ der rechte gelawbe ist ain vmbswaiff seiner seiten vñ wirt reich sent ewichleich.

Jesaia 9, 2. 6. 7:
12ʳ [rot] Am weinacht tag zů der erste messe. Ysaias:

[E]z spricht vnserr herre: Ein grosses liecht ist erschinnen dē volche daz da hat gegangñ in der michel vinster vñ ist gewesñ mit hawse da selben in dem reiche vnder dem schatten des todes dē ist ain liecht erschinnen. wann vns heut ist ain chlains chind geporñ vnd ist vns gocz sůn gebñ vñ sein furstentum 12ᵛ ist vns gemachet auf sein achseln vñ sein nam ist genant der wunderlich got des rates got der sterche ain vater der chůnftigen werlt ain fürst des frids. sein gepot meniget sich in seinē reich vñ seines frides wirt nymer ende. er siczet auf des küniges stůl Dauides vñ siczet auch in seinem reich gewaltichleich vñ westetet vñ veruestēt daz vñ chrestet das an dem rechtē gerichtē vñ an allem recht hymer fürpaz nů vñ von ewen ze ewen.

Apokal. 14, 1—5:
18ʳ [rot] Von den vnschůldigeñ kindlein. Sand Johan[ne]s sprach in dem tawgñ půch:

[I]n den tagen ich sach auf dem perge Syon ain lamp sten vñ pey im vierstunt vierczig hundert tausent die seinen namen vñ seins vater hetten an iren hyren[!] geschriben vñ czaichent vñ ich hort 18ᵛ ain stymme von hymel chomen als ain stimme von vil wassern vñ recht geleich ainer stime ains grossen donerslags vñ die stime die ich hort waz als ain herphen chlank der herpher in irem herphen vñ sungen recht geleich als ain news gesanch vor dem stůel gocz vñ vor den vier thyern vñ vor den vier vñ czwainczig altherren vñ chunt nyemt gesprechen das gesanch newer dy virstunt vierczig hunder [!] tausent die da sint erchauft von den erden mit irem aigen plůet. das sint die die sich mit den weiben nicht habñ wewollen vñ sint rainig begen. die selben volgent dem lampe swa ez 19ʳ chert. die sint tewer erchauft von den leuten. sy sint ain liebs oppher got vñ dem lamp vñ dhain lug ist funden in irem munde. sy sint chomen an allew mail für dē thron gotes.

Jesaia 60, 1—6:
20ᵛ [rot] Am prehen tag. Ysaias:

[I]n den tagen sprach vnser herre: Stand auf Jherusalem wird erleucht wand dein liecht ist chomen vnd bew wirb vnd ere gocz beins herren ist erschinen vber dich. wand du siechst die erden vmb begeñ mit vinster vñ mit der tůnchel das volch. aber vber dich ist erschinen got vnd sein ere wirt in dir gesehen vñ das volch get an deinem liecht vnd die chünige varent in deinē [!] schein beiner 21ʳ gepurd vñ beins aufganges. Jherusalem heb alumbe auf bein augen vñ sich. bise alle habūt sich gesamt vñ dir¹ chomen. bein sün choment dir von verrn vnd beine tochter stend dir auf ze payden seyten. dann gesiechst bu das vñ fleuzzet [!] zŭ in vñ bein hercz wirt ze wünder vñ ze praitet sich. swanne dew menige des mers wirt wechert zŭ dir vñ bew chraft des volchs chümpt dir vñ dew ober chraft der chemlein ober bechlet dich. dew bromedarij von Madyan vñ Epha der reiche die choment dir alle von Saba vñ oppfernt vñ pringet dir golt mirren weyroch ze gib [!] vñ chundent iren lob got vnserm herren.

I. Kor. 13:
29ᵛ [rot] Paulus ad Corintheos. der suntag in .L.:

[B]rüder ob ich mit aller lewt czung red vnd der engel han ich nicht gotes lieb so pin recht ich als ain glokspeis das chlingt vñ als ain schelle dew erhillet. vñ ob ich hab weissagen ze gwalt vñ allew tawgen erchenne vñ heyligkeit vñ chan allen weistum vñ han allen gelawbñ an mir also 30ʳ daz ich durch die perg var ober secz vñ han ich nicht liebe ich pin nichczen. ist daz das ich alle mein hab ze gib an chost den armen vñ mich selbñ also daz ich prinne vñ han ich nicht die rechte liebe es frumt mich alles nicht. dew lieb ist gebultig vñ gŭt. dew lieb hasset niemant. enstrafft nicht. si weget nicht manslacht. si enczürnet nicht si ist nicht lughafft. si suecht nicht daz ir ist. si raiczt nicht. si gebenckt nicht obel. si frewt sich nicht der misstat. si lobt die warhait. si leidet allew sach. si gelawbt alles gŭt. si gebingt alles hail. si leidet alles daz der ist. dew lieb wenchet nimer swie wol 30ᵛ dy weissagñ werdent volpracht vñ allew czüng geswaigent vñ der weistum wirt ze füert. von ainen tail erchenne wirs vñ von ain tail weissagñ wirs. swanne aber das chümt das geschaffen ist so wirt daz eitel daz von dem tail ist. da ich waz wenig da ret ich als ain weniger da gebacht ich als ain chlainer. do ich aber wart zŭ ainem manne do vergaz ich des das da waz des wenigñ. wir sehen nŭ als durch ainen spiegel vñ durch die geleichnüsse. Denn gesech wir von antlücz ze antlusse. nŭ erchenne ichs von ain taile. denne erchenne ich recht als ze erchennen ist. vñ erchannt pin. nŭ beleibent dew 31ʳ drew stet: der glawb der gebing vñ die lieb. vnder den allen drein ist daz pest vnd das merer die gotes liebe.

Joel 2, 12 f.:
31ʳ [rot] Ez spricht Yeremias am aschtag:

[E]z spricht got: Bechert ew von allem ewerm herczen zŭ mir mit vasten mit wainen mit klagen vñ ze reizzet ewrew hercze vñ nicht ewr gewant vñ bechert ew zu got ewrm herren. wand er ist gŭt vñ parmherczig vñ gebultig vñ ist gnabig zŭ vergeben ober vnser vntat.

Epheser 5, 1—9:
55ᵛ [rot] Der dritt suntag. Paulus sprach ad Ephesios:

[B]rüder west mein nachvolger gocz als die liebñ chind vñ die liebñ sün vñ get in der lieb als ew Christ hat lieb gehabt vñ gab sich selbñ fur ew zŭ ainē opher got in ainē süzze gesmache. 56ʳ das hŭer vñ allew vnrainicheit oder geitikeit sol nicht sein an ew als ez geczimt den heyligñ vñ poshait oder tumpe red oder schalchleich red oder loter füer das nicht gehort zŭ dem binge. ir sült nicht liegñ. ir sült got banchen seiner gnaben. ir sült das wissen vñ versteen das alle hürrer vñ vnraine vñ geitige bie sint der abgotter binst si enhabñt nicht erbtail an dem reiche Christes vñ gotes. ir sült ew niemant lassen betriegñ mit eyteln worten.

---
¹ Zwischen vñ und dir ist sy burchgestrichen.

darumb chumpt der czoren vber dÿe süne der mishelunge. der sült ir nicht werden
tailheftig. ir seit etſwen geweſñ die vinſter ſo seit nu ir ain liecht in got vñ 56ᵛ
sült gen als die ſüne des liechtes. das wuecher des liechtes ist in alle güete vñ rechte
vñ warhait gen in der rechten liebe gotes.

Exodus 20, 12—24:

59ᵛ [rot] Am mitichñ daz puch Exodus:

[E]z ſpricht got durch weisſagñ mund: Du ſolſt eren dein vater vñ dein müter
ſo lengeſt du dein leben auf diſer erden dy dir dein herre vñ dein got geit. du
ſolſt 60ʳ nicht ſein ain manſleger noch ſein ain hüerer noch ain diep. du pis nicht
ain falſcher geczweg tegen beinem nachſten. du ſolſt nicht geren ſeiner hawsfrawñ
noch ſeines knechtes noch ſeiner dierñ noch ſeins ochſſen noch ſeins eſels noch gere
nicht alles des deinen eben chriſten an gehort. nach dem gepot ſach das volch alle
die ſtimme vnd die lampen vñ den dwn der her horn vñ ſahen den perg riehen
vñ erchrachten [!] vñ wurden nider geſlagen vor vorchte vñ ſtüenden dar nach
verre. vñ ſy reten zü Moyſen: rede zü vns vnd wir horn dich. got der ſchol vns
nicht zü reden. wir ſterben vil leicht. do ſprach Moyſes zü dem 60ᵛ volch: ir
ſult ew nicht furchten dar vmb das ew got verſücht. ez iſt chomen got alſo das ſein
vorchte chom in ew das iſt nicht ſündet. do ſtüeb das volck von verren. Moyſes
gieng zü der tünckel gluet da got inne waz. darumb ſprach got zü Moyſen: dicz
ſage deinen ſünen von Yſrahel: ir habt wol geſehen das ich mit ew han geredt
von den hymelen her ab das ir nicht ſült machen ſilbern gotter noch gulßeinew
gotter. ir ſult ew machen ain alter von erden vñ opphert dar auf ewer fridſams
oppher ewer ochſſen und ewer ſchaffin allen den ſteten da mein nam wirt gedacht
vñ genant ich 61ʳ herre.

Jerem. 7, 1—7:

61ʳ [rot] Am phincztag. Jeremias ſprach:

[J]n den tagen ſprach das gocz wart [!] zü mir alſo: ſtand in dem tore gocz
des hawſſes vñ prebig das gocz wart da ſelbñ vñ ſprach [!]: alle lewte in Judea
hort daz gocz wart alle die biſe porten in gent alſo das ir ſult got an pitten. ez
ſpricht got vnſerr herre des heres got Yſrahel: ir ſult ewer wege machen recht vñ
ewer chünft ſo wil ich mit ew wonen an diſer ſtat. ir ſült nicht getrawen an die
lüghafften wart die das ſprechent: der tempel gotes der tempel gocz er iſt der
tempel. wand ob daz iſt das ir ſegent ewer wege vñ ewer chünft vñ ob ir recht
richtet vnder ewern eben 61ᵛ chriſten den vnchünden vñ den waſen [!] dew witiben
vñ dew chinde an alle ablaitungen irer eren vñ das ir nicht vergizzt das vnſchuldig
plüet in diſer ſtat nach den aptgotterñ nicht gebt [!] ewch ſelbñ ze ſchanden vñ
vbel. ſo won ich mit ew in diſer ſtat und daz land das ich ewern vatern han gebñ
gib ich ewch in diſer werlt vncz in die ander ſpricht got der almechtiger.

Phil. 2, 5—11:

88ʳ [rot] Am palm tag Paulus ad Philipenses:

[B]rueder ir ſült an ew ſelbñ enphinden waz ir wiſt an Jheſu Chriſto got. do
die gothait verporgen waz vnder der menſchait do gedacht er nicht an ſich ze
nemen die geleichnüſſe daz er wer got. er nam an ſich die geſtalt dez knechts
88ᵛ vnd geleicht ſich dem menſchen vñ wart auch funden an der geſtalt als ain
menſche vñ dyemütigt ſich ſelbñ in die gehorſam vncz in den tot vñ nam den
tot des chrewczes. darumb daz in got hat gehocht vñ hat im geben ainen[1] namen

---

[1] Hſ.: ainem.

der ist ober alle namen also das in dem namen Jhesu allew chnye sich prawchen[!] hymelischew vñ irdisch vnd auch der helle vñ alle czunge veriehen bir wand bu herr pist Jhesus Christus in der eren gocz deins vater.

Genesis 1, 1—2, 2:
100ʳ [rot] Am tawff samstag daz puch Genesis:
[G]ot beschueff dez ersten hymel vnd erden. dew erd waz eytel vnd ler vnd dew vinster waz ob der abgrůfft der erden vñ der gaist gocz swebt auf den wasserñ. da sprach got: ez werd ain liecht. Da ward ain liecht. da sach got daz das liecht waz gůt vñ schiet das liecht von der vinster vñ nant daz liecht den tag vñ die vinster die nacht. do wart ain morgen vñ ain abent ain gancz 100ᵛ tag. da sprach aber got: ez sol werdñ ain vestigung mitten vnder den wasserñ vnd sol schaiden ain wasser von dem anderm [!] wazzer. da got het beschaffen [!] firmament da nant got daz firmament den hymel. do waren czwen gancz tag ergangen. do sprach got: allew dew wasser vnder dem hymel sammen sich zů ainander an ain stat vñ werd trůchen. daz geschach. do nant got die truchen ein erden vnd das wasser dew mer. do got ersach dise gůete der geschefft also do sprach er: die erde schol gewinnen ir grůene vñ sol geben iren samen pawmgarten die ir frucht geben nach irr slacht vnd 101ʳ sol daz wůcher sein in seins selben samen. das geschach also. dy erde pracht grůenes chrawt vñ trůeg ain iesleich geschefft seinen samen nach seiner slacht vñ das holcz gab sein frucht vñ ysleich dinch het seinen samen nach seiner gestalt. du[!] got sach daz das alles gůt wsz das geschach des abencz vnd des morgens da warñ auch drey tag ergangen. da sprach aber got: ez süllen werden czway grossew liecht an dem hymel daz sy vnderschaiden den tag von der nacht vñ sein ain zaichen der czeit der tag der iar vñ süllen lewchten an dem hymel vñ erlewchten auch alle die werlt. daz 101ᵛ ist also geschehen. da beschůef got czway liecht die erlewchten den tag vñ die nacht vñ sacz die sterñ an den hymel daz si maisterñ vñ erlewchtent die erden vñ den tag vñ die nacht vñ das si schieden daz liecht von der vinster. da gesach got iren nůcz. da wart vesper vñ der morgen vñ waz der vierde tag. das [!] sprach auch got: dew wasser süllen haben alles in in daz chrewchet lebñtigs vñ die erde vñ die lůfft trage das fliege oben in der lůfft des firmament in den hymeln. do geschůeff auch got die grozzen vische den cetus vñ ander merwůnder vñ alles das da lebñtigs waz 102ʳ vnd sich růert auf der erden vñ daz er gab den wasserñ ein ysleichs in seiner gestalt vñ alles das da flewget in seiner gestalt. da sach got ez wer gůet vnd gesegent ez alles vñ sprach: wachset vñ menigt ew vñ erfůllet alle wasser des meres vnd alles gefůgel sol sich meren auf der erden. da wart vesper vñ morgen des fůnfften tages [!]. da sprach got: dew erden sol fur pringen alles daz lebt vich vñ tier ain ysleichs nach seiner gestalt. du [!] got ersach daz das alles nůcz waz ysleichs nach seiner natůr in seiner gestalt daz sich růert auf der erden da wart abent der morgen [!]. an dem sechsten tage da 102ᵛ sprach got: wir süllen machen ainen menschen nach vnserm pilde vñ nach vnser geleichnůsse. der schol sein ober alle die vische des mers gewaltig vñ ober alles gefůgel der hymel vñ ober alle tir aller geschefte vñ ober alles daz chrewchet auf der erden vñ dar vnder. da got des het gedacht da beschůf er den Adam vnd Even er vñ sy also beschůeff [!]. da gesegent sew paide got vñ sprach: wachset vñ menigt ew vñ erfůllet alles erdreich vñ machet sey ew vndertan vñ sůllet herschen ober alle vische dez meres vñ gefůgel der lůfft vn aller der tier die sich růerent auf der erden. 103ᵛ do sprach got: schawet an ich han ew geben alles grůenvnde chrawt das seinen samen pringet auff die erden vñ alle die pawme die ir frucht von in selben fůr pringent dew

sullen ew werden zů ainem essen vñ allen tyeren vñ allem gefügel vñ das sich rüert
auff der erden vñ das lebñtig ist. daz geschach also von gocz gepot. da got gesach
alles das er het beschaffen vñ waren alle gar gůt da waz ergangen der abent vñ
der morgen des sechsten tages nach gocz gepot. vñ volpracht hymel vñ erden
genczleich vñ alles ir geczierd. vñ an dem sibenten tag erfüllet got alles 103ᵛ
sein werch vñ růebet des sibenten tages genczleich von allem geschaffen vñ
werchen [!] das er het geworcht von anegenge.

I. Kor. 5, 7 f.:
117ʳ [rot] Am oster tag. Paulus sprach ad Corintheos:

[B]rüeder vnsers herren ir schult auz rawmen das alt vrhab der gewissen also
daz ir wert ain newe vnbesñege [!] des newñ oster protes. wann vnserr ostern
Jhesu Christ ist durch vns geopphert in den tot. also sülle wir auch ezzen die
ostern nicht 117ᵛ mit dem altern [!] vrhab der vbel noch der schalchait. ir süllt
essen daz oster prot in recht vñ aller warhait.

Acta 2, 1—11:
132ᵛ [rot] Am phingst tag. Act. apost.:

[D]o die heyligñ tage der phingstñ wůrden erfüllet da waren die iünger alle
pey einander in der stat ze Jerusalem. vnd in aller gahe chom von hymel ain
stimme mit ainem sawse recht als ain zů chünstiger gaist mit aller eile vñ erfüllet
gar daz haws da sy inne warn gesessen vñ zehant erschain in ain fewer vñ in dem
fewer maniger 133ʳ hande czungen vñ saz besünderleich auf ir ieslaichs haupt
vnd wůrden zehant alle erfült mit dem heyligñ geist vñ redten alle czungen als
der heyliger gaist sew lert ze reden. ez warn auch dacz Jerusalem in der stat
gaistleiche lewte Juden von allem dem geslechte daz vnder dem hymel ist. vñ
do [!] stimme wart gehort vber all in der stat ze Jerusalem da wart die stat be-
trüebt in irem gemüete wand ain yesleich man hort sew da reden sein sprache.
des erschrachten sew vñ wůndert sew vñ sprachñ: sint die nicht alle von Galilee
die da redent? vñ von wew kumpt daz das vnserr yesleicher vernimpt die sprache
von der [!] ist geporen? von dem 133ᵛ lande Parthi vñ Medi vnd von Elamiten
vnd die da sint von Mesopotami dem lande vñ redent die czungen vñ die sprache
von Judea vñ von Capodocia vnd von der insil Ponto vñ von Asia dem weiten lande
Frigiam vñ Pamphyliam Egypten sprach vñ von dem tail der werlt daz da
haisset Lybia daz da leit pey dem wasen Cyerenen vñ dy sprach der geste die
hye sint mit vns von Rom iudisch vñ ebraisch chriechisch vnd lateinische vñ hortens
auch vnser sprach offenleich reden die czwo vñ sibinczig czungen vñ vnserr czüngñ
die grossen wůnder gocz an dem selben tage.

Röm. 6, 13—29:
149ʳ [rot] Der sibent suntag. Paulus sprach zů den Romern:

[B]rüder ich sprich: byemüetigt ewch durch den siechtum ewrs ploden flaischs
willen. vnd sprich: recht 149ᵛ als ir habt ze dinst erpotten allew ewr gliber zů den
sünden in die poshait also schült ir auch nů erpieten vñ dwingen alle ewr gliber
zů dem dinst der gerechtichait in die haylichait. seit ir seit gewesen die biener der
sünde so seit auch die dreyen knechte der rechtichait. waz frucht habt ir do en-
phangñ der ir ew nů schamt? daz ende der selbñ frucht ist der ewige tode [!].
secht vñ merckt: seit ir nů erlost mit dem tode gocz vñ seit gefreit von allñ
sünden vnd seit warden die freyen knechte gocz vñ habt begriffen die frucht der
werden heylichait vnd ain ende des ewigñ 150ʳ lebens. bew helffe vñ dew gabe

die man enphecht von den funden ift der ewige tobe. dew genade gotes vñ feiner volger ift daz ewige leben ymmer wonte in Chrifto Jhefu vnferm herren.

I. Kor. 12, 2—11:

151ᵛ [rot] Der czehent funtag. Paulus fprach ad Corintheos:
[B]ruder ir wiffet wol 152ʳ da ir noch wart haiden do wurt ir gefüert zů den¹ abgottern dew ftummen warn do giengt ir hin. darvmbe fo tun ich ew chunt daz niemant ift der in dem gaifte gotes red der müg fprechen: verpannen Jhefu. vñ auch niemant mag gefprechen: herre Jhefus newr in dem heyligñ gaift. darvmbe fint vnderfchaidunge der werche vñ ift doch der felbe got der alle werch weget an allen dingen. aber ainem yesleichen ift gegeben der gaift ze nücz allen geoffent. aine wirt gegebñ in dem gaift dew genade an dem weistům der predige vnd der rebbe. vnd dem andern ift gegebñ dew red 152ᵛ der chunftleichen wort mit dem felbñ gaift. dem britten ift gegeben der gaift des rechtñ gelaubñs. dem vierdñ ift gegeben dew genade des gefuntes in ainem gaifte. dem fumfften ift gegebñ in dem gaifte dew werch der tůgent. dem fechften ift gegebñ der gaift chunftiger binge ze fagen. dē fybenten ift gegeben dew genade der befchaidenhait der gaift. dē achten ift gegebñ der gaift ze chunnen manigew czüngen. dē newnten ift gegebñ der gaifte ze verften vñ auzerlegen alle predige vñ fin. difew dinch alle wurcht der heylig gaift in ainer ainünge vñ ain gaifte 153ʳ vnd der felb gaift an vnderfchidunge tailt fich vnd fein gabe als im geuellet ainen yslichem menfchen in feinem lebñ.

Prov. 31, 10—31:

185ʳ [rot] Von den rain witiben. daz půch der weishait:
[W]er vindet nů ain getrewes weib vñ an irem gemüete ftete vñ ftarche? niemant. ift daz man fey vindet der lon ift weiten vñ verre vñ an den leften enden der erden ift ir lon. daz hercz ir mannes getrawt ir wol. er bedarff nicht furpaz des 185ᵛ rawbes. fi giltet im gůt vmb vbel alle feine tage. fy füecht vñ chawft wollen vñ har vñ wurchet mit den finnen irer henbe. fo [!] wirt an den gefchefften als ain fcheff aines chawfmannes daz im von verren pringet daz prot vñ alle fein genift. fy ftet auf des nachtes vnd geit irem gefinde vñ iren diern ze ezzñ vñ ze trinchen. fy vand den aller mit dem golbe vñ chaufft in. von den hanben irer arbait pawt fy dew weingarten. fy begurtet irew lenbe mit der chrafft der tůgent vñ mit der weishait fterchit fy irew hende vñ irew arme. mit der chewfch choftet fy den wein vnd eruant 186ʳ daz ir arbait waz ir chomen ze allē gůte. darvmbe wart ir nie erlefchet dew luczern. fy pran in irem lobe lobeleichñ. ir hant liez fy an daz herter werch vnd irew vinger begriffen die fpindel vñ den rokhen. dem burfftigñ tet fy auf ir hant vñ irew tener praitet fy gegen dem armen menfchñ. fy verfait nie yemant ir haus in dem frofte der fnee. alles ir gefinde waz czwiualtichleichñ wol geclaidet. aine vell von feyden vnd von purper waz ir gewant. in den porten fazz ir man der waz auch ain edel man vñ fazz mit ben edeln fenatorij der erden. ain czierleich chlaib macht 186ᵛ er im vnd verchawfft daz vnd fein gurtel gab er Chananeo. fein gwant waz von czirbe vñ von ebler chrefte. an den leften tagen feins lebens wirt er lachen. fein münt tet fich auf zů dem weistům vñ bew ee der güete waz auf feiner czungñ. fy erfichert den weg vñ den fteig ires haweses vñ enazz nie dhain müzziches prote. ir füne erftůndñ auf vñ predigten fey aller heyligifte

---
¹ Hf. dem.

vnder andern weibñ vnd ir man lobt ſey. mange tochter habñt geſampt den reich=
tům. du haſt ſew an allen wirden vbergangñ. aber bew ere iſt vnſtete vñ lůgliche
bew valſche ſchone hat. ir ſchone iſt 187ʳ falſche bew nicht got furchtet. daz weib
baz got furchtet bew wirt gelobt. gebt ir baz wůecher irer hande vnd lobt alle ir
wůecher vñ ir werch in den porten der heiligñ Jheruſalem.

Cod. 2714. Deutſches Miſſale ſ. XIV einſpalt. Pergament 172 Bll. n. 8.
Sehr feine, bunte Initialen; aber keine Bilder, nur vorne Wappendarſtellung:
Unter Säulenhalle ſitzt auf einem Baumſtumpf ein grüner Sittig mit zurück=
gebeugtem Kopf, goldenen Füßen und Randfedern; am Baumſtumpf unten
ein goldenes w; ein dachsartiges Tier ſpringt unten um den Stumpf; links
vom Sittig ſilbernes Wappen mit Helmzier (goldgekröntes, rotes Einhorn),
rechts rot=goldenes Wappen mit Goldkrone und Federzier; über dem Sittig
goldenes Spruchband mit blauer Aufſchrift: [Di v O?]ffung — im Sinne von:
Die Verdeutlichung?
Bl. 101ʳ. Epiſtel zu Mittw. nach 6. Sonnt. n. Trin. Hebr. 12, 28—13, 8.
Fr̄es habemus grām. Bruder wir haben genade mit der wir gote bienenen (!)
pehegelichen mit worten (!) vnd mit erberkeit. wan vnſer got iſt ein verzerundes
ſewer di liebe der bruderſchafft wone in euch vnd baz ir gerne herberget ir ſchult
ir nicht vorgezzen (!) wan da von pehagten etteliche got. die da namen bi engel
in der herberge. Gedenket (!) der gebunden als ob ir mit gebunden ſeit vnd
der arbeit bir (!) als ob ir mit einē leibe wonet vber alle dink. vnd habt ein
erber proutlouſſt. 101ᵛ vnd ein vmbeflecket pette wan vnkeuſcher vnd ſmeicher
die vrteilet got. Ewer ſite ſchullen ſein ane gierde vnd geueget¹ mit ben gegen=
wortigē wenne er ſpricht. Ich enlaze bein nicht alſo baz wir mogen ſprechen
kundelichen. Dirre herre iſt mein helfer ich enfurchte nicht waz mir der menſche
tu. Gedenket ewer probſte die euch geſagt haben gotes wort. der wandelunge
vz gant ſecht an volgunde dem gelouben. Jeſus criſtus geſtern vnd heut er iſt
von ewe wan zu ewe.
(rot:) Sante Marcus ſchreibt das Ewᵐ (ſchwarz:) In illo tempore. Cum
egreſſus eſſet Jeſus in via procurrens ad vnam viam (!) In der zeit do vnſer
herre gienk an einem wege do quam einer vorgelouffen (bis hierher!)
(rot:) An dem Freitage die Epiſtel [Jacob. 3, 14—18] (ſchwarz:) kariſſimi ſi zelum
amarum habetis. Allerliebſten habt ir einen pittern haz vnd krieg in ewrem
herzen. ir enſchult euch nicht verruemen vnd lugener ſein wider die warheit wan
biſe weisheit eniſt nicht komen von oben ſunder viechelich iſt ſi vnd irdiſch vnd
teufeliſch. wan wo haz vnd krieſt iſt da iſt vnſtetikeit vnd alle poſe werk. aber die
weisheit die von oben iſt di iſt zu dem erſten ſchemel. dar nach fridesam ſenftmutik
gerechtik den gueten mithelunde vol barmherzikeit vnd gueter frucht vrteilunde
ane geleichſner aber die frucht der gerechtikeit wirt geſullet in fribe die da fribe
tōn.
Man wolle die vorſtehenden Texte mit den in BbK VI S. 4f. abgedruckten
entſprechenden Abſchnitten aus Berlin fol. 706 und quart. 1845 vergleichen,
ſo wird ſich ſchnell ergeben, daß es ſich in der Wiener Hſ. um ein neu erkanntes
Mitglied der wichtigen Familie handelt, die ſich um Berlin 706 gruppiert und
zu der nun ſoeben außer Erfurt 148 ſich noch eine jetzt in Bern befindliche Hſ.
geſellt hat; über dieſe habe ich an anderer Stelle berichtet².

---

¹ Zu leſen: genueget.
² Zeitſchr. für deutſche Geiſtesgeſch. 4. Jahrg. (1938) Heft 1/2.

Cod. 2789.
Nach den Tabulae gehört die Hs. dem XV. Jahrhundert an; aber die frappierende Ähnlichkeit der Schrift und der Ausstattung (Badenmädchen) mit der Wenzelbibel läßt eher an das XIV. denken. Nach den Tabulae erwartet man eine Vollübersetzung der Paulusbriefe; doch handelt es sich nur um Perikopen, allerdings, wie es scheint, mit Beschränkung auf Paulus.

Die Hs. wird nicht versandt; so liegen zum Vergleich nur Photos vor, und zwar von Röm. 13, I. Kor. 5, I. Kor. 13 und Phil. 2.

Von diesen Texten stimmt I. Kor. 13 fast ganz genau mit Cgm. 50 überein; ähnlich verhält es sich mit Röm. 13, nur daß hier die Wiener Hs. in einigen Varianten mit Cgm. 58 zusammensteht, der im übrigen aufs engste mit Cgm. 50 zusammengehört. Dagegen geht der Text in I. Kor. 5 und Phil. 2 andere Wege. Wahrscheinlich handelt es sich um eine Kompilation aus verschiedenen Quellen; doch ist die Möglichkeit nicht zu leugnen, daß der Bearbeiter aus dem eigenen Können hinzutat.

Hier sollen nur I. Kor. 5, 7 f. und Phil. 2, 5—8 abgedruckt werden, entsprechend den Tabellen in Bd.K IV S. 46 ff. und 103 ff. Die „Gloz" ist beigefügt.

I. Kor. 5:
Vnd da von liben bruder ir sult auz reinigen vnd aus werfen daz alde vrhap Gloz daz ist di alde sunde. also daz ir erscheinet in newem leben alz daz newe derbe brot. van vnser ostern di wir begen di heiliget vns der tot Jhesu Cristi vnd da von sulle wir wirtschesten nicht mit alden vrhap noch mit alder boser gewonheit der sunden nocht [!] mit alden vrhap der vbeln sunder mit newem derben brote der loutirkeit vnd der warheit Gloz wir vinden geschriben daz got den Juden gepot in der wuste daz sy alle iar sulden begen dy czeit do si got hette bracht von der heiden dinst vnd czu einer gedechtnusze diser erlosunge solden sy alle iar an dem tage opfern ein lamp vnd solden ein woche kein erhabe brot nicht essen vnd solden dy selbe woche nicht wen derbe brot haben vnd dy hochczeit hys ein vmgank oder ein eingank vnd heisset nu pei den cristen dy ostern wan si vnser ostern hat beczeichent. Do vn [!]¹ der ware gotes son vnd daz ware gotes lamp mit seynē pittern tode hat erlost von dem ewigen dinest der sunden vnd da von sprichet Paulus vnd leret vns wi wir wirtschoften sullen vnd waz vns der Juden ostern beczaichen.

Phil. 2:
Bruder ir sult des an euch selben enczsten daz ir vindet an Jhesu Cristo. wan wi daz sey daz er der gotis son sei doch so wold er sich an dysen sachen got nicht abentewern. sunder er nam an sich menschlich gestalt vnd auch menschlich leip an alle sunde vnd demutigte sich selbe vnd waz gehorsam dē vater vncz in den tot vnd nam den tot der mensheit an dem creucze.

Klingt schon bei I. Kor. 5 mehrfach der Text von Cgm. 531 recht deutlich an, so wird durch den Wortlaut bei Phil. 2 die Verwandtschaft der beiden Handschriften ganz außer Zweifel gesetzt. Überzeugender noch als die gemeinsamen Auslassungen ist eine Reihe von übereinstimmenden Worten und Wendungen, vor allen das auffällige „sich abentewern (obentewrn)" im Sinne von „sich ebentiuren" = sich als gleichwertig hinstellen.

---
[1] Man lese: vns.

Düsseldorfer Bruchstück eines mitteldeutschen Psalters.

Von

Professor Dr. Otto Grüters.

In dem ersten Bande der unter der Signatur M. Th. u. Sch. 125 auf der Düsseldorfer Landes- und Stadtbibliothek stehenden 'Questiones Marsilij super quattuor libros sententiarum'. Martin Flach jr. Straßburg 1501 (Proctor 10138) fand ich innen auf dem vorderen Holzdeckel ein mit mitteldeutschen Psalmen beschriebenes Pergamentdoppelblatt mit der Vorderseite des ersten und der Rückseite des zweiten Blattes als Vorsatzblatt aufgeklebt. Der Band gehört zu den ältesten aus bergischen und niederrheinischen Klöstern übernommenen Beständen; seine Herkunft genauer zu bestimmen, bietet er keinen Anhalt. Der Direktor der Landes- und Stadtbibliothek Dr. Hermann Reuter hat das Pergamentblatt herauslösen lassen; es trägt jetzt die Signatur C 115.

Um die Höhe des auseinandergefalteten Blattes auf die Breite, seine Breite auf die Höhe des Buchdeckels zu bringen, hat der Buchbinder des 16. Jahrhunderts von dem ersten Blatt am Außenrande einen oben 70, unten 60 mm breiten Streifen weggeschnitten; auch der untere Rand des ganzen Blattes scheint etwas beschnitten zu sein. Beim Herauslösen ist vom oberen Rand ein etwa 5 mm breiter Streifen im Buch verblieben. Die Größe des zweiten Blattes beträgt jetzt 200 × 173 mm, die des einspaltig beschriebenen Raumes 172 × 114 mm. Das Blatt war das mittlere einer Lage und bringt Pf. 21, (28) 29 bis Pf. 26, 4.

Die Schriftkolumne zeigt 29 Zeilen zwischen 30 Tintenlinien und wird beiderseits von einer senkrechten, zum oberen und unteren Blattrande durchgezogenen Linie eingefaßt. Die Schrift geht häufig rechts, die waagerechten Linien rechts und links über die Grenzlinien hinaus.

Vom Schriftspiegel des ersten Blattes ist durch den Längsschnitt ein Streifen von 27—30 mm verloren gegangen; der entsprechende Streifen des zweiten Blattes bietet auf der Vorderseite 7—13, meistens 9 oder 10 Buchstaben, auf der Rückseite 8—10 Buchstaben. Das Pergament ist durch Wurmlöcher und Risse beschädigt und, besonders wo es auf den Ledereinschlägen des Deckels gelegen hat, gebräunt. Die Schrift ist auf den früher aufgeklebten Seiten hier und da verblaßt, doch ist bis auf wenige Buchstaben und manche i-Striche und u-Bogen alles sicher zu erkennen.

Es ist eine gotische Buchschrift des 14. Jahrhunderts.

Die „Gebrauchsanweisungen" oder „Nutzbarkeiten" der Pff. 25 und 26 stehen denen bei H. Vollmer: Bibel und deutsche Kultur Bd. III S. 14 nahe, auch die nur unvollständig erhaltenen der Pss. 23 und 24 werden ihnen entsprochen haben; aber bei der von Ps. 25 ist dies nicht der Fall.

Im Abdruck sind sicher erschließbare Schriftzeichen wie auch der ohne sicheren Anhalt ergänzte Text, der mit dem weggeschnittenen Vertikalstreifen verlorengegangen ist, in eckige Klammern gesetzt[1].

Anmerkung des Herausgebers.

Gern bringe ich hier das auf Veranlassung von Herrn Geh. R. Edward Schröder uns zugewiesene Psalter-Fragment zum Abdruck, da es für die Geschichte der deutschen Bibel des Mittelalters von Bedeutung ist. Grüters erkannte schon

---

[1] Ps. 26, 1—4 stimmt fast genau zu den Resten, die in den Schleizer Pss. (Kriebte S. 152f. = Germ. 23, 69) von derselben Stelle erhalten sind; aber das besagt nichts, auch weichen die beiden Psalter in der Wiedergabe des lateinischen Futurums voneinander ab (s. Kriebte S. 62).

Psalm 21 lebent von ewin zů ewin ²⁹ Si sul[len gedenken]
vn̄ keren sich zů gote alle ende de[r erden ³⁰Vn̄]
anebeten in siner gesichte alle ge[sinde der biete]
³¹Wan gotis ist daz riche vn̄ her is[t gewelbic der]
biete ³²Si azen vn̄ anebetten alle [di veiztē der]
erden in siner gesichte sullen valle[n alle bi da]
stigen in di erden ³³Vnd min sele [sal eme lebē vn̄]
min geslechte sal eme dienen ³⁴ G[ote sint ge-]
kvndiget di zů komene geslechte [vn̄ di hime-]
le kvndigen sine gerechtikeit be[me volke daz]

Psalm 22 noch geborn w⁵den sal daz got g[eschůf Dn̄s]
regit me Sprich vor bi an ruwe i[rn mut keren]
¹Got berichtet mich vn̄ mir ge[bristet nicht]
in der stat der weide bestatet [her mich]
²Vsse deme wazzere der labůnge [vůrte her mich]
her bekarte mine sele ³Her vůr[leitete¹ mich bi]
wege der gerechtikeit důrch sinē [namen ⁴Wan]
gen ich in mitten deme schaten de[s todes nicht]
en vorchte ich bikein vbil wan dů [met mir bist]
⁵Din gerte vn̄ din stab di haben [mich getrostit]
⁶Dů machetes einē tysch in mime [gesichte wider]
di di mich betrůbin ⁷Dů hast [veizt² gemachet]
in deme oleh min houbit vn̄ min k[elch swer bar³]
vz trinket wi clar her ist ⁸Vn̄ di[n barmeh⁵czikeit]
vnder volget mich alle di tage m[ines lebens]
⁹Vnd daz ich ge wone in mine[s herren huse in]

Psalm 23 bi lenge der tage Dn̄i est t⁵ra Vo[r dine sůnde]
¹Gotis ist bi erde vn̄ sin vůlle de[r ůme rinc]
der erden vn̄ alle di in en w[onen ²Wan]
[her hat en g]esazt vf bi mer vn̄ her hat en ge-

1ʳ

1ᵛ

---

[1] Das unsichere I war keinesfalls ein t, so daß „vůrte" ausgeschlossen ist.
[2] Die erhaltenen Reste lassen sich auch auf „bec" zurückführen, das dann wohl zu „becresemet" zu ergänzen wäre.
[3] Statt „bar" wäre auch „ben" oder „en" möglich.

die Berührungen seines Textes mit den Schleizer Psalmen. Ich drucke rechts von den Düsseldorfer Psalmen die entsprechenden Stellen einer Hamburger Hs. des 14. Jahrhunderts (in scrinio 142) ab, über die ich schon in Bd.K. II berichtet habe, vgl. besonders S. 22. Der Leser überzeugt sich leicht, daß der neue Düsseldorfer Text mit dieser Hamburger Hs. eng zusammengehört. Leider ist ja auch in scrin. 142, wenn auch umfangreicher, nur Fragment; es umfaßt Pf. 1—71, 6 und 73, 2—76. Das Düsseldorfer Bruchstück reiht sich mit dem Hamburgischen in eine Traditionskette, die von den altsächsischen Psalmenfragmenten über Schleiz zu Erik Rooths westfälischem Psalter und der von Walther als 19. Psalter gerechneten Gruppe führt. In eine Untersuchung über das Verhältnis der nebeneinander abgedruckten Texte im einzelnen möchte ich hier nicht eintreten, um dem Düsseldorfer Entdecker des neuen Bruchstückes nicht vorzugreifen. In dem Hamburger Text bedeutet / das Zeilen=, // das Seitenende.

H. B.

leuent / ieiū[1] SJ ſuli gidentē
vñ ſulin ſich to / gote kerē alle de ende der irden Vnde /
ſulin anbedē zu ſiner geſichte alle de / ingeſinde der beite
Wande gotis iſt daʒ / riche vñ h' ſal giwaldin d'
beite SJ etzē / vñ beten in an alle de verzi[2] der
erdē / in ſime geſichte vallint alle by dar
ni=/derſtigent in de erde Vnde myne ſile / liuet ime vnde
mī gheſlechte binet / ome Gote wirt ge=
tundiget bat kun=/ſtige ſlechte vñ de hymel
tundingen / ſin recht den lute daʒ
noch geborin ſal / w'bin daʒ got gheſchuf /

GOt berichtit mich vñ mir ne briſ=//tit nicht
in der ſtab der weide beſtatit h' mi /
Vf dem waʒere der lawuge zouch h' mich /
her bekerte myn ſele Her leite mich vf / de
pade der rechteheyt durch ſinē na=/men Wande
ge ich in mitten dem ſca=/de des todes ſo
in vorchtich nehn ouil / wan du mit mir biſt
DJn gherte ōd / din ſtaf di troſtin mir
Do machiteſt / eynē tiſch in miner geſichte wider
den / de mich notin Do haſt veiʒ gemachit. /
in bem olio mī hobit vñ myn kelch / der dar
vortrenkit wy ſchinberlich her / iſt Vnde bine gnade
volgit mir alle=/wege alle tage mynes liues
Das ich / gewone in mines herē hus in
be len=/ge der tage
Gotis iſt de erde vñd ir vulle d' vmbe=/ric
der erbe vñ alle be in ime butwit / Want
her hait in giſatʒ vf daʒ mere / vnde hat in

[1] Zu leſen: ſ eui.   [2] Zu leſen: veiʒi.

[machet¹ vf d]i wazz⁵e ³Wer ſtiget ûf in gotis
[berc ober w]er ſtet in ſiner heiligen ſtat ⁴Der
[vnſchuldic i]ſt an ſinen henden vnd von reinem
[herczen der] ſine ſele nicht yteliche entphinc noch
[der ſime neh]eſten nicht enſwert bosliche ⁵Der
[entphat di ſ]egenüge v[o]n gote vn gnade von
[gote ſime h]eyle ⁶Diz iſt daz geſlechte daz
[got ſûchet] di da ſûchent daz antlicze gotis iacob
[⁷Ir fürſten] tût ûf uwere phorten vn bûret
[ir ewig]en phorten vn der konic der eren
[get dar] in ⁸Wer iſt der eren konig daz
[iſt der ſtar]ke got vn der gewelbige got ge-
[welbic inm]e ſtrite ⁹Ir fürſten tût uf ûwere
[phorten vn] bûret ir ewigen phorten vnd
[der konic] der eren get dar in ¹⁰Wer iſt der
[konic der] eren got der tûgent her iſt der
[konic der] eren ad te dn̄e leuaui aiām meā
[¹Herre z]u dir bûre ich   In deme aduente
[mi]ne ſele min got in dir getrûwe
[ich des ſal] ich mich nicht ſchemen ²Doch
[mine vien]de vor ſpotten mich nicht vn wā
[alle di dich) behalbent di en werden nicht ge-
[ſchendit ³A]lle di vbele tûn di werden geſchen-
[dit met]² itelkeit ⁴Herre wiſe mir dine
[wege vnd] lere mich dine ſtige ⁵Entrichte
[mich in bi]ner warheit vn lere mich wan dû
[biſt got m]in loſere vn din beitete ich allen
[tac ⁶Gede]nke diner gnade h're vn diner bar-
meh⁵czikeit di ye von anegenge hat geweſen ⁷Der
miſſetat miner iûgent vn miner tumpheit geben-
ke nicht ⁸Noch dinen gnaden gedenke min dû
herre dûrch dine gûte ⁹Sûze vn gerecht iſt der
herre dûrch daz gibit her di e den miſſetetigen
inme wege ¹⁰Her entrichtet di ſenftmûtigen
in deme vrteyle her leret di otmûtigen ſine wege ¹¹Alle gotis wege daz ſint gnade vn warheit
den di da ſûchin ſin vrkûnde vn ſine beſchey-
dûnge ¹²Dûrch binen namen herre gnade
minen ſûnden wan der vile iſt ¹³Wer iſt der
menſche der got vorchtet deme ſazte her ſine
e in deme wege den her irwelete ¹⁴Sin ſele
wonet in gûten bingen vnd ſin geſlechte er-
bit di erden ¹⁵Got iſt ein veſtene den di en
vorchten vnd ſin geczûgniſſe daz en daz offenbar werde ¹⁶Mine ougen ſin ōmer zû gote
wan her ir loſet mine ſele vonme ſtrite³ Sich

Pſalm 24

2ʳ

---
¹ Ober gegarwet; die Windberger Pſſ. geben hier beide Wörter.
² Z. 11, 12, 25 von 1ᵛ füllen die Ergänzungen den Raum ſchlecht aus; Z. 25 könnte
man ſtatt met auch bem Sinne gemäßer durch ire ſetzen, aber eine ſo freie übertragung iſt
unwahrſcheinlich.   ³ Statt: ſtricke.

bereitit ouir di wa-/zir WEr stiget vf in gotis
berch // eder wer steht in siner heiligen stat Der /
vnschuldich ist in sinē hanbin vnde mit / reinime
hertzin de sine sele nicht iteliche / intphinc noch
inswor sinē neisten nicht / valschliche HEr
intfeit von gote sege-/nūge vnde gnade von
gote sime heile / Dit is dat geslechte daz
got zuchit be / suchin daz antlize iacobis gotis
Tvt / vf gi vorsten vue portē vnde de
ewigē / portē werden vf geburet so gheit dar / in
de konig de ere WEr ist der konig / der eren daz
ist der starke got vn der / mechtige got in
dem wege[1] gewaldich / Tvt vf gi vorsten vue
porten vnd de / ewigigen [!] portē werden vfgeburet / so
gheit daz [!] in der konig der eren Wer / ist der
konig der ere got der tuginde ist /
got der ere

HEre zu dir bore ich uf
mine sele mn / got an dich getruwe
ich des en / sal ich mich nicht scamē Noch
mÿne // viende bespottint myn nicht wande /
alle bine beitē[2] de in werdint ge-
schēdit / Alle de vnrechtin iteliche iteliche[3] wer-/dint geschen-
det HEre wise mir di-/ne
wege vnd lere mich bine pade RIch-/te
my in bin'e warheyt vn lere mich / wande du
bist got mn behalde' vnde / din beite ist [!] alli
tach BEdenke bin' / gnade here vnde bin' barm-
hertichent / de ie von anigige hat giwiset DEr /
missetate miner iuginde vnde min' / wishent[4] der
in gedenke myn here dur /
durch [!] bine gude Got ist suze vnde / recht
durch[5] giuet h' de E ben missete-/tigen
lutin in dem wege Er berich-/tit de semftin
in dem vrteile h' lerit / den mildē sine wege Alle gotis we-/ge dat sint gnade vn warheit
ben de / orkunde vorderē vnd sine bekē-
nūge / Durch dinē namē gnade he-/re
mynen sundē wande ir ist vill // Wer ist d'
mische de got vorchtid den sat-/te her ein
E in dem wege den her irwel-/te SIn sele
wonit in gote vnde sin ge-/slechte er-
uit de erde Got ist eyn vestine / den bi en
vorchtint vn sin gebot dat it / in geof-
sint werde MIn ougin sin iemer / zu gote
want her loset myne vuze vō / mynē noti

---

[1] Zu lesen: in dem wige = Kampf, vgl. Vulg.: in praelio.
[2] Vulg.: universi qui sustinent te.
[3] omnes iniqua agentes supervacue.
[4] Vulg.: ignorantias meas.   [5] Zu ergänzen: „dat."

in mich vn irbarme dich min wan ich einic
bin vn arm ¹⁷Mines herczen betrupnisse sin
gemanicfalbit ir lose mich von minen notē
¹⁸Sich mine otmůtikeit vn mine arbeit vn
vor geb mir alle mine sünde ¹⁹Sich mine
viende wan si sint gemanicfalbit vn hazze-
ten mich met boseme hazze ²⁰Be hůte mine
sele vn lose mich ich sal nicht mich scheme
wan ich in dir getrůwe ²¹Di vnschuldigē
vnd bi rechten zů hangeten mir wan ich
beytete din ²²Ir lose got israhel von alle

Psalm 25

sime betrupnisse Iudica me dn̄e qm̄ Swenne dů
in die kerchin tretest.

2ᵛ

¹Berichte herre mich wa[n] ich in miner vnschůlt
bin ingegangen ich hoffe in got des entwˢde
ich nicht (geschant)¹ siech ²Průfe mich herre vn
vor suche mich bůrne mine senen vn min hercze ³Wan din gnade ist vor minen oůgen vn
ich behagete in diner warheit ⁴Ich ensaz nicht
met deme rate der itelkeit vn met den bosen
ginc ich nicht in ⁵Ich hazzete di samenůnge
der vbilen vn met den bosen saz ich nicht ⁶Ich
twa mine hende vnder den vnschůldigen vnd
ich vm̄e gen din altare herre ⁷Daz ich hore
di stimme des lobis vn̄ baz ich sage alle dine wůnder ⁸Herre ich hatte lieb di czirde dines hůsz
vnd bi stete der wonůge diner ere ⁹En vor lůs
nicht mine sele met den bosen vn min leben
nicht met den mannen des blůtes ¹⁰In der henden bi bosheit sint ir hant ist ge vůllet met
gabe ¹¹Ich abir in miner vnschult bin in gegangen ir lose mich vn gnade mir ¹²Min fůz
stet in deme rechten wege in ben kerchin lobe
ich dich herre Dn̄s illumīacō mea Swenne dich

Psalm 26

¹Got ist min irlůch-   boser binge gelůstet.
tůnge vn min heil ben ich vorchte ²Got
ist beschermere mines lebens von deme ich
bybe ³Di wile mir nahent ubir mich di scha-
denden daz si min vleisch ezzen ⁴Di mich be-
trůbent mine viende si werden siech vn vilent

---

¹ ( ) ausgestrichen.

[V. 16 und 17 der Vulg. sind übersprungen infolge des ähnlichen Schlusses in V. 15 und 17; aus V. 17 stammt auch „von mynen notin" = de necessitatibus meis statt de laqueo V. 15.]
SJch mh otmut vn̄ myn / arbeit vnde
vorgif mh myne sunde / SJch myne
viende want si sint gemā=/nichvolbiget vn̄ hażi=
tē mich myt / vnrechteme haze VEhute myne
se=/le vnde irlose mich ich in sal mich nicht / scamē
want ich dir getruwe DE vn=/schuldige
vn̄ de rechtē hangitē an myr / want ich
beitete bin Got irlose isr̄l' vō / alle
sinē notin /

Vrteile mich here want ich in miner / vnschult
bin in gegan Jch ghetru=/we an got des in werde
ich nicht seich / VEsuche mich here vn̄
betore mich // burne myne nyrē vn̄ myn her=
że Wan / din gnade ist vor mynē ougin vnde
ich / behagite in dyner warheyt Jch in saz / nicht
mit der samnūge der itelkeyt vn̄ / mit den de dv vnrecht tun
in ga ich / nicht in Jch hazite de samnūge
der / ouelin vnde mit den bosen en size ich / nicht Jch
twa myne hende vn̄¹ den vn=/schuldigen vn̄
ich vmbega din alta'e / here Daz ich gihore
de stime dinez / louis vnde ich² alle bine wund'
Here / ich minite dh zirte dines huses
vnde / de stat der wonūge bin' ere ℟E vorlus /
myne sele nicht myt dem ouelin vnde / myn lif
mit den blutigē manne JN / der hen=
de de vnrecht sin ir zesewe ist ge=/volt³ myt
gaue Avir ich bin vnschuldich / igi=
gan irlose mir vn̄ gnade myr Myn / vuz
ist in dem rechte in den samnūgē / loue
ich dy here / (Dyn vuz ist in dem rechte in den sa)⁴ //
MYn here ist myn irluch=
tinge vn̄ / myn heil wen sal ich vorchtin / [g]ot
ist beschirmer myne liues / vor weme sal ich
biuen DE wile mir / nalent de scha=
ben bat si myn vlesch et=/zin DE mich mo=
letin myne vianbe / si wurden seich vn̄ vilen

---
¹ Zu lesen: „vnber" vgl. Vulg. inter innocentes.
² Vulg.: et enarrem.   ³ Zu lesen: „gevult".
⁴ ( ) Offenbar fehlerhafte Wiederholung von V. 12.

Anhang I.

Von

Erich Zimmermann.

Der Bamberger Druck der „Vier Historien" von 1462.

Albrecht Pfisters Druck der „Vier Historien" (Joseph, Daniel, Judith, Esther) von Anfang Mai 1462 ist wegen seiner Seltenheit[1] bisher der Forschung fast unbekannt geblieben, er wird weder von Merzdorf noch von Vollmer in ihren Arbeiten über die Historienbibeln erwähnt. Und Schramm[2] und Zedler[3], die ihn in ihren Monographien über Pfister nennen, haben es versäumt, seine Stellung zu den übrigen Historienbibeln näher festzulegen. Ein Vergleich der dort gegebenen Textproben zeigt, daß es sich hier um einen Auszug aus einer Historienbibel der Gruppe Ia handelt, vgl. etwa am Anfang:

Pfister (Zedler Taf. XI):
Do nu ioseph sechzehen jar alt was do hutt er der herte mit seinen brudern. Vnd eins mals sprach ioseph zu seß brudern mir hat getraumt wir woltē garb auff dem acker pintē do richtet sich mein garbe auff vnd stunden ewr garbe vmb die meinē vnd pettē sie an. Do sprach iacob. Bet wir dich vn̄ dein bruder auff

Ia (Merzdorf I S. 176)[4]:
Dô nun Joseph sechzechen iar alt was do hût er die hard[1] mit sinen brüdern und ains mâls sprach Joseph zû sinen brüdern: „mir haut getrompt wir wóltind garben uff dem acker zusament[2] binden do richt sich min garb uff und stundent uwer garben[3] und bettotend die minen an..[4] Dô sprach Jacob[5]: „sun betten[6] ich

---

[1] des vihes C, der schoff F;   [2] zusament: —B F.   [3] + umb die meinen B D Da F;   [4] hier bei Merzdorfs Text ein (in B gekürzter) Einschub;   [5] Jacobs sun. wir peten Da; Dô sprach Jacob: —B;   [6] pett wir dich auf erd an und dein pruder Da F;

---

[1] Es sind nur zwei erhaltene Exemplare bekannt, die sich beide im Ausland befinden, in Paris (Bibl. Nat.) und Manchester (J. Rylands Library).
[2] Der Bilderschmuck der Frühdrucker Bd. I. Leipzig 1922.
[3] Die Bamberger Pfisterdrucke und die 36zeilige Bibel (Veröffentl. der Gutenberg Gesellsch. X—XI). Mainz 1911.
[4] Die Signaturen des Varianten-Apparats entsprechen Merzdorfs Bezeichnungen der Handschriften (s. auch Vollmer, Mat. I, 1 S. 41 ff.).

erben an vnd strafft in vnd sprach.
was sol dir der traum darumb haiṡtē
in sein bruder Aber iacob betracht
die dick heimlich in seinē herzē·

Aus David:
Pfister (Zedler, Taf. XI):
Der vorcht sere sein vater wurde
wider lebendig vnd verstieṡ in von dē
kunigreich vnd hieṡ in wider auṡ
grabē vnd hieṡ in zu dreihūdert stucke
zu hauen …

vnd din bruder dich vff der erd an"
vnd strauffet inn vnd sprach: „was
sol dir der trom" vnd haſſotend in sin
brüder, aber Jacob betrachtet die
ding haimlich in sinem hertzen[1].

Ia (Merzdorf II, S. 481):
Der vorcht ser sin vatter stůnd wider
uff und ward lebendig[2] und stieṡ[3]
inn von dem küngrich und hieṡ inn
wider uṡgraben und hieṡ inn zů brü-
hundert stucken[4] zerhowen[5].

---

[1] die tröume heimlich C, die dieng all in sein hertzen F. [2] vatter wart lebendig C D vatter wurde wider lebent Da; [3] versties A B C D; [4] zu kleyn stucken B; [5] hacken B C D.

Offenbar ist also dieser Druck ein neuer Textzeuge der Gruppe Ia, er gehört zur Gruppe der Handschriften A—F, ist allerdings von keiner der von Merzdorf berücksichtigten Handschriften unmittelbar abhängig, er folgt an diesen wie an den anderen veröffentlichten Stellen[1] bald der einen, bald der anderen Fassung und geht teilweise ganz eigene Wege. Ob er nähere Beziehungen zu einer der sonstigen Handschriften der Gruppe A—F hat, die Vollmer über Merzdorf hinaus bekannt gemacht hat, ließ sich nicht feststellen. Keine der bekannten Historienbibel-Handschriften bietet jedenfalls eine gleiche Auswahl, so daß hier wahrscheinlich — wie Zedler[2] vermutet — eine für den Druck besonders angefertigte Bearbeitung vorliegt. Pfister, ein gebildeter kirchlicher Beamter, versuchte auch sonst, seinen Drucken eine besondere Note zu geben — aus seiner Presse erschienen die ersten illustrierten und deutschsprachigen typographischen Druckwerke —, so ist ihm eine solche selbständige Ausgabe einzelner besonders beliebter Stücke aus einer vollständigen Historienbibel wohl zuzutrauen. Wieweit er dabei die textliche Gestaltung seiner Vorlage übernommen oder verändert hat, ist noch nicht zu ermitteln, da Merzdorfs Ausgabe, wie gesagt, nicht alle bekannten Handschriften berücksichtigt, und daher die Vorlage selbst noch nicht gefunden ist. Auch einige Zeilen der gereimten Schlußschrift[3] („Darauff han ich ein teil gedacht. Vnd vier historij zusamen pracht"), in der Pfister dann später seinen Namen, Zeit und Ort des Druckes nennt, lassen vermuten, daß er selbst der Urheber dieser Bearbeitung gewesen ist; doch könnten sie allenfalls auch aus seiner Vorlage entnommen und nur erweitert bzw. abgeändert worden sein. Sprachliche Gründe würden nicht gegen die Zuweisung an Pfister sprechen. Die Auswahl hat allerdings nicht die Absicht, mit dem Bibelinhalt bekannt zu machen, sie will das Bildungsbedürfnis des Volkes befriedigen, dem die „Meister und Schrift" in

---

[1] Bei Zedler a. a. O. Taf. X—XII, 2 davon auch bei Schramm a. a. O.
[2] A. a. O. S. 78.

[3] Ein ittlich mensch von herzen gert,
Das er wer weiṡ vnd wol gelert.
An meister vň schrift das nit mag sein.
So kuṅ wir all auch nit latein.
Darauff han ich ein teil gedacht.
Vnd vier historij zu samen pracht …
(Zedler a. a. O. Taf. XII).

lateinischer Sprache nicht zugänglich sind. So reihen sich die „Vier Historien" ein in die Gruppe von Pfisters sonstigen volkstümlichen Druckausgaben des Ackermanns von Böhmen, des Belial, des Boner und der Biblia pauperum. Für eine derartige, mit Bildern geschmückte Ausgabe einiger bekannter und beliebter Teile aus der Geschichte des Alten Testaments konnte er wohl auf Absatz hoffen, was bei einer vollständigen Historienbibel ihres Umfanges wegen wohl kaum der Fall gewesen wäre. So handelt es sich hier um ein recht bedeutsames Werk, nicht nur, weil dieser Druck eine neue Überlieferung der Historienbibel I a vertritt mit einer bisher nicht bezeugten Auswahl, sondern vor allem, weil er die erste und einzige Druckausgabe eines Teiles einer alttestamentlichen Historienbibel ist, die in den allerersten Zeiten des Buchdrucks, vor der ersten Vollbibel und viel früher als die erste „Neue Ee" erschien. Er gehört zu den ersten, tastenden Versuchen, das Erbe der Handschriftenzeit mit den neuen technischen Mitteln den Bedürfnissen ihrer Gegenwart nutzbar zu machen.

Anhang II.

Zu Heinrichs von Mügeln deutschem Bibelwerk.

Alfred Bergeler sucht mit recht beachtlichen Gründen darzutun, daß Heinrich von Mügeln außer der deutschen Bearbeitung des nach Nicolaus von Lyra benannten Psalmenwerks und jener Bibeldichtung, über die BdK I S. 3ff. berichtet ist, noch weitere Beiträge zur Bibelverdeutschung geliefert habe. Und zwar nimmt Bergeler Mügelns Autorschaft noch für folgende Stücke in Anspruch:

1. Jene Selbstrechtfertigung, die ich Material. I 2 S. 54ff. nach einer Hs. des Stiftes Schlierbach (I 16) unter Heranziehung von Gotha A 21 zum Teil, Josef Klapper darauf 1922 nach anderen Handschriften vollständig herausgab.

2. Die in der erwähnten Schlierbacher Hs. erhaltenen Verdeutschungen alttestamentlicher Bibelteile vgl. Material. I 2 S. 88ff.: Genesis, Exodus, Tobias, Daniel, abbrechend in der Geschichte von Susanna (Dan. 13, 53f.).

3. Eine deutsche Bearbeitung des Hiob, die ich Material. II 2 S. 823ff. herausgab.

4. Eine glossierte Evangelienübertragung, die uns in mehreren Klosterneuburger und Wiener Handschriften überliefert ist.

Es steht zu hoffen, daß diese bedeutsame These bei den zu erwartenden Ausgaben noch gründlicher untermauert wird, besonders durch eingehendere sprachliche Nachweise. Hier soll nur noch ein kurzes Wort der Abwehr Raum finden.

S. 34 unten bemängelt B., daß ich BdK III S. 46 (unten) beim Abdruck der Vorrede zum Psalter aus Würzburg Sem. 2 den verderbten Text unverändert wiedergebe. „Zu dem sinnlosen Text ... findet B. noch ein Bibelzitat!" — Hätte B. die Stellen nachgeschlagen, so hätte er wohl merken müssen, daß sie nicht den sinnlosen Wortlaut des Textes erklären, sondern nur die berührten Weissagungen inhaltlich skizzieren sollten. Ob man einen Text, der sich auf den ersten Blick als korrupt erweist, durch eine naheliegende Konjektur ändert oder ihn in Erwägung anderer Verbesserungsmöglichkeiten stehen läßt, ist eine Frage, die man wohl nicht ein für allemal entscheiden kann.

Sodann nimmt B. Anstoß daran, daß ich die Hs. 59 der Leipziger Universitätsbibliothek mit unter die auf Heinrich von Mügeln zurückgehende Psalmenbearbeitung gerechnet habe (BdK II S. 9). Zur Klärung dieser Frage gebe ich unten zunächst Lyras lateinischen Text der Glosse bei Ps. 6, 2—5a, sodann nebeneinander den deutschen Text des Straßburger Drucks von 1477 (?)[1] und der genannten Leipziger Handschrift.

---

[1] Dem Hamburger Exemplar (Signatur: PA V 16, Inkunabel) ist vorn ein Schreiben von Breitkopf in Leipzig an Hauptpastor Goeze im Original beigefügt, datiert vom 5. July 1778; darin heißt es von unserem Psalter, den G. offenbar nach Leipzig zur Begut-

Lyra: Domine ne in furore etc. i. e. ne punias me secundum rigorem iusticie tue: sed magis secundum dulcorem tue misericordie. Et dicit in furore tuo alludendo ei quod scribitur II. Regum XXIIII a de populi numeratione: Et addidit furor domini irasci contra Israel commovitque David dicentem ad Joab: Vade numera Israel et Iudam. Miserere mei domine etc. Ex visione enim angeli percutientis populum pro numeratione predicta David fuit ita territus quod de cetero fuit quasi languidus in tantum quod non calefiebat vestibus: ut habetur III Regum I. Et huius languide frigiditatis una causa fuit iste terror: ut dicunt doctores: sicut exposui III. Regum I. Et anima mea etc. Videns enim angelum cedentem populum occasione sui: ita fuit turbatus quod dixit ad dominum: Ego sum qui peccavi: ego sum qui inique egi: isti qui oves sunt quid fecerunt? vertatur obsecro ira tua contra me et contra domum patris mei: ut habetur II. Regum XXIII b. Sed tu domine usque quo? subintelligitur: sustinebis populi percussionem et meam afflictionem. Et est modus loquendi decurtatus sicut homo anxiatus et territus non prefert intentionem suam complete sed truncate. Convertere de rigore iusticie ad dulcorem misericordie. Et eripe animam meam: de isto timore et afflictione.

Straßburger Druck

Herr straff mich nit in deynem zorn. daz ist herr buſz mich nit nach der strenglait dyner gerechtikait[1] sunder nach der suſſe deyner barmhertzigkait. er spricht: Miserere mei domine quoniam infirmus sum sana me domine quoniam conturbata sunt[2] ossa mea. Herr erbarm dich vber mich wan ich kranck bin haile mich betrübt ist alles meyn gebain. wan kunig David sach das der engel gottes seyn volck nider schlüg vmb die sünd das er das volck hat laſſen zalen. do erschrack er also ſer das er tod ſiech ward vñ sich nit erwermen kund mit ſeynē gewand. er spricht: Et anima mea turbata est valde. sed tu domine vsque quo. Vnd meyn sel ist gar vast betrübt. Do David sach das der engel

Leipzig 59

Herre yn dyme zcorne strafe mich nicht vnd yn dyme grymme büſze mich nicht nach der gestrengikeit dyner gerechtikeit sundern mer nach der suzikeit dyner barmehercikeit. Herre irbarme dich myner wen ich bin krank. herre mache mich gesunt wen betrübit sint myne gebeyne. von angesichtes wegin des engels der daz volg slug von der zeelunge wegin des volkis daz David geheiſzin vnd bestalt hatte zcu thune wart David so ſerr irschreckit daz er vortmer gancz siech vnd krank was yn sollichewyß daz er sich mit cleidern nicht irwermen mochte vnd dy irschregtunge was eyn sache des frostis nach dem dy doctores sprechin. Vnd myn sele ist gar sere betrübit. wen do er sach den engil daz volg slahn

---

[1] Dr. 1504 ergänzt hier: Vñ in deynē vnmute buſz mich nicht.   [2] Dr. 1504 + omnia.

achtung gesandt hatte: „Sein Geburtsort entdeckte sich bey dem ersten Aufschlagen; er ist zu Strasburg aus der Druckerey des Heinrich Knoblocʒer gekommen, welcher in den Jahren von 1470 baselbst druckte." — Wie diese Inkunabel hat die Bibliothek der Hansestadt Hamburg auch den Frühdruck von 1504 (Peter Drach, Speyer/Worms) aus der Sammlung Goeze überkommen (Signatur: PA V 18). Goeze hat „Freywillige Beyträge zu den Hamburgischen Nachrichten aus dem Reiche der Gelehrsamkeit" V 38/39 S. 298 ff. auch über diesen Druck berichtet.

volck vmb seyn schuld schlug do ward er gar¹ vast betrübt daz er zu vnserm herren sprach: ich bin der² gesündet hat vñ vnrecht gethan hat. dise leut die schaf sind was haben die gethan. ich bit dich herr wend deynen zorn auf mich selber³ vnd auf meynes vater hausz. vnd du herr wie lang. als ob er wolt sprechen: herr wie lang lasseft du den engel das vnschuldig volck schlagen. Sechent also müssent kranck leute vnd betrübt ir red die sye reden wolten dick abbrechen vor kranckhait vnd trübsal⁴. er spricht: herr beker. Convertere domine et eripe animam meam salvum me fac propter misericordiam tuam. Herr beker das⁵ von deyner strengikait deyner gerechtikait zu der süsse dyner barmhertzigkait. er spricht: Erledig meyn sel von disen nöten vnd von diser vorcht.

vme syner willen do wart er so sere betrübit daz er zcu vnserm herren sprach: Jch ben der da gesundiget hab vnd vnrecht getan. Desse menschen dy schafe sind waz haben dy getan. Jch bete dich herre wende dynen zcorn vf mich vnd vf myns vatirs hus II. Regum XXIIII. aber du herre wy lange alse ab er spreche: Herre wy lange lesziftu daz volg slahn daz vnschuldig ist. vnd dit ist eyn rede dy da vorhouwen adir vorforczit ist also eyn mensche daz da betrübit vnd irschreckit ist daz brengit zcu gezciten syne rede nicht volkomelich hervor sundern ez vorforczit sie zcu gezciten alse David hy getan hab von betrüpnisses wegin. Herre kere vmme von der gestrengikeit dyner gerechtikeit zcu der suzikeit dyner barmherczikeit vnd irledige myne sele daz ist myn lebin von dessir nod vnd vorchte.

¹ Dr. 1504: so. ² Dr. 1504: der der.
³ Dr. 1504: selbest. ⁴ Dr. 1504: betrübsal. ⁵ Dr. 1504: das ist.

Leider ist mir von der Leipziger Handschrift nicht mehr zur Hand als der wiedergegebene Abschnitt, der mir in photographischer Reproduktion vorliegt. Aber ich denke, es wird aus der Zusammenstellung nicht nur mir klar, daß zwischen den beiden nebeneinander gesetzten Texten nahe Beziehungen bestehen, die sich nicht restlos durch das gemeinsame Zurückgehen auf Nicolaus von Lyra erklären lassen. Zwar schließt sich die Glosse in dem Leipziger Text, wie jeder sieht, enger an die lateinische Vorlage an. Aber man schaue z. B. auf den bei den beiden Vertretern fast genau übereinstimmenden Schluß unserer Gegenüberstellung. Die gemeinsame Umstellung „not vnd vorcht" gegenüber dem lateinischen „timor et afflictio" könnte allenfalls auf eine Variante der gemeinsamen Vorlage zurückzuführen sein. Aber lag es überhaupt so nah, afflictio mit „not" wiederzugeben? Dazu gesellen sich andere auffällige Übereinstimmungen, wie z. B. die gemeinsame aktive Wiedergabe des vertatur in II.Regum 24, 17: „wend deynen zorn" und die merkwürdig gleichlautende Wiedergabe der lateinischen Ergänzung des „usque quo"?: sustinebis populi percussionem et meam afflictionem. Ich möchte annehmen: Die Leipziger Hf. stellt eine erweiternde Bearbeitung des Mügelnschen Psalmenwerks dar, hervorgegangen aus dem Bestreben, namentlich in der Glosse sich strenger an das lateinische Muster zu halten, als es in der gleichfalls vorliegenden Originalglosse Mügelns geschehen war. Freilich wird diese Vermutung unter Prüfung weiterer Textabschnitte erst noch näher zu untersuchen sein, ehe sie als These aufgestellt werden kann.

Register der Handschriften und Drucke.

1. Handschriften[1]

Amorbach, Fürstl. Bibl.
Amsterdam, Bibl. d. Kgl. Akad. — 32
Amsterdam, Univ.-Bibl. — I G 7 (547)
I G 43 (548)
Augsburg, Stadtbibl. — Mf. 3
Mf. 50
Mf. 148
Bamberg, Staatsbibl. — cod. Ed. II, 2
Basel, Univ.-Bibl. — A IV 44
A VI 38
A X 129, 130
A X 137
Baumgartenberg a. d. Donau, Klosterbibl.
Berlin, Preuß. Staatsbibl. — Mf. germ. fol. 13
Mf. germ. fol. 43
Mf. germ. fol. 62
Mf. germ. fol. 67
Mf. germ. fol. 76
Mf. germ. fol. 88
Mf. germ. fol. 90
Mf. germ. fol. 130
Mf. germ. fol. 494
Mf. germ. fol. 516
Mf. germ. fol. 655
Mf. germ. fol. 659
Mf. germ. fol. 706
Mf. germ. fol. 722
Mf. germ. fol. 737
Mf. germ. fol. 742
Mf. germ. fol. 750
Mf. germ. fol. 757
Mf. germ. fol. 1024

Spiel von Marien Himmelfahrt, Bruchst. 99.
Historienbibel, nl. 65, 9; 126.
Hoheslied m. Komm. 65, 8.
Hoheslied m. Komm., nl. 59.
Neues Testament, Plenar 79, 6; 139.
Historienbibel 77, 5.
Propheten-Auszug 137.
Evangeliar 61, 10
Psalter u. Evangelien 62, 12.
Johanneische Schriften 56, 2; 67, 17.
Zehn Gebote, gereimt 103.
Plenar 62, 3.
Johannes d. T., Gedicht, Bruchst. 108.

Hoheslied 52, 9.
Psalter 72, 5.
Psalter 72, 14.
Bibel 131 f.
Psalter 72, 4.
Leben Jesu, Apokalypse 56, 2; 116 f.
Evangelien 47, 9; 118 f.
Plenar m. Glosse 119.
Psalter 79, 9.
Historienbibel, Hoheslied, Apokalypse, nb. 52, 10; 56, 2; 85, 8.
Psalter 66.
Plenar 62, 15.
Evangeliar mit ger. Glossen 46; 111; 137; 147.
Jüngstes Gericht, Dichtung 113.
Bibl. Dichtungen 105; 112.
Bibl. Bilder u. Reime 101; 103.
Ahd. Glossen 119 f.
Osterspiel, Bruchst. 99.
Zehn Gebote, gereimt 103.

---

[1] Hierbei werden nur die im Text genannten biblischen Teile der Hss. aufgeführt, ihr sonstiger Inhalt ist nicht berücksichtigt. — Die Zahlen nach dem Komma beziehen sich auf Anmerkungen.

Berlin, Preuß. Staats-bibl.	Mf. germ. fol. 1030	Biblische Geschichten 120 ff.
	Mf. germ. fol. 1219	Osterspiel, Bruchst. 99.
	Mf. germ. fol. 1231	Sprüche, der Könige Buch 61, 12.
	Mf. germ. fol. 1236	Sprüche Salomonis, Auszug 29
	Mf. germ. fol. 1277	Historienbibel 76, 3.
	Mf. germ. fol. 1281	Evangeliar 123 f.
	Mf. germ. fol. 1293	Hoheslied m. Komm. 52, 9.
	Mf. germ. fol. 1313	Prophetensprüche 54, 3; 124 f.
	Mf. germ. quart. 145	Evangeliar 125.
	Mf. germ. quart. 167	Evangelien 47, 9. Evangelienharmonie 47, 2.
	Mf. germ. quart. 179	Hoheslied m. Komm. 52, 6.
	Mf. germ. quart. 187	Hoheslied m. Komm. 52, 9.
	Mf. germ. quart. 503	Evangelienharm. 47, 2.
	Mf. germ. quart. 557	Historienbibel, nl. Auszug 125 ff.
	Mf. germ. quart. 594—95	Plenar 66.
	Mf. germ. quart. 834	Hoheslied (Williram) 52, 7; 67, 3.
	Mf. germ. quart. 987	Evangelienharm. 47, 2.
	Mf. germ. quart. 1091	Evangelienharm. 47, 2.
	Mf. germ. quart. 1092	Hoheslied m. Komm., nl. 52, 1.
	Mf. germ. quart. 1096	Apokalypse, nl. 56, 2.
	Mf. germ. quart. 1135	Psalm 90, 108, Deut. 32. 127 f.
	Mf. germ. quart. 1252	Hoheslied m. Komm., nl. 52, 2.
	Mf. germ. quart. 1335	Evangeliar 67, 15; 124.
	Mf. germ. quart. 1479	Passionsspiel, Bruchst. 99.
	Mf. germ. quart. 1481	Albert Suho, Cursus mundi 128 ff.
	Mf. germ. quart. 1526	Zehn Gebote, gereimt 103.
	Mf. germ. quart. 1528	Hoheslied m. Komm. 52, 9.
	Mf. germ. quart. 1534	Historienbibel, Auszug 130.
	Mf. germ. quart. 1577	Hoheslied, lat.-dt. 52, 9.
	Mf. germ. quart. 1586	Der reiche Mann u. d. arme Lazarus, Gedicht 111.
	Mf. germ. quart. 1739	Apostelgesch., Bruchst. 130 ff.
	Mf. germ. quart. 1742	Auslegung v. Perikopen, gereimt 135 ff.
	Mf. germ. quart. 1845	Missale, deutsch 147.
	Mf. germ. quart. 1985	Propheten-Auszug 137 f.
	Mf. germ. quart. 1986	Epistolar 138.
	Mf. germ. oct. 2	Psalter, nl. 139.
	Mf. germ. oct. 56	Bibl. Dichtungen 102; 105.
	Mf. germ. oct. 331	Psalter, nl. 65, 1.
	Mf. germ. oct. 345	Biblische Dichtungen, nb. 103 f. 111; 115.
	Mf. lat. oct. 221	deutsche Perikopen zur Fastenzeit 62, 15; 139.
	—	Tobias, Gedicht, Bruchst. 107.
Braunau i. Böhmen, Bibl. Langer	Mf. 404	Historienbibel 61, 23.
Breslau, Univ.-Bibl.	IF 250a	Kindheitsevangelium, gereimt, Bruchst. 109.
	IQ 326	Himmelfahrt Mariens, Dichtung 110.
Brüssel, Bibl. Royale	cod. 110	Historienbibel, nl. 62, 20.
	cod. 111	Evangelien, nl. 58, 3; 59, 4.
	cod. 112	Matthäus-Evang., nl. 58.
	cod. 113	Neues Testam. II. Teil, nl. 55, 1; 58; 65.

Brüssel, Bibl. Royale	cod. 476	Plenar, nl. 80, 1.
	cod. 832	Bußpsalmen m. Perikopen 58.
	Mf. 14689—91	Buch der Könige 78, 9.
Calbe (Privatbesitz)	—	Zehn Gebote, nd., gereimt 103.
Cambridge, Fitzwilliam-Muf.	—	
Cheltenham, Phill.	575	Leben Jefu 65, 10.
	647	Hoheslied, lat.-dt. 52, 9; 72, 8.
Chur, Kantonsbibl.	Mf. 53a	Spruchsammlung 51, 1.
Cues, Hospitalbibl.	cod. 168 fol.	Historienbibel u. a. 77, 2.
		Reformschriften vom Baseler Konzil 18, 3.
Danzig, Stadtbibl.	—	Apokalypse (Hesler) 72, 13; 114.
Darmstadt, Landesbibl.	Mf. 2194	Weltende, Gedicht 112.
Dessau, Landesbibl.	ohne Sign.	Bußpsalmen, gereimt 106.
Donaueschingen, Fürstl. Bibl.	Mf. 189 (L. 26)	Apokalypse 56, 2.
		Reimbibel, Bruchst. 93.
Dresden, Landesbibl.	M. 60	Bibl. Bilder u. Reime 101; 103.
	M. 287	Psalter 61, 14.
Düsseldorf, Landes- u. Stadtbibl.	C 115	Psalmen, Bruchst. 149 ff.
Ebstorf, Klosterbibl.	cod. VI, 17	geistl. Lieder 113.
Einsiedeln, Stiftsbibl.	cod. 364 III	Verse zu Exodus, Bruchst. 102.
Engelberg (Schweiz) Klosterbibl.	cod. 240	Plenar, Apostelgesch. 48, 5.
Erfurt, Stadtbibl.	Mf. C. E. F. 14	Historienbibel 72.
	Ampl. F. 148	Missale, deutsch 147.
Erlangen, Univ.-Bibl.	cod. 1456	Paulinische Briefe 55, 1; 78, 13.
	cod. 1459	Plenar 62, 7.
	cod. 1699	Spruchsammlung 51, 1.
Frankfurt, Stadtbibl.	—	Magnificat, Paraphrase, gereimt 112.
Frauenfeld, Kantonsbibl.	Y 19	Historienbibel 59; 78, 6.
Freiberg, Gymnas. Bibl.	I. Cl. Mf. 18	Neues Testament 72, 11.
Fulda, Landesbibl.	Aa. 132	Gebetbuch, nd. 139.
St. Gallen, Stiftsbibl.	cod. 292	Ahd. Glossen 120.
	cod. 944	Hoheslied m. Komm. 52, 9.
	cod. 969	Biblische Dichtungen 97; 103.
	876	Leben Jefu, gereimt 110.
Gießen, Univ.-Bibl.	Nr. 10	Gedichte der Frau Ava 108.
Görlitz, Bibl. der Oberlausitz. Gesellsch. d. Wiss.	Mf. 10	Altes Testament, I. Teil 76, 1.
Gotha, Herzogl. Bibl.	cod. chart. A 3	Weltchronik (Heinr. v. München) 103.
	cod. chart. A. 21	Paulinische Briefe 55, 1; 159.
	cod. membr. I, 54	Biblia pauperum 72, 15.
	cod. membr. II, 82, 83	Gebetbücher, nl. 139.
	—	Zerstörung Jerusalems, Spiel, Bruchst. 114.
Göttingen, Univ.-Bibl.	cod. theol. 160	Hoheslied m. Komm., nl. 52, 2; 65, 7.
	cod. theol. 215	Psalter 68, 12.
	cod. M. S. philol. 184	Verse über Exodus, Bruchst. 102.
	Nr. VIII	
	cod. App. dipl. 10 E (Mappe XVI, 30)	Schausp. v. Jacob u. Esau, Bruchst. 104.
	—	Susanna, Dichtung, Bruchst. 108.

Graz, Univ.-Bibl.	40/111	Marienleben 109.
	cod. III, 48	Bibel 75, 4.
	cod. 1631	Psalter 67, 13.
Greifswald, Univ.-Bibl. früher Prof. A. Reifferscheid	nd. Hf. 3, 8⁰	Leben Jesu 66, 3.
Haag, Kgl. Bibl.	C 4	Psalter 61, 16.
	K 45	Sirach 67, 19.
	O 4	Psalter, nl. 65, 6.
	O 5	Evangelien, nl. 58.
	70 E 12	Neues Testament, nl. 58.
	76 J 7	Plenar, nl. 65, 4.
	129 C 3	Hoheslied m. Komm., nl. 65, 3.
	133 B 19	Historienbibel, nl. 65, 10.
Mus. Meerman-Westhr.		Sammelhandschr., nl. 77, 9.
	Nr. 16	Historienbibel, nl. 69, 10.
	Nr. 24	Kathol. Briefe, Apokalypse, nl. 65, 7.
Halberstadt, Gymnas. Bibl.	cod. theol. A IV 61	Zehn Gebote, gereimt, nb. 103.
Dombibl.	—	Reimbibel, Bruchst. 93.
		Makkabäer, Gedicht, Bruchst. 108.
Hall (Tirol) Franziskanerkloster	—	Reimbibel, Bruchst. 93.
Halle, Univ.-Bibl.	—	Reimbibel, Bruchst. 93.
Hamburg, Bibl. d. Hansest. Hamburg	Cod. ms. Cath. 10	Gebetbuch 139.
	in scrin. 8	Historienbibel 76, 12.
	in scrin. 99	Evangeliar m. gereimter Glosse 46; 106; 111; 137.
	in scrin. 105	Evangelien, Apostelgesch. 26 f.; 44; 131.
	in scrin. 140	Plenar 118.
	in scrin. 142	Psalmen, Bruchst. 151.
	in scrin. 157	Psalter 80, 7.
	Ms. theol. 162	Psalter, nb. 80, 6.
	Ms. theol. 1004	Apostelgesch., Briefe, nl. 48, 7; 55, 1.
	Ms. theol. 1099	Evangeliar m. Predigten 118.
	ms. germ. XV, 1	Jüngstes Gericht, Dichtung 111.
Hannover, Landesbibl.	Nr. 10	Reimbibel 61, 17.
Heidelberg, Univ.-Bibl.	cod. pal. germ. 19—23	Bibel 26; 78, 7.
	cod. pal. germ. 34	Apokalypse 56, 2.
	cod. pal. germ. 110	Rosarium biblie, lat.-dt. 99.
	cod. pal. germ. 312	Vom heiligen Kreuz, Gedicht 97.
	cod. pal. germ. 438	Zehn Gebote, gereimt 103.
	cod. pal. germ. 440	Gebetbuch 59.
	cod. pal. germ. 468	Sirach, Gebet Salomos 59.
	cod. pal. germ. 848	Manessische Handschr. 103.
Hildesheim, Beverin. Bibl.	Hf. 733	Hoheslied, nb. 52, 10.
Stadtarchiv		Bibelauszug, gereimt, Bruchst. 94; 106; 108.
Innsbruck, Univ.-Bibl.	Ms. 178	Bibelauszug 117.
	Ms. 652	Vaterunser, gereimt 110.
		Bibl. Gedicht, Bruchst. 96.
Jena, Univ.-Bibl.	El. f. 51	Biblia pauperum 72, 15.
Karlsruhe, Landesbibl.	B 7	Neue Ee 60.
	B 103	Plenar 61, 4.
	G 60 (= Pap. Germ. 60)	Psalter 61, 7.

Karlsruhe, Landesbibl.	Cod. L 30	Evangeliar 67, 8.
	Cod. L 36, 37	Psalterien 67, 7.
	Cod. L 70	Evangelien 67, 9.
	Cod. L 71, 79	Psalterien 67, 7.
	Cod. S. Peter 87	Ahd. Glossen 120.
	Cod. Pap. Germ. 71	Der Könige Buch 61, 7.
Klagenfurt, Bischöfl. Bibl.	cob. XXIXe 27	Psalmen-Paraphrase, gereimt, Bruchst. 105; 108 f.
	cob. XXXd 6	Hoheslied 52, 8.
Klagenfurt, Kärntner Geschichtsverein	—	Genesis u. Exodus, Dichtung 101.
Klosterneuburg, Stiftsbibl.	Cod. 4	Evangelienharmonie 30, 6.
	Cod. 51	Evangelienharmonie 30, 6.
	Mf. S. 157	Historienbibel 77, 6.
Köln, Stadtarchiv	W. f. 87	Psalter 66, 2.
	W. f. 250	Historienbibel 75, 6.
	W. f. 251	Plenar 75, 6; 78, 8.
	GB 4, 198	Plenar 67, 21.
Königsberg, Staatsarchiv	A 191	Apostelgesch. 131 f.
Univ.-Bibl.	905	Biblische Dichtungen 109; 112.
	907	Historien der Alten E 71; 94 f.
Kopenhagen, Kgl. Bibl.	Samml. Thott 123	Historienbibel 73, 5; 78, 5.
	G. K. S. 94 fol.	Plenar 72, 6.
Leiden, Bibl. der Maatsch. d. Nederland. Letterk.	—	Psalter, lat.-nd. 73, 6.
Leipzig, Univ.-Bibl.	Mf. 22	Psalter 62, 9.
	Mf. 59	Psalter 159 ff.
	Mf. 158	Zehn Gebote, gereimt, nd. 103.
	Mf. 2015	Psalter 66.
Leitmeritz (Böhm.). Bibl. des Domkap.	Vorlegeblatt in e. Druck v. 1502	Zehn Gebote, gereimt, nd. 103.
Linköping i. Schweden, Stiftsbibl.	T 10	Psalter 62, 5.
Linz, Öffentl. Bibl.	—	Neue Ee 61, 8.
London, Brit. Mus.	Abb. 15243	Apokalypse 56, 2.
	Abb. 15310—11	Historienbibel, nl. 65, 2.
	Abb. 16581	Spruchsammlung 76, 9.
	Abb. 16951	Historienbibel, nl. 77, 8.
	Abb. 18310	Apokalypse, gereimt, nb. 114.
	Abb. 21430	Evangeliar 61, 20.
	Abb. 24946	Biblische Gedichte 112 f.
	Abb. 26658	Evangelien, nl. 58; 59, 4.
	Abb. 26659	Evangelien, nl. 65, 10.
	Abb. 32322	Zehn Gebote, gereimt 103.
	Abb. 34392.	Jüngstes Gericht, gereimt, Bruchst. 111.
	Curzon 245	Bußpsalmen, gereimt, nl. 105 f.
	Egert. 2188	Plenar 62, 19.
Lübeck, Stadtbibl.	Mf. theol. germ. 5	Plenar 65.
	Mf. theol. germ. 6	Hoheslied, Paraphrase 52, 10; 65, 18.
	Mf. theol. germ. 7	Psalter, lat.-nd. 67, 20.
	Mf. theol. germ. 8	Historienbibel 65.
	Mf. theol. germ. 12	Leben Jesu 65, 15.
	Mf. theol. germ. 18	Psalter 65, 13.
	Mf. theol. germ. 19	Reimapokalypse 65, 16.
	Mf. theol. germ. 26	Hoheslied, nd. 52, 10.
	Mf. theol. germ. 27, 28	Psalterien 65, 13.
	Mf. theol. germ. 33, 34	Psalterien 65, 13. 23.
	Mf. theol. germ. 35, 36	Psalterien 65, 13; 69, 1—2.

Lübeck, Stadtbibl.	Mj. theol. germ. 37, 38, 41	Psalterien 65, 13.
	Mj. theol. germ. 59	Hoheslied, nd. 52, 10.
	Mj. theol. germ. 60	Reimapokalypse 65, 16.
Lüneburg, Stadtbibl.	Mj. theol. 83	Bibl. Sammelhandschr. 61, 17; 114.
Maihingen, Fürstl. Bibl.	I 3 D fol. III—IV	Altes Testament 74, 3.
	III D I fol. 8	Hoheslied 66, 6.
	III D 1 8° 8	Hoheslied (Williram) 52, 7.
Melk, Stiftsbibl.	E 86	Evangelien 60.
	Mj. 111	Apostelgesch., Briefe 48, 7.
	Mj. 117	Apostelgesch., Briefe 48, 7.
Münster, Univ.-Bibl.	cod. 16 (424)	Evangelien u. Psalmen 62, 10.
	cod. 20 (372)	Apokalypse 56, 2.
Bibl. d. Vereins f. Gesch. u. Altertumsk. Westfalens	Nr. 47	Neues Testament, Teile d. Alten Test. 59; 72, 10.
Meiningen, Öffentl. Bücherei	Nr. 57 (früher: 466)	Biblische Dichtungen 53; 95; 105 ff.
München, Bayr. Staatsbibl.		
	Cgm. 50	Plenar 61, 11; 148.
	Cgm. 58	Plenar, Propheten-Auszug 53, 6; 148.
	Cgm. 84	Gebetbuch, nl. 73, 8.
	Cgm. 105	Passion 61, 3.
	Cgm. 135	Bußpsalmen, nl. 106.
	Cgm. 147	„Urstend Christi", Spiel 114.
	Cgm. 157	Plenar 139.
	Cgm. 182	Psalter 67, 13; 68, 11.
	Cgm. 206	Historienbibel 79, 7.
	Cgm. 219—221	Altes Testament 60.
	Cgm. 232	Historienbibel 76, 7.
	Cgm. 297	Speculum hum. salv. 60, 12.
	Cgm. 300	Plenar 75, 9.
	Cgm. 341	versch. Bibelteile 44.
	Cgm. 347	Psalter 60, 8.
	Cgm. 348	Evangelien; Zehn Gebote, gereimt 47, 9; 103.
	Cgm. 353	Salomonische Schriften 60, 11.
	Cgm. 354	Leben Christi, Gedicht 96.
	Cgm. 390	Psalter 61, 3.
	Cgm. 394	Psalter 60, 8.
	Cgm. 402	Passion 60, 14.
	Cgm. 459	Hoheslied 68, 2.
	Cgm. 522	Neue Ee 130.
	Cgm. 526	Psalter 76, 5.
	Cgm. 528	Psalter 60, 15.
	Cgm. 529	Plenar 117.
	Cgm. 530	Plenar 119.
	Cgm. 531	Epistolar 148.
	Cgm. 532	Evangelienharmonie 47, 2.
	Cgm. 564	Bibelübersicht 61, 13.
	Cgm. 632	Zehn Gebote, gereimt 103.
	Cgm. 714	Geburt Christi, Dichtung 110.
	Cgm. 743	Plenar 60, 7.
	Cgm. 744	Plenar 59, 5.
	Cgm. 745	Evangeliar 123.
	Cgm. 746	Matthäus- u. Johannes-Evang. 60, 10.
	Cgm. 761	Bußpsalmen 60, 15.
	Cgm. 795	Passion 59, 6.
	Cgm. 798	Passion 59, 6.
	Cgm. 813	Hoheslied 60, 9.
	Cgm. 814	Hoheslied 60, 9.

München, Bayer. Staats- bibl.	Cgm. 817	Hoheslied 60, 9.
	Cgm. 1118	Plenar 60, 7; 138.
	Cgm. 1126	Speculum hum. salv. 60, 12.
	Cgm. 1150	Plenar 60, 7; 75, 10; 119.
	Cgm. 1357	Plenar 60, 7.
	Cgm. 3894	Psalter 60, 8.
	Cgm. 4357	Plenar 123.
	Cgm. 4394	Hoheslied m. Komm. 52, 5.
	Cgm. 4477—79	Hoheslied, St. Trudperter 68, 1.
	Cgm. 4594	Passion 60, 14.
	Cgm. 5018	Neues Testament 118.
	Cgm. 5064	Psalter 80, 5.
	Cgm. 5150—51	Historienbibel, nl. 65, 9.
	Cgm. 5249	Genesis, Gedicht, Bruchst. 103.
	Clm. 4616	Zehn Gebote, Gedicht 103.
	Clm. 8248	Psalter 61, 9.
Nimwegen, Mus. v. Oudh.	Nr. 12	Altes Testament, I. Teil 72, 9.
Nürnberg, Stadtbibl.	Hs. Solger 15	Salomonische Bücher 33.
	Hs. Solger 16	Josua—Ruth 26.
	Cent. III, 41 ff.	Bibel 66, 6.
	Cent. IV, 7	Plenar 138.
	Cent. IV, 33	Plenar 66, 6.
	Cent. V, 2—3	Historienbibeln 68, 3. 4.
	Cent. VI, 44	Vorreden zu einer Bibelüber- setzung 31, 2.
	Cent. VI 61	Bibelauszug 117.
	Cent. VII, 93	Plenar 139.
	Cod. Maresh. 48	Episteln, nl. 69, 4.
	Msf. Bodl. 969—970	Bibel 76, 11.
Oxford, Bodl. Libr.	—	Bibl. Dichtung, Bruchst. 94.
St. Paul (Kärnten), Klosterbibl.		Hoheslied, lat.-dt. 52, 9; 62, 13.
Prag, Offentl. u. Univ.- Bibl.	I C 15	Apostelgesch., Leben Jesu 48, 6.
	I C 40	Hoheslied m. Komm. 52, 9.
	XVI F 8	Biblia pauperum; Proph.-
Böhm. National- mus.	cod. XVI A 6	Auszug 53, 6; 76, 8.
Quedlinburg, Gymnas. Bibl.	Nr. 75 b	Bußpsalmen, gereimt 106.
Raudnitz, Schloßbibl.	VI Ea 5	Historienbibel 78, 5.
Rein b. Gradwein, Stifts- bibl.	—	
Rostock, Univ.-Bibl.	cod. 204	Psalter 76, 13.
Salzburg, Studienbibl.	Nr. 47 (V 1 B 20)	Bußpsalmen, gereimt 106.
Stiftsbibl.	26 A 1	Psalter 74, 8.
Schleiz, Gymnas. Bibl.	—	Paulinische Briefe 55, 1.
Schlierbach, Stiftsbibl.	Ms. I, 16	Psalmen, Bruchst. (verschollen) 151.
Solothurn, Stadtbibl.	21 (provis.)	Teile des Alten Test. 30, 7; 159.
Straßburg, Bibl. Univ.	cod. 2103	Historienbibel 79, 10.
	cod. 2539 (All. 514)	Plenar 58.
Stuttgart, Landesbibl.	HB II, 7—8 u. 10	Psalter 67, 10; 78, 10.
	HB II 28	Bibel 68, 6; 78, 1; 118.
	HB XIII poet. germ. 11	Psalter, [Paulin. Briefe, lat.] 61, 5.
	Cod. Bibl. Fol. 33	Bibl. Ordensdichtungen 35; 71; 95; 105 ff.
	Cod. Bibl. 4° 22	Plenar 79, 11.
	Cod. Bibl. 8° 11	Evangeliar 125.
		Psalter 67, 17.

Stuttgart, Landesbibl.	cod. theol. Q 98	Evang. Nikodemi (Hesler) 71.
Tepl, Stiftsbibl.	cod. Ψ VI 139	Neues Testament 81.
Trier, Stadtbibl.	cod. 833	Zehn Gebote, gereimt, nb. 103.
	cod. 1184	Tobias 67, 4.
	cod. 1935	Gott und Mensch, Gedicht 104.
	cod. 1961	Plenar 117.
	Schauschrank 234	Leben Jesu, gereimt 113.
	Mappe X, 10	Genesis, Gedicht, Bruchst. 102.
Utrecht, Univ.-Bibl.	cod. 1007	Salomonische Bücher, Sirach, nl. 65, 9.
Vorau, Stiftsbibl.	Nr. XI	Bibl. Dichtung 101 f.; 107.
Weimar, Landesbibl.	Msc. fol. 5	Altes Testament, Teil 67, 5.
	Msc. fol. 416	Rudolf von Ems, Weltchronik 37, 1.
Wien, Nationalbibl.	Mf. 1609	Psalm 138, gereimt. 105.
	Mf. 2679	Epistolar 140.
	Mf. 2684	Psalter 59.
	Mf. 2690	Rud. von Ems, Weltchronik 37, 1.
	Mf. 2714	Missale, deutsch 147.
	Mf. 2721	Genesis u. Exodus, Dichtung 101.
	Mf. 2739	Bibl. Bilder u. Reime 100.
	Mf. 2741	Evangeliar 124.
	Mf. 2759—64	Bibel („Wenzelbibel") 74.
	Mf. 2769—70	Bibel 76, 6.
	Mf. 2776	Evangelienharm., Bruchst. 30, 6.
	Mf. 2789	Paulinische Briefe (Perikopen) 55, 1; 74, 9; 148.
	Mf. 2823	Historienbibel 77, 4.
	Mf. 2825	Plenar 124.
	Mf. 2843	Psalter 26.
	Mf. 2845	Vorreden zu einer Bibelübers. 31, 2.
	Mf. 2846	Evangelienharm., Bruchst. 30, 6.
	Mf. 2965	Spruchsammlung 51, 1.
	Mf. 2975	Apokalypse 56, 2.
	Mf. 3002 (= Hist. prof. 1076)	Apokalypse, nb., gereimt 114.
	Mf. 3007	Biblische Dichtungen 99; 107; 113.
	Mf. 3027	Zehn Gebote, gereimt 103.
	Mf. 3063	Plenar; Vorreden 31, 2; 77, 7.
	Mf. 3078	Psalter 75, 3.
	Mf. 3970	Hoheslied, lat.-dt. 52, 9.
	Mf. 4734	Hoheslied 52, 9.
	Mf. 12887	Osterspiel, lat.-dt. 99.
	Mf. 14815	Hoheslied, lat.-dt. 52, 9.
	Ser. nov. 231 (=Suppl. 2725)	Weltchronik, Bruchst. 92, 1; 102.
Schottenkloster	Mf. 306	Apokalypse 56, 2.
Wiesbaden, Landesbibl.	Hf. 52	Hoheslied 52, 9.
Wolfenbüttel, Landesbibl.	I A u. I B fol.	Bibel 76, 10.
	Helmst. 389	Apokalypse, gereimt, nb. 114.
	Helmst. 395	Plenar 67, 14.
	Helmst. 442	Hoheslied, nb. 52, 10.
	Helmst. 474	Hoheslied, nb. 52, 10.
	Helmst. 582	Epistolar 61, 15.
	Helmst. 1147, 1183, 1187, 1254, 1255, 1270	Zehn Gebote, gereimt, nb. 103.

Wolfenbüttel, Landesbibl.	Helmst. 1211	Apokalypse, gereimt, nb. 114.
	Helmst. 1245	Stammbaum Christi, Gedicht 99.
	17. 9. Aug. 4°	Hoheslied m. Komm. 52, 9.
	45. 10 Aug. fol.	Historienbibel 79, 2.
	23. 22 Aug.	Zehn Gebote, gereimt, nb. 103.
	1222. 62 Aug. Theol.	Zehn Gebote, gereimt, nb. 103.
	Extrav. 146, 2	Prophetensprüche 54, 3.
	—	Bibelauszug, gereimt, Bruchst. 94.
Würzburg, Univ.-Bibl.	Mf. ch. fol. 25	Historienbibel 78, 6.
	Mf. ch. fol. 116	Historienbibel 62, 8.
Bischöfl. Seminar	Mf. chart. 2	Psalter 159.
Zürich, Zentralbibl.	Stadtbibl. C 5/224	Historienbibel 78, 5.
	Stadtbibl. C 52	Plenar 124.
	Stadtbibl. C 55	Evangelien 62, 12.
	Stiftsbibl. Car. VIII, 3	Bibel 72, 12.
Zwolle, Staatsarchiv	Nr. 1574	Plenar 57.

2. Drucke.

Antwerpen, Claes te Grave	1513—18	Bibel „int corte" (4 Ausg.) 86.
Augsburg,		
Günther Zainer	1471	Gebetbuch 84.
Joh. Pflanzmann	um 1473	Bibel 62, 18; 83.
Günther Zainer	um 1473	Speculum hum. salv., lat.-dt. 61, 1; 84.
	1473—74	Plenar (2 Ausg.) 84.
	1475	Bibel 23, 2; 61, 6; 79; 84 f.
Joh. Bämler	1476	Plenar 84.
Ant. Sorg	1476—81	Neue Ee (3 Ausg.) 40; 84.
Günther Zainer	1477	Bibel 61, 9; 72.
Ant. Sorg	1477—80	Bibeln (2 Ausg.) 84.
	1478—93	Plenarien (7 Ausg.) 84.
Joh. Schönsperger u. Thom. Rüger	1481	Plenar 84.
	1482	Neue Ee 84.
Joh. Schönsperger	1483—1500	Plenarien (6 Ausg.) 84.
	1487—90	Bibeln 84.
Joh. Schönsperger	1489	Plenar 139.
Ant. Sorg	1492	Psalter 84.
Joh. Schönsperger	1492—1500	Speculum. hum. salv. m. Perikopen (2 Ausg.) 84.
	1498	Psalter 84.
Erh. Ratdolt	1499	Psalter, lat.-deutsch 128.
Bamberg, Albr. Pfister	1462	„Vier Historien" 40; 83; 86; 156 ff.
Basel, Bernh. Richel	1476	Speculum hum. salv. m. Perikopen 84.
Adam Petri	1513—17	Plenarien, nb. (2 Ausg.) 87.
—	1514—22	Plenarien (4—5 Ausg.) 19 f.; 34; 45, 87.

Brüssel	1510	Speculum hum. salv., nl. 86, 9*
Culenborch	1483	Speculum hum. salv., nl. 86, 9*
Delft, J. Jacobsz. u. M. Yemantsz.	1477	Bibel, nl. 40; 85.
Gouda, Ger. Leeu	1477	Plenar u. Evangeliar, nl. 85.
Halberstadt, L. Trutebul	1522	Bibel, nb. 87.
Köln (Heinr. Quentell?)	um 1477	Bibel, nb. 29; 33ff.; 40; 53; 85; 87; 118.
Joh. v. Landen	1507	Makkabäer, Dichtung, nb. 108.
	1513	Sibyllendichtung 100.
	1514	Marienklage, nb. 113.
	1515	Sibyllendichtung 100.
Leiden, Jan Seversz	um 1512	Apostelgesch. u. Apokal., nl. 86, 5.
Lübeck, Luk. Brandis	um 1474	Psalter, nb. 65; 67, 19; 69; 84.
	um 1475	Plenar, nb. 84.
	um 1475	Speculum hum. salv., nb. 84.
	1478	Neue Ee, nb. 40; 84.
	1478	Passion, nb. 84.
Joh. Snell	1482	Neue Ee, nb. 40; 86.
Mohnkopfdruckerei	1488	Plenar, nb. 34; 47.
	1493	Psalter, nb. 33.
Stef. Arndes	1493	Plenar, nb. 118.
	1494	Bibel, nb. 85.
Magdeburg, A. Ravenstein u. J. Westphal	1484	Plenar, nb. 86.
Mainz, Joh. Schöffer	1510	Plenar 46.
Nürnberg, Anth. Koberger	1483	Bibel 27; 44; 56; 85.
Albr. Dürer	1498	Apokalypse 56.
Speyer, Peter Drach	1504	Psalter 160.
Straßburg, Joh. Mentel	um 1466	Bibel 26; 62; 69; 71; 83; 88; 128; 131.
H. Eggestein	um 1470	Bibel 68; 83.
H. Knoblochzer	um 1477	Psalter 159ff.
Ulm, Conr. Dinckmut	1492	Psalter 70.
Urach, Konr. Fyner	1481	Plenar 86.

Register der abgedruckten Perikopen.

Genes. 1, 1—2, 2 (Wien 2697) 144f.
Exod. 20, 12—24 (Wien 2697) 143
Deut. 32, 1—4 (Berlin, quart. 1135) 128
Psalm. 90, 1—7 (Berlin, quart. 1135) 127
    109, 1—9 (Berlin, quart. 1135) 127f.
Prov. 31, 10—31 (Wien 2697) 146
Jes. 7, 10—16; 9, 2. 6. 7 (Berlin, quart. 557) 127
    9, 2. 6 (Berlin, fol. 130) 119
    9, 2. 6. 7 (Wien 2697) 141
    11, 1—5 (Wien 2697) 141
    60, 1—6 (Wien 2697) 141f.
Jerem. 7, 1—7 (Wien 2697) 143
Threni 1, 1—4 (Berlin, quart. 557) 125f.
Joel 2, 12f. (Wien 2697) 142
Maleachi 3, 1—4 (Wien 2697) 140
Matth. 2, 1—12 (Berlin, fol. 90) 118f.
    9, 1—8 (Berlin, quart. 145) 125
Luc. 2, 1—4 (Berlin, fol. 1281) 123

Joh. 1, 19—28 (gereimt) (Berlin, quart. 1742) 135
    2, 1—11 (Berlin, fol. 88) 116
    5, 1—9a (Berlin, fol. 90) 119
Acta 2, 1—12 (Berlin, fol. 1030) 123
    2, 1—11 (Wien 2697) 145
    15, 35—17, 5 (Berlin, quart. 1739) 131ff.
Röm. 6, 13—29 (Wien 2697) 145f.
    13, 11—14 (Wien 2697) 140
I. Kor. 5, 7. 8 (Wien 2789) 148
    5, 7f. (Wien 2697) 145
    12, 2—11 (Wien 2697) 146
    13 (Wien 2697) 142
Eph. 5, 1—9 (Wien 2697) 142f.
Phil. 2, 5—8 (Berlin, quart. 1986) 138
    2, 5—11 (Wien 2697) 143f.
    2, 5—8 (Wien 2789) 148
Hebr. 12, 28—13, 8 (Wien 2714) 147
Jac. 3, 14—18 (Wien 2714) 147
Apok. 14, 1—5 (Wien 2697) 141

Namen- und Sachregister.

Abendmahl u. Passion, Dichtung 110
Adelbrecht, Priester 108
St. Agnetenberg, Kloster 58
Altes Testament 22, 3; 42 f.; 50 ff.
    Auszüge 28; 30
    dichter. Bearbeitungen 101 ff.
    Inhaltsübersicht, gereimt 30
Apokalypse 22, 3; 55 f.
    Bearbeitungen, dichter. 55 f.; 114 f.
    Dürers Ausg. 56
    Heinrich von Heslers Bearb.
        16; 21; 32; 114
    Übersetzungen 55 f.; 117
Apokryphen 36 ff.
    Bearbeitungen, dichterische 107
Apostelgeschichte 48 f.
    Übersetzungen,
      niederländ. 27; 38; 48
      ostdeutsche 32
Arndes, Stephan 85
Arnold von Dikningen 13 f.; 16; 18; 22
Auflagenhöhe 87 f.
Augsburg, Bibelbesitzer 79
    Buchdruck 84; 86
    Klöster 60; 69 f.; 84
Augustiner-Chorherren 7; 58 f.
Augustinerinnen 66; 69
Bacon, Roger 10
Basel, Klöster 62; 67
Beginen 12; 24, 5; 64; 70
Beheim, Michael 97; 108; 111
Benediktiner 7; 10; 60 f.; 63
Benediktinerinnen 67
Berthold v. Henneberg 14; 18, 1; 23; 47
Berthold v. Rohrbach 8, 4
Besitzer von Bibeln
    Adlige u. Ritter 75 f.
    Bürger 76 ff.
    Frauen 80
    Frauenklöster 63 ff.
    Fürsten 73 ff.
    Ketzer 80 f.
    Kirchen 72
    Klöster 57 ff.
    Laienbrüder 58 f.; 70
    Nonnen, einzelne 68 f.
    Ordensritter 71
    Weltgeistliche 72 f.

Bettelorden 7; 10; 63
Bibelauszüge 43; 99 f.
Bibeldruck 23; 82 ff.
Bibelorakel 50
Bibelverbot 2; 14 f.
Biblia pauperum 3; 42 f.
    Drucke 43; 86
Bibliothekskataloge,
    mittelalterliche 4; 70 f.
Biblische Geschichten,
    illustriert 120 ff.
Brant, Sebastian 51; 55; 82; 106; 113
Briefe, Neutestamentliche 22, 3; 48; 54 f.
    mitteldeutsche Übers. 55
    niederländ. Übers. 27
    s. auch „Vorreden"
Brüder vom gemeinsamen Leben
        12; 16; 86; 89
Brun von Schönebeck 51; 106
Buch der Könige 37
Bücherpreise 88
Burdach, Konrad 1 f.; 9
Bursfelder Kongregation 9; 61
Busch, Johannes 17; 22; 48; 59; 64 f.
Bußpsalmen s. Psalter
Buxheim, Kloster 61; 128
Cantica 49
Cele, Johann 9; 89
Christherrechronik 35; 92
Cranc, Claus 32; 44
Cursus mundi, nd. 128 ff.
Daniel
    dichter. Bearbeitungen 106 f.
    Ordensdichtung 32, 1; 35
Dekalog,
    dichter. Bearbeitungen 103 f.
Delft, Klöster 63 ff.
devotio moderna 8 ff.; 16; 22; 47 f.; 64
Dietrich van der Graaf 58
Dissen, Heinr. (v.) 29; 62
Dominikaner 62
Dominikanerinnen 66 f.
Dürer, Albrecht 56
Eberhard, Herzog v. Württemberg 44; 74
Eberhart von Sax 112
Eckhart, Meister 8, 3
Elen, Jan 23
Enikel, Jansen 37; 93
Erfurt, Klöster 61 ff.

Erlauer Spiele	114
Erlösungswerk, Dichtungen	37; 95 f.; 104
Epistolare	
Berliner Handschriften	138 ff.
Evangeliare	
Berliner Handschriften	123; 125
Evangelien	19; 31; 47 f.
dichter. Bearbeitungen	108
Übersetzung	118
Evangelienharmonie	46 f.
niederländ.	35; 38
oberdeutsche	30 f.
Evangelium Nicodemi	32; 37; 110
Ezzos Gesang	95 f.
Falk, Franz	2
Foec, Everhard	16, 7
Franziskaner	7; 24; 62
Fraterhäuser	9; 22; 59 f.
Frauenklöster	
Bibelverbreitung	24; 51; 63 ff.
Frauenlob, Heinrich	96 f.; 103;106
Freidank	96; 103; 106; 111
Frenswegen, Kloster	58 f.
Gebetbücher	21; 49; 87
Geiler von Kaisersberg	18; 23 f.; 41; 51; 55
Gerson, Joh.	6; 22; 51
Gertrud v. Buren	27
Gertzner, Thomas	60
Getijdenboek (Grootes)	28 f.; 33 f.; 64
Glossen	3; 21
althochdeutsche	119 f.
zum Hohenlied	52
zu Plenarien	45
zu Psalmen	49
Gottesfreunde	20; 72
Gregor XI., Papst	14
Gregor v. Heimburg	14; 18
Groenendal, Kloster	58 f.
Groote, Geert	9; 28; 33 f.; 44; 47; 54, 9; 57; 76
Gundacker v. Judenburg	96
Gundelfinger, Matthias	98
Gunther, Bisch. v. Bamberg	95
Gutachten über die Brüder v. gemeins. Leben	13; 16 ff.; 22 f.
Haarlem, Klöster	65; 69
Hartebok	97; 109 f.
David der Kellner	111
Heilsbronn, Kloster	62
Heinrich v. Freiberg	97
Heinrich v. Hesler	16; 21; 32; 104; 109; 114
Heinrich v. Hessen (v. Langenstein)	26
Heinrich v. Krolewitz	111
Heinrich v. Laufenberg	100; 106; 113
Heinrich v. Mügeln	29 ff.; 43; 99; 128; 159 ff.
s. auch „Vorreden",	
Heinrich v. München	37; 92 f.
Heinzelin v. Konstanz	111
Helwic von Waldirstet	97
Hermann der Damen	112
Herman von Rijswijk	11, 1
Hermann (oder Johann) von Salzburg	112
Hildesheim, Klöster	61; 67; 69
Himmelfahrtspiele	113
Hiob	
Ordensdichtung	32; 41; 105
in Historienbibeln	38
Historia Scholastica	27; 32; 36 ff.
Historien der Alden Ee	94 f.
Historienbibel	3; 37 ff.; 48; 156 ff.
2. niederländ.	16; 21; 24; 27 f.; 33 ff.; 38 f.; 44; 48; 53 f.; 126
Prophetenauszug	38; 44; 53; 137 f.
Verwandtes	116 f.; 120 ff.; 128 ff.
Hoheslied	8; 51 ff.; 67 f.
Kommentare, übersetzt	52
Reimparaphrase	38; 52; 106
St. Trudperter	52; 68
s. auch „Williram"	
Hollen, Gottschalk	22
Humanismus	5; 7 ff.; 41
Hungertuch, Zittauer	101
Huß, Joh.	11; 75
Immessen, Arnold	98
Inhaltsübersichten	
über die Bibel, metrische	43; 99
Innozenz III., Papst	12 f.; 18; 22
Jakob u. Esau, niederdt. Spiel, Bruchst.	104
Jakob v. Maerlant	15 f.; 27; 37; 95
Jesaia	
Auszug, gereimt	106
Johanneische Schriften	8
Johannes d. Täufer	
in Dichtungen	108 f.
Johannes v. Frankenstein	110
Jonas	
dichter. Bearbeitungen	107
Jostes, Franz	12; 26
Judith	
dichter. Bearbeitungen	107
Jüngstes Gericht	
dichter. Bearbeitungen	111 ff.
Kalff, Peter	99
Karl IV., Kaiser	14; 24, 1
Karthäuser	61 f.; 70
Kindheit Jesu	
dichter. Bearbeitungen	109 f.
Koberger, Anth.	56; 85; 87; 88, 3
Koelhoff, Kölner Chronik	21; 88
Köln, Bibelbesitzer	79
Klöster	62; 66; 69
Könemann, Pfaffe	94; 96
Konrad v. Fussesbrunnen	109
Konrad v. Gelnhausen	6
Konrad v. Heimesfurt	109
Konrad v. Helmsdorf	100
Konrad v. Nürnberg, Propst	26
Konzilsbewegung	6 f.
Kreuzholzlegende	41; 50; 96 f.

Kurzmann, Andreas	100
Laienbrüder	12; 58 f.; 63; 70, 8
Laienfrömmigkeit	10
Lamprecht, Pfaffe	107
Lauber, Diebold	78
Leben Jesu	48
Berliner Handschr.	116
dichter. Bearbeitungen	37; 96; 108 ff.; 112 f.
niederländisches	27; 47; 118
niederländ. Dichtungen	33 f.; 41
Lichtental, Kloster	67
Liturgie	49
Lübeck, Klöster	65 ff.; 69
Lucidarius	37
Luther, Martin	42; 44; 46
Luther v. Braunschweig	35; 71; 106; 108
Lutwin	102
Makkabäer	
dichter. Bearbeitungen	32; 108
Mariendichtung	96; 106
Marienklagen	97 f.; 112
Marienleben	42
dichter. Bearbeitungen	37; 109 f.
Prosa-Auflösung	38
Marner, der	103 f.; 110
Marsilius von Padua	6; 7, 1
Meißner, der	112
Melk, Kloster	60
Reformbewegung	9; 63
Mentel, Joh.	83
Mystik	8 f.; 27 f.; 51; 53; 66
Nachfolge Christi	7 ff.
Neue Ee	38; 55
Drucke	40; 84; 86
Neues Testament	42
niederländ. Übers.	28 f.
s. auch „Scutken, Joh."	
Nikolaus v. Lyra	29 f.; 32
Nott, Oswald	60
Nürnberg	
Bibelbesitzer	68; 78 f.
Klöster	62 f.; 66; 68
„Nutzbarkeit" der Psalmen	49 f.; 149 f.
Orden, Deutscher	32; 35; 71
Ordensdichtung, biblische	32; 35; 95; 105 ff.
Osterspiele	97 ff.
Otto v. Passau	20 f.
Passion	47
Berliner Handschr.	117
dichter. Bearbeitungen	110
Passionsspiele	97 ff.
Paulus, Rheinauer, Dichtung	114
Pentateuch	
dichter. Bearbeitungen	101 ff
Peter v. Arberg	112
Petri, Adam	87
Petrus von Rosenheim	63; 99
Pfister, Albrecht	83; 156 ff.
Philipp, Bruder	109
Plenarien	3; 45 f.; 48
Baseler Drucke	19 f.; 34; 45; 87
Berliner Handschr.	119; 139
Druckausgaben	84 ff.
niederdeutsche Drucke	34; 45; 84 ff.
Reimglosse	46; 111; 135 ff.
niederländ. s. „Scutken, Joh."	
Prag, Universität	9; 32
Bibelbesitzer	77 f.; 79
Predigten	
Allgemeines	10; 19 f.; 42; 46; 48; 53 ff.; 89
einzelne	19; 45; 51; 55
Propheten	22, 3; 43; 53 f.
dichter. Bearbeitungen	107 f.
niederländ. Übers.	27; 53; 125 ff.
ostdeutsche Übers.	32; 44
in Spielen	54; 107
Spruchsammlungen	54; 124 f.
Auszug s. „Historienbibel"	
Psalter	49; 80
dichter. Bearbeitungen	105 f.
Drucke	84 ff.
in Gebetbüchern	21; 49
Glossen	49
in Historienbibeln	38
Grootes Übers.	28 f.; 139
Mügelns Übers.	29 f.
Quentell, Heinr.	85
Rebdorf, Kloster	59; 70, 8
Regenboge, Barthel	104; 112
Reimbibeln	36 f.; 92 ff.
Fragmente	94
Kritik an —	40 f.
mittelfränkische	93
niederdeutsche	95
niederländ. s. „Jakob v. Maerlant"	
Reinmar von Zweter	106; 110 f.
Rellach, Joh.	26; 33 f.
Rookloster b. Brüssel	58
Rothe, Johannes	110
Rotlöw, Martin	77 f.
Rudolf v. Ems	36; 92
Ruysbroeck, Jan van	9; 27; 58
Sachs, Hans	106 f.; 114
Salomonische Bücher u. Sirach	31; 50 f.; 106
einzelne Übers.	29; 33; 35; 44
s. auch „Heinrich v. Dissen"	
Schele, Johann, Bisch. v. Lübeck	18; 23
Schenkungen von Bibelteilen	68 ff.
Schilling, Diebold	69
Schönensteinbach, Kloster	66
Schonevelbt, Eylard	17, 1
Schönsperger, Joh.	84
Schöpfungsgeschichte	
dichter. Bearbeitungen	96; 101 f.
Schreiber von Bibelhss.	58 ff.; 72; 76 f.
Schreiberinnen von Bibelhss.	65 ff.
Schwellhandschriften	37 f.
Schwestern vom gemeins. Leben	17; 64 f.
Scutken, Johannes	28 f.; 34; 54, 9; 55
Sibyllendichtung	100

175

Siegfried v. Dahenfeld
    Ordensmarschall   32; 35
Simson
    niederdeutsches Spiel, Bruchst. 105
Sirach, Buch
    s. Salomonische Bücher
Sorg, Anton   84
Speculum hum. salvat.   34; 42 f.; 50
    deutsche Übers.   100
    Drucke   43; 84; 86
Spiele, geistliche   10; 48; 50; 89; 97 ff.
Sprache, deutsche und Bibel   22 ff.
Spruchsammlungen   50 f.
    s. auch „Freidanc" u. „Propheten"
Straßburg, Klöster   62; 67; 69; 70, 7; 71 f.
Statwech, Johan   93
Streit der Töchter Gottes
    Dichtung   104
Suho, Albert   128
Sündenfall
    dichter. Bearbeitungen   101 ff.
    Spiel   98
Super modo vivendi dev. hom. 13; 17;
                                        19 f.; 23 f.
Surgant, Ulrich   19; 44; 82
Susanna, Spiel   108
Tay, Jan   27 f.; 35
Tegernsee, Kloster   60; 70
Thomas v. Aquino   7
Thdemann, Gerard   58
Typologie   42; 50
Urstend Christi, Spiel   114
Vaterunser
    dichter. Bearbeitungen   111

Vorreden
    zu den Briefen, mitteldeutsche
                                21; 41; 55
    zu den Briefen, niederländ. 23, 7;
                                24, 1; 33 f.
    Mügelns (?)   3; 16; 20; 30 ff.; 35
    zu den Psalmen   30; 33
Waldenser   7; 11 ff.; 18; 81 f.
Walther, Wilhelm   2; 12 f.
Walther v. Rheinau   109
Walther v. d. Vogelweide   96; 110
Weihnachtsspiel   114
Weisheitsliteratur   50 f.; 106
Weltchroniken   36 f.; 92 f.
Weltgerichtspiel   99
Wenzelbibel   40 f.; 74 f.
Wernher, Priester   109
Wernher, der Schweizer   109
Wiklif   11; 24; 75
Wilhelm v. Affligem   27
Williram, Hohelied-Paraphrase   51
Wimpfeling   41 f.; 82
Windesheim, Kloster   28 f.; 57
Windesheimer Kongregation 9; 57 ff.
Wolfgang v. Män   110
Zainer, Günther   61; 84
Zensurerlasse   15; 87
Zerbolt, Gerhard Z. v. Zütphen
                            13; 17; 21; 34
Zerstörung Jerusalems
    in Historienbibeln   37 f.
    Spiele   114
Zisterzienser   7; 62
Zisterzienserinnen   67

www.ingramcontent.com/pod-product-compliance
Lightning Source LLC
Chambersburg PA
CBHW021709230426
43668CB00008B/769